LA GRANDE STRATÉGIE DE L'EMPIRE ROMAIN

Edward LUTTWAK

LA GRANDE STRATÉGIE DE L'EMPIRE ROMAIN

Traduit par Bernadette et Jean Pagès

2e édition revue et préfacée par Pierre Laederich

Suivi de

Everett L. Wheeler

« Limites méthodologiques et mirage d'une stratégie romaine »

Traduit par Philippe Richardot

INSTITUT DE STRATÉGIE COMPARÉE
EPHE – Sorbonne
45-47 rue des Écoles
Paris 75006

ECONOMICA
49, rue Héricart, 75015 Paris

Préface

Edward Nicolae Luttwak, né en 1942 en Roumanie, est l'un des spécialistes américains de stratégie et de géopolitique les plus réputés dans le monde. *Senior Associate* au *Center For Strategic and International Studies* (CSIS) de Washington, conférencier dans de nombreuses universités et collèges militaires mais aussi conseiller de longue date des administrations républicaines et d'autres gouvernements, considéré ces dernières années comme l'un des "néoconservateurs" les plus influents aux Etats-Unis et inlassable pourfendeur d'idées sur les sujets les plus divers : ses prises de position souvent iconoclastes sur la stratégie comme sur les grands enjeux du monde contemporain ne laissent jamais indifférent.

En 1999, *Turbo-Capitalism : Winners and Losers in the Global Economy*[1] dénonce les excès d'un capitalisme libéré de toute réglementation et ses effets destructeurs sur la société, la famille et l'individu, un constat terrible, sans issue, qui a vivement surpris à l'époque, comme l'avait déjà fait, en 1993, *The Endangered American Dream : How to Stop The United States From Being a Third World Country and How to Win the Geo-Economic Struggle for Industrial Supremacy*[2].

---

1 Edité en France sous le titre *Turbo-capitalisme. Les gagnants et les perdants de l'économie globale*, Odile Jacob, 1999.

2 Edité en France sous le titre *Le Rêve américain en danger*, Odile Jacob, 1995.

Sa plume n'est pas moins acérée dans ses écrits de stratégie. Dans *Strategy : The Logic of War and Peace*[3], en 1987, Luttwak vise les tenants d'une approche "technicienne" qui ont pris une place grandissante dans la réflexion moderne sur la guerre et s'efforce de restaurer les principes fondamentaux de la stratégie : l'innovation technologique ne constitue pas à elle seule une révolution stratégique ; elle doit s'insérer dans des choix tactiques, opérationnels et stratégiques – tenant compte du contexte politique – qui n'obéissent pas à des logiques linéaires mais à de multiples antinomies et paradoxes. Les "experts" méconnaissent les véritables enjeux de la stratégie tels que les enseigne l'histoire militaire et politique, essentiels pour comprendre "*la persistance fascinante et les déconcertantes contradictions qui marquent l'expérience humaine des conflits*".

Les événements de ces dernières années ont également vu Luttwak prendre des positions en rupture avec nombre de ses collègues. Début 2005, il prône un désengagement américain en Irak au motif que les Etats-Unis ne parviendront jamais à transformer le pays en démocratie comme ils l'ont fait en Allemagne et au Japon après 1945[4]. Le reste du monde, affirme-t-il en 2007, ferait mieux d'ignorer le Moyen-Orient plutôt que de lui donner une importance démesurée : les enjeux pétroliers sont surestimés, comme l'est la puissance de l'Iran ; les "experts", une fois de plus, n'ont rien retenu des leçons du passé[5]...

Fil conducteur d'une œuvre foisonnante, une passion de l'histoire et une capacité d'analyse qui ouvrent des perspectives souvent inattendues. La question parthe et les relations de clientèle dans l'Orient romain se lisent entre les lignes de ses positions sur l'Irak et

---

3 Édité en France sous le titre *Le Paradoxe de la stratégie*, Odile Jacob, 1989.

4 "Iraq : The Logic of Disengagement", *Foreign Affairs*, janvier-février 2005.

5 "The Middle of Nowhere", *Prospect Magazine*, mai 2007.

l'Iran. Sept années séparent *The Grand Strategy of the Roman Empire from the First Century AD to the Third*, publié en 1976[6], et *The Grand Strategy of the Soviet Union*, publié en 1983[7] dans une période de tension américano-soviétique, ouvrage qui annonce une offensive soviétique sur l'Europe occidentale. Angle d'attaque tentant pour ses détracteurs : Luttwak appliquerait à l'histoire ancienne des grilles d'analyses trop étroitement inspirées du monde contemporain. Les Romains n'avaient pas d'instituts stratégiques comparables aux nôtres, a-t-on souvent ajouté non sans ironie. Gare aux apparences ! L'auteur ne tombe jamais dans l'erreur – qui serait grossière – de comparer, par exemple, la "bipolarité" américano-soviétique à la "coexistence" de l'Empire romain et de l'Empire parthe, ou d'un ensemble de peuples germaniques indépendants. Et si la "grande stratégie de l'Union Soviétique" semble s'être perdue dans les sables de l'histoire, le regard de Luttwak sur la stratégie impériale romaine, controversé comme tout grand livre, reste une référence, récemment rééditée aux Etats-Unis et aujourd'hui en France, après sa première édition en 1987.

Edward Luttwak a trente-quatre ans lorsqu'il publie *The Grand Strategy of the Roman Empire from the First Century AD to the Third*. Après quelques ouvrages consacrés aux questions stratégiques contemporaines[8], c'est une première incursion, magistrale, dans l'histoire ancienne. Luttwak y analyse la politique extérieure romaine comme la succession de trois systèmes stratégiques rigoureux et cohérents : le "*système julio-claudien*", caractérisé par l'existence de nombreux Etats

---

6 Edité en France sous le titre *La Grande stratégie de l'Empire romain*, Economica, 1987.

7 Edité en France sous le titre *La Stratégie de l'impérialisme soviétique*, Anthropos, 1985.

8 *A Dictionary of Modern War,* 1971 ; *The Strategic Balance, 1972,* 1972 ; *The Political Uses of Sea Power,* 1974 ; *The US-USSR Nuclear Weapons Balance,* 1974.

clients et l'utilisation d'"*armées mobiles*" ; des Flaviens aux Sévères, la mise en place de "*frontières scientifiques*" et d'une "*défense dissuasive*" ; enfin, un "*système*" de "*défense en profondeur*" après la grande crise du IIIe siècle.

"*Dans les annales de notre civilisation*, écrivait Luttwak en ouverture de la première édition de l'ouvrage, *la réussite de Rome reste entièrement inégalée dans le domaine de la grande stratégie et même ses leçons ne sont pas rendues caduques par deux millénaires de changements technologiques*". Le contexte est le même qu'à notre époque : un état de guerre permanent sans conflit décisif, la volonté de concilier au mieux les impératifs de la sécurité et l'économie des forces. "*Pour les Romains comme pour nous, le but idéal de la conduite diplomatico-stratégique était d'assurer la survie de la civilisation sans porter atteinte à la vitalité économique et sans compromettre l'évolution de l'ordre politique*" : le succès de l'Empire romain est lié à la "*constante subordination des priorités tactiques, des idéaux martiaux et des instincts guerriers au but politique*", avec une conception aiguë de la nécessité de conserver la force militaire, instrument de puissance fragile, limité et coûteux, mais aux ressources politiques bien supérieures. "*Avant tout, les Romains se rendirent compte que l'élément prédominant de la puissance n'était pas matériel mais psychologique – résultant de l'idée que les autres se faisaient de la force romaine plutôt que de l'usage de celle-ci*"[9]. C'est le manque de légions pour tenir un périmètre impérial immense qui a contraint Rome à définir une "*grande stratégie*" limitant le recours direct à la force militaire.

Première question : qu'entend-on par "grande stratégie" ? B.H. Liddell Hart y voit le domaine suprême du politique, qui exprime "*l'idée de politique en cours d'exécution*", la stratégie étant "*l'application de la "grande*

---

9 *Introduction*, p. 26.

stratégie" à un niveau moins élevé" - *"l'art de distribuer et de mettre en œuvre les moyens militaires pour accomplir les fins du politique"* -, la tactique *"l'application de la stratégie à un niveau inférieur"*[10]. *"Nous pouvons parler de systèmes au sens propre,* écrit Luttwak au sujet de Rome, *car chacun intègre la diplomatie, les forces militaires, le réseau de routes et les fortifications pour un unique objectif. De plus, le dispositif de chaque élément traduit la logique de l'ensemble. Le but de chaque système était de satisfaire un ensemble distinct de priorités, elles-mêmes le reflet de conceptions conjoncturelles de l'empire : expansion hégémonique pour le premier système, sécurité territoriale pour le deuxième ; et finalement, dans des circonstances graves, la simple survie de la puissance impériale elle-même. Chaque système était fondé sur une combinaison différente de diplomatie, de force armée et d'infrastructures fixes, et chacun déterminait l'adoption de différentes méthodes opérationnelles, mais, plus fondamentalement, chaque système reflétait une vue du monde différente et l'image que Rome se faisait d'elle-même"*[11].

Analyse proprement révolutionnaire ! Les réactions furent passionnées, d'autant plus fortes qu'il n'existait auparavant aucune analyse générale sur le dispositif frontalier romain, que ce manque avait souvent été déploré mais que nul n'avait osé s'aventurer sur un terrain aussi périlleux. Et c'était un jeune expert américain en stratégie contemporaine qui s'y était lancé !

Les plus grands spécialistes en histoire romaine prirent leur plume. F. Millar[12], C.R. Whittaker[13] et B.

---

10 *Histoire mondiale de la stratégie*, édition française, Paris, 1962, pp. 368-369.

11 *Introduction*, p. 28.

12 Cf. "Emperors, Frontiers and Foreign Relations, 31 BC to AD 378", *Britannia*, XIII, 1982, pp. 2-3, 15-21.

13 Cf. *Les Frontières de l'Empire romain*, édition française, Paris, 1989, p. 28 ; Whittaker conteste nettement toute idée de "frontière scientifique" (cf. pp. 18, 23, 26-33).

Isaac[14], en réfutation directe de Luttwak, soutinrent que les Romains ne disposaient pas d'une information suffisante, notamment géographique, pour avoir une véritable réflexion stratégique. *"Roman literature offers little justification for the assumption that the Romans subjected their military energies to the discipline of political goals"*, alla même jusqu'à écrire Isaac[15]. Dans son étude de la frontière orientale, tout entière dirigée contre Luttwak, il fit valoir que le développement de l'impérialisme romain, loin d'obéir à une "grande stratégie", ne relevait que d'éléments conjoncturels et individuels : la recherche de gloire de tel ou tel général ou empereur, telle ou telle opportunité à saisir, tel ou tel événement qui exigeait une *réaction*[16]. *"In military matters as in government, within a broad framework of the simplest form, Rome tended less to act, than to wait for things to happen and then react"*, nota également J.C. Mann en commentaire de Luttwak[17]. On put ainsi affirmer qu'Auguste n'avait jamais eu de stratégie d'expansion au Nord[18] !

---

14 Cf. *The Limits of Empire. The Roman Army in the East*, Oxford, 1990, pp. 402-405.

15 *Op. cit.*, p. 376.

16 Cf. *op. cit.*, p. 379, ainsi que "Reflections on the Roman Army in the East", in *The Defence of the Roman and Byzantine East*, ouvrage collectif édité par P. Freeman et D. Kennedy, Oxford, 1986, pp. 386 et 392 (note 5, sévère critique adressée à Luttwak) ; voir également "An Open Frontier", in *Frontières d'Empire, nature et signification des frontières romaines*, ouvrage collectif édité par P. Brun, S. Van der Leeuw et C.R. Whittaker, Nemours, 1992, p. 113.

17 "Power, Force and the Frontiers of the Empire. E.N. Luttwak, *The Grand Strategy of the Roman Empire*", *Journal of Roman Studies*, LXIX, 1979, p. 180. Voir également "The Frontiers of the Principate", *ANRW*, II, 1, 1974, pp. 508-533 et notamment p. 513.

18 Ainsi E.S. Gruen, "The Imperial Policy of Augustus", in *Between Republic and Empire, Interpretation of Augustus and his Principate*, ouvrage collectif édité par K.A. Raaflaub et M. Toher, Berkeley-Los Angeles-Oxford, 1990, p. 414 : *"No uniform plan or single-minded goal determined his moves. Location, circumstances, and contingencies guided decisions. Pragmatism took precedence over policy"*.

D'autres spécialistes saluèrent comme il se devait l'importance de l'ouvrage, comme C.M. Wells[19], et prirent des positions qui s'en rapprochaient, comme S.L. Dyson dans son analyse de la frontière impériale à la fin de la République, qui fait explicitement référence à Luttwak et conclut : "*It would be anachronistic to speak of think tanks and formal strategic studies, but we should credit the Romans with sufficient sophistication to develop a long-range strategy and the institutions to execute it*"[20]. Luttwak aurait peut-être raison pour certaines périodes de l'Empire. P.A. Brunt s'est ainsi demandé si les empereurs avaient véritablement pensé leur stratégie impériale avant Hadrien[21]. F.A. Lepper et S.S. Frere ont contesté l'Américain pour certains empereurs, comme Caligula, Claude et Néron, mais accepté ses analyses pour d'autres : "*But that an emperor with previous military experience should have a theoretical approach to frontier-problems and an urge as well as the power to put his theories into practice is credible enough*"[22].

Un argument récurrent des critiques adressées à Luttwak est l'absence de réflexion stratégique globale dans les sources qui nous sont parvenues. "*From actions one argues intentions*, note R. Syme, *but the written record is fragmentary and variously defective. When enquiry confronts an imbroglio it is a temptation for the human mind to look for design beneath the surface and impose order on incoherence*"[23]. Rien ne ressemble chez les deux Pline, chez Tacite, Suétone ou Dion, écrit F. Millar, aux développements que l'on devrait attendre

---

19 "Review of Luttwak, *The Grand Strategy of the Roman Empire*", *American Journal of Philology*, XCIX, 1978, pp. 527-529.

20 *The Creation of the Roman Frontier*, Princeton, 1985.

21 Cf. *Roman Imperial Themes*, Oxford, 1990, p. 473.

22 *Trajan's Column. A New Edition of the Cichorius Plates*, Gloucester, 1988, p. 278.

23 "Military Geography at Rome", *Classical Antiquity*, VII, 1988, pp. 227-251.

d'une "grande stratégie" : nulle référence à l'existence de réflexions globales sur les frontières et le sort de l'Empire, auxquelles ces auteurs proches du pouvoir auraient certainement été associés. "*Have we any reason to suppose that even those Emperors (remarkably few) who were brought up and trained as such could have acquired a conception of frontier and foreign policy which was significantly different from theirs ? (...) We would be quite wrong to assume that Imperial policy was informed by reasoning which was superior or different in kind from that of those who recorded it in historical narratives*"[24].

Il est vrai que les sources ne disent mot d'un ou de plusieurs *systèmes stratégiques* tels que les définit Luttwak. Mais si la conceptualisation est absente des sources, faut-il en conclure que ce qu'elle aide à décrire n'a jamais existé ? Tout en ayant recours au concept de système, Luttwak ne peut s'empêcher de lancer une pique à l'"analyse systémique" moderne : "*Les Romains n'avaient apparemment pas besoin d'un Clausewitz pour soumettre leur énergie militaire à l'exigence des buts politiques ; il semble qu'ils n'avaient pas non plus besoin des techniques analytiques modernes. Ignorant la nouvelle science de l'"analyse systémique", ils conçurent et réalisèrent en revanche des dispositifs importants et complexes de sécurité qui alliaient en un tout cohérent et avec succès le déploiement des troupes, les défenses fixes, le réseau routier et les transmissions. Dans le domaine plus abstrait de la stratégie, il est évident que, soit par l'intelligence, soit par l'intuition traditionnelle, les Romains comprirent toutes les subtilités de la dissuasion, mais aussi ses limites*"[25].

Les "traités de stratégie" grecs et romains, ainsi que la plupart des traités byzantins, plus riches en stratagèmes qu'en "grande stratégie", ne donnent qu'une

---

24 *Op. cit.*, p. 3.
25 *Introduction*, p. 25-26.

idée partielle de la stratégie antique. Il faut les compléter par une lecture attentive des historiens anciens et par une étude des autres sources (épigraphie en particulier) pour comprendre le degré de sophistication de la réflexion stratégique de l'époque[26]. Car les Romains – comment le nier ? – ont démontré des siècles durant leur capacité d'allouer leurs ressources, limitées à l'échelle de l'Empire, pour atteindre leurs objectifs. Les mouvements de troupes, attestés aussi bien par les sources littéraires que par l'épigraphie et l'archéologie, permettent d'identifier des évolutions dans les priorités stratégiques, par exemple entre le Rhin et le Danube. Ces évolutions supposent bien, chez les décideurs, une forme de pensée stratégique "globale" qui n'est sans doute pas présentée dans les sources anciennes comme le feraient les experts des temps modernes, mais qu'une étude approfondie peut faire apparaître chez certains auteurs.

Nous n'en prendrons qu'un seul exemple, celui des Etats et peuples clients chez Tacite. Les *amici populi Romani* jouaient un grand rôle dans la sécurité des marges de l'Empire. L'*amicitia* exigeait que l'*amicus* refusât aide et passage sur son territoire à toute puissance hostile. De ce fait, les clients constituaient une forme de barrière face aux peuples jugés les plus "barbares" ; en assurant la charge de la défense locale, ils dispensaient Rome de consacrer à cette tâche des effectifs permanents qu'elle pouvait utiliser à d'autres entreprises. Ils renforçaient également les légions par l'apport de troupes mobiles. L'importance de la clientèle dans le développement de l'impérialisme romain est l'un des points clés de l'analyse de Luttwak, qui met bien en évidence les différences d'approche entre la frontière orientale aux peuples sensibles, par leur culture, à la notion hellénique d'hégémonie, riches et organisés, et les peuples des frontières septentrionales, plus difficiles à

---

26 Voir sur ce point notre édition des *Stratagèmes* de Frontin, Economica, 1999, pp. 17-41.

appréhender pour la diplomatie coercitive romaine : "*Face aux gouvernements policés de l'Orient, la puissance militaire romaine se transformait aisément en puissance politique, alors que cette même puissance, employée contre les peuples primitifs de l'Europe, recourait directement à la force*"[27]. Si la puissance qui découle de la force potentielle n'a pas de limites, ce n'est évidemment pas le cas de la force dont on se sert *effectivement*.

Ce ne sont certes pas des termes que l'on pourrait retrouver chez Tacite, mais son regard confirme pleinement les analyses de Luttwak. L'historien critique les échecs de Tibère et de ses successeurs qui crurent possible de développer la clientèle au-delà du Rhin et du Danube en jouant des dissensions au sein de ces peuplades[28]. Certaines tentatives romaines en Orient connaissent des errements comparables, Parthes et Arméniens ayant, comme les Germains, pour habitude de demander à Rome des rois qu'ils rejettent ensuite comme instruments de servitude[29], mais Tacite distingue les constantes qui font toute la grandeur de la "frontière invisible" des clients orientaux héritée de la République et met sur le même plan les légions et les clients de l'Orient, dont le soutien fut décisif dans la victoire de Vespasien (cf. *Histoires*, II, 81, 1-2). "*Avec toi,* dit Mucien à Vespasien pour l'inciter à prendre les armes, *la puissance des flottes, des ailes, des cohortes, ainsi que des rois d'une fidélité totale et ton expérience sans égale*" (*Histoires*, II, 76, 5). Même présentation des forces de Titus contre les Juifs (*Histoires*, V, 1, 2). Dans les *Annales*, l'historien, pourtant souvent sévère envers Tibère, sait apprécier la très belle opération que le Prince, "*fidèle à sa résolution de traiter les affaires extérieures par la diplomatie et la ruse, sans recourir aux*

27 P. 63.

28 Cf. P. Laederich, *Les Limites de l'Empire. Les stratégies de l'impérialisme romain dans l'œuvre de Tacite*, Economica, 2001, pp. 103-127.

29 Cf. P. Laederich, *op. cit.*, pp. 153-189 et 248-249.

armes" (VI, 32, 1), conduit depuis la Ville en faisant reconquérir l'Arménie par les Hibères et quelques tribus d'Albaniens et de Sarmates au détriment des Parthes. Le gouverneur de Syrie Vitellius se contente de rassembler ses légions et de répandre la rumeur qu'il va franchir l'Euphrate pour précipiter la chute d'Artaban : pas un seul fantassin n'est exposé dans cette remarquable combinaison, Vitellius "*estimant suffisant d'avoir montré les armes romaines*" (*A.*, VI, 36, 1-2). Sous Claude, les Romains bénéficient encore de l'appui des Hibères pour reconquérir l'Arménie, une fois de plus perdue : Tacite met en évidence la parfaite complémentarité des forces ainsi associées (*A.*, XI, 9, 1). Il en fait de même à propos de la coalition contre Mithridatès du Bosphore avec les Bosphoriens et les Aorses (*A.*, XII, 15-17). Et le succès des campagnes de Corbulon doit beaucoup à la mobilisation des clients orientaux contre les Arméniens et les Parthes (ainsi *A.*, XIII, 7, 1 ; 37, 3 ; XIV, 23, 3). Pour la dernière campagne, "*on écrit aux tétrarques et aux rois, ainsi qu'aux préfets, aux procurateurs et aux préteurs qui gouvernaient les provinces voisines, d'obéir aux ordres de Corbulon*" (*A.*, XV, 25, 3). Tacite met sur le même plan les clients et les préfets, procurateurs et préteurs : il montre par là qu'il a parfaitement compris le rôle stratégique de la clientèle dans la défense de l'Empire.

Le célèbre tableau des forces de l'Empire au début du règne de Tibère le confirme : "*L'Italie, sur les deux mers, était protégée par deux flottes, à Misène et à Ravenne, et la côte de Gaule la plus proche de l'Italie par les navires à éperons qu'Auguste, après leur prise lors de la victoire d'Actium, avait envoyés dans la place de Fréjus, avec un solide équipage de rameurs. Mais la force principale était près du Rhin, ligne de réserve commune contre les Germains et contre les Gaulois, avec huit légions. Les Espagnes, récemment soumises, étaient tenues par trois légions. Le roi Juba avait reçu les Maures comme présent du peuple romain. Le reste de l'Afrique était gardé par deux légions, et par le même nombre l'Égypte, et au-delà, du début de la Syrie jusqu'au fleuve Euphrate, toute l'étendue que borde son immense courbe, par quatre légions, renforcées par les peuples voisins, les Hibères et les Albaniens, et les autres rois que notre grandeur protège contre les puissances extérieures. Et la Thrace était tenue par Rhoemetalcès et les enfants de Cotys, la rive du Danube par deux légions en Pannonie, deux en Mésie...*" (*A.*, IV, 5, 1-3).

Quelle meilleure illustration du "système julio-claudien" que décrit Luttwak ? Car ce tableau n'offre pas seulement une description précieuse du dispositif frontalier. Rapproché d'autres passages de Tacite – nous en avons évoqué quelques-uns –, il témoigne à la fois de l'existence d'une réflexion stratégique générale très approfondie (qu'on l'appelle "grande stratégie" ou de toute autre manière) et d'une réflexion stratégique parfaitement cohérente de l'historien lui-même : les Parthes ne constituent pas une réelle menace (le texte se contente à leur sujet d'une simple allusion), l'appui des clients aux quatre légions de Syrie suffisant à les contenir ; le péril est au Nord, ces indomptables Germains dont la liberté défie Rome depuis la perte des conquêtes d'Auguste. "*La royauté d'Arsace est moins agressive que la liberté des Germains*", avertit l'historien dès la *Germanie* (XXXVII, 3). Et contre ces "barbares", pas d'alternative : ce sont les légions qui apporteront la victoire ; il faudra pour cela plusieurs années d'une stratégie de conquête territoriale entre le Rhin et l'Elbe, sur le modèle d'Agricola, le beau-père de Tacite, qui avança campagne après campagne jusqu'en Calédonie dans l'île de Bretagne[30]. La consolidation de la frontière sur le Rhin et le Danube sous les Flaviens – ce que Luttwak appelle la "frontière scientifique" – ne protège nullement l'Empire[31]. Tacite perçoit bien le tournant stratégique majeur engagé par Tibère au Nord lorsqu'il rappelle son neveu Germanicus

---

30 Cf. P. Laederich, *op. cit.*, pp. 253-254 ; 331-354 ; 397-413.

31 *Op. cit.*, pp. 129-149.

et met un terme aux offensives, désireux de privilégier désormais les manœuvres extérieures (*plura consilio quam ui*, *Annales*, II, 26, 3), poursuivi par ses successeurs et consacré dans la pierre et les fameuses “routes stratégiques” (*limites*) par les Flaviens.

Au fond, les spécialistes qui accusèrent Luttwak de n’avoir pas lu les sources anciennes les avaient-ils eux-mêmes bien comprises ? On peut retrouver chez d’autres historiens de Rome témoignage d’une vision élaborée et cohérente de la stratégie impériale (ainsi Dion Cassius, Ammien Marcellin) ; l’article fort complet d’E.L. Wheeler, publié pour la première fois en 1993 dans le *Journal of Military History*, que cette nouvelle édition propose en appendice dans une traduction de Ph. Richardot, en apporte une remarquable illustration, tout en mettant en évidence les excès et multiples erreurs méthodologiques des critiques les plus virulents – B. Isaac en particulier – à l’égard des thèses de Luttwak.

Laissons tout d’abord la parole à l’auteur de la *Grande stratégie de l’Empire romain*, qu’il est grand temps de lire ou relire dans cette deuxième édition française, vingt-deux ans après la première – en attendant une *Grande stratégie de l’Empire byzantin*, longuement mûrie et dont la traduction française est annoncée.

Pierre LAEDERICH

Avant-propos

Il est à peine nécessaire de justifier une enquête sur la diplomatie stratégique de l'empire romain. Dans les annales de notre civilisation, la réussite de Rome reste entièrement inégalée dans le domaine de la grande stratégie et même ses leçons ne sont pas rendues caduques par deux millénaires de changements technologiques. De toute manière, faire l'étude de l'histoire romaine, c'est lui apporter sa propre récompense.

Pour celui qui est habitué aux redites confuses, au langage utilisant une explication scientiste et à l'étroitesse d'esprit de clocher des écrits sur les relations internationales, la discipline accumulatrice, l'élégance austère et le caractère universel de l'historiographie romaine apparaissent comme une révélation. Ces qualités sont tout particulièrement présentes dans les écrits spécialisés sur l'armée romaine et sur l'histoire militaire de l'empire. Néanmoins, mon propre travail m'a été suggéré par le sentiment d'insatisfaction que ces mêmes écrits me font ressentir : les archéologues, les épigraphistes, les numismates et les critiques de textes dont les travaux diligents ont dévoilé les bases sur lesquelles reposent nos connaissances, se sont souvent servis avec excès de notions stratégiques impropres pour bâtir un témoignage. Ce n'est pas que ces chercheurs fussent ignorants des dernières techniques d'analyse de système ou non informés du contenu de la pensée stratégique moderne ; en fait, leur insuffisance n'était pas qu'ils fussent démodés, mais plutôt qu'ils étaient bien trop modernes.

Depuis le commencement du XIXe siècle jusqu'à Hiroshima, la pensée stratégique fut dominée par des notions post-napoléoniennes, “clausewitziennes”, et ces notions se sont glissées dans la pensée de nombreux chercheurs dont les intérêts essentiels sont loin des choses militaires. Dans leur forme brute et vulgarisée, ces idées insistent sur une forme particulière de guerre, un conflit entre nationalités ; elles soulignent la primauté et le désir de mener une guerre offensive à la recherche de résultats décisifs (inspirant ainsi une aversion pour les stratégies défensives) ; elles impliquent une distinction nette entre l'état de paix et l'état de guerre. Finalement, ces idées accordent la primauté à l'usage actif de la force militaire, opposé à l'usage des images de force, par des objectifs de contrainte diplomatique.

Ce n'est qu'à partir de 1945 que l'apparition de nouvelles techniques de destruction massive a rendu caduques les hypothèses fondamentales de l'approche clausewitzienne de la grande stratégie. Nous sommes comme les Romains, en présence non d'un conflit décisif, mais d'un état de guerre permanent, quoique illimité. Nous devons, comme les Romains, activement protéger une société plus évoluée contre des menaces diverses plutôt que concentrer nos efforts sur la destruction des forces ennemies dans la bataille. Avant tout, la nature des armes modernes exige que nous évitions leur emploi, toutefois en nous efforçant d'exploiter leur potentiel diplomatique. Les implications révolutionnaires de ces changements fondamentaux commencent seulement à être confusément comprises. Il n'est pas surprenant, par conséquent, que même la recherche contemporaine sur l'histoire militaire de Rome soit encore pénétrée par une vision anachronique de la stratégie.

L'effet paradoxal de ce changement révolutionnaire dans la nature de la guerre moderne a rapproché la situation stratégique fâcheuse de Rome beaucoup plus près de la nôtre. D'où ce réexamen du témoignage historique du point de vue de l'analyse stratégique moderne.

REMERCIEMENTS

À mes maîtres, collègues, amis, Walter Laqueur, Robert Tucker, David Abshire, James King, George Liska, Robert Osgood, Francis West, and James Schlesinger - *non tamen adeo virtutum sterile saeculum ut non et bona exempla prodidit.* Michael Aronson, JoAnn Gutin, et Shom Edmond, tous ont contribué diversement à la sortie de ce livre. Qu'ils reçoivent ici l'expression de ma gratitude et de mes hommages. Joseph Stonestreet a dessiné les cartes et les figures d'après de simples croquis et W. Seth Carus a dressé l'index. Mrs Catherine Grover a dactylographié un texte difficile avec beaucoup de soins.

Introduction

À notre époque troublée, il est naturel de regarder vers le modèle offert par la politique de la Rome impériale pour nous rassurer et nous instruire. Si l'on ne peut établir aucun parallèle pour ce qui touche à la vie économique, sociale et politique, on peut faire des rapprochements instructifs dans le domaine de la stratégie. La stratégie de Rome à l'époque impériale n'était pas seulement fondée sur une technologie maintenant dépassée, mais aussi sur une conception que nous partageons. Pour les Romains, comme pour nous, les deux exigences essentielles d'une civilisation en évolution étaient une saine base matérielle et la sécurité qui la conditionnait. Pour les Romains, comme pour nous, le but idéal de la conduite diplomatico-stratégique était d'assurer la survie de la civilisation sans porter atteinte à la vitalité économique et sans compromettre l'évolution de l'ordre politique. Le succès historique de l'empire romain, exemplaire par sa durée exceptionnelle, montre à quel point ces impératifs contradictoires s'étaient harmonisés. Ce n'est certainement pas l'action sur le champ de bataille seule qui a assuré si longtemps la tranquillité de vastes territoires, lesquels ont été par la suite en proie à des troubles.

Si la force de l'empire romain n'était le fait que d'une supériorité tactique sur le champ de bataille, ou du talent d'un général, ou encore d'un armement plus efficace, il n'y aurait guère matière à analyse mais à récit. Mais il n'en était pas ainsi. La tactique romaine était presque toujours solide mais pas particulièrement exceptionnelle, et le soldat romain de l'époque impériale n'était pas remarquable par son élan. Ce n'était pas un combattant résolu à montrer sa force, mais un professionnel recherchant l'avancement : son but et sa récompense n'étaient pas la fin héroïque, mais l'octroi d'une retraite. L'armement romain, loin d'avoir été le plus évolué, était souvent inférieur à celui utilisé par les ennemis que l'empire avait constamment défaits. La survie de l'empire à travers les siècles n'a pas été due à une heureuse succession de hauts faits des généraux : l'armée romaine possédait une multitude de soldats compétents et quelques grands généraux, mais son efficacité provenait plus de la méthode que de l'improvisation.

La supériorité de cet empire si vaste était d'un ordre autrement plus subtil : elle découlait d'un ensemble d'idées et de traditions qui présidait à l'organisation de la force militaire et soumettait la puissance des armées au dessein politique de l'empire. La constante subordination des priorités tactiques, des idéaux martiaux et des instincts guerriers au but politique était la condition essentielle du succès stratégique de l'empire. À de rares exceptions près, ceux qui présidaient aux destinées de Rome réprouvaient le mauvais usage de la force en vue de buts purement tactiques, ou encore les victoires inutiles en vue d'un triomphe. À l'époque impériale du moins, la force militaire était clairement reconnue pour ce qu'elle est, un instrument de puissance essentiellement limité, coûteux et fragile. Il valait mieux conserver la force et n'utiliser la puissance militaire qu'indirectement en tant qu'instrument de lutte politique.

En plus de l'argent et d'une diplomatie manœuvrière, les forces visiblement prêtes à combattre, mais tenues à l'écart du champ de bataille, pouvaient semer la désunion parmi ceux qui auraient pu ensemble menacer l'empire, dissuader ceux qui autrement l'auraient attaqué, et maîtriser les pays et les peuples par l'intimidation. L'idéal était de parvenir sans aucun usage de la force à une sécurité suffisante ou même à une domination effective. Ayant appris à l'époque républicaine à triompher des voisins sur le champ de bataille grâce à la pure tactique, ayant ensuite maîtrisé les complexités stratégiques d'une guerre à grande échelle dans la lutte contre les Carthaginois, les Romains apprirent finalement que l'usage le plus souhaitable de la puissance militaire n'était pas du tout militaire mais politique et, en fait, ils conquirent tout le monde hellénistique avec peu de batailles et beaucoup de diplomatie coercitive.

Le même effort pour conserver la force était aussi évident en période de guerre, au niveau tactique. Le général romain idéal n'était pas du type héroïque, chargeant témérairement à la tête de ses troupes vers la victoire ou la mort. Il serait plutôt celui qui avance par une marche lente et soigneusement préparée, construisant derrière lui des routes pour le ravitaillement et des camps fortifiés chaque nuit, afin d'empêcher les risques imprévisibles d'un coup de main. Il préférait laisser l'ennemi se retirer sur des positions fortifiées plutôt que d'accepter les pertes inévitables en rase campagne et il cherchait à l'affamer au cours d'un siège prolongé, plutôt que de souffrir des pertes importantes en prenant d'assaut les fortifications. Les grands généraux romains avaient la réputation d'agir avec la plus extrême précaution, car ils ne tenaient pas compte de l'influence des idéaux martiaux grecs sous-jacents dans l'esprit du temps (le plus téméraire des hommes, Alexandre le Grand, était réellement un objet de vénération dans beaucoup de foyers romains).

C'est précisément cet aspect de la tactique romaine (outre l'important appui des forces du génie) qui explique la ténacité des armées romaines en campagne, autant que leur exceptionnelle résistance dans l'adversité : les Romains construisaient leurs victoires lentement, mais ils étaient très durs à vaincre.

Les Romains n'avaient apparemment pas besoin d'un Clausewitz pour soumettre leur énergie militaire à l'exigence des buts politiques ; il semble qu'ils n'avaient pas non plus besoin des techniques analytiques modernes. Ignorant la nouvelle science de l'"analyse systémique", ils conçurent et réalisèrent des dispositifs importants et complexes de sécurité qui alliaient en un tout cohérent et efficace le déploiement des troupes, les défenses fixes, le réseau routier et les transmissions. Dans le domaine plus abstrait de la stratégie, il est évident que, soit par l'intelligence, soit par l'intuition traditionnelle, les Romains comprirent toutes les subtilités de la dissuasion, mais aussi ses limites. Avant tout, les Romains se rendirent compte que l'élément prédominant de la puissance n'était pas matériel mais psychologique – résultant de l'idée que les autres se faisaient de la force romaine plutôt que de l'usage de celle-ci. Et cette idée, à elle seule, peut expliquer la complexité de la stratégie romaine à son apogée.

Le siège de Masada, en 70-73 de notre ère, révèle la mise en œuvre particulièrement subtile d'une politique de sécurité à long terme reposant sur la dissuasion. Confrontés à la résistance de quelques centaines de Juifs sur une montagne dans le désert de Judée, à un endroit dont la possession n'avait aucune importance stratégique ou économique, les Romains auraient pu isoler les rebelles en les faisant surveiller par quelques centaines d'hommes. Un contingent de cavalerie romaine, basé aux sources avoisinantes d'Ein Geddi, aurait pu attendre patiemment que les Juifs épuisent leur provision d'eau. Ou encore, les Romains auraient pu donner l'assaut à la forteresse. La guerre juive était pratiquement gagnée, et seule Masada tenait encore ; mais cette étincelle de résistance pouvait rallumer à n'importe quel moment la flamme de la révolte. Les pentes de Masada sont abruptes et les Juifs étaient de redoutables guerriers, mais avec plusieurs milliers d'hommes les pressant de tous côtés, les défenseurs n'auraient pas pu contenir longtemps les assaillants, bien qu'ils eussent pu en tuer un grand nombre.

Les Romains ne firent rien de cela. Ils n'affamèrent pas les Juifs et ils ne prirent pas d'assaut la forteresse. Au contraire, alors que l'armée romaine ne comprenait que 29 légions pour contrôler tout l'empire, l'une d'elles fut utilisée pour assiéger Masada ; pour réduire la forteresse, elle fit de grands travaux de terrassement comprenant une énorme rampe atteignant le sommet de la montagne. N'était-il pas apparemment irrationnel d'employer ce peu d'hommes pour une aussi vaste entreprise ? Cette opération, qui a duré trois ans, pour un objectif insignifiant, a dû faire planer de lourdes menaces sur tous les peuples de l'Orient qui auraient pu être tentés d'envisager une révolte : l'exemple de Masada montrait que les Romains étaient décidés à poursuivre les rebelles jusqu'aux sommets même des montagnes, au plus profond du désert, pour les anéantir à tout prix. Et pour s'assurer que le message avait été dûment compris et dûment retenu, on fit venir Flavius Josèphe à Rome, où il écrivit une relation détaillée du siège qui fut publiée en grec, langue d'adoption de l'auteur et de tout l'Orient romain.

L'hypothèse que l'opération de Masada a été un acte calculé de guerre psychologique est, bien entendu, conjecturale. Mais aucune autre explication n'est crédible, car poursuivre aveuglément et obstinément l'opération aurait été parfaitement incompatible avec tout ce que nous connaissons des acteurs, particulièrement de Vespasien, homme éminemment pratique, et dont la principale qualité était un bon sens perspicace.

Nous n'avons pas à nous appuyer sur des conjectures pour reconstituer en détail les caractères fondamentaux de la politique impériale de Rome depuis le premier siècle de notre âge jusqu'au troisième, sujet de cette étude. Les sources écrites, indispensables pour appréhender dans le détail la démarche politique et ses motifs, sont malheureusement incomplètes et parfois suspectes. Mais les travaux de générations de chercheurs ont fourni une masse de documents détaillés sur les éléments réels de la stratégie impériale : organisation de l'armée, tracé des défenses frontalières et dispositifs des fortifications autonomes. Parallèlement, on connaît suffisamment les points saillants et le caractère général de la diplomatie romaine pour brosser un tableau cohérent de la politique impériale dans son ensemble, à la fois l'appareil et le logiciel.

On peut distinguer trois systèmes différents concernant la sécurité de l'empire pour la période qui nous occupe. Nous pouvons parler de systèmes au sens propre, car chacun intègre la diplomatie, les forces militaires, le réseau de routes et les fortifications pour un unique objectif. De plus, le dispositif de chaque élément traduit la logique de l'ensemble. Le but de chaque système était de satisfaire un ensemble distinct de priorités, elles-mêmes le reflet de conceptions conjoncturelles de l'empire : expansion hégémonique pour le premier système, sécurité territoriale pour le deuxième ; et finalement, dans des circonstances graves, la simple survie de la puissance impériale elle-même. Chaque système était fondé sur une combinaison différente de diplomatie, de force armée et d'infrastructures fixes, et chacun déterminait l'adoption de différentes méthodes opérationnelles, mais, plus fondamentalement, chaque système reflétait une vue du monde différente et l'image que Rome se faisait d'elle-même.

On pourrait dire, en gros, qu'avec le premier système, les Romains de la République ont beaucoup conquis pour servir les intérêts d'un petit nombre, ceux qui vivaient à Rome – en fait, d'un nombre encore plus faible, ceux qui étaient le mieux placés pour diriger la politique. Pendant le premier siècle de notre ère, les idées romaines évoluèrent vers une conception de l'empire plus vaste et, à tout prendre, plus bienveillante.

Avec le deuxième système, les hommes nés dans des contrées éloignées de Rome pouvaient s'appeler Romains et voir ce droit pleinement reconnu ; les frontières étaient défendues efficacement pour sauvegarder la prospérité grandissante de tous, et pas uniquement celle des privilégiés ; d'où cet empire du IIe siècle de notre ère, qui servait les intérêts de millions d'hommes et non de quelques milliers.

Avec le troisième système, organisé après la grande crise du IIIe siècle, la question de la sécurité devint une contrainte extrêmement lourde pour la société, une charge inégalement répartie, qui pouvait enrichir les nantis et ruiner les pauvres. Les rouages de l'empire furent alors de plus en plus au service de l'État, avec les collecteurs d'impôts, les administrateurs et les soldats, plus utiles les uns aux autres qu'à la société en général. Même à ce moment-là, l'empire reçut des marques de fidélité de nombreux citoyens, car sans lui c'était le chaos. Quand ce ne fut plus ainsi et que des États barbares organisés, donc capables de prendre des mesures pour assurer leur sécurité, firent leur apparition sur des terres naguère romaines, alors le dernier système de sécurité impérial perdit son ultime soutien, la peur des hommes pour l'inconnu.

Chapitre Premier

Le système julio-claudien États-clients et armées mobiles d'Auguste à Néron

Le premier système impérial de sécurité était essentiellement celui de la république finissante, encore en vigueur au cours du Ier siècle de notre ère, sous cette forme particulière d'autocratie qu'est le principat. Créé par le parti d'Octave, lui-même un spécialiste de l'ambiguïté constitutionnelle, le principat était républicain dans sa forme mais autocratique au fond. Les magistratures étaient, comme dans le passé, exercées pour superviser la vie publique, et le Sénat, comme naguère, siégeait, apparemment chargé de la cité et de l'empire. En fait, la direction réelle des affaires était entre les mains de la famille et de la clientèle d'Octave, parent et héritier de Jules César, ultime vainqueur de la Guerre civile qui avait débuté avec le meurtre de César et s'était terminée en 30 av. J.C. par la défaite d'Antoine et de Cléopâtre.

Jules César, dictateur, avait renversé les faibles institutions de la république. Son héritier, tout puissant après Actium, restaura la république pour la subvertir aussitôt. En 27 av. J.C., Octave adopta le nom d'Auguste, nom qui rappelait l'idée d'une autorité semi-religieuse ; Rome avait en lui un nouveau maître. En théorie, Auguste n'était que le premier citoyen (*princeps*), mais c'était un citoyen qui contrôlait les élections de tous les magistrats ainsi que le commandement de toutes les armées. Ni despote oriental, ni dieu vivant, le *princeps* était, en théorie, toujours soumis aux lois et à la volonté du Sénat. Mais le pouvoir direct qu'avait Auguste, celui qu'il tenait de ses légions, dépassait de beaucoup l'autorité du Sénat, et les sénateurs reconnaissaient ce pouvoir par une obéissance empressée.

Sous Auguste, les conquêtes étendues mais dispersées de deux siècles d'expansion républicaine furent arrondies ou consolidées en une seule génération. L'Espagne fut occupée entièrement dès 25 av. J.C., et trois provinces furent organisées (Bétique, Lusitanie, Tarraconnaise), bien que la dernière révolte indigène ne fût étouffée qu'en 19 av. J.C. L'intérieur de la Gaule, conquis par César mais sans que la levée des impôts y fût organisée, fut divisé en trois nouvelles provinces : Aquitaine, Lyonnaise et Belgique. En Gaule méridionale, l'ancienne province de Gaule transalpine, formée en 121 av. J.C., ne fut pas réorganisée mais simplement rebaptisée Narbonnaise ; c'était une région déjà profondément romanisée et civilisée de longue date.

Il n'en allait pas de même pour la Germanie. Ce ne fut que vers 9 av. J.C. que les expéditions romaines atteignirent l'Elbe. Les légionnaires et les marchands y étaient présents, mais pour créer une province de Germanie, il aurait été nécessaire de réduire toutes les forces indépendantes entre Rhin et Elbe. C'est ce que les Romains firent dès l'an 6 de notre ère, en prenant en tenaille, à partir du Rhin supérieur et du Danube la région qui est aujourd'hui la Bohême, encerclant ainsi les Marcomans, le peuple le plus puissant du sud de la Germanie. Entre-temps, P. Quintilius Varus se trouvait dans le nord-ouest de la Germanie avec trois légions et des troupes auxiliaires, non pas pour combattre, mais pour organiser la collecte de l'impôt dans des terres considérées comme conquises.

Mais la grande offensive contre les Marcomans dut être annulée au moment où elle allait commencer ; en Illyricum, située à l'arrière du front Sud, une grande révolte avait éclaté. En 9 de notre ère, elle fut finalement matée, mais au même moment, les trois légions et les auxiliaires de Varus tombèrent dans une embuscade et furent anéantis par les Germains d'Arminius, chef des Chérusques, qui avait servi auparavant dans les troupes auxiliaires. Le désastre de Varus mit fin à la conquête de la Germanie par Auguste. Les pays à l'est du Rhin furent évacués et deux commandements militaires, de Germanie supérieure et de Germanie inférieure, furent créés pour surveiller les territoires à l'ouest du Rhin.

Au Sud, la politique de Rome eut plus de succès. La région alpine s'étendant depuis le piémont italien jusqu'au cours supérieur du Danube fut soumise en 15 av. J.C. ; une partie fut incorporée à l'Italie, et une autre organisée en deux provinces, la Rhétie et le Norique (en gros la Bavière, la Suisse et l'Autriche occidentale). À l'est du Norique, les territoires au sud du Danube, déjà sous le contrôle de Rome, entouraient la région côtière de l'Illyricum, la Macédoine et le royaume de Thrace, client de Rome. Sous Auguste, Rome conquit tout le reste des terres en bordure du Danube, depuis la Croatie jusqu'à ce qui est aujourd'hui la Moldavie. En 6 de notre ère, quand l'encerclement des Marcomans était sur le point de commencer, la puissance romaine était encore trop récente pour pacifier ces contrées instables. Quand le soulèvement survint, ce fut sur une grande échelle ; ce qu'on appelle le soulèvement de Pannonie, ayant en réalité pour foyer la région montagneuse et sans routes de l'Illyricum, fut, de loin, la plus coûteuse des guerres d'Auguste. Trois années de durs combats furent nécessaires avec toutes les légions que l'empire avait pu ressembler – y compris les esclaves et les affranchis – pour soumettre l'Illyricum. Le désastre de Varus suivit presque immédiatement la fin de la révolte en 9, et il ne fut plus envisagé de conquérir les terres au-delà du Danube. Les régions côtières de l'Illyricum constituèrent la Dalmatie, et l'intérieur devint la province de Pannonie. Le cours inférieur du Danube jusqu'au grand delta (sur la frontière russo-roumaine d'après 1945) était bordé sur la rive Sud par la vaste province de Mésie, alors que le royaume client de Thrace occupait la plus grande partie de l'arrière-pays, dans la moderne Bulgarie.

En Orient, Auguste ne fit aucune conquête. La moitié occidentale de l'Anatolie était depuis longtemps (133 av. J.C.) une province, celle d'Asie (le sud-ouest de la Turquie actuelle). Le royaume client de Galatie fut annexé en 25 av. J.C. et devint province ; au-delà de la Galatie, des royaumes clients de Rome s'étendaient depuis la mer Noire jusqu'à la province de Syrie ; le plus étendu était celui de Cappadoce. À l'est, il y avait l'Arménie, vaste, sauvage et montagneuse, presque entièrement dénuée de valeur, mais néanmoins importante, car au-delà et au sud de celle-ci s'étendait le royaume des Parthes Arsacides, civilisé, unique puissance pouvant présenter une menace stratégique sérieuse pour l'empire dans cette région.

Auguste n'essaya pas de venger la grave défaite infligée à Carrhae par les Parthes à l'armée romaine de Crassus, en 53 av. J.C. En revanche, en 20 av. J.C., il parvint à un compromis réglant le sort de l'Arménie qui devait être gouvernée par un roi de la famille des Arsacides, avec l'investiture de Rome. Derrière cet accord adroitement conçu se dessinait une manœuvre stratégique, car les troupes des Parthes, par ce moyen, seraient écartées du territoire d'une Arménie neutralisée, et ainsi également tenues loin de l'Anatolie sans défense et de la précieuse Syrie. Il y avait aussi une question politique, plus précisément de politique intérieure. Les aigles perdues à Carrhae furent retournées à Rome en grande pompe ; Auguste émit des pièces de monnaie dont la légende proclamait mensongèrement la "prise de l'Arménie".

Contiguë au royaume client de l'Anatolie orientale, vers le Sud, la Syrie était organisée en province payant l'impôt depuis 63 av. J.C. Proche de celle-ci, la Judée, un royaume client jusqu'en 6 de notre ère, enfin, au-delà, le Sinaï et l'Égypte. L'Égypte, province depuis 30 av. J.C., dépendait directement d'Auguste par l'intermédiaire d'un préfet qui ne pouvait pas être de rang sénatorial. Un sénateur pouvait toujours rêver de devenir empereur, et le contrôle de l'approvisionnement en blé serait, aux mains d'un rebelle, l'équivalent de nombreuses légions.

Le reste de l'Afrique du Nord était territoire provincial : la Cyrénaïque (Libye orientale) avait été organisée en 74 av. J.C. et la province d'Afrique (Libye occidentale et Tunisie) l'était depuis la destruction de Carthage en 146 av. J.C. Mais le cercle n'était pas complet et Auguste ne chercha pas à le fermer : au-delà de la province d'Afrique, sur les territoires de l'Algérie et du Maroc actuels, l'autorité de Rome s'exerçait indirectement par le royaume client de Maurétanie.

En 9 de notre ère, l'énergie expansionniste d'Auguste se tarit, épuisée par les troubles de l'Illyricum et de Germanie. Ce fait ne pouvait être caché, mais nécessité vaut vertu. Quand Auguste mourut en 14 de notre ère, son fils adoptif Tibère, de la gens Claudia (Auguste appartenait aux Julii), reçut en héritage un vaste empire ; il avait beaucoup aidé à le conquérir mais il fut aussi averti qu'il ne fallait pas étendre davantage ses frontières.

Tibère était habile, on le disait pervers ; il gouverna jusqu'en 37. Il eut à lutter pour maîtriser des révoltes internes mais jamais il n'entreprit de guerres de conquête. Sa prise du pouvoir fut simple : un Sénat timoré le proclama empereur avec autant d'empressement que de crainte et aucun général ne contesta cette décision en venant à Rome à la tête de ses légions. Gaius, dont le sobriquet était Caligula, succéda à Tibère de la même façon. Instable – ou peut-être nos sources l'ont-elles calomnié ? –, il fut assassiné en 41. Il y eut des pourparlers pour restaurer la république. Mais Claude, oncle de l'empereur assassiné, fut proclamé empereur à son tour, non par le Sénat mais par la garde prétorienne et cela ne fut pas désintéressé puisque chacun des 4 500 prétoriens reçut 3 750 deniers à titre de gratification, ce qui correspondait à plus de seize années de paye pour un simple soldat servant dans les légions.

Homme d'apparence grotesque, ridicule dans son comportement avec les femmes, Claude fut à la tête d'un régime remarquable pour sa bienveillance accrue envers les provinciaux, et qui bientôt reprit le chemin des conquêtes impériales après un intervalle de 37 ans. En 43, la Bretagne fut envahie et, par la suite, conquise par étapes, mais en partie seulement. Septime Sévère, 160 ans plus tard, guerroyait encore en Écosse.

Les sénateurs auraient pu encore essayer de restaurer la république par l'épée, mais Claude mourut en 54, probablement empoisonné pour des motifs futiles. Son fils adoptif Néron, le dernier des Claudii, accéda au principat. Il inaugura son règne avec la première guerre des Parthes. Tiridatès, un Arsacide, était devenu roi d'Arménie sans avoir reçu l'investiture de Rome ; on craignait que l'Arménie, État-tampon, ne devînt une base d'opérations pour les armées parthes qui menaçaient l'Anatolie sans défense et la Syrie faiblement protégée.

Néron est connu pour ses extravagances et ses meurtres ; en dépit de cela, il se comporta sagement dans sa politique : la conduite de la guerre contre les Parthes fut raisonnable et apporta le succès avec pour dénouement un compromis utile. En 66, après 11 années de guerre intermittente et d'efforts diplomatiques presque constants, Tiridatès fut à nouveau couronné roi d'Arménie, mais cette fois-ci à Rome.

Cet accord survint juste à temps. En 66, la révolte des Juifs éclata et devint rapidement une véritable guerre. Elle devait durer jusqu'en 73 si l'on tient compte de la résistance isolée de Masada. Néron mourut avant de voir la fin de cette guerre, car le dernier des Julio-Claudiens se suicida en 68 ; les excès ou l'infortune l'avaient laissé sans le soutien des prétoriens ni celui des sénateurs quand on contesta sa légalité.

C. Julius Vindex, homme nouveau, Gaulois et gouverneur de la Lyonnaise était, comme de nombreux

Romains, alarmé mais pas intimidé par la terreur débridée de Néron. Il déclara celui-ci indigne d'assumer ses fonctions et proposa comme *princeps* S. Sulpicius Galba, d'âge avancé, de noble lignée, homme de discipline stricte et très riche. Galba pouvait s'appuyer sur les sentiments aristocratiques du Sénat, mais il n'avait à sa disposition, en tant que gouverneur de la Tarraconnaise, qu'une seule légion. Il commença par en lever une autre, mais ne put porter secours à Vindex quand le gouverneur de Germanie supérieure descendit en Gaule avec ses légions.

Combattre les milices gauloises levées par un parvenu gaulois était une chose, mais c'en était une autre de défendre le pouvoir de Néron contre Galba, grand aristocrate romain. Ainsi la cause de Néron triomphait, mais Néron était perdu. Il n'avait pas d'appui à Rome, ou du moins le croyait-il, dans son irritation et son affolement. Il ne fit pas appel aux légions aux frontières où le prestige des Julio-Claudiens aurait pu faire oublier ses graves fautes personnelles. Au lieu de cela, il songea à fuir en Égypte selon certains. En cours de route, son escorte de prétoriens l'abandonna et il chercha refuge chez un affranchi. C'est là qu'il apprit que le Sénat l'avait déclaré ennemi public et l'avait condamné à être flagellé à mort selon l'ancienne coutume. Il se suicida, aidé par un de ses affranchis, le 9 juin 68. Avec lui se terminait le règne des Julio-Claudiens.

1. Aperçu du système

Le trait le plus marquant du système impérial de sécurité de la période julio-claudienne réside dans l'économie des forces. À la mort d'Auguste en 14, les territoires assujettis directement ou indirectement à l'autorité impériale comprenaient les pays riverains de tout le bassin méditerranéen, la péninsule ibérique, l'Europe continentale jusqu'au Rhin et au Danube, l'Anatolie et, dans une certaine mesure, le royaume du Bosphore sur la rive Nord de la mer Noire. L'autorité sur ce vaste ensemble était exercée par une armée peu importante, dont l'effectif, fixé au commencement du principat, s'était, par la suite, légèrement accru.

Après le désastre de Varus et la perte de ses trois légions en 9, il ne resta que 25 légions sous Tibère, de 14 à 37[1]. Huit nouvelles légions furent levées entre l'accession de Caligula en 37 et la Guerre Civile de 69-70, mais quatre furent licenciées, si bien que sous Vespasien, leur nombre fut ramené à 29, une de plus que le nombre initial fixé par Auguste[2].

Il existe une faible marge d'incertitude quant à l'exact effectif en hommes de ces légions, mais les spécialistes s'accordent pour donner à chacune 6 000 hommes environ, comprenant 5 120 ou 5 280 fantassins, un contingent de cavaliers de 120 hommes et divers services d'état-major[3]. D'après ces chiffres, la limite supérieure du nombre des légionnaires serait d'à peu près 168 000 hommes jusqu'en 9, ensuite 150 000 et enfin pas plus de 174 000 après 70.

Outre les légions d'infanterie lourde, encore composées de citoyens volontaires pour un service de longue durée, il y avait les *auxilia* comprenant uniquement des

---

1 Ronald Syme, "Some Notes on the Legions under Augustus", JRS 23, 1933 14-33. Voir aussi H.M.D. Parker, *The Roman Legions,* Oxford, Clarendon Press, 1929, pp. 72-92. Le document le plus important reste Ritterling, *Legio*, in Pauly-Wissowa, REA.

2 Voir, pour un court résumé de la preuve, Passarini, DE, 4, fasc. 18, pp. 555-557, *Legio*.

3 On suppose généralement que les légions du Principat avaient un effectif de 5 280 fantassins (neuf cohortes normales de six centuries comprenant chacune 80 h, et une première cohorte de six doubles centuries, c.à.d. 960 h) plus 120 h montés (cf. p. 556). Une relecture de *De Munitionibus Castrorum*, la source essentielle, donne un total de 5 120 fantassins dans neuf cohortes normales et une première cohorte de cinq plutôt que six centuries doubles ; voir R.W Davies, "Appendix", *Epigraphische Studien,* n° 4, 1957, pp. 110-111. À propos de l'effectif des troupes affectées au quartier général, voir David Breeze, "The Organization of the Legion : The first Cohort and the Equites Legionis", JRS 59, 1969, pp. 50-55.

non-citoyens pendant cette période[4]. Les *auxilia* étaient les forces complémentaires des légions ; elles étaient organisées en “ailes” de cavalerie (*alae*), en cohortes d’infanterie légère, ou en unités mixtes cavalerie/ infanterie (*cohortes equitatae*).

On ne possède pas d’évaluation satisfaisante de l’effectif total des forces auxiliaires dans l’ensemble de l’empire, mais les historiens acceptent généralement le texte de Tacite[5] selon lequel, en 23, le nombre total des forces auxiliaires était à peu près le même que celui des forces légionnaires composées de citoyens romains[6].

Au-delà des discussions entre spécialistes, il nous suffit de savoir que le nombre total d’auxiliaires n’a jamais fortement dépassé celui des forces légionnaires – une éventualité jamais exprimée dans les documents. Si donc on s’en tient à l’égalité d’effectifs des légions et des auxiliaires, le nombre total d’hommes dans les forces romaines serait de l’ordre de 300 000 en 23, avec un maximum théorique d’environ 350 000 pour le reste de la période jusqu’en 70[7].

Si l’on tient compte du fait qu’Auguste admet avoir personnellement licencié 300 000 hommes en les payant ou en leur donnant des terres[8], il semblerait que le nombre total des hommes dans les forces de terre n’était pas particulièrement élevé selon les normes de l’époque.

---

4 L’ouvrage de fond reste G.L. Cheesman, *The Auxilia of the Roman Imperial Army*, Oxford, Clarendon Press, 1914. On attend avec impatience un travail du Prof. J.F. Gilliam. Voir l’exposé récent de D.N. Saddington, “The Development of the Roman Auxiliary Forces from Augustus to Trajan”, in ANRW, 2, vol. 3, pp. 176-201.

5 *Annales*, IV, 5.

6 Cf. G.H. Stevenson, CAH 10, 229 ; Cheesman, *Auxilia*, p. 53

7 Cf. J. Szilagyi, “Les variations des centres de prépondérance militaires dans les provinces frontières de l’empire romain”, *Acta Antiqua Academiae Scientiarium Hungaricae* 2, 1953, 133, 147, 156. L’analyse de l’auteur donne une estimation de la force s’élevant à 325/356 000 h pour l’an 6. Ce chiffre descendra à 318 à 348 000 en 20, mais remontera à 368 à 375 000 h en 46.

8 *Res Gestae*, III.

Cependant, les difficultés bien connues du recrutement de citoyens, déjà aiguës à cette époque, montraient qu'il y avait un problème démographique – la "*pénurie de jeunes classes*" (*juventutis penuria*) selon Pline : le nombre total d'hommes en Italie pouvant servir sous les drapeaux n'atteignait pas le million[9].

Il était plus facile d'entretenir une armée que d'en recruter les hommes. La paye annuelle et l'entretien d'un simple légionnaire entraîné s'élevaient à 225 *denarii* ; le coût total des retraites des légionnaires, fixé à 3 000 *denarii* en 5, n'était guère inférieur à celui de la paye et de l'entretien ; de plus, il y avait des gratifications occasionnelles[10]. Néanmoins, on a estimé que le coût annuel de l'armée ne s'élevait pas à plus de la moitié du revenu impérial pendant les premières années du principat[11].

---

9 H.N., VII, 149. Voir P.A. Brunt, *Italian Manpower 225 B.C-14 A.D.,* Oxford, Clarendon Press, 1971. Selon cet auteur, après les guerres et la colonisation sous Jules César, la population mâle adulte de l'Italie atteignait à peu près 1 200 000 hommes comprenant 900 000 juniors, c.à.d. ceux appartenant au niveau le plus jeune des citoyens en âge de porter les armes (p. 512). Il n'est donc pas surprenant que la conscription fût très impopulaire (pp. 414 et ss) ; en fait, elle fut supprimée par Tibère. Dès la première moitié du Ier s. ap. J.C., un tiers de l'effectif légionnaire a dû être d'origine provinciale (cela n'exclurait pas cependant les Romains d'origine et/ou ceux qui ont acquis la citoyenneté) ; voir G. Forni, *Il reclutamento delle legioni da Augusto à Diocleziano,* Milan-Rome, Fratelli Bocca, 1953, pp. 65-76, et Appendice B, pp. 159-168. De telles conditions sont sujettes aux incertitudes qu'entraînent des exemples à très petite échelle ; voir, plus récemment, Forni, "Estrazione etnica e sociale dei soldati delle legioni nei primi tre secoli dell'impero", ANRW, 2, vol. 1, p. 344

10 Voir G.R. Watson, *The Roman Soldier,* Londres, Thames and Hudson, 1969, p. 92, pour la paye des légionnaires et leur entretien ; pour les allocations de retraite (qui peuvent être aussi des donations de terre), voir *ibid,* pp. 147-153 ; à propos des dons, voir, *ibid,* pp. 108-114. Pour la paye des *auxilia,* voir Watson, "The Pay of the Roman Army : The Auxiliary Forces", *Historia* 8, 1959, 372-378.

11 Th. Pekàry, "Studien zur römischen Währungs und Finanzgeschichte von 161 bis 235 n° Chr.", *Historia* 8, 1959, pp. 472-473.

Il n'y a donc aucune raison de penser que la réorganisation de l'armée après la bataille d'Actium fut dictée par des contraintes financières ou de personnel. Il est plus probable que le nombre de légions (soixante environ, certaines étant squelettiques) déployées par l'un et l'autre camp durant la guerre civile[12] fut ramené à vingt-huit selon un plan de déploiement rationnel, dans lequel ce fut le niveau d'efficacité souhaité qui détermina le coût, et non l'inverse.

Dans un passage fameux des *Annales,* Tacite nous donne le seul inventaire complet de déploiement des légions qui existe dans les sources anciennes[13]. Les spécialistes sont en général d'accord pour admettre son exactitude[14]. En 23, neuvième année du principat de Tibère, il y avait huit légions sur le Rhin, trois en Espagne, deux dans la province d'Afrique, deux en Égypte, quatre en Syrie, deux en Mésie et deux en Pannonie (donc, un total de quatre le long du Danube), et enfin deux en Dalmatie, d'où un total de vingt-cinq. De plus, il y avait les *auxilia* pour lesquelles Tacite ne donne pas de détails précis.

Cet exposé peut donner l'impression que les légions, ainsi que les forces auxiliaires les complétant, étaient réparties de façon à former un mince périmètre. On a souvent émis des remarques critiques sur le manque de réserve stratégique qui en découle : il aurait fallu garder loin à l'arrière des forces disponibles[15]. Il est vrai que les

---

12 DE, vol. 4, fasc. 18, p. 555, voir "Legio".

13 IV, 5.

14 G.H. Stevenson, in CAH, 10, 229 ; Parker, *Roman Legions,* p. 119, et *multi alii.*

15 H.G. Pflaum, "Forces et faiblesse de l'armée romaine du Haut-Empire", in *Problèmes de la guerre* à *Rome,* éd. J-P Brisson, Paris et la Haye, Mouton et Cie, 1969, p. 94. Voir aussi, rétrospectivement, D. Van Berchem, *L'Armée de Dioclétien et la réforme constantinienne,* Institut français d'Archéologie de Beyrouth, bibliothèque archéologique et historique 56, Paris, Geuthner, 1952, pp. 103-104, dont l'argument à l'adresse de l'armée de la fin du Principat s'applique *a fortiori* à la période julio-claudienne.

forces en Italie, neuf cohortes prétoriennes et quatre cohortes urbaines, n'étaient pas importantes ; les premières pouvaient tout au plus fournir une forte escorte aux empereurs quand ils se mettaient en campagne ; quant aux secondes, elles étaient surtout une force de police. D'autre part, Tacite nous décrit les deux légions de Dalmatie comme étant une réserve stratégique qui pourrait protéger *in situ* les axes d'invasion venant du Nord-Est et menaçant l'Italie tandis qu'elles seraient disponibles pour un redéploiement n'importe où, puisque la Dalmatie n'était pas une province frontière.

En fait, l'idée d'un déploiement sur le périmètre est trompeuse. En premier lieu, comme on l'a déjà signalé, la priorité de la sécurité intérieure sur la sécurité extérieure était le facteur clé de la distribution des légions[16]. D'où les trois légions en Espagne, qui n'étaient pas une province frontière, mais se trouvait au stade final d'un effort de pacification séculaire ; de même pour les deux légions de Dalmatie, sur l'arrière des forces qui tenaient la Pannonie. Comme le montre Tacite, la Dalmatie était la région convenable pour y stationner une réserve stratégique, mais cette province avait aussi été le théâtre de la dangereuse révolte de Pannonie entre 6 et 9, "*la plus sérieuse de nos guerres étrangères depuis les guerres puniques*" selon Suétone (*gravissimum omnium externorum bellorum post Punica*)[17].

De même, les deux légions stationnées en Égypte n'y étaient manifestement pas pour la protéger contre des menaces extérieures, par exemple, les incursions des nomades. Pour s'opposer à des adversaires aussi insaisissables ou pour les dissuader, des unités auxiliaires, surtout si elles étaient montées, auraient été beaucoup plus efficaces que la lourde masse des légions. Ces

---

16 G.H. Stevenson, *Roman Provincial Administration till the Age of the Antonines*, Oxford, Basil Blackwell, 1939, p. 102 ; F.E. Adcock, CAH 10, 598-599.

17 *Tibère*, XVI.

dernières, en revanche, convenaient parfaitement pour le maintien de l'ordre intérieur.

Il n'existait alors ni frontière impériale bien marquée, ni système de défense fixe aux frontières, ni forteresses permanentes construites en pierres pour abriter les légions, comme cela se fera ultérieurement. Au lieu de cela, les troupes dormaient sous des tentes de cuir ou dans des quartiers d'hiver (*hiberna*) bâtis en bois et situés dans des camps dont les défenses à l'entour n'étaient pas plus compliquées que celles du camp fait habituellement l'après-midi par les légions après une journée de marche[18]. Ces camps légionnaires n'étaient pas non plus situés en des points tactiquement importants[19]. En fait, ce n'étaient absolument pas des positions défensives.

Les légions n'étaient pas stationnées pour défendre le territoire alentour, mais plutôt pour servir de forces mobiles d'intervention, car elles étaient déployées le long des routes conduisant à la fois vers des terres inconquises au-delà et aussi vers les provinces de l'arrière parfois instables. Pour des raisons pratiques, leur déploiement était celui d'une armée en campagne, placée il est vrai dans des secteurs très menacés, mais où cependant elles n'étaient pas astreintes à la défense du territoire. Comme il n'y eut pas de guerres de conquêtes entre 6 et 43 (Bretagne), la fonction essentielle de l'armée était nécessairement défensive, c'est-à-dire qu'elle assurait la protection contre l'apparition soudaine de menaces imprévisibles.

Ces menaces étaient principalement internes. En mettant de côté les incursions sporadiques aux frontières

---

[18] C.M. Wells, *The German Policy of Augustus : An Examination of the Archaelogical Evidence,* Oxford, Clarendon Press, 1972. Les conclusions de l'auteur sont résumées pp. 237-246.

[19] Tacite (*Histoires*, IV, 23) rend cela clair quand il décrit le site de Vetera (Xanten), le camp dans lequel une partie d'une légion et les restes d'une autre subirent une attaque pendant la révolte de Civilis (en 69-70).

des Germains, des Daces et plus tard des Sarmates, et aussi le conflit avec les Parthes à propos de l'investiture du roi d'Arménie, les problèmes cruciaux de la sécurité de Rome étaient la conséquence des révoltes indigènes à l'intérieur de l'empire. Il est intéressant de constater qu'un certain laps de temps s'écoulait, quelquefois des générations, entre la conquête initiale et le moment du soulèvement : tandis que la puissance et la "conscience" indigènes étaient encore intactes (Rome elle-même avait introduit des idées d'hégémonie et de cohésion par le recrutement de forces auxiliaires), la résistance au fait brutal de la levée des impôts et de la conscription fut souvent violente, et même quelquefois plus qu'au moment de la conquête initiale[20]. Ainsi la révolte en Illyricum entre 6 et 9 et les soulèvements épisodiques de Tacfarinas en Afrique entre 14 et 24 ; il y eut également des émeutes plus localisées, celles de Florus et de Sacrovir en Gaule en 21, et aussi la Guerre Juive, exemple de guerre aux frontières. En outre, du fait que le nord-ouest de la Germanie avait été considéré comme conquis et que P. Quintilius Varus, "*un avocat en renom sans connaissances militaires*"[21], était plus fait pour organiser une province que pour la conquérir, son désastre en 9 doit être aussi considéré comme la conséquence d'une guerre "intérieure"[22]. Durant cette période, la lutte contre les insurrections internes était une question bien plus difficile à résoudre que le maintien de la sécurité extérieure vis-à-vis des Parthes dont la puissance était la seule réelle menace contre Rome, et encore à l'échelle régionale.

---

20 S.L. Dyson, "Native Revolts in the Roman Empire", *Historia* 20, 1971, 239-274, plus particulièrement pp. 264-267

21 La précision vient de G. Webster, *The Roman Imperial Army of the First and Second Century A.D.,* Londres, Adam & Charles Black, 1968, p. 52.

22 Wells, *German Policy*, p. 239. Voir aussi R. Chevalier, *Rome et la Germanie au Ier siècle de notre ère : problèmes de colonisation,* Latomus 20, 1961, p. 269.

Les colonies étaient un second moyen de contrôle stratégique. Jules César avait systématiquement établi ses vétérans hors de l'Italie et Auguste fonda vingt-huit colonies au bénéfice des vétérans légionnaires. Les colonies, qui n'étaient pas prévues à l'origine pour être des foyers de romanisation[23], étaient des centres de contrôle direct de Rome dans un empire encore en partie hégémonique ; c'est ainsi qu'elles étaient particulièrement importantes dans des zones comme l'Anatolie, où des légions n'étaient pas stationnées en permanence. Qu'elles aient été situées dans les provinces ou dans les États-clients, les colonies fournissaient des renseignements et des bases de surveillance. Leurs citoyens étaient, en fait, une milice toute prête d'anciens légionnaires et de fils de soldats en mesure de défendre leur cité en cas d'attaque et qui pouvaient tenir jusqu'à l'arrivée des forces impériales sur les lieux.

Ni les bases des légions et des *auxilia*, largement éloignées les unes des autres, ni les colonies, disséminées hors de l'Italie, ne pouvaient former un dispositif quelconque qui ressemblât à celui d'une défense complète du périmètre. Il n'y avait ni garde ni patrouille qui puisse s'opposer à une incursion sur les 6 400 km du périmètre terrestre de l'empire ; il n'existait pas de contingents composés de forces mobiles largement distribuées et prêtes à intercepter des raids ou à combattre contre des attaques isolées ; il n'y avait pas de défense du périmètre. Autrement dit, il n'y avait pas de *limes*, au sens second de frontière gardée et fortifiée. À cette époque, le mot gardait son sens premier (encore que ce ne fût pas apparemment son sens original) désignant une voie d'accès *perpendiculaire* à la frontière limitant la partie de l'empire où la sécurité était assurée[24] ; le *limes*

---

23 Voir G.W. Bowersock, *Augustus and the Greek World,* Oxford, Clarendon Press, 1965, p. 66.

24 Pour les divers sens donnés à *limes,* voir G. Forni, in DE, vol. 4, fasc. 34, “Limes”, pp. 1076-1083. Pour la signification correspondant à cette période, le titre “g” (p. 1080). Pour le changement de sens de

représentait une route de pénétration traversant un territoire ennemi plus qu'une frontière “horizontale”, en tout cas certainement pas un périmètre avec des fortifications défensives.

L'absence d'un périmètre défensif est la clé de tout le système de sécurité de l'empire à cette époque. Il n'y avait ni défense frontalière, ni forces locales pour protéger les territoires de l'empire contre de faibles tentatives d'infiltration mineure ou d'incursions aux frontières ou même d'attaque localisée. Comme nous le verrons, une telle protection n'était assurée que par des moyens indirects et non militaires. En se débarrassant pratiquement du lourd problème du maintien d'une défense continue aux frontières, on portait à son maximum la puissance militaire nette “disponible” des forces impériales, et donc la puissance militaire totale disponible pour l'offensive – et cela pouvait par conséquent être mis à l'actif d'un avantage politique par des moyens diplomatiques. Ainsi la puissance militaire potentielle se transformait en autorité politique grandement accrue.

Les États-clients et les tribus clientes furent les instruments diplomatiques de ce changement ; leur perception de la puissance militaire romaine et la crainte des représailles expliquaient leur docilité. En se chargeant de prévenir les attaques contre la province, les clients diminuaient d'autant la nécessité d'assurer la sécurité locale aux frontières contre les attaques de faible ampleur ; de cette façon, la totalité de la puissance militaire disponible de l'empire était accrue... et ainsi de suite.

---

limes, voir Henry E. Pelham, *Essays,* ed. E Haverfield, Oxford, Clarendon Press, 1911, p. 168 et la discussion chez A. Piganiol, “La notion de limes”, in *Quintus Congressus Internationalis limitis Romani Studiosorum,* Acta et Dissertationes Archeologicae, Arheoloski ovi i Rasprave, 111, Zagreb, 1963, pp. 119-122.

2. Les États-clients

En 14, quand Tibère accéda au principat à la mort d'Auguste, une partie importante du territoire de l'empire était constituée d'États-clients, lesquels étaient définitivement de l'empire, même si, peut-être, ils n'étaient pas pleinement dans l'empire[25]. En Occident, la sauvage Maurétanie était gouvernée par Juba II, une créature de Rome mise sur le trône en 25 av. J.C. En Orient, la Judée était devenue une province, mais les territoires de l'ancien royaume d'Hérode, les tétrarchies de Philippe et d'Antipas, restaient autonomes. En Syrie, le petit royaume d'Émèse et la tétrarchie d'Abilène étaient, par comparaison, des entités bien définies dans une zone qui comprenait une masse confuse de petites cités et de tribus clientes – les dix-sept "tétrarchies aux noms barbares" de Pline (*praeter tetrarchias in regna descriptas barbaris nominibus*)[26].

À l'est de la Judée se trouvait l'État marchand d'Arabie nabatéenne. Sa population clairsemée vivait dans de petites cités dans le désert ou bien nomadisait : ses territoires aux limites mal définies s'étendaient à travers le Sinaï et au nord de l'Arabie. L'Anatolie occidentale était organisée en provinces, à l'exception de la "confédération libre" de Lycie. Plus à l'Est, il y avait encore deux États-clients importants, la Cappadoce et le Pont, puis la principauté de Teucride plus modeste, le royaume de Tarcondimotos, Comana et l'important royaume de Commagène ; sur son territoire passaient les routes d'accès à l'Arménie par le Sud, objet de litige car elle était la petite porte d'entrée au royaume des Parthes, et donc une région stratégique clef.

---

25 Légalement, les États-clients constitués relevaient du *jus postliminii,* même si, dans la plupart des cas, ils étaient traités comme des extensions *de facto* du territoire impérial. Cf. P.C. Sands, *The Client Princes of the Roman Empire under the Republic,* Cambridge Historical Essays n° 16, Cambridge at the Unity Press, 1908, p. 115.

26 Pline, *N.H.*, V, 81 f. Cité par M.P. Charlesworth, CAH 11, 616 n.

Au-delà de la mer Noire, l'État du Bosphore à l'est de la Crimée n'était pas contigu au territoire impérial, mais néanmoins était partiellement soumis à l'autorité de Rome : aux yeux de Rome, l'importance de son commerce compensait les troubles réguliers qui le secouaient. Dans les Balkans, la Thrace resta un État-client jusqu'en 46. Même à l'extrémité Nord de la péninsule italienne, la région des Alpes cottiennes, point important de transit, était sous l'autorité d'un chef local, même si aux yeux de Rome, il n'était rien de plus qu'un fonctionnaire désigné par elle.

Ces États-clients organisés, faisant partie d'un empire encore partiellement hégémonique, n'épuisaient pas complètement toutes les possibilités du système de la clientèle. La diplomatie romaine, particulièrement sous le principat de Tibère, organisa également une "frontière invisible" de relations de clientèle avec les peuples les plus primitifs d'au-delà du Rhin et du Danube[27]. Ces clients, dont le niveau de civilisation était faible, n'étaient pas aussi coopératifs que ceux d'Anatolie qui bénéficiaient d'une civilisation matérielle plus poussée et de l'influence en Orient de l'hellénisme. En fait, les relations diplomatiques étaient moins stables, en partie parce que la puissance de ceux qui étaient en rapport avec Rome était elle-même moins stable ; de plus, ces clients, qui étaient des peuples en mouvement sinon nomades, avaient un ultime recours que n'avaient jamais eu les États-clients sédentaires de l'Orient : la migration hors de portée de la puissance romaine.

Les circonstances n'étaient pas favorables, mais les Romains étaient obstinés. En 16, après l'anéantissement des trois légions de Varus, Tibère annula une série de représailles contre les Germains au-delà du Rhin. Dès que la menace romaine disparut, les deux peuples les

---

27 Cette citation est celle de Ernst Kornemann, tirée du titre de sa conférence "Die unsichtbaren Grenzen des römischen Kaiserreichs", réimpression dans *Staaten-Völker-Männer Aus der Geschichte des Altertums,* Leipzig, Dieterich, 1934, pp. 96-116.

plus puissants qui restaient en Germanie, les Chérusques d'Arminius et le royaume des Marcomans de Marbode, se dressèrent l'un contre l'autre : la voie était ouverte pour une intervention diplomatique romaine[28]. La stabilité du principat de Tibère permit l'établissement d'une chaîne de clients depuis la Germanie inférieure jusqu'au moyen Danube. Les Frisons, les Bataves, les Hermondures, les Marcomans, les Quades et les Sarmates Iazyges (que les Romains avaient installés entre la Tisza et le Danube) devinrent tous clients[29]. Même en Bretagne, des liens de clientèle avaient été établis à la suite de la reconnaissance en force de Jules César[30] : en parlant "d'union intime"[31], Strabon fit sans nul doute un excellent exercice de "relations publiques" augustéennes ; mais la Bretagne non conquise n'était que partiellement soumise aux volontés de Rome.

---

[28] Pour les raisons du rappel de Germanicus par Tibère, voir Tacite, *Annales,* II, 26 ; pour les conséquences des relations entre la confédération d'Arminius sur le peuple des Chérusques et l'état des Marcomans de Marbode, voir *ibid*, II, 44. Pour les raisons du rappel, voir aussi Louis Harmand, *L'Occident romain : Gaule, Espagne, Bretagne, Afrique du Nord (31 av. J.C* à 235 *ap. J.C),* Paris, 1960, pp. 106-108. Voir aussi Josef Dobias, "King Maroboduus as a Politician", *Klio* 38, 1960, 163.

[29] Sur les clients du temps de Tibère, voir Ronald Syme, CAH 10, 781-783 ; E. Demougeot, *La Formation de l'Europe et les invasions barbares : des origines germaniques* à *l'avènement de Dioclétien,* Paris, Aubier, 1969, pp. 114-123. Pour ce qui est des relations diplomatiques avec les peuples germaniques en général, A. Thompson, *The Early Germans,* Oxford, Clarendon Press, 1965, pp. 72-108. Sur Marbode, voir Dobias, *op. cit.,* 160-161. Sur les Sarmates Iazyges, voir J. Harmatta, "The Sarmatians in Hungary", in *Studies in the History of the Sarmatian*, Magyar-Görök Tanulmanyok, 30, Budapest, Pazmany Peter Tudomanyegyetemi Môrbk Fililogia Intezet, 1950, pp. 45-46.

[30] C.E. Stevens, "Britain between the Invasions (54 B.C. - A.D. 43)", in *Aspects of Archeology in Britain and Beyond : Essays Presented to O.G.S. Crawford*, éd. W.F. Grimes, Londres, H.W. Edwards, 1951, pp. 322-324.

[31] IV, 5, 3.

Ces importants atouts diplomatiques furent maintenus par les successeurs de Tibère. Les territoires de ces tribus clientes ne pouvaient pas être considérés comme situés à l'intérieur du périmètre de sécurité de l'empire ; ils n'étaient pas destinés à être ultérieurement annexés comme l'étaient les États-clients orientaux. Quelquefois dépendants et par conséquent dociles, et quelquefois hostiles, les tribus et les royaumes clients exigeaient une attention constante, utilisant l'arsenal complet des choix diplomatiques depuis l'octroi de subsides jusqu'aux opérations militaires punitives.

Les notions romaines relatives aux régimes des clients, ainsi que l'optique romaine des rapports entre l'empire et sa clientèle, étaient issus de la conception traditionnelle du lien patron-client dans la vie municipale[32]. Le principal arrangement dans ces relations disproportionnées était l'octroi d'une gratification (*beneficia*) – donnée par le patron – contre un service (*officia*) rendu par le client. Rome admit des aménagements discrets pour diminuer l'inégalité entre empire et client, bien qu'avec son pouvoir grandissant un écart apparût entre les relations formelles et réelles. L'aboutissement de ce processus faisait d'un roi client un simple vecteur de la puissance romaine, alors que son statut formel était celui "*d'ami du peuple romain*" (*amicus populi Romani*) – titre suggérant la reconnaissance des services rendus "*avec le sentiment très vif de faveurs encore à venir*" mais sans connotation de servilité[33]. Cela ne s'appliquait pas seulement à la politique étrangère ou à la sécurité mais aussi aux affaires dynastiques ou domestiques. En réalité, les prérogatives des souverains

---

32 E. Badian, *Foreign Clientelae* (264-70 B.C), Oxford, Clarendon Press, 1958 - particulièrement pp. 1-14.

33 Cf. Alban D. Winspear et Lenore K. Geweke, *Augustus and Reconstruction of Roman Government and Society,* University of Wisconsin Studies in the Social Sciences and Philosophy n° 24, Madison (Wis), University of Wisconsin, 1935, p. 244.

clients se limitaient à l'exercice d'une autorité mal définie[34].

Le caractère conventionnel des royaumes clients comme “états tampons” ne montre pas suffisamment leur rôle complexe dans le système impérial de sécurité. L'Arménie seule était un vrai État tampon, en tant qu'espace géographique neutre entre deux grandes puissances, Rome et les Parthes ; cet arrangement leur servait à éviter un conflit aussi longtemps qu'elles le désiraient. Mais l'Arménie par sa nature *sui generis* ne jouait le rôle d'État-client que d'une manière intermittente[35]. Les services rendus à la sécurité (*officia*) par les États-clients allaient bien au-delà de la seule passivité d'un vrai État tampon. Il y eut des actions manifestes (y compris la mise à la disposition de l'armée romaine de troupes locales pour servir comme auxiliaires et pour des objectifs purement romains)[36], mais la fonction la plus importante des États-clients dans le système impérial de sécurité n'était pas considérée formellement comme un *officium* ; en vertu de leur existence même, les États-clients se chargeaient d'une mission de sécurité périphérique contre les incursions aux frontières et les menaces de faible ampleur.

À cette époque, il n'y avait pas vraiment de menace généralisée, bien que des dangers mineurs aient pu apparaître comme tels : par exemple en 9, quand on eut la crainte d'une invasion germanique de la Gaule et même de l'Italie à la suite de la défaite de Varus[37]. La seule grande puissance qui comptait était les Parthes. Toujours considérés comme des rivaux potentiels redou-

---

34 Voir Sands, *Client Princes,* pour une étude fonctionnelle des compétences de l'autorité romaine ; p. 77, il est question de la politique dynastique, et pp. 88-89, de la politique étrangère.

35 Cf. David Magie, *Roman Rule in Asia Minor to the End of the Third Century after Christ*, 2 vol., Princeton University Press, 1950, vol. I, pp. 437, 476, 553-561.

36 Cheesman, *Auxilia*, pp. 15-16 ; Sands, *Client Princes,* pp. 103-106.

37 Suétone, *Auguste*, XXIII ; idem, *Tibère,* XVII.

tables, les Parthes, sous les Arsacides, étaient de façon chronique affaiblis par des querelles internes et ne paraissent pas avoir été considérés comme une menace. Selon un jugement ultérieur de Tacite, les Germains "libres" étaient considérés comme de plus redoutables adversaires que les despotes arsacides[38].

En partie à cause de la nature même des menaces auxquelles Rome était confrontée, l'apport des États-clients au système de sécurité en général dépassait de beaucoup leur effort militaire réel, car leur contribution n'était pas simplement un appoint, mais un complément à la puissance militaire romaine. Des États-clients efficaces pouvaient pourvoir à leur propre sécurité interne ainsi qu'à la défense de leurs propres frontières contre des attaques mineures, libérant ainsi l'empire de cette responsabilité. Aucune légion ne fut envoyée en Judée tant que le régime d'Hérode persista. Au contraire, après Hérode, cette province turbulente exigea la présence d'au moins une légion (*X Fretensis*) et quelquefois plus d'une : trois de 67 à 70, date à laquelle la révolte juive fut définitivement matée (*V Macedonica, X Fretensis, XV Apollinaris*) ; la *X Fretensis* resta seule ensuite. Deux légions furent envoyées dès le début de l'insurrection de Bar Kochba en 132, et par la suite les deux mêmes (*VI Ferrata, X Fretensis*)[39].

L'obligation d'assurer leur sécurité interne était la fonction la plus évidente des États-clients, et celle qui était la plus communément reconnue[40]. En plus, des États-clients dynamiques protégeaient les territoires provinciaux adjacents contre des menaces mineures provenant de leur propre territoire ou encore de régions extrêmes de leur frontière[41]. Souvent réalisé en partie, mais jamais complètement, même par les plus éner-

---

38 *Germanie,* XXXVII.

39 Cf. Parker, *Roman Legions,* pp. 139-140, 162-163.

40 Voir P.E. Stevenson, *Roman Provincial Administration*, pp. 47-50.

41 *Annales*, IV, 24.

giques, ce degré d'efficacité exigeait un équilibre entre la force et la faiblesse, tel celui auquel serait arrivé Dejotarus, roi client de Galatie, mort en 25 av. J.C. ; Cicéron, faisant le portrait de ce roi dans sa plaidoirie, le décrit comme étant suffisamment fort pour garder ses frontières, mais trop faible pour menacer les intérêts romains[42].

Il était toutefois plus fréquent que des États-clients ne pussent assurer un niveau suffisant de sécurité intérieure et aux frontières comparable à celui des provinces. Il y eut des émeutes graves menaçant des territoires provinciaux adjacents ou d'importantes routes stratégiques ; l'intervention directe des forces impériales s'avérait alors nécessaire. Dans la Maurétanie du roi Juba, par exemple, il fallut trente ans de combats intermittents pour soumettre les Gétules ; ils ne s'interrompirent qu'en 6. Peu après, la révolte de Tacfarinas éclata en Afrique du Nord ; elle ne fut vaincue qu'en 24, grâce à l'intervention finale de deux légions : *III Augusta* et *IX Hispana*[43] ; le foyer de la révolte se trouvait dans la province d'Afrique mais la Maurétanie de Juba y était impliquée avec ses tribus périodiquement en rébellion. La Thrace, autre État-client, connaissait des difficultés graves, tant internes qu'externes : son roi Roemetalces I ainsi que ses turbulents successeurs durent à de nombreuses reprises être aidés contre les Bessi[44]. Même dans ces cas, la différence de *status* des territoires en question était importante. Si une intervention directe de Rome devenait nécessaire, son but pouvait être limité au strict minimum pour protéger les intérêts romains dans le pays et aider le roi client à conserver l'autorité sur son peuple ; au contraire, un effort militaire beaucoup plus important aurait été nécessaire pour juguler radicale-

---

42 *Deiotarus*, XXII.

43 Voir R. Cagnat, *L'Armée romaine d'Afrique et l'occupation militaire de l'Afrique sous les empereurs,* 2e éd., Paris, Ernest Leroux, 1913, pp. 7-24.

44 Ronald Syme, CAH 10, 356.

ment les révoltes et ensuite procurer à ces régions la même paix que dans les provinces. Autrement dit, l'intervention directe de Rome dans les affaires d'un État-client ne signifiait pas que toute bande rebelle devrait être pourchassée dans les forêts les plus profondes ou dans les déserts les plus éloignés comme le système romain de dissuasion et son prestige l'exigeaient dans une province[45].

Ainsi, là où les forces des pays clients étaient insuffisantes, ces mêmes forces locales pouvaient au moins résorber l'insécurité, et les Romains se contentaient de les laisser faire[46]. Mommsen, critiquant l'attitude de Rome, montre un manque de perspective historique quand il écrit que les États-clients ne jouissaient "*ni de paix, ni d'indépendance*"[47]. Comme nous le verrons, ce n'est que plus tard que les objectifs stratégiques de l'empire changèrent, réclamant une transformation de la stratégie fondamentale en ce qui concerne les strictes exigences de la sécurité, même aux confins de l'empire.

Contre des menaces graves, telles que des invasions intéressant une province ou même une région, les tribus et les États-clients pouvaient interposer leurs forces et résorber cette menace – autrement dit, ils pouvaient créer la profondeur géographique indispensable. Tout système de déploiement de troupes qui vise à économiser au maximum les forces n'arrive à ce résultat qu'en évitant la dispersion de celles-ci le long de tout le périmètre. En conséquence, si de graves menaces se matérialisent, elles ne peuvent être contrecarrées qu'après l'événement. Les forces doivent d'abord être

---

45 Peut-être est-ce l'exemple le plus significatif d'un effort militaire apparemment disproportionné, bien que politiquement valable, qu'il faut voir dans le siège de Masada. Pour l'importance des travaux de siège, voir J.A. Richmond, "The Roman Siege-Works of Masada, Israël", JRS 52, 1962, 142-155.

46 Cf. Sands, *Client Princes,* p. 155, n. 2, et Tacite, *Annales,* XII, 29.

47 Mommsen (*Hist.* III, pp. 234-236) cité par Stevenson, *Roman Provincial Administration,* p. 37.

redéployées sur le terrain ; compte tenu de la mobilité stratégique de l'époque, l'invasion ne pouvait être repoussée qu'après un assez long délai[48].

Le dommage que les invasions pouvaient infliger jusqu'au moment où elles seraient repoussées était un facteur critique, étant donnée la relation entre le système d'économie des forces et son inaptitude à défendre tous les secteurs frontaliers à tout moment. Si le dommage était important, le coût de telles invasions pouvait dépasser les bénéfices réalisés par la centralisation des forces. Les États-clients avaient un rôle très important dans la réduction de ces coûts : même si leurs propres forces ne pouvaient contenir l'ennemi jusqu'à l'arrivée des troupes impériales sur le théâtre des opérations, le dommage qui en résultait serait subi non par Rome, mais par un territoire non encore romain, au vrai sens du terme. Cela n'entamait guère le prestige de Rome et la politique intérieure de ses gouvernements était peu affectée par ces invasions. Ainsi, durant cette période, aucune force romaine n'était normalement déployée pour garder tout le secteur anatolien (depuis Zeugma dans le nord-est de la Syrie jusqu'à la mer Noire), secteur faisant face à l'Arménie et aux principaux axes d'invasion venant du pays des Parthes. En revanche, sous Tibère, au moment de son accession au principat en 14, les royaumes clients du Pont, de Cappadoce et de Commagène gardaient eux-mêmes la totalité du secteur avec leurs propres forces ; leurs territoires auraient

---

48 Les déplacements sur terre étaient très lents malgré la bonne réputation justifiée qu'avait le réseau routier (5 km/h pour des troupes, comme d'ailleurs aujourd'hui, ou bien 38/48 km/jour au plus). Des déplacements entre les secteurs de la défense (p.e. de la Pannonie à l'Anatolie orientale) équivaudraient en temps à la plus grande partie d'une saison de campagne. Les déplacements par mer sont beaucoup plus rapides et souvent plus directs. Cf. L. Casson, *Ships and Seamanship in the Ancient World,* Princeton University Press, 1971. Casson met en garde contre le fait de considérer comme normales des durées de traversées qui sont en fait des temps records.

absorbé le premier choc d'une invasion. La signification stratégique du dispositif d'Auguste, dont l'essentiel consistait à éviter le déploiement sur le périmètre[49], a été particulièrement mal interprétée ; c'est ainsi que l'absence de garnisons romaines permanentes a été considérée comme une "*grave faute militaire*". En 72, sous le principat de Vespasien, les trois États avaient été annexés et cela impliquait qu'une garnison de deux légions, stationnées en permanence dans la province réorganisée de Cappadoce, fût déployée sur la frontière entre l'Anatolie et l'Arménie[50]. Ainsi, au lieu d'une frontière "invisible" gardée par d'autres sans que cela coûtât à Rome, un nouveau secteur de défense devait être créé ainsi que la construction d'une route de communication avec l'arrière. Quand ce "défaut" fut dûment corrigé, la défense permanente de l'Anatolie orientale réduisit la puissance militaire disponible de l'empire et par conséquent son système d'économie des forces.

Les États-clients et les tribus clientes contribuaient manifestement à la sécurité en mettant à la disposition de Rome des contingents locaux qui accroissaient l'effectif des forces en campagne. Naturellement, ces troupes étaient considérées comme des *auxilia*, c'est-à-dire de la cavalerie et de l'infanterie légère, plus que des forces légionnaires d'infanterie lourde. Bien qu'une légion, la *XXII Deiotariana,* eût été, comme son *cognomen* l'indique, levée en Galatie par Dejotarus, elle avait été entraînée et équipée à la façon des légions romaines, comme une unité d'infanterie lourde[51]. En fait, beaucoup *d'auxilia,* faisant partie de l'armée impériale, provenaient à l'origine de levées dans les tribus ; elles avaient été alors intégrées dans les effectifs réguliers ou dans les troupes des États-clients, lesquelles étaient incorporées

---

49 B.W. Henderson, *Five Roman Emperors : Vespasian, Titus, Domitian, Nerva, Trajan* (*AD* 69-117), Cambridge University Press, 1927, p. 60.

50 Cf. Parker, *Roman Legions,* pp. 148.

51 Cf. Parker, *op. cit.,* pp. 89 et 271.

dans l'armée romaine quand leur nation d'origine devenait propice[52]. Les troupes auxiliaires fournies par les clients ont joué un rôle important dans les guerres de la république, surtout parce qu'elles apportaient des spécialités tactiques qui manquaient dans l'arsenal réglementaire romain, tels que les archers et surtout les archers à cheval[53].

Une caractéristique remarquable de la composition des forces romaines était la complémentarité des légions et des *auxilia* ; en outre, ces forces entretenues par les États-clients étaient importantes. Même en 67, quand l'annexion réduisit le rôle des États-clients orientaux, les trois légions déployées par Vespasien pour mater la révolte furent, selon Josèphe, accrues de 15 000 hommes fournis par Antiochus IV de Commagène, Agrippa II, Soahemus d'Emèse et le chef arabe Malchus[54]. Les forces fournies par les clients allégeaient le poids de la conscription pesant sur les citoyens (comme le faisaient les *auxilia* normalement composés de non-citoyens) et réduisaient la contrainte financière sur le trésor militaire romain (*aerarium militare*). Les auxiliaires ne recevaient pas la généreuse retraite due aux légionnaires, même s'ils percevaient une paye et des primes d'entretien (comme ce dut être le cas pour les soldats levés dans les tribus).

Comparée à ces avantages, il y a la perte correspondante de revenus fiscaux que le système de la clientèle entraîne : une fois régulièrement annexés en tant que provinces, les États-clients supportent la totalité des charges de l'impôt impérial. Les tribus clientes – qui, de toute manière, n'auraient pas été, comme on peut l'imaginer, faciles à imposer – semblent déjà avoir substitué au tribut les fournitures de troupes, comme ont dû le faire les Bataves[55].

---

52 Cheesman, *Auxilia*, p. 59.
53 Sands, *Client Princes,* p. 103.
54 *La Guerre des Juifs,* III, 4, 2. Cf. *ibid*, II, 18, 19.
55 Tacite, *Germanie,* XXXIII.

3. Organisation de la clientèle

L'importance des États et tribus clients dans le système de la sécurité impériale allait de soi pour la politique romaine[56]. Dans l'aperçu que donne Tacite de la distribution des forces impériales, l'auteur place les royaumes clients de Maurétanie et de Thrace, et, dans le Caucase, les rois d'Ibérie, d'Albanie et autres dans l'énumération des légions, considérant naturellement les clients comme équivalant à des forces romaines[57]. Dans le même passage, Tacite distingue nettement la hiérarchie de statut des clients : il décrit la Maurétanie comme "*un don du peuple romain*" à Juba II, tandis qu'il considère les clients du Caucase plus ou moins comme des protégés, "*pour qui notre grandeur était une protection contre n'importe quelle puissance étrangère*". La Thrace, qui n'était pas une création romaine puisque gouvernée par des clients indigènes assujettis, est simplement qualifiée de "tenue" par les Romains[58].

Le rôle des clients n'était pas simplement de s'ajouter à la puissance romaine mais de la compléter ; c'est ce que les observateurs contemporains comme Tacite n'ont qu'imparfaitement compris. Cette complémentarité était un point capital dans le maintien de l'économie des forces militaires de Rome. En fait, le système suppose qu'au préalable existe une structure hégémonique plutôt que territoriale de l'empire, comme le fut manifestement l'empire républicain et comme cessa de l'être, plus tard, le principat[59]. Octave avait, de toute évidence, apprécié le système[60], à tel point qu'après sa victoire d'Actium, il

---

56 Voir p.e. E. Badian, *Roman Imperialism in the late Republic,* 2e éd., Oxford, Basil Blackwell, 1958, pp. 29-43.

57 *Annales,* IV, 5.

58 Citations de A.H.M. Jones, ed., *A History of Rome Through the Fifth Century,* 2 vol., New York, Harper & Row, 1970, vol. 2, pp. 148-149.

59 Il est fait état de cette distinction dans Badian, *Roman Imperialism,* p. 4.

60 Voir Bowersock, *Augustus and the Greek World,* pp. 42-61.

n'eut aucun remords en confirmant l'autorité de six des clients les plus importants qui avaient servi fidèlement son rival Antoine[61]. C'est avec des clients secondaires qu'Octave se permit le luxe de punir les amis de son adversaire alors qu'il récompensait ses propres clients fidèles ; par exemple, il démit les souverains de Hiérapolis-Castabala en Cilicie, les Tarcondimotides, fidèles à Antoine jusqu'à la fin. Même en ce cas, il se reprit toutefois et, par la suite, réinstalla un Tarcondimotide, Philopator, une dizaine d'années après Actium, bataille au cours de laquelle le père de Philopator avait perdu la vie en combattant aux côtés d'Antoine[62]. Octave découvrit (et, devenu Auguste, se souvint) que des clients puissants et sûrs étaient des instruments très valables et que les associés qui méritent une récompense ne peuvent tous maîtriser les règles délicates de l'habileté politique du système de la clientèle.

Les États-clients et les tribus clientes, essentiellement dynamiques et instables, exigeaient l'action permanente d'une diplomatie particulière : l'autorité de Rome et son contrôle devaient s'exercer sans relâche. En Orient, les souverains qui agissaient en tant que clients étaient suffisamment conscients de leur propre faiblesse (et aussi de la certitude d'une récompense de la part de Rome) pour rester strictement loyaux. Malgré cela, des rivalités internes dans les dynasties et des conflits de famille dans leurs rapports entre elles pouvaient menacer la stabilité du système. Ainsi, les difficultés d'Hérode avec ses enfants – ou sa folie sénile – dérangèrent l'équilibre interne de cet État-client important pour Rome. Ces événements eurent des répercussions désastreuses jusqu'en Cappadoce, puisque Glaphira, fille d'Archélaüs, souveraine de ce pays, était l'épouse d'Alexandre, assassiné par son père Hérode[63].

---

61 W.W. Tarn, CAH 10, 113-115.

62 Bowersock, *Augustus and the Greek World,* p. 46.

63 Flavius Josèphe, *La Guerre des Juifs,* I, 23, 1 ; I, 27, 6.

Les caprices d'un individu à forte personnalité ont forcément une influence importante dans le règlement des affaires dynastiques. Par exemple Euryclès, qui hérita d'un père prudent le petit État de Sparte, se montra un fieffé et dangereux intrigant ; ayant quitté sa misérable terre, il sema à son profit la discorde entre la Cappadoce et la Judée et apparemment provoqua l'agitation en Achaïe. Tandis que les États importants gouvernés par des souverains qui ne l'étaient pas moins, comme Hérode et Archélaüs, étaient conseillés avec beaucoup de doigté et de patience par Auguste, Euryclès, minuscule souverain d'une cité qui n'avait pas d'importance stratégique, fut simplement démis de sa charge[64].

Auguste était personnellement parfaitement apte à exercer son autorité sur la clientèle, et son paternalisme, tout en douceur et fermeté, était notoire. Mais les rapports avec les États-clients s'étaient depuis très longtemps figés en un ensemble traditionnel de règles, utiles pour la conduite d'une telle politique. Par exemple, il était entendu qu'aucun État-client ne pouvait s'agrandir au détriment d'un autre sans l'accord explicite de Rome[65]. Quand Hérode rompit cette règle fondamentale en envoyant ses forces en Arabie nabatéenne, territoire contigu également client et alors en pleine agitation, Auguste lui ordonna immédiatement de se retirer. Pour le punir, il lui écrivit que dorénavant il ne pourrait plus le considérer comme un ami, mais comme un sujet ; étant donné le caractère de l'empereur, c'était une sévère réprimande[66].

Il fallait s'opposer aux inévitables fausses accusations invoquées par les attaquants pour justifier leur propre agression (une caractéristique des instances internationales d'alors et d'aujourd'hui) ; la règle établie

---

64 À propos d'Euryclès et de son départ, cf. Bowersock, *Augustus and the Greek World,* pp. 59-60 ; Flavius Josèphe, *La Guerre des Juifs* I, 26, 1-4.

65 Sands, *Client Princes,* p. 93.

66 Bowersock, *Augustus and the Greek World,* p. 56.

par Rome sous la république spécifiait qu'un client ne pourrait répondre à une attaque que par des mesures strictement défensives jusqu'à ce qu'intervienne un arbitrage de Rome[67].

Le système pouvait se maintenir en équilibre sans recourir à l'intervention directe de Rome, parce que ses intérêts étaient mieux servis en préservant la balance entre les pouvoirs des clients proches. Malheureusement, comme les souverains et les circonstances changeaient d'un moment à l'autre, il en résultait un déséquilibre des puissances au niveau local. Les souverains clients avaient leurs propres forces militaires, leurs ambitions personnelles et leurs tentations. En outre, ceux de l'Orient pouvaient parfois faire appel à la puissance rivale des Parthes, comme en furent accusés Archélaüs de Cappadoce en 17 et Antiochus IV de Commagène en 72[68].

Les clients loyaux et efficaces recevaient personnellement des récompenses honorifiques comme la citoyenneté romaine, récompenses devenues exceptionnelles du temps d'Auguste qui avait une politique très restrictive à cet égard ; cependant, ni honneur ni titre ne pouvaient conférer une authentique égalité dans un monde où personne ne pouvait égaler la puissance romaine[69]. On octroyait aussi des récompenses plus concrètes, essentiellement des territoires. Ce modèle des clients qu'était Polémon I, roi du Pont, reçut d'Antoine la petite Arménie et, quand Auguste la détacha du Pont, Polémon reçut en compensation l'important royaume du Bosphore (d'ailleurs jugé ingouvernable par la suite)[70]. De même, Hérode, un client vraiment très efficace, reçut en 24 ou 23 av. J.C., du temps qu'il était encore dans les bonnes

---

67 Cf. note 65.

68 Tacite, *Annales,* II, 42. Ronald Syme, CAH 11, 139, repousse l'accusation contre Antiochus qu'il traite de "prétexte sans consistance".

69 Badian, *Foreign Clientelae,* p. 12.

70 Bowersock, *Augustus and the Greek World,* p. 51, 53.

grâces d'Auguste, une portion du plateau de l'Iturée (aujourd'hui le Golan-Hauran), retirée à un autre client, Zénodorus, qui n'avait pas pu protéger ses sujets d'un raid de nomades[71].

Les relations avec les tribus clientes et les royaumes barbares d'Europe continentale étaient d'un autre ordre. En premier lieu, ces peuples étaient toujours en instance de migration, pour ne pas dire purement nomades. Ils pouvaient s'échapper loin dans l'intérieur, comme Marbode le fit quand il conduisit ses Marcomans en Bohême pour échapper à la pression militaire romaine sur le Rhin supérieur[72]. Ce choix avait ses inconvénients : l'abandon de bonnes terres dans la perspective aléatoire d'en trouver d'autres probablement de moins bon rapport et aussi peut-être la perte de contacts commerciaux intéressants avec les marchands romains. Les populations qui se déplaçaient pour échapper à la puissance de Rome pouvaient toujours espérer rester à l'intérieur de sa sphère commerciale dont la portée était beaucoup plus grande ; en revanche, elles ne pouvaient plus jouer le rôle d'intermédiaire[73].

La différence essentielle entre ces deux groupes était d'ordre culturel. Les souverains orientaux et leurs sujets étaient, en règle générale, suffisamment évolués pour avoir une connaissance au moins théorique de la toute puissance militaire de Rome, ce que n'avaient pas d'ordinaire les peuples de l'Europe centrale. Les souverains des États-clients orientaux et leurs sujets n'avaient pas à voir de leurs yeux les légions romaines se diriger vers leurs cités afin d'obéir aux ordres de Rome, car ils étaient à même d'imaginer ce à quoi ils s'exposeraient en cas de désobéissance. Peut-être est-ce pour ces raisons que les Romains favorisaient l'éducation des

---

71 Flavius Josèphe, *op. cit.,* I, 20, 4

72 Dobias, "King Maroboduus", p. 156.

73 Voir R.E.M. Wheeler, *Rome Beyond the Imperial Frontiers,* Londres, G. Bell & Sons, 1954, pp. 91-94, à propos des relations entre le commerce et les routes de migrations.

fils de chefs de tribus de l'Europe centrale[74]. De plus, les souverains orientaux jouissaient normalement d'une influence politique incontestée sur leurs sujets. Cela suffisait pour que leur propre idée de la puissance romaine – ainsi que les contraintes qu'elle entraînait – fût partagée par leurs sujets. En revanche, dans les États d'Europe moins structurés politiquement, la sagesse d'un chef bien averti (par exemple Marbode en 9) ne parvenait pas nécessairement à dissuader ceux qui étaient susceptibles d'agir contre les intérêts de Rome[75].

Puisque la puissance militaire romaine, dotée d'une grande force de persuasion, ne pouvait s'exercer que dans la mesure où les clients en avaient conscience (la politique des autres États était soumise à l'autorité de Rome et à ses prises de décision), le caractère primitif des peuples de l'Europe centrale pouvait s'opposer à cette volonté ou au moins réduire son effet[76]. Dans la mesure aussi où les méthodes d'intimidation étaient réduites à néant par l'incapacité ou le refus de satisfaire le désir de Rome, la pression politique réelle exercée par la puissance militaire de l'empire en était diminuée d'autant. On peut toutefois dire, par une généralisation un peu excessive – car il y eut de nombreuses exceptions –, que face aux gouvernements policés de l'Orient, la puissance militaire romaine se transformait aisément en puissance politique alors que cette même puissance, employée contre les peuples primitifs de l'Europe, recourait directement à la force. Cette distinction est naturellement capitale. En effet, la puissance découlant de la force *potentielle* n'est pas dépensée quand on s'en sert et n'a pas de limites. La force, en revanche, consiste en ceci que si elle est dirigée contre un objectif, elle ne peut

---

74 Tacite, *Agricola,* XXI.

75 Dobias, "King Maroboduus", p. 161

76 Pour une analyse profonde de la "persuasion" par les armes, (c.à.d., l'application politique de la force militaire), voir Edward N. Luttwak, *The Political Uses of Sea Power,* Baltimore, Johns Hopkins University Press, 1974, Ch. 1.

l'être en même temps contre un autre ; et si on en use, elle est dépensée *ipso facto*.

Il est certain que les représailles de Rome devaient rapidement corriger ceux qui en étaient les victimes et, sans doute, les amener par la suite à obéir aux injonctions de Rome. Mais dans la pratique, ces comportements conditionnés répondant à une force potentielle ne seraient adoptés qu'en cas de menace directe ; en outre, cette menace pouvait être contrariée par des déplacements de tribus ; de plus, son effet pouvait encore être atténué par une organisation politique interne relâchée. Dans le cas de l'embuscade stratégique dressée par les Chérusques, au cours de laquelle furent anéanties les trois malheureuses légions stationnées au-delà du Rhin sous les ordres de P. Quintilius Varus, ces trois facteurs négatifs apparaissent clairement[77].

Néanmoins, la diplomatie romaine persista dans la tentative de reconversion en clients des peuples de la frontière germanique, et cela non sans succès. Des liens politiques directs noués entre l'empire et des chefs choisis étaient entretenus par une politique systématique[78]. Comme il a été déjà noté, la citoyenneté romaine était pour les chefs une récompense normale ; quelques-uns reçurent le rang équestre. Là où les sanctions n'avaient pas eu d'effets, des stimulants positifs d'ordre plus concret pouvaient les remplacer. L'octroi de subsides aux tribus frontalières, souvent associé au déclin de Rome, était déjà une politique courante même avant le principat[79]. Pourtant, même les relations à base d'argent et d'honneurs étaient instables dans ce monde désor-

---

77 Pour le récit de l'événement, voir T. Rice Holmes, *The Architect of the Roman Empire, 27 B.C. - A.B. 14,* 2 vol., Oxford, Clarendon Press, 1928-1931, vol. 2, pp. 116-121. Pour une discussion, voir Dyson, "Natives Revolts", pp. 253-258, et la reconstruction chez Harmand, *L'Occident romain,* pp. 86-93.

78 Voir Chevallier, "Rome et la Germanie", pp. 271-273.

79 Voir Colin D. Gordon, "The Subsidization of Border Peoples as a Roman Policy of Imperial Defense", Mémoire de doctorat, University of Michigan, 1948, (LC microfilm AC-1, n° 1105).

donné et barbare. Arminius lui-même, le traitre vainqueur de Varus, avait reçu la citoyenneté et avait servi comme chef d'une force auxiliaire composée de Chérusques. Son beau-père Ségestès, et son propre frère Flavus, restèrent fidèles à Rome (on rapporte que Ségestès essaya d'avertir Varus de l'embuscade), c'est du moins ce que les sources nous disent[80], mais cela ne fut d'aucune aide pour Varus et ses légionnaires ; cet événement montre clairement que les critères d'autorité dans une société indigène se désorganisant sous l'action de Rome, étaient trop faibles pour permettre des relations satisfaisantes de clientèle. Ségestès était évidemment un chef légitime, mais il lui manquait ce degré d'autorité sur ses Chérusques qu'un souverain oriental aurait eu en raison de son efficacité.

Malgré la terrible expérience de la *clades Variana,* les Romains ne doutèrent pas de leur politique et même firent confiance à la famille de Ségestès : pendant le principat de Claude, les Chérusques demandèrent qu'on leur désignât un roi pour les gouverner ; ils reçurent un fils de Flavus, neveu d'Arminius, citoyen romain élevé à Rome et qui portait le nom d'Italicus[81]. Après des efforts sans répit qui avaient duré une génération entière, le système de la clientèle avait enfin pris corps. Quant Tibère décida de retirer Germanicus et ses troupes d'au-delà du Rhin en 16, suspendant ainsi les représailles qui avaient suivi la crise de 9, la nouvelle diplomatie fut inaugurée. Même si ce territoire ne devait pas être conquis, les Romains ne pouvaient ignorer l'existence des peuples d'au-delà du Rhin et du Danube. Ces tribus, quelle que soit leur importance, représentaient une force trop grande pour être laissées sans surveillance sur toute l'étendue du périmètre de l'empire qui restait vulnérable puisqu'il n'y avait pas de défense aux frontières.

---

80 Voir Harmand, *L'Occident romain,* pp. 86-93.
81 Tacite, *Annales,* XI, 16.

Ce fut donc en 16 qu'une action diplomatique cohérente vit le jour pour la première fois, bien que la plupart de ses éléments aient été utilisés depuis longtemps. Le premier instrument de cette politique était une diplomatie qui tendait à diviser et à manipuler ; elle avait pour but de maintenir les Germains divisés et même, si possible, de les faire se quereller entre eux[82]. Mais il était nécessaire que les Romains aillent au-delà. Dès qu'ils eurent pris conscience de la gravité de la menace que les Germains faisaient peser, ils ne pouvaient se contenter de les affaiblir uniquement par des intrigues diplomatiques. Quelle que fût leur satisfaction de savoir que les Barbares s'entretuaient[83], les Romains se rendirent clairement compte qu'il était plus expédient d'utiliser réellement l'énergie des Germains par la création d'une chaîne de tribus clientes, formant une barrière véritable entre le périmètre de l'empire et les Barbares des régions les plus éloignées qui risquaient d'être encore plus dangereux.

Le processus d'exercice de l'autorité était complexe. Il fallait manipuler les tribus par l'intermédiaire de leurs chefs, tout en soumettant ces derniers à des menaces et à des encouragements personnels ; la menace d'utilisation de la force restait toujours suspendue sur la tribu entière. En distribuant à bon escient de l'argent et des faveurs à des chefs choisis, les Romains aidaient ceux-ci à dominer leurs sujets, tandis qu'eux-mêmes dominaient ces chefs[84]. Quelques-uns de ces chefs étaient désignés par Rome, tandis que d'autres s'étaient élevés par leurs propres moyens ; mais dans les deux

---

[82] On ne peut incriminer cette diplomatie en invoquant des scrupules moraux sans tenir compte de la nécessité. Mais voir A. Alföldi, "The Moral Barrier on the Rhine and Danube", in *Congress of Roman Frontier Studies,* 1949, ed. E.B. Birley, Durham University, 1952, pp. 1 à 16, particulièrement p. 8.

[83] Voir p.e. Tacite, *Germanie,* XXXIII.

[84] Voir Thompson, *Early Germania,* pp. 93-99 ; et Dobias, "King Maroboduus", pp. 163-165.

cas, la tâche de la diplomatie consistait à garder opérantes les deux formes d'autorité, externe et interne. Cela a dû exiger de nombreuses interventions diplomatiques de faible importance aux frontières, interventions qu'on connaît peu. Il est certain que cette politique obtint des succès pendant un temps prolongé : faisant allusion à ceux qui, naguère, avaient été les redoutables Marcomans et Quades, Tacite décrit ces deux peuples comme étant gouvernés par des chefs clients en place et soumis à l'autorité d'un système qui comprenait l'éventuelle assistance armée et l'appui financier[85].

L'octroi systématique des dons (subsides)[86] était le principal moyen actif dans l'administration de la clientèle chez les peuples primitifs de l'Europe centrale. D'un autre côté, le moyen passif restait la menace latente de représailles de la part de Rome. L'état satisfaisant des affaires rappelé par Tacite dans sa *Germanie,* publiée en 98, était le résultat final de cette politique réussie. La suite des événements conduisant à la situation que Tacite nous décrit peut être expliquée comme suit : tout d'abord, quand éclata en 6 la révolte de Pannonie, les Romains furent forcés de renoncer à l'invasion projetée de la Bohême ; un arrangement eut lieu avec Marbode et ses Marcomans ; il est sûr qu'ils restèrent paisibles et passifs pendant les trois années que dura la révolte, soit qu'ils aient été achetés, soit qu'on se les ait conciliés par un traité. En 9, après le désastre de Varus, Marbode refusa de coopérer avec Arminius dans une attaque concertée contre l'empire[87]. À la suite du retrait des Romains en 17, les hostilités éclatèrent entre les deux plus grands chefs de la Germanie. Marbode perdit, et bien qu'il demandât de l'aide en vertu d'une clause de réciprocité, son appel ne fut pas entendu des Romains[88]. À Marbode dépossédé et chassé en 18, les Romains

85 *Germanie,* XLII.
86 Gordon, "Subsidization", pp. 11-34.
87 Tacite, *Annales* II, 45, 46.
88 *Ibid.,* II, 46.

n'accordèrent qu'un refuge dans l'empire ; il vécut les 18 dernières années de sa vie à Ravenne dans un exil confortable[89]. Peu après, les Hermondures s'attaquèrent à Catualda et le défirent ; celui-ci avait succédé à Marbode grâce aux intrigues de Rome. Tibère finalement intervint et désigna Vannius, chef des Quades, pour gouverner aussi les Marcomans ("Suèves" étant le vocable employé pour les deux peuples), créant ainsi un véritable État-client sur le Danube moyen[90]. Vannius reçut évidemment les subsides habituels[91], mais encore une fois, aucune garantie de protection. Il fut abandonné à son sort quand il fut attaqué à son tour par les Hermondures, bien que lui aussi, plus tard, bénéficiât personnellement de l'asile[92].

Le successeur de Tibère, Caligula, aurait eu l'intention de tenter à nouveau, sans méthode, la conquête de la Germanie ; en 39, des forces furent apparemment rassemblées sur le Rhin dans ce but. Le récit que fait Suétone de cet événement est amusant mais peu crédible ; en tout cas, aucune action ne fut entreprise[93]. Claude, qui succéda à Caligula, reprit sans hésiter la politique de Tibère : en 47, le grand général Cn. Domitius Corbulon (qui devait devenir célèbre sous Néron) reçut l'ordre d'arrêter ses attaques contre les Chauques en Germanie septentrionale. Selon l'optique constante de l'expansion impériale, l'attaque avait débuté par une contre-offensive contre des pirates maritimes, les Canninéfates, mais apparemment elle se transforma en une invasion généralisée de la Germanie septentrionale. Sur l'ordre de Claude, les légions furent retirées de la rive droite du Rhin[94]. Inévitablement, les escarmouches aux frontières (par exemple en 50 contre les Chattes) conti-

89 *Ibid.,* II, 62.
90 *Ibid.,* II, 63.
91 Gordon, "Subsidization", p. 23.
92 Tacite, *Annales,* XII, 29.
93 Suétone, *Gaius,* XLIII-XLVI.
94 Tacite, *Annales,* XI, 19.

nuèrent, mais c'étaient des répliques défensives et punitives à des raids frontaliers. La stratégie romaine en Germanie sous Claude et Néron, comme d'ailleurs sous Tibère, reposait sur le principe de la clientèle, quelque instables que ces clients pussent être[95].

On connaît davantage le comportement de Rome avec ses clients en Orient. En 17, Tibère remania considérablement la structure des États-clients de l'Anatolie orientale et en réduisit le nombre : Archélaüs de Cappadoce (dont le gendre fut exécuté par Hérode) fut jugé et détrôné après avoir été accusé de trahison à cause de ses rapports avec les Parthes ; à peu près au même moment, Antiochus III de Commagène et Philopator de Hiérapolis-Castabala moururent[96]. Tibère décida d'annexer les trois États. La Cappadoce était de loin le plus vaste, mais la Commagène avait aussi une importance stratégique particulière puisque dans son territoire se trouvait un des trois passages franchissant le cours moyen de l'Euphrate vers le territoire des Parthes[97]. Tibère fit de la Cappadoce une nouvelle province et rattacha la Commagène à la Syrie ; il donna à Archélaüs II, fils du souverain déposé de Cappadoce, la Cilicie Trachée, territoire détaché de celle-ci, et la Lycaonie. On a expliqué ces changements par une manœuvre stratégique répondant à l'insuccès de la politique romaine en Arménie en 16, quand le roi client Vonon fut chassé de ce pays[98].

---

95 *Ibid.,* XII, 27, 28.

96 J.G.C. Anderson, CAH 10, 744-745.

97 Isoghli (près de Mélitène), où se trouve un pont sur la grande route qui mène à Nisibis, appartenait à la Cappadoce, mais le croisement à Samosate avec la route qui se dirige vers la Mésopotamie par Edesse et Carrhae était en Commagène. Le passage le plus important était à Zeugma (Balkis) en Syrie du Nord-Est, relié à la Méditerranée par la vallée de l'Oronte. Voir Scramuzza, *Emperor Claudius*, pp. 193-195, et M. Cary, *The Geographical Background of Greek and Roman History,* Oxford, Clarendon Press 1949, pp. 181-182.

98 J.G.C. Anderson, CAH, 10, 744-745.

Caligula prit radicalement le contre-pied de la politique annexionniste de Tibère. Antiochus IV fut réinstallé en Commagène qui devint à nouveau un État-client auquel fut annexée la Cilicie Trachée. Les fils du roi de Thrace assassiné, Cotys II, élevés à Rome et compagnons de jeu de Caligula, reçurent tous des royaumes : on donna à Polémon II le Pont et – en théorie – l'État du Bosphore (dont le souverain *de facto* était Mithridate) ; Cotys III reçut la petite Arménie tandis que Rhoemetalces eut la moitié de la Thrace (l'autre moitié restant sous le contrôle d'un autre Rhoemetalces, fils de Rhescuporis, le meurtrier de Cotys) ; en outre, un nouvel État fut créé en Iturée (Hauran) pour Sohaemus qui fut nommé tétrarque[99].

C. Julius Agrippa I, "*un aventurier oriental*", neveu d'Hérode le Grand, fut le principal bénéficiaire de la générosité de Gaius. Agrippa, emprisonné par Tibère, fut relâché et largement récompensé par Caligula : en 37, il reçut une petite principauté à l'est du Jourdain ; un an plus tard, on y ajouta d'autres parties de l'Iturée, terres détachées en réalité de la province de Syrie ; en 40, il devint maître de l'Abilène et finalement de la Galilée et de la Pérée, ce qui, de fait, reconstituait la moitié septentrionale du royaume d'Hérode[100].

Les historiens anciens et modernes attribuent la générosité de Caligula à sa folie et à sa nature émotive. Cela explique aussi la déposition et l'exécution de Ptolémée, roi de Maurétanie, en 40, qui furent suivies de

---

99 *Ibid.*, p. 750 (pour Antiochus IV) et p. 751 (pour Sohaemus et les fils de Cotys) ; voir aussi M.P. Charlesworth in CAH, 10, 660-661.

100 Flavius Josèphe, *La Guerre des Juifs,* XI, 9, 6 ; Albino Garzetti, *L'Impero da Tiberio agli Antonini,* Istituto di Studi Romani, Storia di Roma, vol. 6, Bologna : Licinio Capelli, 1960, pp. 98-100. L'expression est de Garzetti ("aventuriero orientale"). Voir aussi Martin P. Charlesworth, "Five men : Character Studies of the Roman Empire", *Martin Classical Lectures*, vol. 6, Cambridge, Mass., Harvard University Press, 1936, pp. 3-30.

l'annexion de ce pays[101]. Mais le successeur de Caligula, Claude, qui n'était ni fou ni prodigue des richesses de l'empire, ne remit pas en question les décisions de Caligula. Au contraire, sa politique eut manifestement pour but d'en normaliser les décisions : Mithridate fut reconnu souverain du royaume du Bosphore que Polémon II avait été incapable de conserver ; celui-ci reçut des compensations en Cilicie ; Antiochus IV de Commagène, que Caligula avait révoqué en 40, revenant à de meilleurs sentiments, fut remis sur le trône de Commagène ; quant à Julius Agrippa (favori de Caligula), il reçut la Judée et la Samarie qui s'ajoutèrent à son royaume. Il est bon de faire remarquer que ces terres avaient relevé directement de l'empire depuis la destitution d'Archelaus, fils d'Hérode, en 6[102].

Les États-clients exigeaient une attention soutenue de l'administration ; il fallait remplacer les souverains incapables (comme cela fut le cas pour Euryclès de Sparte) et choisir des successeurs à ceux qui disparaissaient. Mais la méthode de gouvernement indirect restait en vigueur. S'il y eut d'autres annexions (la Judée une fois de plus en 44, la Thrace en 46, et sous Néron, le Pont en 64), il y eut aussi des rétrocessions, comme celles qui peu à peu agrandirent les territoires de C. Julius Agrippa II, homonyme et successeur de son père, mais plus estimable[103]. On possède des preuves qui montrent que Claude désigna réellement un agent diplomatique particulier chargé de l'administration *in situ* de la clientèle[104]. Faute d'un ministère des Affaires étrangères organisé, cette tâche entraîna une surcharge excessive des services impériaux ; mais c'était une charge

---

[101] Cf. Duncan Fishwisk, "The Annexations of Mauretania", *Historia* 20, 1971, 467-468.

[102] J.G.C. Anderson, CAH 10, 752 ; Magie, *Roman Rule,* pp. 540-543.

[103] *Ibid.,* CAH 10, 752.

[104] Scramuzza, *Emperor Claudius,* p. 185. Cf. Tacite, *Annales,* XII, 21.

que les empereurs julio-claudiens étaient manifestement prêts à accepter, avec toutes les ambiguïtés et les complexités du système de la clientèle. La personnalité des souverains clients était un facteur qui comptait pour beaucoup. Des hommes comme Polémon I du Pont et C. Julius Agrippa II (qui resta au pouvoir jusqu'en 93) étaient manifestement des spécialistes sur lesquels on pouvait compter et qui étaient efficaces dans les techniques du gouvernement indirect.

Dans les pays moins avancés d'Occident, la réalité du pouvoir impérial ne se cachait pas derrière l'écran d'une fausse indépendance. Un chef breton dont le nom est cité par Tacite, Cogidubnus, se désignait par la formule "*roi et légat de l'empereur en Bretagne*" (*rex et legatus Augusti in Britannia*) selon un texte épigraphique restitué[105]. Cottius, fils de Donnus, se trouvait dans la même situation – il était préfet des Alpes Cottiennes pour les Romains et roi pour ses compatriotes[106]. On a proposé de voir dans ce double statut une invention de Claude[107] ; s'il en est ainsi, cela confirmerait l'idée que Claude ou ceux qui faisaient sa politique comprenaient parfaitement les avantages du gouvernement indirect.

4. Organisation tactique de l'armée

Les légions du IIe siècle av. J.C. décrites par Polybe[108] étaient des formations combinées et équilibrées : en plus de l'infanterie lourde, elles comprenaient un important contingent de cavalerie, ainsi qu'une part

105 Voir Donald Dudley et Graham Webster, *The Roman Conquest of Britain,* Londres, Dufour, 1965, p. 184.

106 Denis Van Berchem, "Conquête et organisation par Rome des districts alpins", REL, 11, 1962, 231.

107 M.P. Charlesworth, CAH 10 682.

108 Voir Parker, *Roman Legions,* pp. 9-20 ; Webster, *Roman Army,* p. 27-30. Ces deux ouvrages sont basés sur le VIe livre de Polybe.

non négligeable d'infanterie légère[109] Il y avait trois rangs d'infanterie lourde : *hastati*, *principes*, *triarii* ; les deux premiers rangs, chacun de 1 200 hommes, étaient armés de boucliers ovales composites, d'épées et du *pilum*, lourd javelot de 9 pieds de long (2,70 m) qui deviendra l'arme de jet par excellence de l'infanterie légionnaire[110]. Les *triarii*, au nombre d'environ 600, conservaient encore la *hasta*, lance à longue hampe.

La particularité qui faisait de ces légions des formations équilibrées, par opposition à celles de l'époque du principat, était la présence d'un contingent de 1 200 hommes d'infanterie légère (*velites*) armés d'épées, de petits boucliers (*parmae*) et de la *hasta velitaris* (un javelot léger et court) et de dix petits escadrons de cavalerie s'élevant à 300 chevaux en tout[111]. Il est certain que pour ces légions qui n'avaient ni archers, ni frondeurs, leur faiblesse résidait dans le peu d'armes de jet dont elles disposaient ; d'autre part, le contingent intégré de cavalerie était aussi plutôt faible, trop faible pour être employé indépendamment.

Mais quand Marius (157-86 av. J.C.) réforma les légions, il accentua encore leur déséquilibre. Les *velites* furent supprimés et il semble que le contingent de cavaliers disparut graduellement : il n'est pas fait mention de cavalerie légionnaire intégrée dans les campagnes de Jules César[112]. De même, les *triarii* disparurent (mais pas leur arme) à la suite du passage à une nouvelle organisation tactique basée sur la cohorte type de 480

---

109 J. Harmand, *L'Armée et le soldat à Rome (de 107 à 50 avant notre ère),* Paris, Picard, 1967, p. 39.

110 Voir Paul Couissin, *Les Armées romaines : essai sur les origines et l'évolution des armes individuelles du légionnaire romain,* Paris, Honoré Champion, 1926, passim.

111 Sur l'existence incertaine d'une cavalerie légionnaire après Marius, J. Harmand, *L'Armée et le soldat,* p. 46. Aussi Manuel Marin y Pefia, *Instituciones militares romanas,* Enciclopedia Clasica, n° 2, Madrid CSIC, Patronato Menendez y Pelayo, 1956, p. 74, par. 137

112 Parker, *Roman Legions,* p. 43.

hommes, armés du *gladius,* épée “espagnole” à double tranchant de deux pieds de long (0,60 m) et aussi des *pila*[113].

Les légions de l'époque du principat étaient pour l'essentiel semblables dans leur composition, à l'exception d'un petit contingent de 120 cavaliers qui fut vraisemblablement rétabli[114]. Cela indiquait que les légions devenaient des forces d'infanterie lourde très spécialisée. En fait, comme il a été dit, les troupes légionnaires avaient une double mission, celle de l'infanterie et celle du génie[115]. Chaque légion avait dans ses états-majors des spécialistes du génie militaire, des hommes qui pouvaient lever les plans d'un canal, étudier l'implantation d'un amphithéâtre, concevoir des routes et, par dessus tout, construire ou abattre des murs et des fortifications[116]. Les hommes de troupe durent être entraînés à devenir des ouvriers qualifiés ou semi-qualifiés et leur équipement individuel comprenait les outils essentiels pour la construction et notamment un outil soigneusement conçu et polyvalent qui tenait à la fois du pic et de la hache : la *dolabra.* Cn. Domitius Corbulon, le général romain le plus célèbre de la période-claudienne, aimait dire que la victoire devait être obtenue grâce à la

---

113 Mais la *hasta* ne disparut pas ; voir Couissin, *Les Armes,* pp. 359-360.

114 L'unique témoignage quant au nombre est Flavius Josèphe, *La Guerre des Juifs,* CXI, 6, 2.

115 Voir Eric William Marsden, *Greek and Roman Artillery : Historical Development,* 2 vol., Oxford, Clarendon Press, 1969, 1, 183. On doit peut-être observer quelques réserves à propos de l'enthousiasme de Végèce *(Epitoma rei militaris,* II, 11).

116 Quand Claude ordonna à Cn. Domitius Corbulon de cesser d'exercer des représailles contre les Chauques, Corbulon utilisa ses hommes à creuser un canal entre la Meuse et le Rhin. (Voir Tacite, *Annales,* XI, 20). Après la bataille de Bedriacum dans la guerre civile de 69, Vitellius envoya la Légion XIII Gemina pour construire les amphithéâtres de Cremona et de Bononia (Tacite, *Histoires*, XI, 67). Toutes les routes ont été construites par les légions, lesquelles comprenaient dans leurs états-majors des *mensores* (arpenteurs et géomètres).

dolabra[117]. Les légions du principat comprenaient un élément "lourd" supplémentaire : de l'artillerie intégrée sous la forme de *ballistae,* machine lançant des blocs de pierre, et de catapultes tirant des flèches ou des traits. Ces machines de guerre avaient une place importante dans les récits de sièges, mais elles étaient aussi utilisées pour appuyer l'infanterie au combat.

Dans les meilleures conditions, cette composition déséquilibrée donnait à la légion, élément le plus fiable de l'armée romaine, le plus haut degré d'efficacité tactique. Cependant les "meilleures conditions" étaient celles d'un engagement violent : le corps à corps pour tenir un secteur attaqué, ou pour conquérir le terrain occupé par des *concentrations* adverses, même s'il s'agissait de garnisons défendant des fortifications. De plus, l'infanterie légionnaire, se déplaçant relativement lentement, était mal adaptée à la guérilla (ou à la contre-guérilla) et, en fait, à toute action rapide contre des forces insaisissables comme les cavaliers de l'Asie occidentale et centrale. Des forces exclusivement légionnaires joueraient très mal leur rôle dans le cas d'un engagement mineur qui exigerait plutôt l'emploi de petites unités en ordre dispersé et beaucoup plus d'armes de jet que de puissance de choc, et le plus de cavalerie possible, excepté dans les épaisses forêts et dans les régions de haute montagne. En outre, une telle forme de guerre ne nécessite pas habituellement l'habileté du génie, si hautement développée dans les légions.

La légion était entraînée pour combattre sous forme d'une masse solide et concentrée ; sa puissance en armes de jet était faible, puisqu'il n'y avait que peu de *pila* et que la portée du *pilum* lancé à la main ne dépassait pas normalement 30 m[118]. De plus, la cavalerie légionnaire ne pouvait fournir que des éclaireurs et des groupes en

---

117 Frontin, *Stratagèmes,* IV, 7, 2. Cité par Marsden, *Greeek and Roman Artillery,* p. 183, n. 3.

118 Harmand, *L'Armée et le soldat,* p. 62, qui cite une expérience faite par l'armée française au XIXe siècle.

alerte ; elle était incapable de faire écran contre la cavalerie adverse et d'agir seule comme cavalerie lourde "de choc" ; de plus, elle n'était pas apte à une tactique de harcèlement contre l'infanterie ennemie, à la façon des archers montés orientaux. Tandis que des forces plus légères ou autrement plus mobiles pouvaient exécuter des attaques éclair contre elles, les forces légionnaires ne pouvaient qu'avancer lentement mais sûrement vers les concentrations ennemies pour les réduire par l'assaut ou le siège.

Étant donné le niveau de spécialisation des forces légionnaires et leur limite tactique, il est clair que les *auxilia* n'étaient pas simplement des forces d'appoint mais des forces complémentaires des légions, comme on l'a signalé jadis[119]. Grâce aux *auxilia*, les Romains pouvaient éviter une dispersion de leurs citoyens dans des formations pour lesquelles ils étaient sans expérience comme la cavalerie[120] et les formations utilisant les armes de jet, archers et frondeurs[121]. Parallèlement, les capacités particulières des forces légionnaires leur donnaient la "prédominance" sur l'adversaire et aussi sur des alliés peu fidèles, car, en dernière analyse, elles pourraient toujours avoir l'avantage sur les *auxilia* dans

---

119 Joachim Marquardt, *De l'organisation militaire chez les Romains,* rééd. A. von Domaszewski, trad. J. Marquardt et Th. Mommsen, J. Brissaud, *Manuel des antiquités romaines, II,* Paris, Fontemoing, 1891, pp. 156, 192.

120 Au sujet du manque d'efficacité notoire de la cavalerie romaine, à partir des guerres contre Hannibal, voir Paul Vigneron, *Le Cheval dans l'antiquité gréco-romaine des guerres médiques aux grandes invasions : Contribution à l'histoire des techniques,* Annales de l'Est, Mémoire n° 35, Nancy, Fac. des lettres et des sciences humaines, 1968, vol. 1, pp. 261-264.

121 Depuis longtemps, l'usage de la fronde avait perdu toute importance militaire, mais voir J. Harmand, *L'Armée et le soldat,* p. 77. À propos de la comparaison des portées, voir W Mc Leod, "The Range of the Ancient Bow", *Phoenix,* 19, 1965, 14. R.W Davies, "The Romans at Burnswark", *Historia 21,* 1972, 105-106, a prouvé que les frondeurs n'ont jamais été une unité régulière de l'armée romaine.

le cas de combats intenses. Les forces légionnaires ne pouvaient empêcher les *auxilia* de se débander, mais elles pouvaient être à peu près sûres de les vaincre en rase campagne ou en les assiégeant, à moins que les conditions ne soient extrêmement défavorables. Ces conditions très défavorables furent déterminantes durant la révolte de Civilis (69-70) quand deux légions (*V Alaudae* et *XV Primigenia*), d'effectifs réduits et à court de vivres, furent assiégées et massacrées par des auxiliaires Bataves dissidents dans le camp de Vetera, en Germanie inférieure, dont le site était mal choisi ; quatre légions (*I Germanica, XVI Gallica, IV Macedonica* et *XV Primigenia*) furent par la suite forcées de se rendre ou passèrent aux rebelles[122].

La révolte de Civilis avait le caractère général d'une guerre entre des légions et des *auxilia* : huit cohortes d'auxiliaires bataves se révoltèrent ; Civilis lui-même était à la fois officier des *auxilia* et chef de tribu (comme les deux autres rebelles fameux Arminius et Tacfarinas). La dissidence des *auxilia* dans des circonstances difficiles n'était pas un cas isolé, alors que la trahison d'une légion lors de circonstances semblables l'était certainement. On constate souvent, dans les sources écrites, l'instabilité naturelle des auxiliaires sous l'empire comme sous la république ; selon Frontin[123], Sylla était soucieux de s'assurer leur loyauté et Plutarque rappelle le comportement déloyal de la cavalerie auxiliaire de Crassus à Carrhae[124]. En 70, quand Petilius Cerialis s'engagea dans la zone des opérations pendant la répression de la révolte de Civilis, il jugea prudent de renvoyer chez eux ses auxiliaires gaulois avant l'attaque avec un message disant que les légions seules étaient capables de rétablir l'ordre[125].

---

122 Tacite, *Histoires,* IV, 12-80 et V, 14-26. Pour les légions concernées, voir Parker, *Roman Legions,* pp. 143-145.

123 *Stratagèmes,* XI, 7, 3, 5.

124 *Crassus*, XXVII, 6, 7.

125 Tacite, *Histoires,* IV, 71.

Dans cette structure à deux niveaux de l'armée romaine, les forces légionnaires, composées de citoyens normalement très disciplinés et sur lesquels on pouvait compter, servaient naturellement à maintenir l'autorité sur les *auxilia* et si nécessaire, grâce à leur supériorité tactique, lors d'un engagement sérieux. Ce rôle potentiel des légions était très important. Dès lors que la loyauté des *auxilia* était assurée – et des réformes ultérieures devaient mieux l'assurer –, la combinaison de l'infanterie légionnaire et du génie avec la cavalerie, l'infanterie légère et les auxiliaires munies d'armes de jet, tout cela donnait aux Romains la supériorité tactique sur la plupart des champs de bataille et contre la plupart des ennemis, autant que la “prédominance absolue” contre pratiquement tout adversaire[126].

Au dire de Tacite, quand Germanicus traversa le Rhin à la recherche des restes des légions anéanties de Varus, et, chose plus importante encore, pour rétablir le prestige romain par des opérations de représailles destinées à redonner à l'armée romaine sa puissance dissuasive, il le fit avec deux légions, huit *alae* de cavalerie auxiliaire et au moins vingt-six cohortes d'infanterie auxiliaire[127]. Il n'y avait pas, semble-t-il, de règles pour fixer le nombre des *auxilia* : Varus n'avait amené avec lui que trois *alae* de cavalerie et six cohortes d'infanterie auxiliaire pour ses trois légions[128].

Le défaut le plus évident des armées romaines réside dans l'insuffisance de la cavalerie. Déjà très tôt, en 202 av. J.C., les Romains avaient tablé sur l'aide de la cavalerie de mercenaires numides pour lutter contre celle d'Hannibal[129] ; bien qu'une cavalerie romaine composée de citoyens existât en fait (comme d'ailleurs la

---

126 Voir ci-dessous, chap. 3.
127 Tacite, *Annales,* I, 49.
128 Velleius Paterculus, *Histoire romaine,* II, 117.
129 Harmand, *L'Armée et le soldat,* p. 46, n. 136.

cavalerie de *socii* italiens jusqu'à la Guerre Sociale[130]), le principe logique de faire appel aux cavaliers non citoyens fut maintenu. Dans l'armée du principat, la cavalerie auxiliaire se présentait sous deux formes : les *alae* de cavalerie proprement dite et les *cohortes equitatae,* unités mixtes d'infanterie et de cavalerie. L'une et l'autre, comme les cohortes d'infanterie auxiliaire normales, étaient de deux types, les unes de 512 hommes, *l'ala quingenaria,* les autres d'un effectif à peu près double, *l'ala milliaria.* Il semble que la *cohors equitata* ait eu 380 ou 760 fantassins pour les deux types de formation et 120 ou 240 cavaliers[131]. Cependant, les unités milliaires n'apparurent vraiment qu'avec les Flaviens[132].

Puisque la cavalerie antique ne connaissait pas les étriers, on a admis parfois que les troupes montées romaines n'étaient en fait que de la cavalerie "légère", c'est-à-dire des cavaliers entraînés et armés pour attaquer à distance avec l'arc ou la javeline, ou encore pour harceler l'ennemi en le combattant au corps à corps avec la lance ou l'épée – à l'inverse de la cavalerie "lourde", mais pas nécessairement cuirassée, armée de la lance et entraînée pour combattre en tant que force de choc dans le but de serrer l'ennemi de près[133]. On a soutenu que, sans le secours des étriers, la cavalerie ne pouvait charger contre de l'infanterie en formation massive, car aucun cavalier ne pouvait se maintenir en équilibre au contact de l'adversaire. Certes, il est vrai que le développement de la tactique de l'infanterie formée en rangs

---

130 Après la Guerre sociale (c.à.d. ap. 88 av. J.C.), les Italiens, après être tous devenus des citoyens, ne combattirent plus comme auxiliaires, mais comme légionnaires, *ibid*, p. 40 et n. 101. Pour le rôle de la cavalerie à cette époque, voir pp. 46-51.

131 R.W. Davies, "Appendix" (cité dans la note 3 *supra*). L'auteur suggère que les cohortes quingénaires comprenaient 480 h et les milliaires 800 h.

132 Les unités milliaires n'ont pas été attestées avant la période flavienne ; on ne sait quand elles ont été créées.

133 Voir les définitions sommaires données dans Vigneron, *Le Cheval,* p. 235.

serrés depuis Sparte rendit pratiquement caduque la simple charge de cavalerie contre des fantassins disciplinés, puisque même la meilleure cavalerie de choc serait repoussée par des fantassins rangés en ordre serré, présentant en direction de l'attaquant un mur de boucliers et une forêt de lances. En réalité, les Romains utilisaient aussi bien la cavalerie lourde (bien que non cuirassée) que la cavalerie légère, parce que la charge de cavalerie pouvait encore être efficace contre une infanterie manquant de discipline[134]. De plus, le défaut d'étriers n'empêcherait pas de charger contre la cavalerie adverse, en particulier les cavaliers "légers" non cuirassés.

De plus, il est pratiquement certain qu'une tactique de cavalerie qui pouvait vaincre même une infanterie disciplinée avait été imaginée : c'était l'utilisation combinée de la cavalerie lourde armée de lances et des archers montés (c'est-à-dire la cavalerie légère). Cette technique fut utilisée par la cavalerie parthe qui anéantit les sept légions que Crassus amena sur le champ de bataille de Carrhae en 53 av. J.C.[135]. Cette tactique, classique combinaison du tir et de l'assaut, reposait sur la densité du tir des archers à cheval pour attaquer les rangs des Romains, tandis que les lanciers les obligeaient à conserver la formation serrés par la menace d'une charge ou par une attaque réelle – les rendant ainsi vulnérables aux flèches. De cette manière, l'infanterie ne pouvait ni en venir aux mains avec les archers, ni se mettre à l'abri – même si un terrain propice à cette manœuvre était proche. Dès lors qu'on se rend compte que, même sans le secours des étriers, les cavaliers pouvaient charger et le

---

[134] Voir Flavius Josèphe, *La Guerre des Juifs,* CXI, 5, 5. Le *kontos* mentionné par l'auteur est vraisemblablement une arme lourde et la cavalerie armée du *kontos* est apparemment celle des *auxilia* réguliers par opposition à celle des États-clients ou des troupes irrégulières.

[135] Pour le côté de la bataille qui a trait à la cavalerie, voir Vigneron, *Le Cheval,* pp. 297-299.

faisaient effectivement, l'importance de la cavalerie auxiliaire des *alae* est perçue dans sa vraie perspective : elle accomplissait pour les légions des missions de reconnaissance ou de contre-reconnaissance et surtout la poursuite de l'ennemi, mais elle était aussi un élément d'assaut très utile pour disloquer les concentrations de cavalerie légère et elle était mortelle pour les fantassins manquant de discipline.

En utilisant la cavalerie auxiliaire, les Romains compensaient ainsi la médiocre qualité de la leur, composée de citoyens (sans parler des chevaux). D'autre part, se reposer sur une force auxiliaire d'archers, de frondeurs et de lanceurs de javelots avait un but précis : maintenir l'avantage relatif des Romains dans la supériorité de leur infanterie lourde. Étant donnée leur pénurie chronique en hommes, il n'aurait servi à rien que Rome disséminât cette faible quantité de citoyens dans des unités d'infanterie légère qu'il était aisé de lever hors d'Italie. Là encore, il y avait de lointains précédents : Tite Live mentionne le recrutement d'un millier d'archers et de frondeurs à Syracuse en 217 av. J.C.[136], et durant la guerre des Gaules sous César, le "trio classique" – archers crétois, frondeurs baléares et infanterie numide (armée de javelots ?) – apparaît déjà et restera une constante des auxiliaires sous le principat[137].

Selon des expériences faites au XIXe siècle patronnées par Napoléon III, la portée pratique maximum du javelot des Romains (*pilum*), lancé par un homme robuste et entraîné, était d'environ 30 m[138]. Toujours d'après ces expériences, la portée maximum efficace de l'arc composite, fait de bois dont on a utilisé le cœur, avec un renforcement de nerfs à l'extérieur et de corne à

136 XXII, 37. Cité par Cheesman, *Auxilia*, p. 8.
137 *Guerre des Gaules*, XI, 7, 1.
138 Voir note 118 ci-dessus.

l'intérieur[139], variait entre 160 et 170 m[140]. Des portées plus grandes ont été enregistrées mais elles concernent des arcs spéciaux, maniés par des archers spécialisés utilisant des flèches légères. En fait, la portée maximum assurant à la fois la précision et l'efficacité de l'arc composite de l'antiquité était assez proche de 50 à 60 m[141]. La grande supériorité de l'arc sur le *pilum* n'était donc pas sa portée plus grande, mais sa plus grande densité de tir : les soldats en marche ne pouvaient porter que quelques *pila* (deux étaient la règle), tandis que les archers disposaient de beaucoup de flèches.

Les frondeurs et les archers jouaient le même rôle : couvrir et appuyer de leur tir l'infanterie qui avance ou se replie. Dans la guerre de siège, et également dans la guerre de mouvement, si les conditions le permettaient, le tir de l'artillerie appuyait celui des armes légères. Dès lors que les fortifications solides pouvaient supporter l'impact de toutes les machines de siège à l'exception des puissantes *ballistae* lançant des blocs de pierre, le rôle le plus fréquent de l'artillerie dans une guerre de siège a dû consister à couvrir l'attaque par des béliers et autres machines.

L'artillerie était également suffisamment mobile pour être utilisée en campagne, au moins sur un sol ferme et plat : en 15, Germanicus employa une machine de guerre destinée à lancer des traits (*tormentum*) pour refouler les Chattes occupant la rive opposée tandis que ses troupes traversaient la rivière avec difficulté ; au cours d'une autre action, un an plus tard, il couvrit avec l'artillerie des troupes romaines contre un ouvrage de terre des Chérusques – forçant ainsi ces guerriers à

---

139 Voir l'analyse détaillée dans Marsden, *Greek and Roman Artillery*, p. 9. L'auteur montre la nature composite de l'arc d'Ulysse grâce à son analyse du texte d'Homère, p. 10.
140 Mc Leod, "Range of the Ancient Bow", p. 8.
141 *Ibid.*

garder leur tête baissée, ce qui les empêchait d'utiliser leurs armes de jet[142].

On ne connaît pas le nombre réglementaire de machines de guerre affectées aux légions, mais il y avait probablement six pièces par cohorte (c'est-à-dire au moins soixante par légion) – la plupart étant des catapultes tirant des traits, le reste plus lourd, des *ballistae* lançant des pierres. Ordinairement, les *auxilia* n'avaient ni artillerie ni machine de siège[143]. En premier lieu, leur donner de telles armes aurait contrevenu au principe de la "suprématie absolue". (Un parallèle contemporain : une des précautions prises par les Britanniques à la suite de la mutinerie aux Indes fut de ne pas affecter d'artillerie à la plupart des régiments indiens.)

Bien que les qualités des *auxilia* aient complété celles des légions, de telle façon que des "task-forces" mixtes légionnaires/auxiliaires étaient en fait des armées en campagne rationnellement composées et prêtes à toutes les missions, l'avantage par excellence des armées romaines par rapport à l'ennemi résidait toujours dans le combat hautement intensif : la pénétration stratégique en profondeur lente mais constante du territoire ennemi, assurée par la construction de routes et de fortifications le long des routes ; des engagements à grande échelle contre des concentrations denses de troupes ; et par dessus tout, une guerre de siège offensive et défensive[144]. La supériorité tactique des Romains croissait à mesure qu'augmentaient la concentration des forces et l'intensité des combats[145].

---

142 Tacite, *Annales,* I, 56 et II, 20. Cf. Suétone, *Gaius,* XLVI.

143 Voir Marsden, *Greek and Roman Artillery*, p. 184, qui l'admet ; mais la présence d'artillerie dans les formations auxiliaires formées souvent de barbares est surprenante. Quand Civilis et ses troupes composées d'auxiliaires assiégèrent le camp romain à Vetera, ils utilisèrent des machines de siège construites par les prisonniers ou les déserteurs des troupes légionnaires. Tacite, *Histoires*, IV, 23.

144 Voir les exemples cités par Thompson, *Early Germans,* pp. 131-140.

145 *Ibid.,* pp. 146-149.

Ce facteur, à la fois structurel et tactique, avait des conséquences stratégiques de grande portée : l'armée romaine était manifestement très bien équipée pour servir d'instrument de guerre contre des ennemis dont les possessions à protéger étaient fixes – d'abord des villes, mais aussi des biens comme des terres cultivables ou même des systèmes d'irrigation. Réciproquement, les méthodes romaines étaient moins efficaces pour combattre des ennemis dont les richesses et les réserves de force n'étaient pas fixes, ou en tout cas étaient dispersées. Il était sans objet pour les Romains de se frayer un chemin à travers forêts et marécages pour atteindre les villages primitifs des Germains, puisque les réserves réelles de leur force étaient rurales et dispersées : même la perte de toutes leurs villes ne leur aurait pas porté un coup sérieux. De la même manière, les méthodes des Romains n'étaient pas adaptées au combat contre les Parthes (ou plus tard les Sassanides) en Orient, puisque, quoique les Iraniens eussent de grandes et importantes cités, leurs plus grandes réserves de force étaient dispersées dans les petits campements semi-nomades du lointain plateau iranien. La puissance des Arsacides ne fut pas anéantie quand les Romains conquirent et mirent à sac les cités parthes, y compris Ctésiphon la capitale, ce qu'ils firent pour la première fois sous Trajan.

Il en fut de même avec les Daces, les Sarmates et les nomades d'Arabie et d'Afrique du Nord : personne ne put résister à l'avance continue des forces romaines d'invasion, mais les Romains à leur tour ne purent utiliser efficacement leurs forces contre les bases rurales largement dispersées de ces peuples guerriers ; car leur vie et leur résistance ne dépendaient pas d'une structure économique et sociale de type urbain. En conséquence, si les Romains persistaient dans leurs efforts, l'unique solution rationnelle était de s'attaquer à la population elle-même dans une guerre d'extermination. En l'absence d'une forme de vie stable que l'armée pouvait contrôler et réorganiser suivant les règles romaines, la paix exigeait que d'abord on fît un désert. Ainsi, à la fin de la campagne de Domitien contre les Nasamons d'Afrique du Nord, il rendit compte au Sénat que la guerre avait été gagnée et que les Nasamons avaient cessé d'exister[146].

Si cette analyse des méthodes militaires romaines est correcte, c'est une raison technico-militaire qui vient à l'esprit pour fixer les limites géographiques de l'expansion impériale. Ces limites étaient qualitatives et, plus important encore, *elles s'appliquaient autant à une diplomatie de contrainte qu'à la guerre* ; elles n'étaient pas fonction de l'espace en soi, de la distance ou même de la démographie. Les facteurs d'environnement qui conditionnaient l'efficacité de l'armée romaine en tant qu'instrument de guerre déterminaient également son utilité comme instrument de l'autorité diplomatique. La "dissuasion armée" née de la puissance militaire romaine était efficace contre des régimes qui avaient des biens fixes à défendre, car c'étaient ces biens que la puissance romaine menaçait, au moins implicitement. Puisque les Romains pouvaient détruire ou s'approprier ces biens, ils pouvaient aussi assujettir leurs possesseurs et en faire des clients sans avoir à recourir à l'une ou l'autre de ces solutions.

Les circonstances dans lesquelles l'entraînement, l'armement et les techniques de l'armée romaine étaient les plus efficaces, qu'il s'agisse de guerre ou, en l'absence de guerre, de contrainte diplomatique, ne se présentaient pas dans les régions semi-désertiques de l'Afrique du Nord, dans les régions forestières de l'Europe centrale, dans les plaines de ce qui est aujourd'hui l'Ukraine, sur l'aride plateau de l'Iran et dans les déserts d'Arabie. Les Romains pouvaient toutefois pénétrer dans ces zones, mais à quel prix.

---

146 Ronald Syme, CAH II, 146, reposant sur Dion, LXVII, 4, 6.

5. Le déploiement stratégique des forces

Jusqu'à ce que Domitien en interdise la pratique[147], la tendance vers la création de grandes unités dans la composition de l'armée romaine, autour de légions d'environ 6 000 hommes, s'accentua encore plus par le déploiement des forces dans des camps qui abritaient plusieurs légions : Mogontiacum (Mayence), Vetera (Xanten) et Oppida Ubiorum (Cologne) sur la frontière du Rhin. Puisque les *auxilia* étaient, avec les légions, les forces de l'armée romaine, elles restaient concentrées sur quelques points de la périphérie de l'empire, ne laissant que peu ou rien vers l'intérieur et avec une répartition très inégale le long du périmètre.

Ainsi, en 6, sur un total de vingt-huit légions, quatre étaient en Espagne, cinq sur le Rhin ou au-delà, deux en Rhétie, cinq en Illyricum, trois en Mésie et neuf dans l'ensemble de l'Afrique du Nord, de l'Égypte et de la Syrie[148]. Après l'embuscade contre les légions de Varus en 9, la garnison en Espagne fut ramenée à trois légions, celle de Germanie fut portée à huit, celle de Rhétie fut supprimée, celle de l'Illyricum ne fut pas modifiée et celle de Mésie réduite à deux légions. Une légion resta en Afrique du Nord, deux en Égypte et quatre en Syrie[149]. Cette répartition fut maintenue jusqu'à l'invasion de la Bretagne en 43[150].

Il est clair que le comportement inégal des États-clients en Orient et en Occident avait des conséquences d'ordre militaire : en Orient, où les États-clients étaient très évolués (et où les accords au sujet de l'Arménie en 20 avaient laissé une large zone tampon entre Rome et les Parthes), la sécurité de Rome était assurée par

---

147 Suétone, *Domitien,* VII.

148 Syme, "Some Notes on the Legions" (n.l), p. 33.

149 *Ibid.*

150 Tacite, *Annales*, IV, 5 ; le processus de déploiement ne sera pas modifié avant la levée de deux nouvelles légions (XV *Primigenia* et XXII *Primigenia)* et les préparations commencèrent pour l'invasion de la Bretagne vers 42-43. Voir Parker, *Roman Legions,* p. 129.

quelques légions mal entraînées, puissamment secondées par la docilité des clients qui n'ignoraient pas la présence potentielle de forces beaucoup plus puissantes ailleurs. En revanche, en Occident, la sécurité quotidienne de la périphérie de l'empire ne pouvait être assurée que par la présence directe et visible des légions. Les Germains et les Daces devaient voir de leurs propres yeux ce que les populations et les souverains évolués de l'Orient civilisé pouvaient se représenter aisément.

En prenant sur eux la tâche de pourvoir à la sécurité interne et à celle du périmètre, les États-clients d'Orient permettaient aux Romains de conserver une puissance de frappe concentrée – et bien entendu cette même force concentrée avait donné naissance à la puissante "dissuasion armée" qui, avant tout, maintenait assujettis les États-clients. La garnison de Syrie, aussi petite fût-elle, composée de quatre légions, possédait cet avantage d'être concentrée, avantage qui, paradoxalement, aurait disparu si cette force avait été engagée dans une action militaire pour contrôler de vastes régions de l'Asie Mineure. De plus, avec les Parthes à l'Est, la seule grande puissance toujours face à Rome, une dispersion des forces aurait entraîné de graves difficultés. C'est dans cette perspective qu'on doit considérer la politique du déploiement à cette période. On doit tenir compte à la fois du manque de réserves au centre et du choix du déploiement des légions sur le périmètre, dans l'optique d'un dispositif de sécurité encore basé sur le système de clientèle très efficace bien que complexe et fragile. Il y avait bien une réserve stratégique, mais elle était déployée sur le périmètre. Stationnée à proximité des zones virtuellement menacées ou qui pouvaient également servir de point de départ à des opérations de conquête, les légions n'étaient pas en réalité affectées à la défense territoriale de leur secteur de frontière, comme ce fut plus tard le cas. Si une menace se dessinait dans un secteur, des forces pouvaient normalement être retirées d'autres secteurs ; il n'y avait aucun réel danger que les Germains, les Daces et les Parthes se concertassent pour attaquer l'empire[151].

Dans ce contexte politique, la stratégie de défense de l'empire avait à faire face à deux sortes de menaces : des menaces "endémiques", d'intensité plus ou moins constante, pendant de longues périodes (comme la menace des Germains entre 9 et la crise de 69-70), et des menaces sporadiques, qui étaient essentiellement imprévisibles (par exemple des soulèvements de populations indigènes). En conséquence, il aurait été inutile de conserver des forces importantes en réserve en un point stratégique central. Une telle réserve est préférable à l'utilisation de forces *ad hoc,* prélevées sur le périmètre, seulement dans le cas où elle peut être redéployée à temps pour renforcer les secteurs attaqués ; or, un redéploiement rapide pouvait rarement être exécuté dans l'empire romain. Là où la menace était endémique et constante, la présence de forces permanentes était plus nécessaire qu'une réserve disponible ; là où la menace était sporadique et imprévisible, des réserves pouvaient difficilement arriver à temps sur le théâtre des opérations et, de toute manière, le dommage aurait été infligé bien avant leur arrivée. Il était beaucoup plus efficace de conserver les forces sur le périmètre, où leur présence était utilisable d'une façon permanente, militairement et diplomatiquement, plutôt que de les conserver en un point central.

La disposition géographique de l'empire – une zone circulaire autour de la Méditerranée – a privé les Romains de l'avantage habituel que possède la défense, des voies de communication intérieure plus courtes, sauf quand le transport par mer était possible. Si les forces romaines n'étaient pas prévenues à temps d'une attaque

151 Une lettre de Pline (LXXIV) a suggéré la possibilité de relations entre les Daces et les Parthes ; des chercheurs ont pris au sérieux cette possibilité, p.e. Henderson, *Five Emperors,* pp. 273-274. Pour un autre point de vue, voir A.N. Sherwin White, *The Letters of Pliny,* Oxford, Clarendon Press, 1966, p. 662.

imminente, elles ne pouvaient se déplacer qu'à la vitesse de cinq kilomètres à l'heure vers un adversaire dont l'offensive était déjà en cours. Cela montrait qu'une réserve stratégique ne signifiait pas grand chose, car il importait peu que l'incursion ennemie dans le territoire de l'empire durât un mois plutôt que deux ; avec ou sans une réserve centralisée, la réaction romaine ne pouvait être assez rapide pour renforcer un secteur, tandis qu'il contenait encore avec succès l'attaque de l'adversaire.

Cependant, ce système entraînait d'autres risques. D'abord, il y avait toujours la possibilité que des menaces graves – même si elles n'étaient pas coordonnées – apparussent simultanément en différents secteurs du périmètre. De plus, il y avait une éventualité qui pouvait être une source de danger : quand des légions étaient retirées d'un secteur pour s'opposer à une menace sur un autre (ou pour concentrer des forces offensives), des populations insoumises de la province et des ennemis d'au-delà de la frontière risquaient de saisir l'occasion de se rebeller contre Rome ou de tenter un raid contre le territoire impérial. C'était plus qu'une éventualité, puisqu'il y avait apparemment une relation de cause à effet entre le retrait de troupes romaines en un point donné et l'apparition de menaces jusqu'alors latentes. Et il y avait le risque supplémentaire d'une réaction en chaîne, comme celle qui se manifesta en 6. Cette année-là, la révolte de Pannonie éclata quand l'Illyricum fut privée de ses légions pour augmenter les forces qui se concentraient en vue de l'offensive en tenaille contre Marbode et pour l'encerclement stratégique de la Bohême. Tibère, à la tête de cinq légions, avait effectivement traversé le Danube en se portant vers le nord-ouest à partir de Carnuntum[152], quand la révolte éclata sur ses

[152] Carnuntum se trouve à 50 km de Vienne. C'était la branche de droite de la manœuvre en tenaille ; l'autre branche devait progresser vers l'Est depuis Mayence (sur le Rhin), et les deux armées devaient faire leur jonction sur l'Elbe. Cette opération de grande envergure nécessitait la présence de 150 000 hommes. Voir Tacite,

arrières[153]. La petite force romaine laissée dans la base de Siscia (Sisak en Croatie) fut assiégée par les rebelles, qui apparemment prirent le contrôle d'une grande partie de la province. Le légat de la province de Mésie, A. Caecina Severus, qui était en train d'amener ses forces vers le Nord pour faire sa jonction avec Tibère en vue de l'offensive projetée contre Marbode, se détourna de sa route pour étouffer la révolte. Mais la frontière danubienne de la province avait déjà été dégarnie de ses deux légions, et des envahisseurs daces traversèrent le fleuve et pénétrèrent en Mésie. Au moment même où Tibère fut obligé d'annuler l'invasion de la Bohême afin de revenir combattre dans l'Illyricum, Severus fut aussi dans l'obligation d'interrompre sa tentative de secours pour retourner en Mésie. Finalement, il fallut trois ans et toutes les forces que les Romains pouvaient rassembler pour soumettre l'Illyricum[154].

Vue dans le contexte de menaces sporadiques et très éloignées les unes des autres, auxquelles les Romains ont dû faire face, la réaction en chaîne, conséquence de l'offensive projetée contre Marbode, ne fut qu'une exception, même si elle fut très grave. Les conditions normales des premiers temps du principat se bornèrent à maintenir avec succès la sécurité impériale en utilisant une puissance militaire très faible et parcimonieuse.

Annales, II, 46 et XI, 16 ; Velleius Paterculus, *Histoire romaine,* II, 109.

153 Voir Syme, CAH 10, 369-373 ; Holmes, *Architect of the Roman Empire*, vol. 2, pp. Il 1-115 ; Dyson, "Native Revolts", pp. 250-252.

154 En 8 ap. J.C., pour réprimer cette révolte, il a pu y avoir plus de 100 000 engagés : dix légions, soixante-dix cohortes d'auxiliaires à pied, dix ailes de cavalerie et de nombreuses forces d'irréguliers, en premier lieu de la cavalerie thrace fournie par Rhoemetalces I, roi et client de Thrace ; Syme, CAH 10, 372.

6. Conclusion

Sous la république, les Romains résolvaient habituellement les problèmes de sécurité de leur empire en pleine croissance par l'expansion, mais celle-ci était hégémonique plus que territoriale. Les guerres et les victoires romaines aboutissaient habituellement à un faible agrandissement territorial et en même temps à une extension encore plus lointaine de l'action diplomatique de Rome par le moyen de la clientèle. À la fin de la république cependant, une nouvelle politique fut élaborée par de nouvelles forces au pouvoir à Rome, et le rythme de l'expansion territoriale s'accéléra manifestement, atteignant son apogée sous Auguste.

Auguste, de toute évidence, ne mit pas en pratique au cours de son règne ce qu'il prôna dans sa célèbre mise en garde posthume contre de nouvelles conquêtes, texte que Tacite rapporte (et contre lequel il s'élève vigoureusement)[155]. Sous ses ordres, des guerres de conquête furent menées dans toutes les directions ; elles se terminèrent par l'annexion de vastes territoires : les futures provinces de Mésie, de Pannonie, de Norique et de Rhétie ainsi que les Alpes cottiennes et maritimes. Ces deux dernières annexions étaient des mesures de sécurité sans cesse reportées contre des pillards, les Salasses qui s'attaquaient au trafic transalpin ; ailleurs, l'argument invoquant la sécurité n'était pas aussi valable. Cependant, l'annexion d'États-clients dociles et efficaces n'était pas dans les vues d'Auguste, sauf en dernier ressort : la Judée fut annexée en 6, mais uniquement parce qu'on n'avait pas trouvé dans la famille d'Hérode de successeurs valables – la Judée n'était pas une

155 La thèse qui suit est fondée sur ce que dit P.A. Brunt, JRS 53, 1963, 170-176. Cf. Hans D. Meyer, *Die Aussenpolitik des Augustus und die Augusteische Dichtung*. Pour ce qui est de cette ferme déclaration d'Auguste, voir idem, *Agricola,* XIII. Bien entendu, Tacite écrivait à l'époque où l'idée de conquête était dans l'air ; voir Ronald Syme, *Tacitus,* 2 vol., Oxford, Clarendon Press, 1958, vol. 1, pp. 10-29.

province qu'on pouvait confier à la légère à un de ces princes entreprenants d'Asie mineure.

Du fait de l'économie des forces du système, l'effectif des forces militaires d'Auguste était suffisant non seulement pour défendre l'empire, mais aussi pour permettre l'expansion ; à n'importe quel moment, on pouvait procéder à de grandes concentrations de troupes pour des guerres de conquête, en prélevant des forces habituellement déployées sur la frontière, même au prix de quelques risques. En 6, par exemple, sur un effectif légionnaire total de seulement vingt-huit légions, pas moins de douze purent être rassemblées pour l'offensive en Bohême qui devait amener la puissance romaine sur les bords de l'Elbe[156]. De l'avis général, cette disproportion s'est avérée trop grande et a entraîné de grands risques, mais indubitablement le système était très souple.

On admet que le but d'Auguste, même avant les grandes crises de 6 à 9 en Illyricum et en Germanie, s'était limité à l'établissement d'une frontière "scientifique" sur l'Elbe – une sorte de ligne "Hambourg-Prague-Vienne"[157]. Plus récemment, on a soutenu d'une manière convaincante qu'Auguste n'a personnellement jamais fixé cette limite, car il était toujours à la poursuite du rêve d'Alexandre – et de Rome : la conquête du monde. On a également souligné que les connaissances géographiques des Romains (et les connaissances démographiques) étaient encore si peu développées que même la conquête de la Chine leur semblait possible[158].

---

156 Tacite, *Annales,* XI, 46. Cf. Parker, *Roman Legions,* pp. 82-85, passim.

157 Voir Syme, CAH 10, 353.

158 Ceci est un important argument secondaire dans la thèse de Brunt, fondée sur A. Klotz. Vraisemblablement, sous Auguste, les Romains pensaient que la distance du Rhin à la Vistule, c.à.d. toute l'étendue de la "Germanie", était moindre que la distance qui sépare les Pyrénées du Rhin (636/686 milles contre 920 milles réellement) ; d'ailleurs, ils pensaient que les Pyrénées et le Rhin étaient parallèles. De même, la distance entre la Vistule et l'océan qui baigne les

En tout cas, le système était parfaitement adapté à la poursuite de la politique d'expansion, et Claude dans la conquête de la Bretagne l'employa comme tel. Une nouvelle expansion était du domaine du possible tant qu'il y aurait des peuples et des cultures susceptibles d'être influencés par la "discussion armée" émanant de la puissance militaire romaine ; Rome en fit des clients sûrs, prenant à leur charge les problèmes de sécurité soulevés par l'expansion passée.

côtes de Chine était dans leur esprit moindre que le triple de la distance des Pyrénées au Rhin (c.à.d. 2560/2660 milles). Puisque Jules César avait conquis la Gaule en 10 ans avec une force qui n'avait jamais dépassé 10 légions, la conquête de la Germanie leur semblait parfaitement possible. La question a été récemment revue et elle appuie les preuves avancées par Klotz ainsi que ses conclusions et ses évaluations : J. Tierney, "The Map of Agrippa", *Proceedings of the Royal Irish Academy,* vol. 63, section C, n° 4, 1963, pp. 154-160.

Chapitre II

Des Flaviens aux Sévères. Frontières “scientifiques” et défense dissuasive de Vespasien à Marc Aurèle

Néron mourut en 68 et immédiatement Galba revendiqua sa place. Cet empereur n'arriva à Rome qu'en octobre 68 et ne vécut pas au-delà de janvier 69. M. Salvius Othon, ex-gouverneur de Lusitanie, bien que faisant partie de la suite de Galba à Rome, le fit assassiner par les prétoriens ; il fut ensuite acclamé empereur à son tour. Entre-temps, un autre s'était levé pour réclamer l'empire : Aulus Vitellius, gouverneur de la Germanie inférieure et fort de ses quatre légions. Jusqu'à cette époque, c'est par le suicide et le meurtre qu'on avait réglé la question de la succession ; désormais, ce sera aussi par la guerre civile.

Il y avait sept légions en tout dans les deux Germanies : 40 000 hommes et au moins autant d'auxiliaires. Vitellius pouvait compter sur la plupart ; cela suffisait pour s'emparer de Rome et de la puissance impériale. Othon n'avait pas à sa disposition une telle puissance ; aucune légion n'était liée à sa personne car son ancienne province, la Lusitanie, n'en avait pas. Il y avait à Rome les prétoriens, au nombre de 4 500 au plus, une légion formée d'anciens soldats de marine récemment levée par Néron (*I Adjutrix*), quelques détachements des armées de la frontière danubienne et des auxiliaires. Ce n'était pas suffisant ; Othon prit en plus à son service 2 000 gladiateurs.

Les cinq légions des armées du Danube et les deux autres disponibles en Dalmatie étaient son seul espoir, d'autant plus qu'il avait leur confiance. Si les légions du Rhin avaient Vitellius comme candidat, celles du Danube avaient Othon. Vitellius devait dégarnir les frontières de la Germanie en rappelant en Italie les troupes pour soutenir le pouvoir impérial ; quant à Othon, il ferait de même avec les forces stationnées le long de la frontière danubienne. Mais les plans d'Othon étaient lents à se réaliser et ses hommes lents à se déplacer. À Bedriacum, près de Crémone, dans le Nord de l'Italie, les deux armées se rencontrèrent après leur concentration respective ; les partisans de Vitellius, plus nombreux, furent vainqueurs. En avril 69, pour la troisième fois de l'année, Rome avait un empereur, grossier et sanguinaire selon les auteurs, mais favorisé par la réussite – du moins à ce qu'il paraissait.

Vitellius avait défait Othon par une manœuvre rapide et hardie. À son tour, il devait être vaincu à la suite d'actions prudentes et de grande ampleur. Quand Vitellius rentra à Rome en juillet 69, les deux légions d'Égypte, à l'instigation du gouverneur, avaient déjà proclamé un autre empereur, T. Flavius Vespasianus.

Vespasien avait combattu avec succès dans la Guerre Juive avec trois légions et l'appoint d'auxiliaires et de troupes des États-clients. Il avait l'appui de l'Égypte, de la Syrie et de tous les princes clients orientaux, dont l'argent était aussi utile que leurs troupes. Il ne craignait pas que ses arrières fussent gagnés par la subversion, à l'inverse de ce qui se passait en Occident où opéraient ses propres agents.

La Judée sous le commandement de Titus continuait d'être le théâtre des opérations et le foyer de la cause de Vespasien : les légions combattant en Judée étaient en mesure d'intimider à la fois la Syrie et l'Égypte pour les maintenir dans une stricte obéissance.

Vespasien resta en Égypte et laissa à d'autres la sale besogne de la guerre civile. Ses agents répandirent l'agitation chez les auxiliaires bataves stationnés sur le Rhin, attirant et clouant ainsi sur place les troupes fidèles à Vitellius ; de plus, l'approvisionnement en blé en provenance d'Égypte fut coupé – il est possible que ce seul fait aurait conduit Vitellius à capituler. Pendant ce temps, 20 000 hommes quittèrent la Syrie et prirent la longue route qui mène à Rome. En octobre 69, les troupes de Vitellius et de Vespasien en vinrent aux mains et, encore une fois, Bedriacum fut le théâtre de cette rencontre. Les forces en provenance de Syrie n'avaient pas encore atteint l'Italie et Vespasien se trouvait toujours en Égypte ; mais les armées du Danube, qui avaient perdu leur chef Othon, ne pouvaient espérer la clémence de Vitellius ; elles se rallièrent à la cause de Vespasien. La seconde victoire de Bedriacum fut gagnée par les troupes venant de Pannonie. Des atrocités s'ensuivirent. Ceux qui combattaient au nom de Vespasien n'étaient pas sous son contrôle direct. Crémone, proche du théâtre des combats, fut mise à sac comme si elle avait été une ville étrangère, et, tandis que les sauvages Pannoniens, à l'image de leur pays, maritimechaient sur Rome, des désordres suivirent leur passage. En décembre 69, Vitellius fut tué à Rome et le Sénat vota les pleins pouvoirs à Vespasien, qui ne fit son entrée qu'en octobre 70.

La guerre civile devait entraîner une autre conséquence fâcheuse. Pour fixer les partisans de Vitellius en Germanie inférieure, les redoutables Bataves, conduits par leur chef Civilis, avaient été poussés à la révolte par des agents de Vespasien. Civilis, en tant que chef client d'une tribu elle-même cliente, pouvait compter sur huit cohortes d'auxiliaires composées de ses hommes et au service de Rome ; il augmenta cette force en faisant appel à des Germains libres. À la fin de 69, après la mort de Vitellius, les Romains n'eurent plus besoin d'aide pour combattre d'autres Romains. Mais Civilis continua à combattre pour sa propre cause et rallia quelques

Gaulois : les rebelles avaient l'intention de fonder un empire gaulois.

Les quatre légions sur le Rhin, épuisées, sans vivres et démoralisées, furent vaincues, soit qu'elles aient succombé à un siège, soit qu'elles aient été gagnées à la cause des rebelles. Civilis contrôlait maintenant le Rhin inférieur. Mais les Gaulois, stationnés sur une rive du fleuve, restèrent fidèles à Rome et les Germains libres, sur l'autre rive, s'abstinrent d'envahir en masse le territoire de l'empire resté sans défense. Les uns et les autres se montrèrent sages en adoptant cette attitude. Neuf solides légions sous le commandement de légats fidèles à Vespasien se portèrent contre les légions dissidentes et leurs auxiliaires, laissant prudemment hors de la mêlée leurs propres auxiliaires. On ne pouvait résister à une telle force. La révolte de Civilis fut étouffée, mais la frontière du Rhin avait beaucoup souffert : ses troupes avaient été évacuées ou décimées, ses *hiberna* avaient été incendiés et le prestige de Rome – tout comme le respect qu'elle inspirait – fut gravement atteint.

L'ambition dynastique de Vespasien était manifeste. Il était père de deux fils et il avait décidé que l'empire serait gouverné par un Flavien ou ne le serait pas du tout. Son fils Titus succéda à son père à sa mort en 79, mais Titus mourut à son tour deux ans plus tard. Un fils plus jeune, Domitien, devint empereur. Les auteurs anciens sont favorables aux deux premiers Flaviens, mais pas au troisième. Son pouvoir inquiétait car Domitien usait de la répression. Cependant, cet autocrate de l'Antiquité ne possédait pas les moyens scientifiques du dictateur moderne et la répression, bien que provocatrice, n'était pas absolument efficace. Domitien fut assassiné en 96.

Entre la fin de la guerre civile en 70 et la mort de Domitien vingt-six ans plus tard, aucune guerre de conquête particulièrement marquante ne fut engagée. En Bretagne, la zone où s'exerçait l'autorité romaine s'étendit plus au Nord, mais l'île ne fut jamais entièrement conquise et aucune frontière définitive ne fut établie pour barrer l'isthme étroit qui la séparait de l'Écosse demeurée barbare. En Germanie, la frontière du Rhin avait été méthodiquement rétablie et non moins méthodiquement abandonnée à mesure que l'autorité de Rome s'étendait au-delà du fleuve. Après une longue suite de campagnes entraînant des rectifications de frontières, on construisit des routes, des camps et des forts à l'Est du Rhin et au Nord du Danube, ceci afin de repousser les tribus hostiles et aussi pour inclure le saillant fertile entre les deux fleuves. Les campagnes des Flaviens, au cours desquelles prédominaient les travaux du génie, n'ont pas été considérées comme des guerres de conquête à la manière classique ; elles n'ont pas suscité l'enthousiasme dans les esprits pondérés de la Rome guerrière. Les commentateurs contemporains se moquèrent de Domitien qui avait engagé à juste titre une guerre de frontière contre les Chattes en 83.

En 85, les Daces, bien implantés sur le Danube moyen, conduits par Décébale, que nos sources décrivent comme un personnage redoutable, traversèrent la frontière pour attaquer la Mésie. La guerre qui s'ensuivit, menée par Domitien, ne se termina ni en victoire et en triomphe, ni en défaite. Il y eut des erreurs tactiques et des victoires non moins tactiques, mais la simultanéité des menaces d'invasion des Germains et des Sarmates en amont de la Dacie et la tentative d'usurpation de L. Antonius Saturninus, gouverneur de Germanie supérieure, en 89, détournèrent Domitien d'engager une guerre décisive contre Décébale, si toutefois cette guerre avait été envisagée.

Le meurtre de Domitien en 96 laissa l'empire vacant, mais il n'y eut pas de guerre civile. L'équilibre entre la puissance des prétoriens et celle des légions (que nous pouvons supposer mais pas prouver), ou peut-être les souvenirs amers de la Guerre civile, permirent au Sénat de choisir l'empereur suivant. Son choix créa un précédent. M. Cocceius Nerva était peu militaire, respecté et noble, mais surtout âgé. À l'avenir, chaque fois qu'à de rares occasions ce choix fut laissé au Sénat, on préféra de vieux aristocrates comme si les sénateurs voulaient s'assurer que ce privilège s'exercerait à nouveau dans peu de temps.

Des nobles âgés et peu au fait des choses militaires étaient la plupart du temps sans défense contre des chefs d'armées avec des légions à leur dévotion ; ceux que le Sénat avait désignés perdaient promptement leur fonction et leur vie. Mais Nerva ou ses conseillers étaient sages. Après que des rumeurs de mutinerie eurent atteint Rome, après que les prétoriens indisciplinés eurent publiquement humilié le nouvel empereur, Nerva décida d'adopter comme son fils et successeur M. Ulpius Trajan, soldat en renom, gouverneur de la Germanie supérieure et très populaire. Trajan était le nouveau maître de l'empire bien avant la mort de Nerva en 98. L'adoption donnait bien l'illusion d'une succession familiale, un transfert de pouvoir dans l'ordre, que les simples soldats et les provinciaux partisans de la dynastie pouvaient volontiers accepter ; cet acte délibéré était plus sûr que les hasards de la succession naturelle et le Sénat pouvait l'entériner.

Trajan était un soldat et même un bon soldat ; des guerres de conquêtes furent hâtivement entreprises et cette fois il n'y eut pas de déception. Une guerre limitée contre les Daces en 101-102 se termina par un compromis qui ressemblait à une victoire : la Dacie devait devenir un État-client avec à sa tête le roi Décébale. Mais les protagonistes ne jouèrent pas leur rôle. En 105-106 on dut reprendre les hostilités, car Décébale était indocile et la patience de Trajan à bout. De durs combats et une grande victoire s'ensuivirent. Une nouvelle et vaste province au-delà du Danube, la Dacie, fut incorporée à l'empire.

Mais l'Orient était le théâtre privilégié du conquérant romain. La convention concernant l'Arménie était une fois de plus remise en cause ; un Arsacide occupait le trône d'Arménie sans l'assentiment de Rome. L'Anatolie, à cette époque, avait une frontière organisée qui ne pouvait être sûre puisqu'il n'y avait que deux légions en

Cappadoce et seulement trois en Syrie. Si les forces parthes pouvaient se rassembler librement en Arménie, elles pouvaient faire irruption avec plus de force soit vers l'Ouest, soit vers l'Est, soit vers le Sud, à leur choix ; c'est vers le Sud que se trouvait la province clé de l'empire, la Syrie. La nécessité stratégique et l'ambition personnelle conduisaient à la guerre. Entre 114 et 117, l'armée de Trajan conquit non seulement l'Arménie, mais la plus grande partie de la Mésopotamie jusqu'à la capitale parthe de Ctésiphon. Après Auguste, Trajan fut, de tous les empereurs, celui qui fit le plus de conquêtes. Puis vint le désastre. Un soulèvement à l'arrière et une contre-offensive parthe, à partir de l'intérieur de l'Iran, obligèrent l'évacuation rapide de tous les territoires occupés. Trajan ne survécut pas à sa dernière défaite. En 117, il tomba malade et mourut en Cilicie, sur la route du retour vers Rome.

P. Aelius Hadrianus, fils adoptif supposé et successeur de Trajan, poursuivit une politique de consolidation plutôt que de conquête. On conserva la Dacie, mais toutes les conquêtes orientales furent abandonnées. Hadrien garda le principe de l'adoption avec Antonin le Pieux (138-161), qui à son tour adopta deux fils comme co-empereurs, Lucius Verus (161-169) et Marc Aurèle (161-180). La période Antonine, comme on la nomme, fut une ère de stabilité et de consolidation, de frontières assurées et de défenses systématiques ; ce fut l'apogée de la réussite de l'empire, résultat d'une suite de bons empereurs qui vécurent longtemps et de circonstances favorables. Ayant survécu à la grande crise de 69 – où il fut sur le point de sombrer –, l'empire des Flaviens, avec Trajan et Hadrien, et l'empire des Antonins avaient apparemment réussi à mettre sur pied un système de sécurité perpétuel, une paix romaine et éternelle. Cependant, dans les dernières années du grand empereur stoïcien Marc Aurèle, des guerres, des invasions et la peste ébranlèrent la paix antonine. Depuis cette époque jusqu'à la fin, la survie de l'empire ne devait être qu'une lutte acharnée avec de brefs intervalles de répit.

1. Aperçu du système

Chez les Romains, sous la république et au commencement du principat, l'élément le plus caractéristique de l'art de la guerre était le camp de marche. À l'issue d'une journée de marche, les troupes légionnaires faisant mouvement étaient rassemblées sur un site soigneusement choisi à l'avance, où on les mettait au travail pendant trois heures ou plus[1] pour creuser un fossé délimitant l'enceinte et formant obstacle, ériger un rempart, établir une palissade avec des éléments préparés à l'avance (*pila muralia*)[2] et dresser les tentes. Bien que les vestiges archéologiques montrent une grande variété de types d'enceintes dans les sites encore existants[3], les dispositions intérieures semblaient suivre un modèle type : les emplacements des tentes étaient nettement groupés par unités autour d'une large voie en forme de T au centre du camp, face à l'emplacement de l'état-major ; un large vide était laissé entre la face interne du rempart et la première ligne de tentes[4].

Des critiques modernes font souvent remarquer que la capacité de défense des camps n'était pas en rapport[5] avec les efforts intenses qu'exigeait leur construction après un jour de marches[6]. La mobilité stratégique des

---

1 J. Harmand, *L'Armée et le soldat,* p. 132, n. 240.

2 G. Webster, *The Roman Imperial Army,* pp. 170-171.

3 Voir les camps décrits dans I.A. Richmond, "The Romans in Redescale", *History of Northumberland 15,* 1940, pp. 116-129.

4 Harmand, *L'Armée...,* pp. 121-128. Étude d'ensemble de la castramétation, pp. 99-135.

5 Pe. Webster, *Roman Imperial Army*, p. 171 : "Cette (palissade) n'était qu'une barrière pour écarter les indigènes errants et les bêtes sauvages". Voir aussi Harmand, *L'Armée*, pp. 129-134, qui donne une définition semblable.

6 Il est vraisemblable que les troupes romaines se mettaient en marche après avoir "déjeuné très tôt" (6 h du matin ?) jusqu'à midi (13 h ?) ; le reste de la journée étant occupé à construire le camp et à se reposer. Frank E. Adcock, *The Roman Art of War Under the Republic,* Martin Classical Lectures 8, Cambridge, Mass. Harvard University Press, 1940, p. 13.

forces romaines était sans aucun doute réduite par le nombre d'heures consacrées au travail harassant de la construction du camp. Cependant, malgré la légère palissade faite de poteaux transportables, pointus aux deux bouts, la faible profondeur du fossé (3 pieds romain, environ 1 m) et le peu de hauteur du rempart, seulement six pieds (1,80 m)[7], qui ne seraient pas très efficaces pour s'opposer à un assaut en règle, ce serait une erreur de sous-estimer l'utilité tactique du système de défense d'un camp de marche.

Même les modestes terrassements (et les poteaux pointus les couronnant) suffisaient pour briser l'élan d'une charge de cavalerie ; en fait, aucune force de ce genre ne tenterait de charger contre de tels obstacles. De plus, l'intervalle de 60 pieds romains (18 m)[8] entre le périmètre extérieur de l'enceinte et la première ligne de tentes à l'intérieur assurait une très bonne protection contre les traits ou les javelots. En outre, si le camp subissait une attaque, les larges voies permettaient aux troupes de se rassembler dans l'ordre, échappant à l'inévitable confusion et à la panique possible provoquées par des hommes se hâtant dans un espace exigu encombré de bagages.

Néanmoins, les commentateurs modernes ont sans doute raison en soulignant les faiblesses tactiques de la défense des camps. Considérer un camp assiégé comme une forteresse ne faisait certainement pas partie de la conception romaine : une fois rassemblées, les troupes sortaient du camp pour combattre l'ennemi en rase campagne, là où la force de choc d'une infanterie disciplinée était amenée à produire son plein effet. Seuls les auxiliaires armés d'armes de jet pouvaient combattre dans les meilleures conditions depuis l'abri des défenses du camp. Mais c'étaient les fonctions non *tactiques* qui faisaient du camp de marche romain quelque chose de

---

7 Les chiffres sont tirés du manuel technique *Liber de munitionibus castrorum*, sect. 49 (tranchée) et sect. 50 (rempart).

8 *Ibid.*

plus qu'une simple enceinte défensive et lui donnaient "*un degré d'importance qui n'a pas d'égal dans la guerre moderne*"[9]. Le camp de marche était, en fait, un stratagème psychologique très puissant[10].

Le milieu familier offert par les défenses du camp procurait aux troupes s'enfonçant dans l'inconnu d'un territoire hostile et peut-être même exotique le sentiment de sécurité souhaitable. Les troupes pouvaient se laver, s'occuper de leurs fourniments, converser et jouer dans une atmosphère paisible, sachant que les bêtes sauvages et les indigènes errants se trouvaient bien séparés d'eux par les fossés, le rempart et la palissade. Ce même sentiment de sécurité leur permettait de dormir profondément et de se retrouver dispos pour la marche ou pour le combat du lendemain. Ainsi on atténuait, grâce à ces nuits de repos, les contraintes physiques et la fatigue accumulée des troupes en campagne.

Le camp de marche permettait aussi d'épargner les efforts. Il est vrai que son établissement nécessitait beaucoup de travail, mais une fois le camp fait pour la nuit, le périmètre protégé permettait d'assurer la garde avec un nombre minimum d'hommes. Troubler le sommeil de l'adversaire est le but normal des opérations de nuit : même si le dommage qu'il subit est faible, des attaques éclair tumultueuses toutes les nuits peuvent engendrer une détérioration progressive des conditions physiques et psychologiques des troupes soumises à l'attaque, en partie par l'affectation d'hommes de plus en plus nombreux au service de garde, au dépens de leur sommeil. Là encore, pour préserver le dynamisme de la troupe, le camp de marche était d'une grande importance puisque, si nos sources sont dignes de foi, seize hommes seulement sur les quatre-vingts d'une centurie légionnaire étaient de veille et assuraient en même

---

9 Selon Albert Harkness, *The Military System of the Romans,* N.Y, D. Appleton et Cie, 1887, p. xlix.

10 Adcock, *Roman Art of War,* pp. 13-15.

temps la tâche des piquets de garde pendant la nuit, à chaque relève[11].

On a quelquefois émis l'idée que le camp de marche représentait un élément de sécurité tactique, puisque les troupes romaines vaincues sur le terrain pouvaient trouver refuge au camp et se préparer à combattre dans les jours suivants[12]. Cela n'était possible que si les troupes défaites pouvaient atteindre un camp en état et à leur portée, ce qui était peu probable : il était de règle de détruire les défenses quand le camp était abandonné. Cette observation mérite cependant qu'on la considère de plus près. Rien n'est plus difficile que de transformer une défaite en une retraite en bon ordre en évitant la déroute. Le site du camp pouvait fournir naturellement un point de ralliement et un dispositif préparé à l'avance pour un redéploiement. Le camp de marche des Romains combinait ainsi les avantages tactiques du bivouac avec la commodité du cantonnement[13] ; de plus on pouvait, avec du temps et du travail, transformer son enceinte gardée en un ouvrage de terre solidement fortifié. L'institution typiquement romaine du camp de marche était un élément décisif de la force d'une armée dont la qualité première était sa capacité de résistance.

La politique de sécurité de Vespasien et de ses successeurs, qui atteignit logiquement son apogée sous Hadrien et ceux qui l'ont suivi, peut être regardée comme une tentative de transformer l'empire en un camp de marche au sens large. L'image convient parfaitement : le réseau de défense aux frontières de l'empire mis en place par cette politique (et il en est de même du camp de marche) était destiné à servir, non pas de barrage absolu, mais plutôt d'élément fixe dans la stratégie de mouvement de la défense impériale.

---

11 *Liber de munitionibus castrorum,* sect. 1.

12 Adcock, *Roman Art of War,* p. 15. Cf. Harmand, *L'Armée,* p. 129, n. 226, p. 130, n. 228 et en général pp. 129-134.

13 Adcock, *op. cit.,* p. 14.

La fixation des frontières impériales fut le premier pas de cette politique. Dans beaucoup d'endroits, il a été difficile de déterminer les frontières de l'empire julio-claudien avec quelque précision, bien que les principales frontières naturelles permissent de le faire dans quelques cas. La zone de contrôle direct et d'organisation provinciale céda la place à des aires où s'exerçait l'autorité politique et ces dernières, à leur tour, se fondirent en d'autres où l'influence de Rome s'accrut pour diminuer ensuite.

Ce n'est que par le biais d'une appréciation politique subjective qu'on pouvait déterminer où était exactement la limite de la sphère de l'autorité impériale, là où ni océan, ni vaste désert ne pouvaient définir les limites de l'empire. On comprend que Rome pouvait trouver une satisfaction psychologique en se prévalant d'une vague suzeraineté sur des peuples lointains sur lesquels son autorité ne s'exerçait pas en réalité ; il n'est d'ailleurs pas facile de distinguer ces prétentions sans fondement des relations authentiques de clientèle qui élargissaient tellement le champ réel de la puissance impériale. Il est facile de faire la part de l'exagération dans les prétentions d'Auguste en ce qui concerne l'Inde (et peut-être aussi les Scythes)[14], mais ces fausses revendications allaient de pair avec d'autres, plus fondées, comme pour la Maurétanie de Juba ou la Judée d'Hérode.

Tout cela avait changé sous Hadrien. Les limites de l'empire avait été déterminées avec précision sur le terrain, de telle façon qu'il était possible de dire : ceci est de Rome, cela non. Les États-clients avaient été absorbés, avec des exceptions significatives qui éclairent les visées de Rome pour le reste ; les terres périphériques de l'empire étaient gardées par des périmètres défendus qui complétaient les barrières naturelles formées par les fleuves et la mer. Les frontières invisibles de la puissance impériale avaient été remplacées par des défenses

---

14 *Res Gestae*, XXXI.

matérielles : en Bretagne, l'ensemble de fortifications du "Mur d'Hadrien" délimitait le territoire de Rome d'une mer à l'autre, en suivant la ligne Tyne-Solway ; en Germanie, un ouvrage de construction plus fruste, palissade doublée d'un fossé ou barrière de défense, passait à travers la base du saillant formé par les cours supérieurs du Rhin et du Danube ; en Afrique du Nord, des vestiges d'un système de tranchées et de murs, le *Fossatum Africae,* ont été retrouvés sur une longueur de 750 kilomètres, en bordure du Sahara, en Algérie. Dans la Dobroudja (en Roumanie), sur une courte distance, un mur continu, dont l'origine est moins certaine, reliait Axiopolis (Rachova) sur le Danube à la mer Noire, à Tomis (près de Constanza). Cela correspond à une frontière "scientifique" type et a pu être le premier périmètre continu de l'époque impériale – s'il a été réellement construit sous Domitien[15].

On n'a pas constaté l'existence de tels systèmes de murs continus le long des frontières orientales de l'empire en Asie, depuis la mer Noire jusqu'à la mer Rouge, sauf une exception intéressante[16] ; de même, on n'a pas

15 G. Forni, DE, vol. 4, fasc. 40, "Limes", p. 1280. Voir aussi Antonio Frova, "The Danubian limes in Bulgaria, et les fouilles à Oescus", *The Congress of Roman Frontier Studies 1969,* éd. E.B. Burley, Durham University, 1952, pp. 25-26. Frova cite et approuve les vues exposées dans la théorie de D. Krandjalov sur la date du "grand terrassement" sous Domitien et aussi sur la date à une époque préromaine du "petit terrassement", tandis que le mur de pierre daterait de Constantin. Mais cf. aussi Condurachi, Ion Barnea et Petre Diaconu, "Nouvelles recherches sur le Limes Byzantin du Bas Danube aux Xe-XIe siècles" in *Proceedings of the XIII International Congress of Byzantine Studies,* éd. J.M. Hussey, D. Obolensky et S. Runciman, Oxford, Clarendon Press, 1967, 179, qui émet des doutes sur le reste de la chronologie de Krandjalov.

16 En Mésopotamie, un double fossé de 15 milles (24 km) complétant un mur ferme l'intervalle entre la défense naturelle que forme la rivière Khabur à l'Ouest et les hauteurs du Djebel Sinjar à l'Est ; ce mur interdit l'accès à Nisibis par une route qui, avant son établissement, était facile en partant du Sud. Voir R.E.M. Wheeler,

mis au jour les vestiges d'une extension orientale du *Fossatum Africae* de Numidie vers la Tripolitaine, la Cyrénaïque ou l'Égypte (ou encore une extension vers l'Ouest en Maurétanie). Comme nous le verrons, les sections du *limes* (c'est-à-dire de la frontière défendue) qui restaient "ouvertes" illustrent bien le véritable objectif militaire de ceux qui étaient pourvus d'une barrière frontalière ininterrompue. Car l'absence de telles barrières ne signifie pas qu'il n'y avait pas de *limes,* au sens d'un périmètre linéaire[17] : l'élément essentiel du *limes* n'était pas le mur, la palissade ou la défense, mais plutôt le réseau de routes reliant les garnisons frontalières entre elles et la zone frontalière dans son ensemble avec l'intérieur[18].

2. Défense des frontières ; aspects tactiques

La nouvelle stratégie de défense du périmètre inaugurée par les Flaviens exigeait un investissement de proportions colossales sur une période de trois siècles : sur tous les tronçons du *limes,* qu'ils soient pourvus d'une barrière continue ou non, un réseau de routes, des forts et des fortins, des tours de signaux et de guet furent construits et reconstruits à plusieurs reprises, selon les variations des dispositifs de défense et en réponse à diverses formes de menaces. Grâce aux travaux assidus de générations d'universitaires, les éléments matériels de la politique romaine aux frontières ont été élucidés d'une manière systématique encore qu'imparfaite. Mais bien que les preuves archéologiques, épigraphiques, numismatiques et littéraires aient été accumu-

"The Roman Frontier of Mesopotamia", in *Congress of Roman Frontier Studies,* 1949, p. 126 et carte p. 115.

17 Voir les commentaires sur les diverses significations de *limes* par G. Forni, DE, vol. 4, fasc. 34, pp. 1075-1083. Le *limes* "horizontal" auquel il est fait allusion ici correspond au type h de Forni, pp. 1081-1082.

18 *Ibid.,* p. 1084.

lées et minutieusement confrontées entre elles par ces travaux, la signification et l'objectif de la défense romaine aux frontières pendant cette période de l'empire restent sujets à controverse[19].

On ne peut prétendre que les Romains étaient illogiques et timorés et pourtant, les défenses qu'ils construisirent ont souvent été considérées comme aussi inutiles que démoralisantes, du fait de la soi-disant mentalité défaitiste "Ligne Maginot" provoquée, a-t-on dit, par la simple présence de cette défense fixe[20]. Ces prises de position reflètent non seulement la conscience qu'ont les modernes de la faillite du système au IIIe siècle, mais aussi un préjugé clausewitzien apparemment indéracinable à l'encontre d'une stratégie défensive et de sa mise en œuvre – un préjugé aussi commun chez les historiens traitant d'Hadrien et de sa politique que parmi les critiques militaires contemporains discutant des problèmes actuels de défense antimissiles.

L'erreur la plus courante de telles analyses est la tendance à évaluer les systèmes défensifs en termes absolus. Quand une défense peut être pénétrée, on dit qu'elle est "inutile" ; et seule une défense impénétrable est considérée comme valable. Cette appréciation est

---

19 P.e. A. Alföldi, CAH 12, 213 ; H. Pflaum, "Forces et faiblesses de l'armée romaine du Haut-Empire", in *Problèmes de la guerre à Rome,* éd. J. -P. Brisson, Paris et La Haye, Mouton et Cie, 1969, p. 96 ; Erich Swoboda, "Trajan und der Pannonische Limes", in *Les Empereurs romains d'Espagne,* Colloques internationaux du CNRS, 1965, p. 197. Cf. D. Van Berchem, *L'Armée de Dioclétien et la réforme constantinienne,* Institut français d'Archéologie de Beyrouth, Bibliothèque archéologique et historique, vol. 56, Paris, Geuthner, 1952, p. 104

20 P.e. Wilhelm Weber, CAH 11, 312-313 ; G.R. Watson, *The Roman Soldier,* Londres, Thames et Hudson, 1969, p. 67, qui commente l'"obsession" de la défense chez Végèce ; C.M. Wells, *The German Policy of Augustus : An Examination of Archeological Evidence,* Oxford, Clarendon Press, 1972, p. 246, critiquant la mentalité "Ligne Maginot" chez les Flaviens. Chez les spécialistes de l'étude des frontières romaines, l'allusion au sort malheureux de la Ligne Maginot est *de rigueur.*

absolument trompeuse : son pendant, en cas d'offensive, serait de considérer un système comme sans valeur s'il ne peut l'emporter en toutes circonstances contre toutes les formes de résistance. Les systèmes défensifs devraient au contraire être évalués en termes relatifs : il faudrait comparer les moyens mis en œuvre au “rendement” militaire. De plus, la valeur des systèmes défensifs doit être estimée en fonction du type de menace qu'ils sont censés enrayer. Un système peut être plus efficace contre des menaces de “faible intensité” (infiltrations, coups de main, etc.), un autre contre une très grave menace d'invasion. Chacun devrait être évalué selon les circonstances, car les systèmes défensifs sont normalement conçus pour dresser un obstacle limité uniquement contre un type particulier de menace, car il absorbe, détourne ou tout au moins canalise d'autres menaces plus ou moins graves que celles pour lesquelles il est prévu.

Les défenses frontalières romaines dans les secteurs pourvus de lignes de défense, que ce soient des murs, des palissades, des barrages ou des ouvrages de terre, étaient en fait prévues pour s'opposer à des menaces de faible intensité, en premier lieu, des infiltrations à travers les lignes et des incursions à la périphérie. Ces défenses n'étaient pas conçues pour assurer une protection totale contre des attaques de grande envergure. En revanche, l'un et l'autre types de *limes*, qu'il soit “ouvert” ou “fermé” (c'est-à-dire fait d'un ouvrage continu), servaient de bases de départ pour les forces mobiles de frappe, opérant contre des attaques de grande envergure avec une tactique offensive dans les limites d'une stratégie défensive. Tandis qu'aux menaces mineures endémiques on opposait des défenses fixes et un minimum de personnel (la force de surveillance normale), on faisait face aux menaces plus sérieuses en concentrant en avant des forces mobiles pour l'interception des attaques ou pour les faire “avorter”.

Pendant cette période de l'empire, le principe mis en œuvre pour la défense des frontières contre de très graves menaces consistait à utiliser l'offensive et la mobilité ; il n'était pas statique : le champ de bataille devait se situer *au-delà* de la frontière plutôt qu'en deçà. Autrement dit, le complexe des défenses fixes construites le long du *limes* ne servait que *d'infrastructures d'appui* pour des opérations offensives en cas d'attaque majeure, et c'est ainsi qu'on doit le considérer. Il n'était pas question à cette époque d'utiliser l'infrastructure de défense pour abriter les garnisons affectées au secteur. Afin de donner quelque valeur à ces affirmations, nous devons d'abord situer les éléments de cette défense (murs, palissades, obstacles, ouvrages de terre) dans le contexte des autres éléments de celle-ci, présents dans toutes les portions du *limes,* qu'il soit ouvert ou fermé.

- *Tours de guet et forts aux avant-postes.* Leur fonction était de permettre la surveillance des mouvements d'infiltration et d'avertir à temps des attaques de grande envergure imminentes. Les tours de guet étaient habituellement bâties directement dans l'élément du rempart, s'il y en avait un, comme c'était le cas de celles espacées les unes des autres de 540 pieds (172 m) le long du mur d'Hadrien en Bretagne ; elles assuraient une couverture de surveillance serrée mais de peu d'utilité en cas d'alerte rapprochée[21]. Les forts aux avant-postes, en revanche, étaient placés loin au-delà de la frontière. De tels forts ont été repérés sur les grandes voies au Nord du Mur d'Hadrien et trois d'entre eux (Birrens, Netherby et Bewcastle) ont été datés avec certitude de l'époque d'Hadrien[22]. Dans le cas du *Fossatum Africae* en Algérie, il est difficile d'assigner aux éléments de ce système une date certaine, mais une zone de surveillance extérieure et de défense active a été reconnue avec

---

21 Sur les tours, voir E.B. Birley, *Research on Hadrian's Wall,* Kendal, Titus Wilson & Son, 1961, pp. 103-110. Pour l'état récent des recherches sur le Mur d'Hadrien, voir David T. Breeze and Brian Dobson, "Hadrian's Wall ; Some Problems", *Britannia,* 3, 1973, 182-208.

22 Birley, *Research,* pp. 227-233.

une forte présomption jusqu'à une distance de 60 à 80 kilomètres au-delà de la frontière[23].

- *Communications.* Ce second élément du système (en partie reposant sur les mêmes structures) comprenait un dispositif simple de signalisation à double sens reliant les avant-postes et les tours de guet aux forts auxiliaires à l'arrière et aux forteresses légionnaires du secteur, ces dernières parfois établies loin à l'intérieur. Les signaux faits en utilisant le feu et la fumée exigeaient que les forts ou les tours aient une vue dégagée vers l'intérieur, quoique cela ne soit pas nécessaire des deux côtés[24]. (On a constaté que sur le Mur d'Antonin en Écosse, où quelquefois les dénivellations du terrain empêchent de viser un point, des constructions semi-circulaires en saillie sur le mur paraissent avoir servi de base à des tours de signaux[25].) Un réseau de communications existe même là où il n'y a aucune trace de défense frontalière : une scène sur la colonne Trajane montre un système régulier de stations de signaux le long du Danube, là où il n'y a ni mur ni rempart[26]. En Bretagne, où les deux forteresses légionnaires (York-Eburacum, Chester-Deva) étaient situées respectivement à plus de 100 et 140 miles (160 et 220 km) derrière le mur d'Hadrien, une ligne de tours de signaux a été

---

[23] Jean Baradez, *Vue aérienne de l'organisation romaine dans le Sud Algérien, Fossatum Africae,* Paris, Arts et métiers graphiques, 1949, p. 359. Mais voir aussi D. Van Berchem, *L'Armée de Dioclétien,* p. 44, où l'auteur exprime des doutes sur la chronologie respective des avant-postes et du *fossatum* proprement dit.

[24] Voir Webster, *Roman Imperial Army,* pp. 246-248. Pour les imperfections de tels moyens de communication, voir. R.J. Forbes, *Studies in Ancient Technology,* 6, Leyde 1967.

[25] Voir Anne S. Robertson, "The Antonine Wall", in *Congress of Roman Frontier Studies,* 1949, p. 102.

[26] I.A. Richmond, "Trajan's Army on Trajan's Column", *Papers of the British School of Rome* 13, 1935, 34, 36.

identifiée ; elle reliait le secteur de Carlisle du Mur d'Hadrien à la forteresse de la *VI Victrix* à York[27].

- *Bases militaires.* Troisième élément indispensable dans le système, les unités chargées de la garde, les unités de patrouille, les forces auxiliaires, et parfois les légions. Ces formations étaient logées dans des ouvrages d'importance croissante, allant du poste de garde aux forteresses légionnaires en passant par les forts auxiliaires. Le terme forteresse légionnaire est employé par convention pour désigner des bases légionnaires, mais au cours de cette période de l'empire, on ne construisit pas de défenses complètes autour de l'ensemble des casernes et des bâtiments des services qui constituaient une "forteresse" légionnaire.

- *Routes.* Elles étaient les éléments essentiels du système : tout secteur défendu était desservi par un réseau de routes "horizontales" et "verticales", ces dernières servant autant d'axes de pénétration au-delà de la frontière que de routes vers l'arrière pour les liaisons, les renforts, la circulation des troupes et les approvisionnements. Là où le *limes* n'était pas protégé par des lignes de défense (rocades pénétrantes) comme, et c'est très important, sur la frontière syrienne[28], les routes horizontales du périmètre servaient aussi pour le déplacement des patrouilles contre les infiltrations et les excursions de faible envergure. Quand le tracé extérieur

---

27 Idem, "A Roman Arterial Signalling System in the Stainmore Pass", in *Aspects of Archeology in Britain and Beyond : Essays presentend to O.G.S. Crawford*, éd. WF. Grimes, Londres, H.W. Edwards, 1951, pp. 293-302.

28 Voir A. Poidebard, *La Trace de Rome dans le désert de Syrie : le limes de Trajan à la conquête arabe, recherches aériennes* (1925-1934), Paris, Geuthner, 1934 ; pour d'autres *limites* ouvertes, voir GW Bowersock, "A Report on Arabia Provincia", JRS 61, 1971, pp. 236-242 ; et M. Euzennat, "Le Limes de Volubilis", in *Studien zu den Militärgrenzen Roms, Vorträge des 6 Internationalen Limes-Kongressen in Süddeutschland,* Cologne-Graz, Bolau, 1967, pp. 194-199.

du périmètre était plus court que son tracé intérieur, comme c'était le cas avec le *limes* transdanubien de Rhétie, les routes frontalières horizontales étaient les grandes voies interprovinciales. La densité et l'état du réseau routier étaient d'un intérêt vital pour la défense des frontières au cours de cette période de l'empire car elle était fondée sur une rapide concentration des forces mobiles. Il est remarquable que la première mesure prise par les Flaviens pour la réorganisation des frontières d'Anatolie orientale fut la construction de routes "verticales" Ouest-Est reliant les abords de la zone frontalière avec l'Anatolie occidentale[29].

Les éléments matériels des *limites* romains n'étaient que le squelette du système : sa portée était mieux définie par "*l'ensemble complexe et mobile de patrouilles, d'échanges, d'action diplomatique qui naissait autour de ces routes... et dont l'influence s'étendait bien au-delà des zones desservies par elles...*" [30] Leur tracé indique clairement que les murs, les palissades, les obstacles ou les ouvrages de terre formant les lignes de défense en Europe et en Numidie, pendant cette période de l'empire, n'étaient pas destinés à fournir des plateformes de combat comme les murailles des châteaux du Moyen Age. Tout d'abord, leur conception aurait écarté une telle utilisation. Dans le cas du Mur d'Hadrien, par exemple, le chemin de ronde n'avait pas plus de six pieds de large (1,80 m), trop étroit pour être une plate-forme de combat satisfaisante[31]. Dans le cas des palissades, obstacles et murs de Germanie supérieure et de Rhétie,

---

29 Voir David Magie, *Roman Rule in Asia Minor to the End of the Third Century after Christ,* 2 vol., Princeton University Press, 1950, 1, 571.

30 F.A. Lepper, *Trajan's Parthian War,* Londres, Geoffrey Cumberledge, 1948, p. 108.

31 L'épaisseur du mur (et par conséquent la différence entre la largeur du chemin de ronde et l'épaisseur du parapet) allait de 5 pieds 6 pouces (1,74 m) minimum à 10 pieds (3,00 m) ; voir Birley, *Research,* pp. 84-85.

ainsi que dans l'élément du *Fossatum Africae* servant d'"écran", il n'y avait, bien entendu, ni rempart ni parapet.

L'inaptitude manifeste des lignes de défense comme plate-forme de combat contre des attaques de grande envergure a quelquefois conduit à les considérer comme des défenses purement "symboliques"[32]. Cela réduit leur fonction au rôle de simples bornes frontalières. S'il en était ainsi, leur construction aurait manqué au bon sens, étant donné l'immense effort nécessaire pour les édifier. En fait, les lignes de défense romaines, qui n'étaient pas les premières que l'antiquité ait connues[33], possédaient au moins deux fonctions tactiques distinctes. Tout d'abord, elles accroissaient l'efficacité de la surveillance et diminuaient le nombre de personnel affecté à la protection contre les infiltrations. En présentant un obstacle qui ne pouvait que retarder le passage, les murs, les palissades, les barrages accroissaient l'efficacité de la surveillance, particulièrement de nuit quand la portée visuelle des sentinelles placées dans les tourelles ou les tours de guet était considérablement réduite. Les défenses apportaient aussi la sécurité aux petites patrouilles en opposant aux embuscades un obstacle matériel ; il s'ensuivait que l'effectif de ces patrouilles pouvait être très faible, sans risque aucun.

La deuxième fonction tactique de ces lignes de défense consistait à faire face à des menaces beaucoup plus sérieuses, telles que des incursions massives de cavaliers ou même carrément des invasions. Les défenses étaient un redoutable obstacle aux forces de cavalerie. Le Mur d'Hadrien était précédé d'un fossé en forme de V de trente pieds de large (9 m) et d'au moins neuf pieds de profondeur (2,70 m) ; au-delà du fossé et de

---

32 P.e. D. Van Berchem, *L'Armée de Dioclétien,* p. 126 ; de même, Wheeler, *Roman Frontier in Mesopotamia,* p. 126.

33 Voir J. Harmand, *La Guerre antique, de Sumer à Rome,* Paris, PUF, 1973, pp. 177-178, pour une liste de barrières linéaires préromaines et leur utilisation militaire.

la berme de six à vingt pieds de large (1,80 à 6 m)[34], s'élevait un mur de vingt pieds de haut, parapet compris[35]. Les palissades et les obstacles de Germanie supérieure et de Rhétie étaient généralement plus bas (douze à treize pieds, 3,60 m à 4 m), alors que les portions reconstituées du *Fossatum Africae* montrent des différences importantes : le fossé varie de 4 à 6 m de large et de 2,30 à 3,40 m de profondeur ; quant au mur, il mesure de 2 à 2,50 m de haut[36].

On pourrait penser que le mur peu élevé du *Fossatum Africae,* guère plus haut qu'un homme de taille moyenne, ne présentait pas un obstacle efficace aux pillards. Mais comme un spécialiste étudiant les frontières romaines en bordure du désert l'a souligné, un fossé même relativement peu profond et un mur peu élevé peuvent suffire à décourager les commandos de cavaliers[37] : au lieu de profiter de l'effet de surprise et de la tactique de choc pour pénétrer à leur guise dans des zones habitées, des commandos de cavaliers auraient été dans l'obligation de s'arrêter afin de démanteler les murs et de combler les fossés pour le passage des montures. Une fois à l'intérieur des défenses, les commandos ne seraient pas assurés de pouvoir s'échapper rapidement – à moins de retourner au point de passage initial. En postant un détachement pour verrouiller ce point et en envoyant les patrouilles à la recherche des intrus, les défenseurs pouvaient les prendre au piège à l'intérieur

---

34 Birley, *Research,* p. 79.

35 Renseignement de FG. Simpson et Parker Brewis, cité dans Birley, *op. cit.*, pp. 86-87.

36 Voir J. Baradez, "Compléments inédits au Fossatum Africae", in *Studien zu den Militärgrenzen Roms,* p. 200.

37 S.A.M. (sic) Gichon, "Roman Frontier Cities in the Negev", *Quintus Congressus Internationalis Limitis Romani Studiosorum,* Acta et Dissertationes Archeologicae (Zagreb), Arheoloski Radovi i Rasprave, 1963, 201. Gichon attire l'attention sur la sourate 37 du Coran, qui fait allusion à l'obstacle sérieux que constitue un simple fossé pour les assaillants venant du désert pour lesquels la tactique repose sur la surprise et la rapidité.

du périmètre, comptant sur les barrages pour retarder leur fuite. Le principal problème tactique qui se pose contre de telles mesures est qu'on se heurte à un ennemi insaisissable[38] ; même si un système défensif de murailles ne peut les maintenir à l'extérieur, il est certain qu'il peut aider à les garder à l'intérieur[39].

---

[38] F.G. Simpson et R.C. Shaw, "The Purpose and Date of the Vallum and its Crossings", C.W. n.s. 27, 1922, 39. Cf. E.A. Thompson, *The Early Germans,* Oxford, Clarendon Press, 1965, pp. 114-115.

[39] Dans le cas du Mur d'Hadrien, l'obstacle était particulièrement renforcé sur sa partie interne par le soi-disant *vallum,* une tranchée dont le fond était plat, de 20 pieds de large au sommet (6 m), de 8 pieds de large au fond (2,40 m) et profond de 10 pieds (3 m) ; des deux côtés de cette tranchée étaient deux remparts de chacun 6 pieds de haut (1,80 m) provenant de la terre rejetée lors du creusement de la tranchée ; y compris la largeur des bermes, la largeur de l'ouvrage atteignait 120 pieds (36 m), un ouvrage romain ; voir J.A. Richmond "Hadrian's Wall" 1939-1949, JRS 40, 1950, pp. 51-52. Jusqu'à il y a peu, la construction de cet obstacle intérieur au Mur a été considérée quelquefois comme antérieure à celle du Mur lui-même ; en conséquence, ce serait l'équivalent d'un mur. Mais de récentes recherches archéologiques montrent que la construction du *vallum* est contemporaine ou même postérieure à celle du Mur ; voir *ibid,* pp. 51-52, et Birley pp. 118-125. Même avant ces dernières recherches, FG. Simpson et R.C. Shaw ont démontré d'une manière convaincante que le *vallum* n'a pas pu être utilisé comme un obstacle pour les incursions venant de l'extérieur et que, d'autre part, il est trop élaboré pour être un simple chemin pour les patrouilles ; Simpson et Shaw, "Purpose and Date of the *vallum*", pp. 359-360, qui citent T.H. Hodgson : "si on ne se place pas au temps de la poudre à canon, une bande de collégiens est capable de chasser à coups de pierres les meilleurs soldats hors du *vallum*". F. Haverfield a émis l'hypothèse que le *vallum,* du fait du manque évident d'efficacité du point de vue militaire en tant que rempart, marquait la limite de la juridiction civile en face du Mur d'Hadrien proprement dit ; R.G. Collingwood à son tour a adopté ce point de vue qu'il développe : il propose de considérer le *vallum* comme frontière douanière (sous l'autorité du procurateur) tandis que le Mur correspondait au périmètre militaire (sous l'autorité du Légat). Mais, puisque le *vallum* est conçu comme pouvant être vu des tours du Mur, et aussi parce qu'il n'est pas plausible qu'une telle considérabletruction ait pu être entreprise pour matérialiser une

Des tentatives ont été faites pour établir une relation entre les éléments des lignes de défense des systèmes frontaliers et les tactiques de défense aux frontières contre de graves menaces, mais cela n'a pas été très convaincant[40]. Les éléments des lignes de défense convenaient parfaitement pour s'opposer à des menaces de faible intensité ; ils ne pouvaient être que de peu de secours dans la lutte contre des concentrations adverses importantes, lesquelles devaient être interceptées, chaque fois que cela était possible, bien au-delà des lignes de défense. Contre des attaques de grande envergure, les murs, les palissades, les obstacles ou les routes du périmètre (par exemple sur le *limes* de Syrie), n'étaient pas les premières lignes de défense, mais plutôt les dernières[41]. Comme telles, leur fonction se limitait seulement à fournir un point de départ pour des opérations de

---

limite douanière d'une importance en somme minime, ces hypothèses ne sont plus acceptées ; voir John Morris, "The Vallum Again", C-W, n.s. 50, 1950, 43-45.

40 R.G. Collingwood a proposé de voir dans le rideau "un écran pour masquer l'approche de côté des forces" ; elles surgiraient soudainement par les issues destinées aux sorties pour intercepter l'ennemi ; voir "The Purpose of the Roman Wall", *Vasculum* 8, 1920, 4-9. Cette théorie est contredite par les résultats des fouilles archéologiques qui montrent que la route parallèle à la partie intérieure du Mur a été construite au moins un siècle après la construction de l'ensemble du Mur ; voir Birley, *Research,* pp. 113-114. La seconde théorie, qui ne peut être contredite par les fouilles mais qui n'est pas vraisemblable du point de vue militaire, est due à I.A. Richmond. On la trouve expliquée en détail dans J. Collingwood Bruce, *Handbook to the Roman Wall,* 12e éd. éditée par I.A. Richmond, Newcastle, H. Hill Hindson and A. Reid, 1966, pp. 25-26. Dans la théorie de Richmond, les troupes romaines qui faisaient une sortie auraient utilisé le "rideau" afin de forcer les ennemis à se rassembler, lesquels auraient été pris entre les défenseurs (sortis eux-mêmes de l'abri du Mur) et l'obstacle formé par le fossé derrière eux.

41 Baradez, *Fossatum Africae,* p. 359.

forces mobiles et une “aire de sécurité en arrière” en-deçà de la zone de combat[42].

La politique romaine aux frontières pendant cette période de l’empire a été critiquée pour la raison que les déploiements de force le long des limites se réduisaient à un “cordon” peu élastique, destiné à être rompu. Napoléon (“*le système des cordons est des plus nuisibles*”) ainsi que Clausewitz ont été cités à l’appui[43]. Le principe des déploiements en cordon se résout à une distribution égale des forces défensives disponibles tout le long de la ligne d’interception, afin de couvrir également tout le front. Il est vrai que ceux qui attaquent un dispositif en cordon possèdent le plein avantage de la concentration contre une défense dispersée, comme cela se produit pour des colonnes mobiles contre toutes les lignes *tactiquement statiques* : même si l’offensive est globalement inférieure numériquement, ou à peu près égale, elle peut cependant atteindre un degré de supériorité écrasant localement, aux points de pénétration choisis. C’est pour cette raison que tous les grands praticiens de la guerre et tous les théoriciens d’avant-garde ont toujours regardé les déploiements en cordon également répartis

---

[42] Les structures du Mur d’Hadrien qui remontent à la construction d’origine sont un témoignage éloquent de la conception tactique sous-jacente : les forts construits le long du Mur comportaient trois portes doubles, la dernière issue donnant sur la partie éloignée du “rideau”. Il est logique de voir dans ces portes des issues pour faciliter les sorties des éléments mobiles de défense. De même, les forts aux avant-postes étaient là pour donner l’alerte à temps ; ils étaient également des refuges pour ces éléments au cas où la poursuite se prolongerait. Cependant, pour une réfutation de cette conception dans son application, voir Swoboda, “Trajan und der Pannonische Limes”, pp. 195-208. Cet auteur nie que les Romains à cette époque appliquaient le principe des opérations de forces mobiles en vue d’une défense en avant au-delà du Danube afin de défendre la frontière de Pannonie ; en particulier, il affirme que les constructions romaines (ou celles qui comprennent des matériaux romains) situées dans une zone à l’intérieur d’une ligne entre 20 et 90 km au-delà du fleuve n’étaient pas des avant-postes.

[43] *Ibid.,* p. 197.

comme fondamentalement inférieurs dans le cas de *guerre à grande échelle contre des forces mobiles*. En vérité, dans une telle guerre, il est raisonnable de choisir un déploiement en cordon quand la défense présente des faiblesses qu'on ne peut surmonter. Par exemple, une armée composée uniquement d'infanterie, en face de laquelle se trouvent des forces de cavalerie, n'a aucune chance de pouvoir exécuter une manœuvre décisive ; par conséquent, la seule défense possible peut être la formation d'une ligne d'interception continue. De même, le cordon peut être la meilleure forme de déploiement pour des forces défensives nettement inférieures à l'attaquant quant à la valeur du commandement et de la discipline (ou dans leurs moyens de communication) ; encore une fois, de telles forces seraient de toute façon débordées dans une guerre de mouvement, et le choix tactique du cordon leur permet d'espérer retarder l'ennemi. En l'absence de telles insuffisances, le choix délibéré de la tactique du cordon avec la dispersion des forces qui en résulte ne peut que signifier une faiblesse du commandement – c'est ainsi que l'on raisonne.

Aucune de ces infériorités organiques n'affectait l'armée romaine durant cette période de l'empire. Généralement il n'y en avait pas non plus au niveau de la mobilité : bien que le noyau de l'armée fût encore en majorité l'infanterie lourde des légions, des forces de cavalerie importantes s'y ajoutaient. Dans la deuxième moitié du IIe siècle, l'armée romaine comprenait au moins dix ailes de 1 000 cavaliers et 90 ailes de 500, au total, environ 55 000 cavaliers à effectif complet[44]. Il y avait en outre la cavalerie légère des *cohortes equitatae* mixtes, à raison de 240 cavaliers par cohorte de 1 000 hommes et de 120 par cohorte de 500 hommes. (On ne

---

44 E. Birley, "Alae and Cohortes Milliariae", in *Corona Memoriae Erich Swoboda Dedicata,* Römische Forschungen in Niederösterreich V, Graz et Cologne ; Hermann Böhlaus, 1966, p. 57 ; les effectifs des unités milliaires et quingénaires ont été estimés à 1 000 et 500 hommes respectivement.

possède pas de renseignements précis quant au nombre de *cohortes equitatae* sur un total de 40 à 50 cohortes milliaires et de 270 cohortes de 500 hommes estimé pour la deuxième moitié du IIe siècle, mais la proportion a dû être assez grande[45].) En tout, on a estimé qu'au IIe siècle l'effectif de l'armée romaine s'élevait pour la cavalerie auxiliaire à 80 000 hommes répartis dans des unités de toute sorte[46].

Il est clair que le défaut de mobilité n'existait pas en général. On a calculé que, durant le IIe siècle, les états-majors sur le front du Mur d'Hadrien (situés dans le fort de Stanwix affecté à la cavalerie milliaire) pouvaient déployer environ 5 500 cavaliers d'*alae* et peut-être 3 000 cavaliers légers des *cohortes equitatae*[47] – une force en vérité très importante pour un secteur de 117 kilomètres de longueur. En Germanie inférieure, en revanche, dans la période qui va de 104 à 120, les unités dont on a le témoignage dans ce secteur s'élevaient à 3 700 cavaliers au total[48].

---

45 En Bretagne, par exemple, cinq des sept cohortes milliaires attestées et trente-et-une des quarante-six cohortes quingénaires étaient *equitatae :* voir R.W. Davies, "Cohortes Equitatae", *Historia 20,* 1971, p. 751. Mais la Bretagne était un cas particulier très probablement. En Germanie inférieure, il y eut six *cohortes equitatae* attestées et autant de cohortes d'infanterie - toutes quingénaires - et cela de 104 à 120. Auparavant, quand le secteur était plus actif, en 70-83, on possède des documents épigraphiques qui prouvent qu'il y avait onze *cohortes equitatae* quingénaires contre seulement huit cohortes d'infanterie ; de plus, il y avait aussi une *cohors equitata* milliaire et deux cohortes d'infanterie également milliaires ; Geza Alföldi, "Die Hilfstruppen der römischen Provinz Germania Inferior", in *Epigraphische Studien* n° 6, Düsseldorf, Rheinland Verlag, 1968, p. 151.

46 G.L. Cheesman, *The Auxilia of the Roman Imperial Army,* Oxford, Clarendon Press, 1914, p. 168.

47 Birley, *Research,* p. 272. L'auteur affirme que près d'un quart de l'infanterie était montée (13 000 h.), d'où les "3 000 hommes de cavalerie légère" ; cependant, voir note 55 ci-dessous.

48 Voir G. Alföldi, "Die Hilfstruppen", p. 151.

Ce qui importe en effet n'est pas la mobilité absolue d'une partie des troupes stationnées sur la frontière, mais la mobilité relative de l'ensemble. Dans quelques secteurs, les Romains eurent à faire face d'abord à la menace de commandos à cheval (ou d'armées composées de cavalerie dans le cas de l'Orient), mais partout ailleurs des communautés tribales paysannes peu organisées auraient eu de la peine à mettre sur pied un grand nombre de cavaliers. Dans les Balkans, les Sarmates combattaient primitivement à cheval, en tant que cavalerie lourde armée du *contus*, une lance pesante (c'est-à-dire une arme de choc)[49] ; en revanche, les tribus germaniques combattaient au début à pied jusque bien avant dans le IVe siècle[50]. La seule zone où les Romains avaient à faire face à un ennemi capable de mettre en campagne d'importantes formations de cavaliers était évidemment le pays des Parthes.

Il serait trompeur d'évaluer le degré de mobilité des forces romaines uniquement en termes de cavalerie auxiliaire ; mais il est également fallacieux de comparer les troupes légionnaires chargées de leurs bagages réputés lourds avec les Barbares armés à la légère[51]. La sécurité quotidienne était de toute manière de la compétence des troupes auxiliaires, qui n'étaient ni équipées de lourds boucliers, ni pourvues de lourds bagages. De plus, les chefs romains étaient capables de faire respecter la “discipline du bagage” – essentielle à cette époque, comme aujourd'hui, pour assurer la mobilité des troupes en campagne en luttant contre la tendance générale des soldats à recueillir et à conserver des objets. Un vivant portrait d'un grand général appliquant cette discipline est celui que Suétone nous donne de

---

49 Tacite, *Histoires,* I, 79. Notez le nombre de 9 000 cavaliers Roxolans qui participaient à l'attaque, apparemment de grande ampleur.

50 Thompson, *Early Germans,* p. 116.

51 Mais voir Watson, *Roman Soldier,* pp. 62-64, qui émet des doutes sur les estimations du poids des fourniments individuels.

Tibère inspectant personnellement les bagages de la troupe prête à franchir le Rhin[52].

Il n'y avait pas non plus de problème d'infériorité fondamentale dans le commandement, la direction des opérations et les communications. Le partage hiérarchique de l'autorité au sein de l'armée romaine a dû aboutir à un système de commandement et de direction des opérations beaucoup plus souple que celui des bandes inorganisées de guerriers. En ce qui concerne les communications, on ne peut mettre en parallèle les méthodes de signalisation des Romains et ce que pouvaient faire leurs ennemis avec un groupe de messagers improvisés.

En l'absence d'infériorités intrinsèques qui, seules, peuvent justifier le choix de la tactique du cordon, pourquoi donc les Romains l'adoptèrent-ils malgré tout, comme l'affirment certains spécialistes ? De fait, ils ne l'adoptèrent pas. Les forces romaines n'étaient pas également réparties le long d'une ligne d'interception comme des "gardes-frontières" ; elles conservaient plutôt le caractère de forces mobiles de frappe. Quelquefois déployées en profondeur derrière les secteurs de défense et d'autres fois réparties le long de la ligne elle-même, les forces romaines restaient concentrées en des points allant du simple poste de garde aux "forteresses" légionnaires en passant par les forts auxiliaires. Le long du Mur d'Hadrien, par exemple, la disposition des forces était la suivante :

a) Les légions *VI Victrix,* à Eburacum (York), et la *XX Valeria Victrix* à Deva (Chester)[53]. Au lieu d'être déployées le long d'une ligne comme un cordon statique, ces forces étaient concentrées loin en profondeur (entre 160 et 220 kilomètres du mur). On doit remarquer, incidemment, que la légion *XX Valeria Victrix* était sta-

---

52 *Tibère*, XVIII.

53 M.D. Parker, *The Roman Legions,* 1928 ; réimpression avec corrections et bibliographie, Cambridge, W. Heffer and Sons, 1958, pp. 155-162.

tionnée à Chester selon le principe classique d'économie des forces dans une position charnière : elle était disponible à la fois pour appuyer les forces auxiliaires distribuées dans des forts du Pays de Galles (avec la troisième légion stationnée en Bretagne, la *II Augusta* à Isca Silurum-Caerleon) et aussi pour renforcer le secteur Nord, en liaison avec la *VI Victrix*[54].

b) Les *alae* auxiliaires et les cohortes déployées dans les trois postes avancés du Mur d'Hadrien et dans les seize forts intégrés dans les murs totalisaient environ 5 500 cavaliers et 10 000 fantassins[55]. Bien que ces forces aient été stationnées sur la ligne de défense elle-même (à la différence des légions), sans être également réparties le long de cette ligne, elles devaient néanmoins, une fois concentrées, servir de force de frappe. On pense que tous ces *auxilia* relevaient du commandement de l'état-major de défense du mur, celui de *l'ala Petriana,* aile milliaire stationnée à Stanwix[56], qui à elle seule n'était pas une force à dédaigner.

c) Des sentinelles et des veilleurs, moins de 5 000 hommes en tout[57]. C'était le seul élément des forces qui était réparti en un mince cordon et par conséquent opérationnellement statique. Ces troupes armaient les fortins (construits dans la muraille tous les milles

---

54 Le Pays de Galles nécessitait la présence d'une force d'occupation très active, car il ne fut jamais pacifié. M.G. Jarrett, "The Roman Frontier in Wales", in *Studien zu den Militärgrenzen Roms,* pp. 21-31.

55 Birley, *Research,* p. 272, qui donne un total de 13 000 hommes d'infanterie ; ceci doit comprendre 3 000 hommes affectés à la garde dans les forts ; *ibid,* 271 (bien que l'auteur ait aussi proposé que ces troupes appartinssent à des unités des *numeri).* Cf. Sheppard S. Frere, *Britannia. A History of Roman Britain,* Londres, Routledge and Kegan Paul, 1967, p. 137. Frere donne 9 500 hommes pour les 16 forts du Mur ; ceci est inconciliable avec les chiffres de Birley.

56 Richmond, "Hadrians's Wall", 1939-1949, p. 47.

57 Birley, *Research* p. 271, opte pour le chiffre le plus élevé. Frere, *Britannia,* p. 137, cite une fourchette de 1 500 à 2 000 hommes et fait remarquer qu'on ne possède pas la preuve qu'ils appartiennent aux *numeri* plutôt qu'aux auxiliaires, comme Birley l'avait suggéré.

romains), et fournissaient les veilleurs sur les deux tours de surveillance disposées entre chaque fortin. (Ces tours n'ayant qu'une surface intérieure de 14 pieds carrés (1,30 m^2), elles ont dû être armées par rotation de veilleurs provenant des fortins adjacents[58].)

Le détail de l'effectif révèle la vraie nature de ce dispositif. D'un total général de presque 30 000 hommes distribués dans ce secteur, un minimum de 10 % était affecté à la défense statique[59]. C'est un très faible pourcentage, comparable au nombre d'hommes qu'une armée en campagne affecterait aux missions de sécurité à l'arrière.

D'autres secteurs du périmètre impérial possédaient une semblable articulation des forces. Sur le *limes* transdanubien de Rhétie, par exemple, la structure des forces à la fin du IIe siècle comprenait cinq éléments selon un ordre croissant de concentration : sur, ou très près de la palissade et de l'obstacle, de petites tours s'échelonnaient, chacune abritant une poignée d'hommes (*Wachposten* ou *Blockhäuser*) ; des postes de garde (*Feldwache*) se trouvaient aussi sur la ligne mais à des intervalles plus grands, des "fortins" plus importants (*Zwischenkastelle*) à des intervalles encore plus grands ; finalement, des *alae* et des *cohortes* entières étaient stationnées dans les habituels *castella* auxiliaires, implantés aussi la plupart du temps sur la ligne de défense mais, quelquefois, largement derrière le "rideau"[60]. En outre, comme en 179-180, le secteur était appuyé par la *III Italica,* stationnée à Castra Regina (Regensburg), qui constituait la seule force de frappe importante.

58 Birley, *Research,* pp. 106-109.

59 En plus des chiffres fournis par Birley dans *Research,* p. 272, on admet qu'un effectif de 16 000 hommes était disponible.

60 G. Forni, DE, vol. 4, fasc. 38, "*Limes*", pp. 1212-1213. Cela concerne la fin de la période antonine. Le fort principal de Aalen a été construit sous Antonin le Pieux, tandis que Pfünz et Kösching ont été reconstruits, tous se trouvant loin derrière la frontière ; H. Schönberger, "The Roman Frontier in Germany : An Archaeological Survey", JRS 59, 1969, 170.

La structure des forces décrite ci-dessus n'était pas celle du dispositif initial (c'est-à-dire flavien) de défense des frontières en Bretagne, Germanie supérieure ou en Rhétie. Dans ce dispositif, les forts auxiliaires ont été le plus fréquemment situés loin et en deçà du périmètre lui-même jalonné uniquement par des tours de guet et des forts placés au-delà, puisqu'il n'y avait pas encore de ligne de défense. Dans les deux cas, la tendance post-flavienne fut de placer les forts sur le périmètre lui-même, abandonnant la plupart du temps les anciens forts derrière la ligne. On a jadis associé ce changement à la politique spécifique d'Hadrien touchant les frontières et on en a conclu que la défense avait apparemment été rendue "inélastique" en supprimant la deuxième "ligne" formée par la chaîne des forts auxiliaires. Cependant, des découvertes archéologiques récentes montrent que ce changement n'était qu'une question de degré[61]. En tout cas, la critique de cette tactique est sans objet, car à cette époque, il n'entrait plus dans les vues tactiques de Rome de permettre des infiltrations sur la ligne, comme pour une défense en profondeur, où l'ennemi est pris au piège entre des lignes intérieures et extérieures, dans une zone de combat à l'intérieur du périmètre. Au contraire, le dispositif exigeait le principe de la défense en avant : l'objectif était d'intercepter l'ennemi au-delà du périmètre. Désormais, la réorganisation d'Hadrien signifiait simplement que les forces d'interception auxiliaires étaient déjà basées sur des positions d'où elles pouvaient immédiatement intervenir,

---

61 La tendance de l'opinion semblait être plus claire il y a une génération si on la compare avec l'actuelle ; cf. Olwen Brogan, "The Roman Limes in Germany", *Archaelogical Journal* 92, 1935, pp. 17-18, avec Schönberger "Roman Frontier in Germany", pp. 164-165 ; voir E. Demougeot, *La Formation de l'Europe et les invasions barbares : Des origines germaniques à l'avènement de Dioclétien,* Paris, Aubier, 1969, pp. 189-190. Pour la Bretagne, voir Richmond, "Hadrian's Wall 1939-1940", pp. 45-46, 55 ; voir aussi Birley, *Research,* pp. 134-155, à propos du Stanegate, la ligne sur laquelle fut bâtie la chaîne des forts.

au lieu d'être dans l'obligation de les rejoindre après plusieurs heures de marche.

Il est maintenant possible d'avoir un aperçu de la méthode opérationnelle de défense frontalière. Il ne s'agissait pas d'une ligne "passive" face à des forces offensives dynamiques et mobiles (lesquelles pouvaient disposer d'une écrasante supériorité numérique aux points de pénétration) ; au contraire, dans chaque secteur, les forces déployées étaient manifestement prêtes à effectuer des sorties hors des forts pour intercepter de grandes formations d'attaquants, c'est-à-dire des *menaces d'intensité moyenne.* Les tactiques différaient pour les menaces au-dessus ou au-dessous de ce seuil : s'agissait-il d'incursions de faible ampleur ou de tentatives isolées d'infiltration, les gardes des fortins (fortins milliaires du Mur d'Hadrien ou équivalents) suffiraient ; en cas d'invasion de plus grande ampleur, les troupes auxiliaires s'élançaient pour contenir la menace, tandis que les légions avançaient pour appuyer leur mouvement et assurer leur défense.

Quand avait lieu un déploiement mobile important, les troupes assignées à la garde sur la ligne (peu nombreuses, nous l'avons vu) n'y participaient normalement pas. Leur fonction était d'assurer une "zone de sécurité arrière" que les forces engagées à l'avant pouvaient utiliser quoi qu'il arrive. On ne peut donc parler de "cordon frontalier sans élasticité"[62], pas en tout cas au niveau tactique ou opérationnel (c'est-à-dire provincial). Car la nature d'un cordon de défense est d'être le degré inférieur de concentration imposé par la mince ligne de déploiement, tandis qu'à cette époque les forces romaines aux frontières étaient encore essentiellement mobiles, pouvant se regrouper aussi vite que n'importe quelle armée en campagne. Les Romains, dont les forces reposaient encore sur la masse de l'infanterie lourde légionnaire, ont dû essayer d'élever systématiquement le

62 Comme le fait Alföldi dans CAH 12, 213.

niveau de concentration sur le champ de bataille et cela des deux côtés : toutes choses égales par ailleurs, la concentration favorisait les Romains car leurs forces combattaient avec d'autant plus d'efficacité que le niveau d'intensité du combat était élevé[63].

Le système de défense aux frontières post-flavien différait donc notablement dans ses dispositions de celui de la période julio-claudienne contre les menaces de faible ampleur. Les forces romaines restaient capables d'engager des actions militaires de grande envergure, puisqu'elles pouvaient se déplacer et se concentrer très rapidement (bien que les légions ne fussent plus déployées dans de multiples camps)[64], mais elles avaient maintenant un objectif complémentaire : la dissuasion face à des menaces mineures. Les deux systèmes pouvaient assurer sur les champs de bataille une supériorité définitive, exigence *sine qua non* de la survie de l'empire. Mais seul le second système pouvait aussi assurer un haut degré de sécurité civile, même dans les zones frontalières.

Ces deux aspects de la sécurité étaient, et sont, fondamentalement très différents et entraînent des exigences contradictoires. Des isolés qui s'infiltrent dans les lignes et des petits groupes de pillards ne peuvent être interceptés efficacement par des forces d'infanterie ou de cavalerie opérant en rase campagne. D'autre part, un dispositif dissuasif de faible épaisseur tout le long de la frontière ne peut pas non plus arrêter une attaque de grande ampleur. Les exigences contradictoires de la supériorité sur les champs de bataille qui entraîne la concentration des forces d'une part, et de la dissuasion qui entraîne l'établissement d'un dispositif linéaire d'autre part, ne peuvent être satisfaites sans faire entrer dans l'équation un troisième paramètre. L'infrastructure du *limes* jouait ce rôle avec ses routes, ses tours de guet,

63 Voir Thompson, *Early Germans,* pp. 146-147.
64 Suétone, *Domitien,* VII.

ses postes de garde, ses murs, ses palissades et ses barrières, systématiquement établis le long des frontières. Ces infrastructures résolvaient la contradiction entre concentration et dispersion, en permettant une meilleure utilisation du personnel. Elles permettaient à l'armée d'exercer la dissuasion contre les menaces de faible ampleur avec une petite fraction de l'ensemble des forces, tout en lui laissant son entière capacité de combat à grande échelle avec tout son potentiel.

La supériorité sur le champ de bataille était et demeure indispensable pour une survie stratégique ; toute puissance qui survit affrontée à un environnement hostile, le fait en brisant les menaces de grande ampleur auxquelles elle est soumise de temps à autres. Mais la supériorité stratégique n'entraîne pas nécessairement la sécurité par la dissuasion. Un État peut conserver l'autorité sur son territoire même s'il ne repousse pas absolument toutes les tentatives de violation des frontières. À l'époque julio-claudienne, l'infrastructure linéaire de défense n'existait pas ; donc, on avait pu obtenir un haut degré de sécurité quotidienne pour les zones frontalières particulièrement menacées, sans fragmenter l'armée romaine en de très nombreux détachements assurant la garde. En réalité, les légions et les *auxilia* étaient déployés en masses compactes, souvent dans des camps abritant plusieurs légions. Entre les camps légionnaires très éloignés les uns des autres, il n'existait souvent aucune défense valable. Au lieu de cela, c'était la mission des États et des tribus clients d'au-delà de la frontière d'assurer la sécurité à l'intérieur de celle-ci, en neutralisant eux-mêmes à la source les tentatives d'infiltration. Étant donné le niveau d'organisation politique et d'autorité dans ces États et tribus tenus en respect par les légions, il était hors de question de songer à une défense parfaitement dissuasive. Il y avait peu de clients capables de réprimer dans leur population des tentatives d'infiltration et de coups de main de guerriers.

Mise à part l'insécurité endémique de ces frontières sans surveillance, le système julio-claudien était très efficace, compte tenu des buts que s'était fixés l'empire à cette époque. Mais au IIe siècle, ces buts n'étaient plus les mêmes. La sécurité définitive du point de vue stratégique restait essentielle, mais il y avait maintenant une nouvelle exigence et un nouvel objectif : assurer une sécurité permanente pour les vies et les biens des populations civiles, et isoler les provinciaux des Barbares. En particulier, le but des lignes de barrage était de séparer les Barbares d'au-delà des Barbares d'en-deçà qui étaient en passe de devenir romains[65]. Le développement économique, l'urbanisation, l'intégration politique – but final –, tout cela réclamait l'assurance d'une sécurité quotidienne et aussi la séparation des provinciaux de leur parentèle vivant à proximité libre et barbare.

Comment alors expliquer les *limites* "ouverts" de l'Anatolie orientale, de Syrie, de Palestine, d'Arabie, d'Égypte, de Cyrénaïque, de Tripolitaine et de Maurétanie, où il n'y avait ni murs ni palissades ? Pourquoi a-t-on poursuivi avec tant de constance l'objectif de la sécurité dissuasive pour protéger les populations en Numidie et en Occident et pourquoi ne l'a-t-on pas fait dans le reste de l'empire ?

Nous devons d'abord remarquer qu'en Europe, les fleuves frontières du Rhin et du Danube n'étaient pas protégés par un dispositif linéaire de défense. Au lieu de cela, des flottilles de patrouille fluviale (*Classis Germanica, Classis Pannonica, Classis Moesica*)[66] s'ajoutaient

---

65 Morris, "Vallum Again", p. 50. L'argument est davantage développé dans Eric B. Birley, "Hadrianic Frontier Policy", in *Carnuntina, Vorträge beim internationalen Kongress der Altertumsforscher,* Carnuntum, 1955, éd. Swoboda, *Römische Forschungen in Niederösterreich*, 3, Graz et Cologne, 1956, pp. 26-33.

66 Chester G. Starr, Jr, *The Roman Imperial Navy, 31 BC-AD 324,* Cornell Studies in Classic Philology, vol. 26, Ithaca Cornell University Press, 1941, pp. 135-137, *Classis Moesica* ; pp. 138-141, *Classis Pannonica* ; et pp. 144-152, *Classis Germanica.* De décembre à février, le Danube est gelé, et les flottes fluviales sont arrêtées.

aux tours de guet et aux stations de signaux. On trouve une semblable adaptation à l'environnement dans le cas des déserts frontaliers d'Asie et d'Afrique. Là, également, on n'avait pas besoin d'une barrière continue contre les incursions de faible ampleur. Il y avait naturellement de nombreuses tribus nomades qui franchissaient la frontière à l'occasion (au XXe siècle encore, la razzia était la principale activité locale du désert). Mais cela ne signifiait pas qu'on ait besoin de défenses linéaires, puisqu'il n'y avait pas d'importantes zones cultivées à protéger. Sur les frontières de Syrie, d'Arabie, de Palestine et du Sahara, il n'y avait que des villes éparses et des petits oasis cultivés, et il était beaucoup plus efficace de protéger ces points séparément que de protéger l'ensemble. Dans le désert du Negev par exemple, des villes comme Nitzana, Haluza, Rehovot et Shivta étaient des îlots fortifiés en plein désert, qui n'avaient pas besoin de protection parce qu'elles n'avaient aucune valeur aux yeux des Romains et qu'elles n'étaient pas des objectifs pour les nomades[67]. On avait construit des maisons proches les unes des autres à l'entour des villes les ceinturant complètement et les pillards à cheval n'osaient s'aventurer entre les

---

Cette saison était reconnue comme dangereuse (*ibid*, pp. 138-141), puisque la surveillance à partir des bases sur le rivage était beaucoup moins efficace du fait du manque de la coopération des flottes fluviales.

67 Gichon, "Roman Frontier Cities", pp. 195-207 ; voir aussi du même auteur, "The Origin of the Limes Palestinae and the Major Phases of Its Development", in *Studien zu den Militärgrenzen Roms,* pp. 178, 184. Voir aussi un aperçu complet dans Shimon Applebaum et Mordechai Gichon, *Israel and her Vicinity in the Roman and Byzantine periods,* Tel Aviv University Press, 1967, pp. 37-47. Cf. Euzennat, "Le limes de Volubilis", pp. 194-199, pour un *limes* ouvert (en Maurétanie) organisé selon le dessin remarquablement précis d'un échiquier. Sur le *limes* de Tripolitaine également, nous ne connaissons pas de ligne continue de défense alors que la construction de routes commence tôt en 15-16 après J.C. Voir RG. Goodchild et J.B. Ward Perkins, "The Limes Tripolitanus in the Light of Recent Discoveries", JRS 39, 1949, pp. 81-95

villes ; il s'ensuit que celles-ci n'avaient pas besoin de murailles. Pour assurer la sécurité des villes du désert, il suffisait de tours donnant l'alerte en cas d'attaque imminente, de moyens de communication pour faire venir les troupes mobiles et d'un réseau de routes. Leur simple existence prouve que ces villes étaient sûres, car aucune activité humaine n'est possible à portée des raids des nomades du désert, à moins qu'elles n'aient été pourvues d'une défense efficace.

Des points d'eau épars conditionnaient l'agriculture tout le long de la ceinture désertique depuis la Maurétanie jusqu'à la Syrie ; de cette manière, ces zones pouvaient être protégées par un système "ponctuel" de défense, échelonné en profondeur. Sur le *limes* de Syrie, cela signifiait de plus que le système serait efficace contre une menace parthe de grande ampleur ; cela exigeait de bonnes routes et un corps de troupes important mais pas de défense linéaire[68]. On pourrait faire un très exact parallèle avec les problèmes de la sécurité d'Israël à l'époque actuelle : après 1967, Israël dut faire face à la fois à une menace d'invasion de grande ampleur dans le secteur du canal de Suez et du Sinaï et à une menace d'infiltration de faible ampleur le long du Jourdain qui formait la frontière avec le royaume hachémite. En conséquence, on employa des systèmes de défense très différents. Les Israéliens mirent en place une importante force mobile à l'intérieur du Sinaï, avec seulement une ligne de petits fortins de surveillance très espacés (la ligne Bar Lev) sur le canal lui-même ; il n'y eut aucune tentative pour arrêter les infiltrations dans ce secteur, puisque en deçà du canal, il n'y avait pas de populations civiles, mais rien que le désert. En revanche, sur la frontière jordanienne, contre les menaces bien moins importantes des guérillas palestiniennes, les Israéliens furent obligés de construire une ligne ininter-

---

[68] Les routes ont été toujours les infrastructures initiales du *limes* de Syrie ; voir R. Chevallier, *Les Voies romaines,* Paris, A. Colin, 1972, pp. 160-165.

rompue de défenses, des dispositifs de surveillance, des champs de mines pour empêcher les incursions dans les zones habitées de la rive occidentale, à portée de marche du Jourdain.

Puisque le sud de la Numidie faisait aussi face au désert, pourquoi avoir construit la défense linéaire du *Fossatum Africae* ? Celle-ci, la plus étendue de toutes les défenses romaines, est une exception flagrante au système de défense "ponctuelle" que l'on retrouve ailleurs aux confins du désert. Ici encore, le facteur militaire était lié au problème de l'eau : le *fossatum* coexistait avec un réseau de distribution d'eau qui permettait le développement de l'agriculture de type oasien non pas en des points d'eau isolés, mais sur des étendues qui autrement auraient été désertiques[69]. Les lignes de défense et le vaste réseau de distribution d'eau en Numidie reposaient sur le même système d'aménagement et de défense de la frontière : comme de nos jours, l'eau et la sécurité étaient les deux conditions indispensables de la vie dans le désert. Du fait de la coexistence des installations et de leur défense, le système dans son ensemble a dû avoir un but autre que la création d'un circuit fermé d'irrigation et de défense sur la frontière elle-même. Ce but, pour être rationnel, devait être étranger aux deux aspects du *fossatum* ; il consistait à prévoir un haut degré de sécurité pour les territoires en-deçà de la zone frontalière, entre celle-ci et la côte méditerranéenne, une région qui autrement aurait été sujette à des raids saisonniers de nomades.

Sans véritable sécurité protégeant la vie et les biens des populations, il ne pouvait y avoir de développement économique permettant la production de surplus et ainsi l'approvisionnement des villes. Sans le *fossatum* pour contenir les menaces chroniques des nomades, la

---

69 Baradez, *Fossatum Africae,* pp. 163-208 ou idem, "Organisation militaire romaine de l'Algérie antique et évolution du concept défensif de ses frontières", *Revue internationale d'histoire militaire,* 13, 1953, pp. 25-42.

Numidie serait restée sous-développée ; il n'y aurait eu ni développement urbain, ni la romanisation qui va de pair. Ici, plus qu'ailleurs, la nécessité d'une frontière *continue* est évidente : elle n'a pas été conçue pour abriter une armée affligée du syndrome Ligne Maginot, mais plutôt pour permettre aux populations de se développer selon des moyens prévus pour assurer la survie à long terme de l'empire, et cela en créant un climat réceptif aux idéaux romains et acceptant l'autorité impériale.

3. Dimensions stratégiques de la défense des frontières

Bien que la tactique de la sécurité aux frontières fût offensive, il n'y a aucun doute qu'au niveau stratégique de l'ensemble de l'empire, le mode de déploiement consistait en un mince cordon et que la puissance militaire de Rome était répartie en armées régionales. À l'époque d'Hadrien, ces armées étaient en passe d'acquérir une certaine autonomie (*exercitus Germanicus, Raeticus, Norici, Dalmaticus, Moesicus, Dacicus, Britannicus, Hispanicus, Mauretanicus, Cappadocicus, Syriacus*)[70].

Chacune de ces armées, organisée autour d'un noyau de légions stationnées en permanence dans chaque région, appuyée d'une flotte là où il était nécessaire d'apporter un soutien naval aux forces terrestres (à cette époque la guerre maritime était presque inexistante)[71], était déployée selon la gravité de la menace dans la région. Considérant rétrospectivement les menaces conjuguées qui devaient se manifester dans la seconde

70 Albino Garzetti, *L'Impero da Tiberio agli Antonini,* Istituto di Studi Romani, Storia di Roma, vol. 6, Bologne, Licinio Capelli, 1960, p. 437.

71 Ce n'est que dans la mer Noire que la *Classis Moesica* et la *Classis Pontica* eurent à affronter une opposition venue de la mer de la part de pirates ; toutefois, cette opposition n'était pas sérieuse. Starr, *Roman Imperial Navy,* pp. 127-128.

moitié du IIe siècle sur le Rhin et le Danube, et mettre en péril la survie même de l'empire, deux générations plus tard, des critiques ont condamné ce déploiement sous prétexte qu'il manquait de souplesse et était structurellement fragile. Mais à l'époque d'Hadrien, il n'y avait pas de menace permanente, et donc pas de raison de sacrifier une politique de protection assurée du territoire au profit d'un déploiement plus souple pour faire face à des menaces régionales ou globales inexistantes.

La seule alternative pour le déploiement de l'armée dans la région aurait été une concentration massive des troupes basées aux points-clés sur les lignes intérieures de communication plutôt qu'un déploiement aux frontières. Bien entendu, on ne pouvait pas adopter une stratégie parfaitement centralisée de déploiement en utilisant seulement un mince dispositif de postes de garde à la frontière, et en constituant avec le reste des forces une réserve stratégique unique et entière. Un tel déploiement n'est possible qu'autant que les moyens de transport sont rapides.

Même de nos jours, on juge nécessaires des déploiements préventifs *in situ* pour s'opposer à des menaces qui sont susceptibles de se manifester très rapidement. Par exemple, le Département de la Défense des États-Unis considère que l'Allemagne et la Corée du Sud sont trop éloignées pour permettre l'intervention efficace d'un corps expéditionnaire.

C'est pour cela que des troupes américaines doivent être stationnées sur le théâtre même des opérations, la dépense de forces qui en résulte étant compensée par la signification politique évidente de tels déploiements.

Ce n'est que dans le cas d'une petite zone à défendre (en tenant compte de la vitesse de transport) que le problème de déploiement des troupes ne se pose pas, puisqu'on n'aura aucune difficulté à déplacer des forces d'un secteur à l'autre pour faire face à une concentration ennemie sur un des secteurs. Ainsi, des redéploiements à l'intérieur du périmètre peuvent en fait précéder la menace. Par exemple, des troupes défendant un fort assiégé seront à même de se redéployer de remparts en remparts en se déplaçant sur des lignes intérieures de défense réduites, même avant que l'assiégeant puisse achever sa concentration de troupes en se déplaçant le long des lignes extérieures plus étendues. Mais l'empire romain n'était pas un fort assiégé. On ne peut en aucun cas le considérer comme un fort, même de grande importance, car un fort quelconque aura toujours l'avantage de lignes intérieures plus courtes. (Plus le périmètre ressemble à une circonférence, plus grand est l'avantage ; plus le périmètre a la forme d'un rectangle allongé, dans lequel le "grand axe" fait que les distances entre les secteurs seront pratiquement les mêmes à l'intérieur et à l'extérieur, plus faible est l'avantage.) En fait, la configuration géographique de l'empire était très défavorable : la fosse oblongue de la Méditerranée en formait le centre et pouvait être autant un obstacle qu'un lieu de passage.

Le transport par mer pouvait bien entendu être plus rapide que le transport par voie de terre, mais il était sujet aux caprices du temps. De novembre à mars, la navigation était pratiquement arrêtée et même les plus grands navires que les Romains utilisaient, ceux qui transportaient le blé d'Alexandrie, attendaient avril pour entreprendre le premier voyage de la saison[72]. Il fallait deux jours de traversée entre Ostie et le point le plus proche de l'Afrique du Nord (cap Bon), six jours entre la Sicile (Messine) et Alexandrie et sept jours entre Ostie et le détroit de Gibraltar ; mais ces traversées aux

---

[72] Voir Lionel Casson, *Ships and Seamanship in the Ancient World,* Princeton University Press, 1971, p. 270 ; Moché Amit, "Les moyens de communication et la défense de l'empire romain", *La Parola del Passato,* vol. 20, fasc. 102, 1965, p. 218. Casson mentionne la période favorable à la navigation dont parle Végèce (IV, 39), du 27 mai au 14 septembre avec des dates extrêmes 10 mars/13 avril. E. de Saint-Denis, "Mare Clausum", REL 25, 1947, pp. 200-203, spécifie qu'il pouvait y avoir quelque activité en hiver, mais il s'agissait de courtes traversées où les risques étaient bien plus grands que pendant la période normale.

vitesses respectivement de 6, 5,8 et 5,6 nœuds sont exceptionnelles et c'est pourquoi elles ont été enregistrées[73]. On a calculé que les vitesses normales des flottes avec des vents favorables étaient de l'ordre de 2 ou 3 nœuds, tombant à 1 ou 1,5 nœud avec des vents défavorables[74]. Ces vitesses elles-mêmes sont élevées quand on les compare à celle d'une troupe en marche ; avec un bagage normal, en plaine et sur des routes dallées, les troupes romaines parcouraient environ 15 milles romains (23 km) par jour sur de longues distances[75], tandis que les navires pouvaient les transporter sur une distance de 43 km en 24 heures en marchant seulement à un nœud. De plus, les distances par mer étaient souvent plus courtes, et quelquefois beaucoup plus courtes, que les distances terrestres.

Par exemple, la traversée entre la base navale de Pouzzoles (Naples) et Alexandrie durait au plus 42 jours à la vitesse minimum d'un nœud. Sur terre, cependant, le voyage durait environ 180 jours de marche ininterrompue plus deux jours de mer ; la route entièrement terrestre par Aquilée (près de Trieste) au fond de l'Adriatique n'exigeait pas moins de 210 jours. Mais ceci est une comparaison entre deux extrêmes : la traversée directe par mer et le voyage terrestre autour du bassin oriental de la Méditerranée. Sur le trajet de Rome à Antioche, par exemple, qui représentait une distance de 3 100 km par terre, plus deux jours de mer (entre Brindisi et le point de la côte où commençait la *Via Egnatia),* le voyage par mer aurait pris environ 55 jours

73 Casson, *Ships and Seamanship,* p. 285.

74 *Ibid.,* p. 293.

75 Ceci correspond au *magnum iter* (prévu sans se reposer) à l'inverse du *iustum iter* de 10 000 pas ; voir Chevallier, *Voies romaines,* pp. 224-225. Amit, “Moyens de communication”, passim, évalue la mobilité stratégique des Romains sur la base des 20 à 24 milles romains revendiqués par Végèce (1, 9) pour les “anciens”, chiffres qu'Amit convertit en 30 à 36 km/h. Ceci semble trop élevé ; cela conviendrait à la vitesse pour un exercice accéléré, mais sur une courte distance. Cf. Watson, *Roman Soldier,* p. 55.

à 1 nœud, plus 2 jours par terre (entre Séleucie et Antioche), alors que la route terrestre aurait pris environ 124 jours plus deux jours de mer, un rapport de 1 à 2,2 par comparaison avec le rapport 1 à 4,3 entre les voyages par mer et par terre sur le trajet de Rome à Alexandrie.

Dès que le rapport devenait plus faible, le voyage par mer devenait souvent l'alternative la moins favorable. Les navigateurs de l'Antiquité ne pouvaient lutter contre le mauvais temps, et des navires pouvaient être retardés de manière imprévisible même durant la saison de la navigation, car ils devaient attendre des semaines la possibilité de mettre à la voile. De plus, de longues traversées pouvaient affecter la santé des troupes[76]. Néanmoins, on les transportait fréquemment par mer et des navires spéciaux étaient affectés au transport des chevaux[77].

Contrairement aux empires de Mésopotamie ou d'Iran, l'empire romain n'avait pas de liaisons intérieures. Cologne étant à environ 66 jours de marche de Rome, et Antioche, point d'accès vers le secteur critique tenu par les Parthes, encore plus éloigné, le temps s'écoulant entre l'apparition d'une nouvelle menace aux frontières et la réponse à celle-ci par le système parfaitement centralisé aurait été beaucoup trop long. Si les Romains avaient concentré leurs forces en un dispositif stratégique unique et centralisé à la manière moderne, leurs ennemis auraient pu envahir et ravager les provinces à loisir, et ensuite se retirer avant l'arrivée des renforts sur le théâtre. Il n'y a pas de raison de critiquer la politique de déploiement attribuée à Hadrien – bien

---

76 P.e. Tacite, *Histoires* I, 31, à propos des troupes de Germains envoyées à Alexandrie et ensuite rappelées ; le voyage pouvait être plus long : 50 à 70 jours ; Casson, *Ships and Seamanship* p. 289, n. 82.

77 Starr, *Roman Imperial Navy,* pp. 186-187. Soixante galères suffisaient pour transporter une légion complète. Pour le transport des chevaux, voir Albert Martin, *Dictionnaire des antiquités grecques et romaines,* éd. Ch. Daremberg et Saglio, 9 vol., Paris, Hachette, 1877-1919, vol. 3, part. 2, voir *Hippagogi.*

qu'elle ait été en vigueur durant toute la période flavio-antonine. Les distances considérables entre les secteurs et le fait que la mobilité stratégique était très restreinte, rendaient inévitable le choix d'une politique de déploiement régional. Puisque, comme nous l'avons vu, il importait peu que les forces fussent sur la frontière ou échelonnées en profondeur, le seul problème qui restait à résoudre est de savoir si cette distribution des forces était heureuse, compte tenu des menaces imprévisibles.

La distribution des légions aide à comprendre les grandes lignes de ce déploiement stratégique durant le IIe siècle qui correspond plus ou moins à la seconde phase de l'empire[78]. Puisqu'il n'y a pas exacte corrélation entre le déploiement des légions et celui des troupes auxiliaires, ces dernières aussi importantes sinon plus, au moins numériquement, il faut être prudent pour apprécier les grandes lignes de cette stratégie.

Comme le montre le tableau suivant, le déploiement des légions a peu varié durant le IIe siècle malgré les soulèvements sous Trajan et l'agitation encore plus grande consécutive aux guerres de Marc Aurèle, deux générations plus tard. Le nombre initial des légions sous Auguste, 28 avant le désastre de Varus, n'était que de 30 à la fin de cette période, et les modifications affectant la distribution par régions reflétaient plus la flexibilité du système que les événements importants du IIe siècle.

---

78 Voir Parker, *Roman Legions* pp. 119, 158, 168, avec quelques rectifications. Pour l'année 161, voir Watson, *Roman Soldier,* pp. 15, 16, d'après CIL VI 3492 (= ILS 2288), reproduit p. 160. Cf. J. Szilagy, "Les Variations des centres de prépondérance militaires dans les provinces frontières de l'empire romain", *Acta Antiqua Academica Scientiarum Hungaricae* 2, 1953, fasc. 1-2, pp. 119-219, qui est une tentative pour évaluer les niveaux de force réelle à neuf moments entre 6 ap. J.C. et la *Notitia Dignitatum*, et entre huit secteurs couvrant la totalité de la frontière. En pratique, l'auteur évalue le nombre des *auxilia* en doublant le nombre supposé des légions, bien qu'il tienne compte des déploiements des auxiliaires en l'absence des légions, comme dans les provinces de Rhétie, de Norique et de Maurétanie.

Répartition des légions entre 23 et 192 ap. J.C.					
	23	ca106	ca138	ca161	ca192
Bretagne	0	3	3	3	3
Front septentrional	8	4	4	4	6
Germanie inférieure	4	2	2	2	2
Germanie supérieure	4	2	2	2	2
Rhétie/Norique	0	0	0	0	2
Front central	7	12-13	10	10	10
Pannonie supérieure	3	3	3	3	3
Pannonie inférieure	0	1	1	1	1
Dalmatie	2	0	0	0	0
Mésie supérieure	2	3-4	2	2	2
Dacie	0	2	1	1	2
Mésie inférieure	0	3	3	3	2
Front oriental	4	6	8	8	8
Cappadoce	0	2	2	2	2
Syrie	4	3	3	3	3
Judée	0	1	2	2	2
Arabie	0	0	1	1	1
Garnisons	6	6	3	3	3
Égypte	2	2	1	1	1
Afrique	1	1	1	1	1
Espagne	3	1	1	1	1
Autres légions	0	1-0[a]	0-1[b]		
Total	25	30	28-29	28	30

(a) La *XXI Rapax*, si elle existe encore, se trouve peut-être en Mésie supérieure.

(b) La position de la *IX Hispana*, si celle-ci existe encore, est inconnue.

En Bretagne, il n'y avait aucun changement, même si pendant cette période, la frontière fut avancée du Mur d'Hadrien au Mur d'Antonin, ce dernier devant être abandonné de nouveau à la fin du siècle. Le front "septentrional" resta tel quel avec 4 légions jusqu'après la guerre des Marcomans, quand les légions *II Italica* et

III Italica, levées en 165, furent envoyées respectivement en Norique et en Rhétie[79]. Sur le "front central", la réorganisation des défenses à la suite de la conquête de la Dacie par Trajan (et l'établissement de ce qui était peut-être la plus rationnelle de toutes les frontières) eut pour résultat le renforcement des armées du Danube jusqu'à 10 légions, après le soulèvement de la seconde guerre des Daces contre Trajan[80].

Sur le "front oriental", le nombre des légions augmenta de 2 unités, conséquence de l'annexion de l'Arabie nabatéenne en 106 après J.C. ; celle-ci, en temps que province, reçut une garnison légionnaire (c'était la *VI Ferrata* ou la *III Gallica,* remplacées sous Hadrien par la *III Cyrenaica,* stationnée à Bostra où elle resta en permanence)[81]. L'autre légion supplémentaire (*VI Ferrata*) fut affectée à la Judée à la suite de la dernière révolte juive, finalement matée en 135 ap. J.C., après la destruction d'une ou peut-être de deux légions[82]. La garnison légionnaire fut ainsi doublée puisque la *X Fretensis* (stationnée en Judée depuis l'époque de Néron) resta aussi là en permanence.

Le changement le plus remarquable depuis les affectations de l'année 23, mentionnées par Tacite[83], est le transfert de légions des zones intérieures pacifiées (où elles avaient contribué à maintenir la sécurité interne) à la périphérie, où elles firent face à une menace venant principalement de l'extérieur. La Dalmatie, un pays difficile d'accès, comme il l'est encore aujourd'hui, où peu de routes traversaient les massifs montagneux, vit sa

---

79 Parker, *Roman Legions,* p. 167.

80 *Ibid.,* pp. 156-158. Selon l'auteur, Trajan avait douze légions sur le Danube avant le commencement de la première guerre contre les Daces et, au moment de la seconde, treize légions.

81 Bowersock, "Report on Arabia Provincia", pp. 232-233.

82 On pense généralement que la *XXII Deiotariana* a été dissoute ou détruite pendant la révolte juive de 132-135, mais pas nécessairement en Judée. Voir Parker, *Roman Legions,* pp. 162-163. De plus, la *IX Hispana* a pu disparaître au cours de la même révolte.

83 *Annales*, IV, 5.

garnison réduite à une légion sous le règne de Néron[84] ; et la *IV Flavia Felix,* la dernière légion dalmate, fut retirée par Domitien (vers 86 ap. J.C.) pour servir dans la guerre des Daces[85]. La Dalmatie, qui avait été le théâtre de grands soulèvements de 6 à 9 après J.C., était définitivement pacifiée. De même, les garnisons légionnaires d'Égypte et d'Espagne furent fortement réduites et passèrent de 10 légions au commencement du principat à seulement 3 à la fin de l'époque julio-claudienne ; ultérieurement, une réduction involontaire due au non remplacement de la *XXII Deiotariana* eut lieu, cette dernière ayant été anéantie ou licenciée pendant la révolte juive de 132 à 135 après J.C.[86].

Tandis que les provinces formant le noyau de l'empire étaient fermement tenues par une poignée de légions, celles situées à la périphérie exigeaient un renforcement de leur défense ; comme on le verra, cela indiquait un changement dans les instruments de la politique de sécurité, qui passait du système de la clientèle à un autre apparemment plus sûr mais en fin de compte plus fragile, celui qui reposait sur l'emploi direct de la force militaire.

---

84 Voir Parker, *Roman Legions,* p. 135, qui pense que la *VII Claudia pia fidelis* a été redéployée en Mésie en 58 ; seule, la *XI Claudia pia fidelis* est restée en Dalmatie à Viminacium pendant la période qui va de 42 à 66 ; voir J.J. Wilkes, *History of the Provinces of the Roman Empire,* Londres, Routledge and Paul, 1969, p. 96.

85 *Ibid.*

86 Jusqu'en 6 ap. J.C., trois légions sur quatre initiales restèrent en Égypte ; voir Ronald Syme, "Some Notes on the Legions under Augustus", JRS 23, 1933, p. 25. En Espagne, le nombre des légions passa de six en 27 av. J.C. à quatre en 13 av. J.C., ensuite à trois en 9 ap. J.C. ; *ibid,* p. 22. Plus tard, une légion fut rappelée sous Claude et une seconde pendant la guerre civile ; Parker, *Roman Legions,* pp. 131, 144.

Troupes auxiliaires en Germanie inférieure			
	7-83	104-120	IIIe siècle
Ailes (*alae*)	6	6	7
Cohortes milliaires	2	1	1
Cohortes milliaires (*equitatae*)	1	0	0
Cohortes de 500 hommes (*equitatae*)	11	6	5
Cohortes de 500 hommes	8	6	7-8
numeri	0	0	4

Étant donné que la défense de la Bretagne avait nécessité la présence de 4 légions depuis le début de la conquête en 43 sous Domitien et 3 ensuite, ni l'augmentation de 4 légions durant l'époque flavienne, ni les redéploiements à partir de l'Égypte, l'Espagne et de la Dalmatie n'ont été suffisants pour fournir un appoint de forces qu'exigeaient la frontière du Danube et la réorganisation du "front oriental". Les armées déployées sur le Rhin furent donc fortement réduites[87]. C'est le cas de la Germanie inférieure qui vit le nombre de ses légions réduit de moitié, ainsi que les forces auxiliaires, comme l'indique le tableau précédent[88].

---

87 Un total de huit nouvelles légions furent levées et constituées pendant une période qui va du règne de Gaius (37-41) à Vespasien (69-79), mais quatre furent dissoutes en 70 ; voir Gastone M. Bersanetti, *Vespasiano,* Rome, Edizioni Roma, 1941, pp. 75-79. Il s'ensuit que sous Vespasien il y eut un total de vingt-neuf légions. Domitien créa la *I Flavia Minerva* en 83. Voir Parker, *Roman Legions,* p. 150, mais le total revint à vingt-neuf quand la V *Alaudae* fut détruite pendant la guerre des Daces sous Domitien. Quand Trajan forma la *XXX Ulpia Victrix,* ce total atteignit trente une fois de plus ; *ibid,* p. 156.

88 G. Alföldi, *Die Hilfstruppen*, p. 151, et (IIIe s.) p. 161.

Ainsi, les forces légionnaires en Germanie inférieure passèrent de 22 000 hommes à environ 11 000, tandis que les troupes auxiliaires passaient d'environ 15 000 à environ 10 000 (pour atteindre 10 500 au cours du IIIe siècle). Il faut noter l'absence des ailes milliaires pendant cette période, la réduction du nombre des cohortes milliaires et le retrait de l'unique *cohors milliaria equitata* dans ce secteur. Les ailes milliaires étaient des forces d'intervention placées toujours dans des secteurs très menacés et à des positions clés[89]. Apparemment, la Germanie inférieure ne présentait pas ce genre de risque, à l'inverse de la Germanie supérieure qui, elle, possédait l'*Ala milliaria II Flavia* ou encore de la Bretagne, avec l'*Ala Petriana*.

Sur tous les fronts, les changements dans la répartition des légions n'étaient pas uniquement conditionnés par le cours des événements, mais par la mise en place d'une nouvelle stratégie de défense dissuasive aux frontières. Il est clair que la politique de sécurité inaugurée par les Flaviens avait mûri, son caractère principal étant le choix délibéré de frontières optimales régionales adoptées non pas uniquement pour leurs caractères tactique et topographique, mais aussi pour des raisons stratégiques au sens large – en un mot des frontières "scientifiques rationnelles".

Si on compare les frontières de l'Empire romain sous Hadrien avec celles de l'éphémère empire d'Alexandre le Grand (ou avec celles de l'empire de Napoléon à son apogée), les premières révèlent la réalisation d'une politique rationnelle administrative et non un expansionnisme déguisé. En Bretagne, alors que le projet d'une conquête totale avait été abandonné[90], la frontière

---

[89] Birley, "Alae and Cohortes Milliariae", p. 60.

[90] Voir Michel G. Jarrett et John C. Mann, "Britain from Agricola to Galienus", *Bonner Jahrbücher* 170, 1970, pp. 179-181. Tacite dans *Agricola,* XXIV, raconte que son héros retint amicalement un chef irlandais en exil qui voulait faire la conquête de l'Irlande, laquelle conquête aurait aidé les armées romaines à encercler

fut établie sur la ligne Solway-Tyne, celle du Mur d'Hadrien. Auparavant, sous Cn. Julius Agricola, gouverneur de la Bretagne de 79 à 84, les Romains avaient déjà pénétré plus au Nord, au-delà de la ligne Clyde-Forth[91]. Cette extension correspondait non seulement à un accroissement de territoire, mais surtout réduisait la ligne de défense. Cependant, les frontières scientifiques sont tracées, non pour englober le plus de terrain possible, mais surtout pour englober la surface de terrain *optimum* – en d'autres termes, l'aire qui convient compte tenu des facteurs politiques, économiques ou stratégiques. La ligne la plus courte de défense ne sera pas nécessairement la meilleure frontière si elle délimite des terres d'accès difficiles habitées par des peuples remuants – comme c'était le cas de la ligne Clyde-Forth.

Vingt ans après l'établissement du Mur d'Hadrien, la ligne Clyde-Forth fut occupée et en 142, le Mur d'Antonin fut érigé pour délimiter et protéger la nouvelle frontière. À partir des documents même fragmentaires dont nous disposons, on a démontré que cette extension fut la conséquence de l'insuccès de la politique de clientèle tribale qui avait constitué le glacis diplomatique du Mur d'Hadrien[92]. Le nouveau système était beaucoup plus simple et en quelque sorte plus fonctionnel : les "réduits placés tous les milles" et les tours du Mur d'Hadrien furent rendus inutiles par l'établissement de fortins rapprochés, situés à des intervalles de 2 milles (3 km env.) ; au lieu de l'ancien système, il y avait un simple mur d'environ 10 pieds de haut (3 m) avec un chemin de ronde de 6 pieds de large (1,80 m) à

---

complètement la Bretagne : ceci laisse entendre qu'un projet de conquête totale avait été envisagé. Mais sur la signification d'un projet quelconque d'Agricola, voir Eric B. Birley, "Britain under the Flavians : Agricola and His Predecessors", in idem, *Roman Britain and the Roman Army. Collected papers,* Kendal, Titus Wilson and Son, 1953, pp. 10-19.

91 Jarrett and Mann, "Britain from Agricola to Gallienus", p. 180.

92 Kenneth A. Steer, "The Antonine Wall : A Reconsideration", in *Studien zu den Militärgrezen Roms,* p. 36.

l'abri d'un parapet de bois. Rien d'équivalent au *vallum* à l'arrière, mais il y avait l'indispensable fossé (dans ce cas il mesurait environ 40 pieds (12 m) de large et 12 pieds (3,5 m) de profondeur), de même qu'une route intérieure le long du mur[93].

Représentés par un trait sur une carte, et tout particulièrement sur une carte à petite échelle qui ne peut montrer la topographie mais uniquement la géographie, le Mur d'Antonin paraît plus scientifique que celui d'Hadrien : d'abord, il était beaucoup plus court : seulement 37 milles (env. 60 km) contre 73,3 milles (env. 116 km). Le Mur d'Antonin, en revanche, avait un inconvénient majeur : les méthodes romaines de pacification dans les zones frontalières exigeaient que les habitants et les terres fussent propices à la fondation d'établissements et à leur développement, de façon que l'"auto-romanisation" puisse naître volontairement, dans une population prospère, comme conséquence de l'influence des idéaux et des réalisations romaines. En outre, il était diplomatiquement nécessaire que ceux qui habitaient au-delà de la frontière fussent sensibles aux menaces ou aux encouragements du système de l'autorité indirecte. Les populations et le pays de chaque côté de la ligne Clyde-Forth ne répondaient à aucune de ces conditions. Il en résultait que l'arrière-pays limité par le Mur d'Antonin ne fut jamais parfaitement pacifié et l'insécurité régna au-delà, car aucun écran de clientèle ne fut formé. En 158, une remise en état du Mur d'Hadrien était en cours[94], et la ligne Clyde-Forth s'effondra à ce moment ou peu après, quand les populations séparées par cette ligne se révoltèrent[95]. Les forces stationnées en Bretagne étaient déjà trop dispersées[96], et en 162, le

---

93 Voir Anne S. Robertson, "The Antonine Wall", pour une description des structures, plus particulièrement pp. 100-103.

94 Jarrett et Mann, "Britain from Agricola to Gallienus", p. 189.

95 Steer, "Antonine Wall", p. 38.

96 Voir le calcul récapitulatif in Grace Simpson, "The Roman Forts in Wales : A Reassessment", in *Studien zu den Militärgrenzen*

choc provoqué par la guerre des Parthes rendit impossible le renforcement de garnisons en Bretagne.

Bien que le Mur d'Antonin eût été réoccupé et remis en état durant une brève période, le dispositif initial de défense d'Hadrien fut réhabilité à la fin du siècle quand son Mur redevint la frontière, et il le restera jusqu'à la fin, sauf pendant la brève période de 208-211 où Septime Sévère tenta d'occuper les basses terres d'Écosse[97].

En Germanie, le but initial de la conquête au-delà du Rhin fut abandonné à la suite du désastre de Varus, mais le retrait des forces après 16 après J.C. ne conduisit pas à un repli vers une frontière "scientifique" car le Rhin n'en était pas une. Il est vrai qu'en certains endroits où les rives sont abruptes et hautes, la vallée du Rhin était propice à la surveillance et à la défense, et de plus, la flottille affectée à ce fleuve (*Classis Germanica*) pouvait apporter un renfort aux forces terrestres, étant

---

Roms, p. 33, où le nombre des unités auxiliaires attestées en Bretagne pendant l'époque d'Hadrien est estimé à 64 ; comparez avec les 69 forts occupés, non compris les fortins, les stations de signaux, etc. Simpson a proposé (p. 34) de considérer que les augmentations d'effectifs consécutives au déplacement de la frontière vers le Mur d'Antonin (de ce fait, le nombre de forts occupés a été porté à 114) ont été réalisées grâce à de nombreux expédients ; quelques forts (p.e. au Pays de Galles) ont été évacués, d'autres ont reçu un effectif réduit, d'autres ont été armés par des *numeri* (voir ci-dessous, pp. 194-196), d'autres par des *vexillationes* légionnaires, enfin quelques-uns par des forces pouvant être déployées rapidement à tour de rôle. Pour le même sujet, mais plus détaillé, voir G. Simpson, *Britons and the Roman Army : A Study of Wales and the Southern Pennines in the I^st-3rd Centuries,* Londres, The Gregg Press, 1964, pp. 119-121. Cf. Frere, *Britannia,* pp. 160-161.

97 Voir A.R. Birley, "Excavations at Carpow", in *Studien zu den Militärgrenzen Roms*, p. 4, pour la preuve que le fort de Carpow de l'époque de Septime Sévère sur la ligne séparant les comtés de Perth et de Fife (Écosse) était prévu pour une occupation permanente. Voir Anthony R. Birley, *Septimius Severus. The African Emperor*, Londres, Eyre and Spottiswoode, 1971, pp. 258-261, pour la campagne de Septime Sévère en Bretagne et une analyse de sa politique.

particulièrement efficace pour patrouiller aux frontières contre les incursions de peu d'ampleur[98]. Mais en tant que frontière stratégique, le fleuve avait un grave inconvénient : les vallées Rhin-Danube en forme de L articulées sur Vindonissa (Windisch) formaient un coin d'environ 180 milles de long (à peu près 290 km) entre Mayence et Ratisbonne et 170 milles (280 km) sur l'autre côté, pénétrant profondément en territoire impérial.

Il en a résulté que la frontière de l'empire entre Castra Regina (Regensburg) et Mogontiacum (Mayence) s'est trouvé allongée de plus de 250 milles (400 km environ), sans tenir compte des méandres des fleuves. À cause de cela, le temps nécessaire pour un déploiement stratégique entre les frontières de Germanie et de Pannonie en suivant la route la plus courte via Augusta Vindelicorum (Augsburg), exigeait 10 journées supplémentaires. Ce qui était plus grave, la profonde indentation formée par la vallée du Neckar et la Forêt Noire offrait une zone d'invasion toute prête qui mettait en danger les communications au nord des Alpes et qui n'était qu'à une semaine de marche de la bordure septentrionale de l'Italie.

Rien n'illustre mieux la politique stratégique systématique de cette période que la longue suite de campagnes en vue de la rectification de la frontière qui ont peu à peu transformé la ligne Rhin-Danube. Dans ce secteur, il est clair, d'après la carte des trouvailles archéologiques, que les différences individuelles de tempérament et de conception des empereurs, soulignées si fortement dans les sources narratives, n'ont nullement affecté la continuité de la politique impériale[99].

Il y eut aussi continuité dans la méthode. Les routes et les forts furent établis en tant qu'ensemble,

---

98 Starr, *Roman Imperial Navy*, pp. 144-152.

99 Pour des cas particuliers, voir Schönberger, "Roman Frontier in Germany", pp. 157-158,164-165, bien qu'il y ait eu des différences dans l'appréciation des priorités et des degrés d'importance (et aussi des interprétations).

grâce à des “offensives du corps du génie” à la manière romaine, en trois points d’articulation de la région : les bases légionnaires à Mayence (*I Adiutrix* et *XVI Gemina* sous Vespasien), à Strasbourg (*VIII Augusta*) et à Windisch (*XI Claudia*)[100]. Sous Vespasien, dès que l’ordre fut rétabli en Germanie, après la révolte de Civilis (en 70 environ), les vieux forts de la tête de pont de la Wetterau (à Wiesbaden et Hofheim) sur la rive droite du Rhin en face de Mayence furent reconstruits et réoccupés. D’autres forts furent également établis sur la rive droite du Rhin vers le sud jusqu’à Heidelberg-Neuenheim ; à la même époque, les vieux forts sur la rive gauche du fleuve furent peut-être évacués, comme le fut Rheingünheim[101]. Jusque-là, ces modifications auraient été en accord avec une stratégie limitée basée sur les têtes de pont (cf. les forts au-delà du Mur d’Hadrien) ou avec une tentative plus ambitieuse : créer un axe Mayence-Augsbourg à travers le sommet du saillant Rhin-Danube. Vers 74, cependant, une voie de pénétration supplémentaire fut ouverte sur l’axe Windisch-Rottweil ; celui-ci recoupait la frontière au sommet du saillant et aurait rendu possible, bien qu’indirectement, une meilleure liaison entre Rhin et Danube sur l’axe Strasbourg-Tuttlingen. Cet axe aurait également assuré la sécurité sur le flanc de l’axe Mayence-Augsbourg au cas où celui-ci serait coupé ; de même, les forts construits ou reconstruits sous Vespasien le long du Danube, depuis Linz jusqu’à Oberstimm et plus à l’Ouest vers Emerkungen, contribueraient à cette sécurité[102].

La campagne de Domitien des années 83-85 en Germanie, que Frontin raconte avec des détails souvent

---

100 *Ibid.*, p. 155. Sur la stratégie en général, voir aussi R. Syme, CAH 11, 160-161 ; et L. Harmand, *L’Occident romain,* pp. 226-227.

101 Schönberger, “Roman Frontier in Germany”, pp. 155-156.

102 *Ibid.,* pp. 156-157.

précis mais aussi quelquefois obscurs[103], eut pour résultat l'établissement d'une frontière sur la crête du Taunus qui domine – et dès lors protège – la fertile région de la Wetterau. C'était cette même guerre livrée par Domitien contre les Chattes que Tacite tourna en dérision[104]. Une autre campagne du "génie" comprenant la construction de forts, de routes, de tours de guet depuis le confluent de la Lahn et du Rhin le long de la crête du Taunus et au Sud-Est du Main, représente un projet cohérent et systématique. Ce projet laisse derrière lui une frontière organisée avec des patrouilles et protégée par des fortins le long des routes, des tours de guet et des forts auxiliaires[105].

Interdire l'accès au bassin de Neuwied et de la Wetterau a été un des avantages du nouveau *limes*. La

---

103 *Stratagèmes*, I, 3, 10. À ce propos, voir G. Forni, DE, vol. 4, fasc. 34, voir "Limes", p. 1080. Frontin parle de routes qui coupent à travers le territoire des Chattes sur une distance de 120 milles romains (env. 178 km), mais il ne précise pas si cela correspond à une unique route, à un ensemble d'axes de pénétration ou à une longueur de route en façade.

104 *Agricola*, XXXIII. R. Syme, CAH 11, 162-163, avance une exception à cette opinion négative – comme d'ailleurs Harmand, *L'Occident romain*, pp. 228-229. Mais cf. Schönberger, "Roman Frontier in Germany", p. 158, qui décrit les résultats comme peu positifs, considérant le dispositif du *limes* du Taunus comme le résultat d'une tentative malheureuse pour atteindre des objectifs plus importants ; ceci est en liaison avec sa théorie (p. 160) que les années 89-90 ont été le tournant sur cette frontière qui marque l'abandon de la dernière tentative pour la conquête à grande échelle. Des troupes, comprenant deux légions complètes, furent sûrement redéployées sur le front du Danube. Malgré cela, il y eut une raison "tactique" caractérisée pour que Tacite reprenne l'accusation que des faux prisonniers furent montrés dans un triomphe simulé : une offensive progressant lentement, même si elle est acharnée, fait très peu de prisonniers, d'autant plus que c'est une offensive du corps du génie. Tacite apparemment ne pouvait pas comprendre que l'armée romaine puisse combattre efficacement comme une force du génie. Cf. Frontin, *Stratagèmes*, IV, 7, 2 à propos de Corbulon qui disait que les guerres étaient gagnées par la *dolabra,* l'outil à de multiples fins qu'est cette combinaison du pic et de la hache du légionnaire.

105 Schönberger, "Roman Frontier in Germany", pp. 158-159.

Wetterau était le territoire des Mattiaci, une peuplade déjà sous l'autorité diplomatique de Rome, mais jusqu'alors sujette aux attaques des Chattes[106]. L'offensive de Domitien tendant à une rectification de frontière reprit sur une grande échelle vers 90, après une interruption due aux troubles de Dacie sur le Danube et à la tentative d'usurpation du légat de Germanie supérieure, L. Antonius Saturninus. C'est à ce moment-là que le saillant fut finalement coupé et les *agri decumates* (les Champs Décumates) incorporés. Sur le Main, depuis Selingenstadt jusqu'à Obernburg, de nouveaux forts furent bâtis atteignant le Neckar ; le long de la lisière de l'Odenwald, une route de liaison du *limes* était protégée par une ligne de fortins et de tours de guet. Aux abords du fleuve, réapparaissaient les forts plus importants des cohortes, depuis Oberscheidental jusqu'à Wimpfen, sur le Neckar, se prolongeant par une série d'autres forts de cohortes jusqu'à Köngen. La nature de la liaison entre la ligne du Neckar à Köngen et le *limes* du Danube n'est pas claire ; cependant, il est sûr qu'une route beaucoup plus courte allant de Pannonie en Germanie était ouverte via Köngen ; de même, l'existence d'une route Heideneim-Faimingen vers le Danube paraît probable[107].

Ce n'est qu'à l'époque d'Antonin que la ligne définitive de défense entre Rhin et Danube fut en place, quand celle reliant Miltenberg-Ost à Weltzheim, Schirenhof et Eining fut établie et fortifiée suivant les méthodes propres à Hadrien, avec une palissade protégeant les pistes suivies par les patrouilles et reliant également les tours de guet, les fortins et les bases auxiliaires[108]. Cette vaste entreprise tendait à multiplier les défenses, la nouvelle frontière dans son tracé définitif fut donc réali-

---

106 Tacite, *Germanie,* XXIX ; R. Syme, CAH 11, 165 ; Demougeot, *La Formation...,* p. 151.

107 Schönberger, "Roman Frontier...", *op. cit.,* pp. 161-162.

108 *Ibid.,* pp. 168-169. Le *limes* rectiligne de Miltenberg-Ost à Welzheim semble être de l'époque d'Antonin tandis que celui de Schirenhof à Bohming serait de l'époque d'Hadrien.

sée en profondeur, avec des forts et des routes derrière le semblant de triangle du *limes* qui, entre Rhin et Danube avait son sommet à Schirenhof. C'est là que le tronçon qui traverse la Rhétie rejoint celui de la Germanie supérieure en un point situé à environ 31 milles (50 km) au nord du Danube et 64 milles (103 km) à l'est du Rhin. Ce tracé définitif fut systématiquement renforcé pendant plus d'un siècle par l'addition de fossés, de murs et d'un dispositif de surveillance amélioré comportant des tours ; de plus, des murs bâtis en pierres remplacèrent par la suite les palissades sur le tronçon rhétique du *limes*[109].

D'un point de vue purement géographique, la frontière Eining-Taunus constituait une amélioration réelle par rapport à l'ancienne ligne Rhin-Danube. Toutefois, sa conception rationnelle n'apparaît pas sur la carte. Le *limes* de Domitien dans la région du Taunus n'était vraiment pas une droite, mais plutôt un tracé maladroit formant un saillant qui se terminait en pointe vers Arnsburg. Cependant, alors que le tronçon méridional du *limes* de Domitien situé au sud du Main fut par la suite abandonné à l'époque d'Antonin pour une ligne articulée sur Lorch plus à l'est, le saillant au nord du Main ne fut pas modifié, mais au contraire conservé en tant que frontière permanente.

Un tel tracé révèle la priorité accordée à la stratégie sur la tactique et la prééminence donnée au but ultime de la Romanisation par le développement économique sur l'intérêt d'avoir une frontière rectiligne.

Sur le plan *stratégique,* la frontière du Taunus avait pour effet d'interdire les voies de communication naturelles à une invasion en provenance du nord-ouest[110]. Cependant, elle ne prolongeait pas la route créée par le redéploiement stratégique dans ce secteur, car elle constituait un saillant orienté vers l'extérieur.

---

109 *Ibid.,* pp. 174-175.
110 C'est l'argument de Syme, CAH 11, 165.

Sur le plan *opérationnel,* la frontière du Taunus eut pour effet de simplifier le problème de la défense de toute la Germanie supérieure, bien qu'elle réclamât du personnel du fait du réseau dense de ses forts, de ses routes et de ses tours de guet ; elle contribua à repousser les Chattes – apparemment les voisins les plus dangereux de l'empire dans toute la région – de la vallée du Rhin et de la Wetterau. Cela entraîna alors une réduction des effectifs de la garnison provinciale. Les forces légionnaires basées à Mayence (deux légions jusqu'en 89) ainsi que les forces auxiliaires occupant le saillant pouvaient ainsi se concentrer pour faire face aux Chattes, soit que ces envahisseurs se dirigeassent vers le sud et le Neckar, ou bien vers l'ouest et le Rhin. Afin de pouvoir se concentrer aux points les plus favorables, il était nécessaire aux Romains qu'ils fussent avertis à temps d'une attaque imminente ; c'est manifestement ce que la nouvelle frontière permettait, de même qu'elle canalisait les attaques de grande ampleur tout en étant capable de contenir celles de moindre importance.

Ce n'est que par déduction qu'on peut faire des hypothèses sur l'influence qu'ont eue les idées politico-économiques de la romanisation sur le choix du tracé de la frontière : la zone limitée par la frontière Taunus-Main, la Wetterau, est une terre arable très fertile (les forêts ont été défrichées et la terre a été mise en culture longtemps avant l'arrivée des Romains[111]). Si l'on arrive à assurer une protection contre les menaces d'invasion dans cette région, une agriculture productive amène la prospérité. Elle peut aussi servir de base à une urbanisation, et cette dernière, à son tour, permettrait le développement de la romanisation. Précisément, parce qu'il laisse de côté l'avantage, évident sur un plan militaire, qui est celui de frontières rectilignes, ce tronçon particulier du *limes,* plus que la plupart, démontre le

111 K. Stade, CAH 11, 528-529.

caractère que possède la politique de Rome aux frontières : la création d'une société.

Il existe donc un type cohérent de politique frontalière de Rome et une hiérarchie des priorités : d'abord, la frontière doit permettre une mobilité stratégique entre les parties continentales de l'empire ; ensuite, on ne doit pas inclure des zones dont la nature ne se prête pas à une installation et à l'urbanisation et par conséquent à la Romanisation (telle l'Écosse) ; enfin, on doit donc inclure les terres qui sont favorables à un établissement et par conséquent qui permettent d'accroître la puissance de l'empire en hommes et en ressources. Finalement, en tant que priorité secondaire, le tracé de la frontière doit, dans la mesure du possible, être court afin de réduire le personnel destiné à la surveillance patrouilles et avant-postes (du fait que les Romains à cette époque luttaient contre des dangers de grande ampleur, avec des concentrations de troupes mobiles, l'étendue de la frontière n'avait pas d'effet sur de telles menaces).

Il existe une autre considération majeure, qui a pu être importante dans le cas de la frontière Taunus-Main : c'était plus ou moins le contraire du principe de la mobilité stratégique : là où les Romains avaient à faire face à plusieurs ennemis puissants de l'autre côté du *limes,* il était expédient de séparer ces ennemis en formant un saillant entre eux. Ce saillant pouvait aussi devenir un écran supplémentaire de sécurité pour protéger les routes et les populations établies à sa base. Là encore, la longueur de la frontière devenait une priorité secondaire.

Ce que le *limes* de Trajan en Dacie réalisa stratégiquement, le *limes* du Taunus dû à Domitien le fit tactiquement. Préalablement à la conquête de la Dacie par Trajan, les frontières impériales suivaient le cours du Danube jusqu'à son delta en mer Noire[112]. Une chaîne de

---

112 À l'exception du court périmètre coupant la Dobroudja - s'il est de l'époque de Domitien. De toute manière, la frontière de Trajan atteignait certainement le bord du delta du Danube ; voir R.P.

bases légionnaires allait de la Rhétie jusqu'à ce qui est aujourd'hui la Bulgarie ; les intervalles entre ces bases étaient occupés par un réseau assez dense de forts auxiliaires qui pénétrait dans l'actuelle Dobroudja, en Roumanie. Les deux flottes du Danube, la *Classis Pannonica* qui opérait en amont des Portes de Fer, et la *Classis Moesica* en aval, complétaient le système des tours de guet, stations de signaux et patrouilles de la rive gauche du fleuve.

Les Daces représentaient la plus importante et unique menace le long de cette frontière étendue, qui englobait les territoires de six provinces importantes. Les hauteurs de Transylvanie étaient au coeur de leur État déjà centralisé sous le règne de Burebista au Ier siècle avant J.C. Leur expansionnisme les avait mis en contact avec les armées romaines même avant cette date[113]. Cette tendance vers la centralisation, rare chez les peuples de l'Europe centrale, faisait des Daces de dangereux ennemis pour n'importe quelle puissance dont le territoire atteindrait le Danube ; les raids des Daces menaçaient le cours du Danube depuis Vienne jusqu'à la mer Noire. Le problème dace fut traité provisoirement sous Auguste qui entreprit des expéditions punitives et des raids de représailles ; cependant, il ne fut pas résolu[114]. Sous Tibère, on tenta de le régler diplomatiquement, mais on ne pouvait transformer les Daces en peuple client sûr (peut-être parce qu'ils possédaient de l'or[115]). En conséquence, les Romains utilisèrent les Sarmates Iazyges occupant l'espace entre la Tisza (Theiss) et le Danube afin d'éloigner les Daces de cette portion du

---

Longden, CAH 11, 233 (la base légionnaire de Troesmis était située à moins de 16 km au Sud de la boucle du Danube).

113 Constantin Daicoviciu, *La Transilvania nell'Antichità,* Bucarest, non publié, 1943, pp. 41-64 et E. Demougeot, *La Formation de l'Europe..., op. cit.,* pp. 156-160.

114 A. Alföldi, CAH 11, 84-85.

115 Daicoviciu, *La Transilvania,* pp. 52-54.

fleuve[116]. À l'époque des Flaviens, les Roxolans, autre peuple Sarmate (c'est-à-dire de souche iranienne), occupèrent les plaines du cours inférieur du Danube. Tacite raconte leur raid malheureux de 69 ap. J.C. qui les conduisit à traverser le Danube jusqu'en Mésie et où 9 000 cavaliers furent interceptés par la *III Gallica* et mis en pièces alors qu'ils battaient en retraite chargés de butin[117].

En 85-86, sous Domitien, les Romains eurent à nouveau l'occasion de combattre les Daces qui s'étaient reformés sous Décébale. Après les avoir refoulés au-delà du Danube, à la suite d'une nouvelle incursion en Mésie, les Romains les poursuivirent, mais eurent à souffrir une grave défaite ; en 88, une offensive stratégique heureuse vengea cette défaite ; cette action fut couronnée par l'importante victoire de Tapae, dans la plaine au-delà de Turnu Severin[118]. Domitien tenta peut-être d'exploiter cette victoire en avançant jusqu'à Sarmizegethusa, siège de la cour de Décébale, mais la révolte d'Antonius Saturninus, légat de Germanie supérieure, survint en janvier 89. En outre, le système de la clientèle dans la région du Danube était en train de s'écrouler, ce qui restreignait sévèrement les options stratégiques des Romains.

Les Romains avaient à affronter trois importantes concentrations de tribus dans ce secteur ; elles avaient été depuis l'époque de Tibère soumises à une autorité diplomatique relâchée mais toutefois efficace ; c'étaient les Marcomans, les Quades (centrés en gros en face de Vienne) et les Iazyges. Nous n'avons pas de preuves que ces peuplades aient aidé les forces de Domitien au cours des campagnes de 85 et de 88 contre Décébale. Elles n'y firent pas obstacle cependant, car les Romains n'au-

---

116 Voir J. Harmatta, "The Sarmatians in Hungary", art. cit., pp. 45-46.

117 *Histoires,* I, 69.

118 Syme, CAH 11, 168-172 et Demougeot, *La Formation,* pp. 162-164.

raient pu envisager des offensives simultanées le long des 950 km de la frontière du Danube depuis la Dacie jusqu'au territoire des Marcomans à l'ouest de l'Elbe. L'accord de ces puissants voisins était nécessaire pour permettre une quelconque offensive stratégique contre les Daces, tout comme le consentement des Daces l'était pour n'importe quelle action contre les Marcomans, Quades et Iazyges. Quand ceux-ci furent menaçants[119], Domitien fut dans l'obligation de faire la paix avec Décébale selon le *statu quo ante* (avec d'ailleurs un projet d'aide technique)[120] ; au cours des années suivantes, il y eut des combats indécis contre les Germains et les Sarmates en amont du territoire des Daces qui restèrent paisibles[121].

C'est dans ce contexte qu'on doit placer les guerres de Trajan contre Décébale, ainsi que la conquête définitive de la Dacie. Dans le passé, il était de rigueur d'opposer les décisions imprudentes de Trajan à la tranquille détermination d'Hadrien. Au-delà du Danube, comme au-delà de l'Euphrate, Trajan soi-disant laissa de profondes avancées qui marquèrent ses grandioses conquêtes, mais qui augmentèrent sans raison l'étendue des frontières de l'empire. L'annexion de la Dacie par Trajan a aussi été expliquée comme un retour au temps où l'empire avait une politique d'annexion et d'expansion illimitée[122].

---

119 Syme, CAH 11, 175-176, basé sur des renseignements fragmentaires (Dion, LXVII, 7, 1).

120 *Ibid.*, p. 176 ; Demougeot, *La Formation,* pp. 162-164.

121 Syme, CAH 11, 176-177. Demougeot, *La Formation,* pp. 162-164.

122 J. Carcopino le démontre sous le titre "Un retour à l'impérialisme de conquête : l'Or des Daces", 1934, in *Les Étapes de l'impérialisme romain,* Paris, Hachette, 1961, pp. 106-117. Voir une opinion contraire, Lepper, *Trajan's Parthian War,* p. 107, dans laquelle il décrit la politique de Trajan vis-à-vis des Daces comme "Domitienne". La force de l'armée de Trajan (12 à 13 légions) dans les deux guerres montre combien était puissant l'État organisé par Décébale. Une stratégie d'"économie" de frontière dans ce secteur

Il est vrai qu'une fois la Dacie conquise, après la seconde guerre de Trajan contre Décébale en 106, la frontière de la nouvelle province de Dacie présentait dans son tracé un saillant profond centré sur l'axe Sarmizegethusa-Apulum, augmentant de ce fait les frontières impériales de plus de 600 km[123]. En réalité, la carte de la province présente l'allure classique d'un territoire vulnérable. Cette impression est renforcée par la nature du dispositif militaire laissé en place à la fin de la campagne. Le centre de gravité de ce saillant n'était pas à la base, mais vers le sommet, puisque la base légionnaire d'Apulum dans la vallée du Maros était plus près de la lisière septentrionale des Carpathes que du Danube. Jamais le *limes* de Dacie ne fut entouré entièrement par un mur ; il resta organisé comme un réseau de points fortifiés indépendants à cheval sur la route principale des invasions, protégeant les routes principales de communication[124].

était incompatible avec l'existence d'un voisin aussi puissant. Il y a aussi la preuve dans le "Panégyrique" de Pline qui n'invoque pas de visions de conquête grandiose (*"non times bella nec provocas"*). Albino Garzetti, *Problemi dell'Età Traianea : Sommario e testi,* Genova, Fratelli Bozzi, 1971, pp. 51-52, énonce brièvement ses arguments : Trajan termina sa première guerre contre les Daces en 101-102 par une autre tentative de convertir ce pays en État-client, s'abstenant de le conquérir ; ensuite, Décébale lui-même provoqua les Romains avant la deuxième guerre (105-106) en ne respectant pas les termes du traité de 102 ; puis la seconde guerre ne fut pas suivie d'une totale conquête, puisque seule la Transylvanie devint une province, tandis que les régions de chaque côté furent laissées aux Sarmates. Voir la récente discussion dans Kenneth Hugh Waters, "The Reign of Trajan and Its Place in Contemporary Scholarship", ANRW, 2e partie, vol. 2, pp. 417-422.

123 Szilagy, "Les Variations", p. 205, évalue la longueur du périmètre de l'empire à 10 200 km en comptant la Dacie et, sans elle, à 9 600 km.

124 Le *limes* est décrit dans Daicoviciu, *La Transilvania,* pp. 89-99 ; pour un compte rendu sur l'occupation de la Dacie à l'époque de Trajan, voir idem, "Dacica", in *Hommages à Albert Grenier,* éd. M. Renard, 3 vol., Latomus, Bruxelles, 1962, vol. 1, pp. 462-471.

Cette nouvelle frontière, qui semble n'avoir pas de sens selon une stratégie élémentaire basée sur des cartes à petite échelle, devient rationnelle si on considère l'ordre d'importance des priorités de la politique romaine : l'élimination de la puissance indépendante dace apportait les conditions nécessaires à la restauration de l'autorité diplomatique de Rome sur les Germains et les Sarmates dans toute la région. Pour empêcher les Marcomans, Iazyges et Roxolans de faire des incursions dans la zone danubienne, il était nécessaire de prévoir des mesures dissuasives en même temps que des stimulants sous la forme de subsides ; aussi longtemps que Décébale se montrerait intraitable, l'arme politique de la dissuasion serait immanquablement sans effet. En tant que province, la possession de la Dacie n'offrait pas d'intérêt, mais en revanche, en tant que bouclier stratégique pour toute la région, sa possession était d'un grand prix.

À la suite des attaques des Sarmates en 116-119, le saillant dace fut réduit par l'évacuation du Banat occidental au nord et de la Muntenia au sud. En 124-126, la Dacie avait été divisée en trois provinces (Malvensis, Porolissensis, Apulensis), et au moins 65 avant-postes indépendants furent établis pour protéger la Dacie Porolissensis par une défense en profondeur. Ce *limes Porolissensis* constitua la défense extérieure de l'ensemble du système danubien avec le soutien de la *XIII Gemina* stationnée en arrière à Apulum. De chaque côté du saillant dace, les Sarmates stipendiés, Iazyges à l'ouest et Roxolans à l'est, occupaient les plaines. Les provinces de Dacie auraient été menacées d'encerclement (par la partie étroite du saillant le long du Danube), si Rome avait été en position de faiblesse et les Sarmates en position de force ; mais grâce à la puissance de Rome à ce moment-là, la frontière dace séparait les Sarmates de l'Est et de l'Ouest et ainsi les affaiblissait et empêchait leur jonction. Bien qu'on dût encore avoir recours aux subsides, les fortes garnisons auxiliaires de Dacie Malvensis (sur le Danube) et de Dacie Porolissensis (dans les Carpathes), et aussi la légion en Dacie Apulensis auraient suffit pour compléter l'effet des encouragements en punissant par des représailles toute tentative de franchissement de frontière[125].

La disparition de la menace dace permettait d'assurer la sécurité de la Dobroudja et de toutes les terres le long du Danube jusqu'à Vienne ; grâce à cette sécurité, une agriculture prospère naissait d'abord, pour être suivie ensuite par l'urbanisation : les villes côtières grecques de la Dobroudja renaissaient après les effets néfastes de l'insécurité, tandis que de nouvelles cités voyaient le jour dans tout le pays, depuis la Thrace jusqu'à Carnuntum (Deutschaltenburg). Les bases légionnaires de Ratiaria et d'Oescus sur le Danube inférieur furent laissées tout à fait en retrait du fait de la conquête de la Dacie, et ces légions retirées puisque ce secteur n'avait plus d'importance militaire. Toutefois les deux localités ne périclitèrent pas et devinrent des fondations qui possédèrent le statut de *coloniae*[126]. La vallée du Danube put ainsi, après les conquêtes de Trajan, contribuer à fournir des ressources humaines et matérielles à l'empire, accroissant sa puissance ; mais cela ne put se faire qu'après la cessation des raids et des actions de représailles.

Le fait que la longueur de la frontière de Dacie avait augmenté, plutôt que diminué, permet de penser que ce tracé n'avait pas satisfait à une seule des priorités de la politique romaine aux frontières : à savoir la moindre, la priorité tactique. Bien entendu, cela n'affecta en rien les communications impériales qui pouvaient suivre des routes tout aussi courtes mais doré-

---

125 Pour le rôle de la Dacie dans l'ensemble de la stratégie dans la région danubienne, voir Vasile Christescu, *Istoria Militara a Daciei Romane,* Bucarest Fundatia Regele Carol 1, 1937, pp. 36-42. Pour un aperçu du témoignage, voir Donald W. Wade "The Roman Auxiliary Units and Camps in Dacia", Mémoire, Université de Caroline du Nord, 1969.

126 Frova, "The Danubian *Limes*", pp. 28-29.

navant beaucoup plus sûres. L'impression de vulnérabilité que peut donner une carte de la frontière de Dacie n'est pas justifiée. Mis à part son avantage évident du point de vue topographique, le *limes Porolissensis* n'était qu'un saillant au sens strictement militaire : ses flancs ouest et est n'étaient pas des axes d'invasion faciles, car ils étaient occupés par des populations soumises à l'autorité de la diplomatie de Rome[127].

Bien que la conquête de la Dacie renforçât l'autorité diplomatique et stratégique de Rome sur la totalité de la frontière danubienne, le *limes Porolissensis* conservait le caractère d'un avant-poste, ou plutôt d'une série d'avant-postes centrés sur Apulum où était la *XIII Gemina,* l'unique légion laissée en place une fois la frontière organisée[128]. Le saillant de Dacie augmentait la sécurité, dans la mesure où le secteur dans son ensemble était fermement défendu, ce qui est vrai pour tout avant-poste. Loin d'être vulnérable à l'encerclement, le saillant lui-même pouvait servir de base pour tourner les Iazyges dans l'ouest ou les Roxolans dans l'est ; les forces romaines pouvaient avancer sur la route Drobeta-Apulum et ensuite attaquer les Sarmates sur leurs arrières par un mouvement tournant[129].

Mais la valeur militaire d'un avant-poste diminue et finalement devient un risque à mesure que la sécurité

---

127 Lepper, *Trajan's Parthian War,* pp. 109-110. Pour la question des subsides à propos des Sarmates, voir Colin D. Gordon, "The Subsidization of Border Peoples as a Roman Policy of Imperial Defense", Mémoire, University of Michigan 1948, p. 44.

128 Parker, *Roman Legions,* p. 157. À propos des unités auxiliaires (y compris les *numeri*), voir Giovanni Forni, "Contributo alla storia della Dacia Romana", *Athenaeum,* vol. 36, 1958-59, pp. 3-29 (fasc. 1-2) et pp. 193-218 (fasc. 3), et plus particulièrement, p. 206. Voir aussi Christescu, *Istoria Militara* pp. 42-46 (sur les troupes) et 47-52 (sur les fortifications).

129 Le saillant fut utilisé de cette façon quand les forces de C. Velius Rufus apparemment attaquèrent les Iazyges sur leurs arrières après une avance au Nord du Danube et ensuite vers l'Ouest en traversant la Tisza (Theiss) en 89 ; R.P. Longden, CAH 11, pp. 176.

de sa base est moins sûre. Ainsi, pendant la grave crise du IIIe siècle, quand Rome n'eut plus d'autorité sur les Sarmates, Iazyges ou Roxolans, le *limes Porolissensis* devint réellement un saillant vulnérable susceptible d'être coupé, ce qui aurait entraîné une perte de ressources pour l'ensemble du secteur. Finalement, il fut abandonné pendant (ou juste après) le règne d'Aurélien (270 à 275)[130]. Jusque là, cependant, le *limes* de Dacie avait été l'instrument qui, bien que coûteux en effectifs militaires, assurait militairement et diplomatiquement l'autorité de Rome sur toute la région.

Pendant l'époque julio-claudienne, le dispositif impérial de sécurité sur le "front oriental", depuis l'est de l'Anatolie, la Syrie jusqu'à la mer Rouge, reposait sur trois éléments : la chaîne des États-clients, qui supportaient la charge de la sécurité au jour le jour contre les désordres internes et les menaces de faible ampleur venant de l'extérieur ; l'État-tampon de l'Arménie ; et l'armée de Syrie forte de quatre légions jusqu'à la crise arménienne de 55[131].

De ces trois éléments, seule l'Arménie en tant qu'État-tampon n'était pas entièrement sous l'autorité de Rome. Depuis son règlement par Auguste jusqu'à l'époque flavienne, la question arménienne réclamait une attention constante, car elle était décisive pour la sécurité de Rome dans ce secteur, de même qu'elle l'était pour l'État arsacide des Parthes. Si l'Arménie avait été sous une forme ou une autre sous la suzeraineté romaine, ou même si elle avait été un condominium comme celui établi à la suite du compromis de Néron ("*le deuxième de la dynastie arsacide recevant l'investiture*

---

130 Des preuves que la puissance romaine fut maintenue avec succès en Dacie Malvensis jusqu'à cette époque sont fournies par la numismatique (il s'agit de la Transylvanie à l'Ouest de la rivière Olt) ; Eugenio Manni, *L'Impero di Gallieno : Contributo alla storia del III secolo,* Rome, Angelo Signorelli, 1949, p. 29.

131 Parker, *Roman Legions,* pp. 133-135.

romaine")[132], l'armée stationnée en Syrie pouvait alors défendre la Cappadoce et le Pont aussi bien que la Syrie contre une attaque des Parthes. Si, au contraire, les Arsacides avaient été libres de faire stationner des troupes en Arménie, alors, il aurait été nécessaire d'envoyer une armée dans chacun des secteurs, capable à elle seule de contenir une attaque des Parthes jusqu'à l'arrivée d'une force stratégique de renfort. Sans une base avancée, les forces parthes se dirigeant vers le Pont et la Cappadoce, en empruntant des routes difficiles à travers l'Arménie, ne pourraient pas progresser plus vite que les légions de Syrie tentant de les intercepter sur le haut Euphrate. Il en ressort que les Parthes n'avaient aucune chance de surprendre les Romains ou de déjouer leurs plans en lançant une attaque contre les deux secteurs.

Cela souligne la signification précise du statut de l'Arménie en tant que zone tampon ; c'est aussi l'élément qui justifie les judicieuses offensives militaires et diplomatiques de Néron de 55 à 66. Le chef parthe, Vologèse I, avait chassé l'usurpateur Radamistus du trône d'Arménie pour le remplacer par son parent l'Arsacide Tiridatès[133]. Rome pouvait supposer que les forces arsacides pourraient avoir la faculté d'utiliser le territoire de l'Arménie et que, par conséquent, la Cappadoce et le Pont ne pourraient se passer d'une armée propre à chacun pour assurer leur sécurité[134]. En 55, Néron nomma le célèbre général Cn. Domitius Corbulon légat de Cappadoce et mit à sa disposition une puissante force expéditionnaire. Cette force comprenait les légions suivantes : *III Gallica, VI Ferrata* de l'armée de Syrie, la

---

132 C'est la formulation adoptée par Garzetti, *Problemi dell'Età Traianea,* p. 53.

133 J.G.C. Anderson, CAH 10, 756-757. Voir aussi Magie, *Roman Rule* p. 53.

134 Jusqu'à ce moment, la Cappadoce a été gouvernée par un procurateur appuyé par seulement une unité d'*auxilia* ; Parker, *Roman Legions,* p. 134.

IV Scythica tirée de la Mésie ainsi que l'habituel complément des forces auxiliaires[135].

Corbulon engagea une action diplomatique tout en organisant son armée et, en 58, il lança une campagne qui se révéla un succès à travers les terrains difficiles de l'Arménie ; il conquit les deux centres principaux Artaxata et Tigranocerte. Le *statu quo ante* à nouveau en vigueur, un prince client fidèle, Tigrane, fut alors nommé roi d'Arménie ; une petite force de 2 000 hommes seulement lui servit de garde[136]. Cependant, à la suite d'une incursion arménienne dans le territoire arsacide, Vologèse reprit les hostilités, après que les termes d'un accord eurent été rejetés par Rome[137]. Auparavant, les Romains avaient proposé de reconnaître l'Arsacide Tiridatès comme roi d'Arménie, à condition qu'il reçût l'investiture de Rome ; cette offre fut rejetée par Vologèse[138]. Après la victoire de Corbulon, l'équilibre des forces changea et cela restreignit le champ de la diplomatie et aussi, peut-être, permit aux Romains d'envisager l'annexion[139]. Il fallut la défaite de L. Caesennius Paetus envoyé en Cappadoce au moment où Corbulon prit la charge du secteur syrien, pour restaurer l'équilibre des forces. À la suite d'une démonstration de force réussie, Corbulon, alors investi du haut commandement et à la tête d'une légion d'élite amenée de Pannonie (la *XV Apollinaris*)[140], conclut finalement un accord diplomatique. En 66, Tiridatès fut couronné à Rome roi

---

135 *Ibid.*, pp. 134-136. Anderson, CAH 10, 759-760.

136 Tacite, *Annales* (XIII-XV) donne un récit détaillé de la première phase du conflit ; voir Kristine Gilmartin, "Corbulo's Campaign in the East", *Historia*, 22, 1973, 583-626.

137 Anderson, CAH 10, 768 ; Magie, *Roman Rule*, p. 558.

138 Tacite, *Annales*, XIII, 37-39.

139 Anderson, CAH 10, 768 ; Magie, *Roman Rule,* p. 588.

140 Magie, *Roman Rule,* pp. 558-560. À propos de la *XV Apollinaris,* voir Parker, *Roman Legions,* p. 137.

d'Arménie, au cours d'une somptueuse cérémonie dont le coût scandalisa Suétone[141].

Le règlement des affaires d'Arménie ne fut pas un grand succès pour Rome ; on pouvait penser qu'après cinq années de guerres indécises, la situation était de nouveau la même qu'en 54, quand Vologèse avait intronisé son frère roi d'Arménie[142]. Des gains stratégiques ne sont pas nécessairement les fruits d'une victoire éclatante. Le soi-disant condominium suffisait pour assurer la sécurité de la Cappadoce et du Pont, évitant ainsi d'avoir à déployer, à très grands frais, l'équivalent de l'armée de Syrie le long du cours supérieur de l'Euphrate[143].

Comme nous le verrons, les Flaviens, par la suite, supprimèrent ce qui restait du système de l'État-client sur le "front oriental" ; cela exigea naturellement le déploiement pour la première fois de garnisons légionnaires permanentes en Anatolie orientale. La légion *XII Fulminata* était stationnée en permanence à Mélitène en Cappadoce, sur la route centrale qui va d'Arménie en Cappadoce ; la légion *XVI Flavia Firma* était probablement à Satala (près d'un point de franchissement de l'Euphrate situé plus au nord), dans le territoire de l'ancien État-client de Petite Arménie[144].

La frontière orientale que Trajan hérita de ses prédécesseurs, bien que plus nette que la confuse marqueterie des États-clients de l'époque julio-claudienne, n'était pas plus satisfaisante[145]. En partant de l'État-

---

141 *Néron,* XIII. Sur l'accord diplomatique, voir Tacite, *Annales,* XV, 27-30.

142 Voir p.e. Webster, *Roman Imperial Army,* p. 63. "The prodigious efforts, losses and humiliation were all for nothing".

143 Cf. Henderson, *Five Roman Emperors,* p. 60, où l'absence de forces militaires sur les frontières orientales de l'Anatolie est considéré comme un "grave défaut". Mais d'où seraient venues les légions nécessaires à cette mission ?

144 Parker, *Roman Legions,* pp. 148-149 ; Syme, CAH 11, 141.

145 Lepper, *Trajan's Parthian War,* pp. 110-112. David Oates, *Studies in the Ancient History of Northern Iraq,* Londres, Oxford University Press for the British Academy, 1968, approuve Lepper

client de Nabatène aux frontières mal définies (à l'est de la Judée et au Sud dans la partie nord-ouest de l'Arabie), la frontière traversait le désert par Damas et Palmyre jusqu'à l'Euphrate, atteignant probablement ce fleuve en amont de Sura. De là, elle suivait le fleuve vers le nord par Zeugma jusqu'au coude qu'il faisait vers l'est en entrant en Arménie ; puis elle atteignait la mer Noire à l'est de Trébizonde (Trapezus).

Ainsi tracée, la frontière se révélait à peine tenable. En grande partie, à cause du régime des pluies, le territoire de Rome en Orient était limité pratiquement à une étroite bande de terre d'à peu près 800 km (de Petra à Zeugma), la plus grande partie de cette bande n'excédant pas 80 km de large. Bien que théoriquement aux mains des Romains, les terres à l'est de cette bande fertile se composaient d'espaces en grande partie désertiques, qui n'exigeaient pas l'emploi d'une force de sécurité contre des menaces de faible ampleur à la frontière (une défense "ponctuelle" suffisait) ; en revanche, ces espaces ne pouvaient appuyer ces forces nécessaires pour faire face à des menaces graves. Les Romains se trouvaient dans une position difficile : tenir une bande étroite de terrain toute en longueur avec la mer à l'ouest et un front vulnérable à l'est. À la hauteur d'Antioche, la plus importante ville de la région, l'étendue du territoire, sous l'autorité de Rome, ne dépassait guère 160 km ; c'était insuffisant dans l'éventualité d'une attaque des armées parthes, celle-ci devant être enrayée jusqu'à ce que des forces plus nombreuses et plus aguerries que les légions syriennes puissent arriver d'Europe.

Ces facteurs géographiques, dont toute puissance en Orient doit tenir compte, rendent peu souhaitable la frontière de l'Oronte. La critique a expliqué la guerre contre les Parthes menée par Trajan en 114-117 comme une tentative pour établir une frontière "scientifique"

---

pour ce qui est de l'exposé sur le climat, le terrain (pp. 1-5), et des considérations stratégiques (pp. 67-69). Cf. Waters, "The Reign of Trajan", pp. 422-428.

au-delà du fleuve. La seule frontière possible qui aurait satisfait les exigences de la stratégie en profondeur et donc la sécurité des arrières, tout en tenant compte d'un déploiement rationnel, était celle qui aurait suivi le cours de la rivière Khabur jusqu'à l'extrémité ouest du Djebel Sinjar, se poursuivant vers l'est, le long des hautes terres vers le Tigre et enfin se dirigeant à nouveau vers le nord en Arménie[146].

Cette frontière aurait offert des avantages bien plus grands que le simple tracé basé sur la géographie, bien qu'elle ne fût absolument pas rectiligne. À la condition d'être efficacement pourvue en hommes, la ligne Khabur – Djebel Sinjar – Tigre aurait offert une bonne défense en profondeur contre des attaques venant du Sud intéressant la région d'Antioche dans l'ouest et aussi l'Arménie au nord. Cette frontière s'opposerait aux invasions majeures qui suivraient des axes est-ouest à partir du pays des Parthes vers le nord de la Syrie et la Cappadoce méridionale. De plus, cette frontière en forme de double L interdirait aussi l'avance d'armées se dirigeant vers l'ouest, que ce soit au-dessus ou au-dessous de l'Euphrate ; et elle permettrait de prendre à revers systématiquement n'importe quelle attaque vers l'Ouest menaçant l'Arménie méridionale. En outre, les régions frontalières bénéficieraient d'une pluviosité convenable (200 mm ou plus par an), permettant de maintenir les déploiements de longue durée grâce à de bonnes conditions économiques, tandis que le renforcement de la frontière serait rendu possible par le développement des centres de peuplement[147]. La seule alternative à cette

---

[146] Ceci est la thèse principale de Lepper, *Trajan's Parthian War,* qu'il expose pp. 112-122. Lepper est conscient des objections contre sa thèse ; voir aussi l'opinion de M.I. Henderson in JRS 39, 1949, 125-126.

[147] Sur les avantages stratégiques de la frontière Khabur-Djebel Sinjar, voir Wheeler, "Mesopotamia", p. 127. Pour la pluviosité, voir Oates, *Studies in the Ancient History of Northern Iraq,* pp. 1-4 (et la carte, p. 2).

frontière aurait été une frontière le long du bord du plateau arménien avec toutefois l'inconvénient que cela aurait laissé les forces romaines trop loin de Ctésiphon pour pouvoir intimider ses souverains.

La guerre de Trajan contre les Parthes n'était cependant, ni une action en vue de rectifier la frontière, ni, comme on le pense habituellement, une entreprise purement rationnelle entièrement commandée par des exigences stratégiques. Les origines de ce conflit obéissent au schéma habituel des relations entre Rome et les Parthes : l'Arsacide Osroès (roi des Parthes depuis 110) remplaça un autre Arsacide, Axidarès, roi d'Arménie avec l'approbation de Rome, par Parthamasiris, qui, lui, n'avait pas été agréé par les Romains comme cela était prévu par les termes de l'accord signé en 63[148]. À la fin de l'année 113, Trajan était à Antioche "*pour revoir la situation*"[149]. Entre 113 et 117 – l'action diplomatique n'ayant pas abouti (nous ne savons pas si véritablement chaque partie essaya de résoudre le problème pacifiquement)[150] –, les armées de Trajan conquirent l'Arménie et la Mésopotamie, occupèrent Ctésiphon et le trône d'or des rois Parthes (Osroès avait pris la fuite) ; elles atteignirent le golfe Persique et avancèrent au-delà du

---

148 Sur le fond et les causes de la guerre, voir R.P. Longden, CAH 11, 240 Magie, *Roman Rule,* p. 606 (le motif est la gloire) ; Julien Guey, *Essai sur la guerre parthique de Trajan (114-117)*, Bibliothèque "Istros", n° 2, Bucarest, S. Lambrino, 1937, pp. 32-35 ; Lepper, *Trajan's Parthian War,* pp. 205-206 (résumé), pp. 158-163 (rejette le motif de la route commerciale), et pp. 191-204 (critique la gloire comme motif invoqué).

149 R.P. Longden, CAH 11, 241. En d'autres termes, l'auteur pense que Trajan, quelles qu'aient pu être ses aberrations récentes, n'était pas venu en Orient à la poursuite du rêve d'Alexandre.

150 *Ibid.* Osroès envoya un ambassadeur à Athènes pour rencontrer Trajan en route vers l'Orient ; mais Trajan semble aussi avoir offert une solution de paix en acceptant d'assister à Satala à une réunion des rois clients du Caucase. Parthamasiris aurait pu assister à cette entrevue, mais ne vint pas ; *ibid,* p. 242 ; cf. Guey, *Essai sur la guerre parthique,* pp. 140-141 qui soutient que Trajan n'était pas intéressé par un règlement diplomatique.

Tigre jusqu'à la lointaine Adiabène, qui apparemment serait devenue l'éphémère province d'Assyrie[151].

Des provinces furent organisées et des souverains d'États-clients firent allégeance à Rome, remplaçant les rois Parthes d'antan ; une administration fiscale pour le commerce avec l'Inde était en voie de création quand de graves événements survinrent. Depuis 114, Trajan s'était avancé plus loin et avait soumis plus de peuples que tous les Césars depuis Auguste, mais il mourut à la fin de l'été de l'année 117 en Cilicie et presque rien ne subsista de ses conquêtes. Les nouvelles provinces s'étaient révoltées de même que les Juifs, depuis Cyrène

---

151 Les sources concernant la guerre de Trajan contre les Parthes sont très peu abondantes et même la chronologie essentielle est mise en doute. R.P Longden : sa chronologie est la suivante dans CAH 11, 858-859 : en 114, l'Arménie est conquise et la Mésopotamie du nord au nord de la ligne du Djebel Sinjar est annexée ; en 115, la Mésopotamie méridionale et l'Adiabène sont annexées ; en 115, pendant l'hiver, chute de Ctésiphon ; en 116, voyage au golfe Persique et commencement des révoltes (voir n. 152) ; en 117, étouffement de la révolte, repli de Trajan et son décès (seule date sûre) ; la chronologie de Lepper diffère, pp. 31-96 : en 114, campagne d'Arménie ; en 115, conquête de la Mésopotamie septentrionale et établissement de la supposée frontière Khabur-Djebel Sinjar ; en 116, conquête de l'Abiabène et prise de Ctésiphon ; en 117, autres conquêtes au-delà du Tigre (Mesene) et éclatement de la révolte. Lepper parle des insuffisances de sa chronologie avec précision. Cf. Henderson, in JRS 39, 1949, pp. 121-125 pour son compte-rendu de la question ; Guey, *Essai sur la guerre parthique,* p. 107, propose cette chronologie : en 114, conquête de l'Arménie ; de septembre 114 à l'hiver de 115, conquête de Nord de la Mésopotamie ; au printemps de 116, le Sud de la Mésopotamie, l'Adiabène et Ctésiphon sont conquis, puis visite du golfe Persique ; durant l'hiver de 116, conquêtes au-delà du Tigre, conquête de Babylone ; en 117, éclatement des révoltes, repli et mort de Trajan. Pour des tentatives de reconstruction des campagnes, sur la base de documents très fragmentaires, voir Longden, CAH 11, 243-251 ; Guey, *Essai,* pp. 51-58, 66-77, 110-120, 122-125 ; et Lepper, *Trajan's...,* pp. 206-210. Lepper, pp. 129-131, traite les campagnes de l'année 116 d'offensives pour faire du butin, prévues pour augmenter le prestige de la diplomatie romaine, plus que des tentatives pour assurer une conquête permanente ; quant à celles de 117, elles ne sont qu'aberrantes.

jusqu'à la Mésopotamie, avec de graves conséquences en Cyrénaïque, en Égypte et à Chypre. Parthamaspatès, mis en place à Ctésiphon en tant que souverain de l'État-client qu'était devenu le pays des Parthes réduit dans son étendue, voyait son autorité contestée ; les autres souverains de moindre importance, également clients, perdaient soit leurs trônes, soit l'allégeance à Rome qui leur avait été imposée[152].

Hadrien, nouveau César et aussi ancien lieutenant de Trajan en Orient, termina le retrait stratégique commencé par Trajan : les nouvelles provinces furent abandonnées, et à la fin de 117, tout ce qui subsistait des vastes conquêtes de Trajan n'était que la ferme revendication de suzeraineté sur l'Arménie et l'Osroène[153]. Un

---

[152] R.P. Longden, CAH 11, 248, affirme que les révoltes ont été déclenchées par l'apparition des armées parthes en Médie ; cf. Henderson in JRS 39, 1949, 127-128, qui souligne que la contre-offensive des Parthes n'est citée que dans Malala, source douteuse du VIe siècle. Lepper, *Trajan's...,* pp. 151-153, ne rejette pas la possibilité, et Guey, *Essai...,* pp. 123-125, l'accepte. Pour les révoltes elles-mêmes, d'après différentes chronologies, voir Longden, CAH 11, 248-250 ; Lepper, *op. cit.,* 88-91 ; et Guey, *op. cit.,* pp. 123-125. Le rôle des révoltes juives n'est pas une question éclaircie, il en va de même de leur ampleur ; voir *ibid,* pp. 126-128 (Guey pense que les révoltes juives avaient éclaté en même temps que les révoltes d'Arménie, de Mésopotamie et d'Abiabène) ; Longden, CAH, 11, 249-251.

[153] Weber, CAH 11, pp. 301-302, suit la tradition en faisant une nette distinction entre l'expansionnisme de Trajan et le pacifisme d'Hadrien ; en conséquence, Hadrien est montré comme celui qui a fait un complet changement de politique en se retirant (de même, il envisageait l'abandon de la Dacie). Magie, *Asia Minor,* pp. 609-611, pense de même. Lepper, *Trajan's..., op. cit.,* pp. 213, maintient que Trajan a commencé un retrait stratégique limité que son successeur a transformé - pour des raisons personnelles - en un retrait total. Guey, *Essai...,* pp. 133, 145-146, envisage la formation des États clients (en 116-117) comme une forme du retrait de Trajan (cf. Henderson, JRS 39, 1949, pp. 126-127). Quant au rôle important joué par Hadrien dans la campagne ainsi que sa propre position, voir L. Perret, "Essai sur le caractère d'Hadrien jusqu'à son avènement à l'empire (76-117)", in *Mémoires de la Société Nationale des Antiquaires de France,* vol. 80, série 8, livre 9, Paris, Klincksieck, 1937.

document de première importance provenant d'une source narrative incomplète explique les raisons qui conduisirent Trajan à entreprendre cette guerre : elle n'était motivée que par un désir immodéré de gloire[154] ; cette explication a été retenue par la plupart des historiens modernes[155]. On a donné d'autres explications : le but recherché n'était pas militaire mais économique, dans la perspective de contrôler les routes commerciales avec l'Inde[156]. Un motif stratégique, la création de la frontière Khabur-Djebel Sinjar-Tigre, a été avancé comme étant la raison principale de Trajan ; c'est celui qui semble le plus convaincant à mes yeux.

Il est certain que jusqu'aux autres conquêtes au-delà du Tigre, en aval jusqu'à Ctésiphon et plus bas, la politique de Trajan en Orient a été en accord avec celle des Flaviens. Comme eux, il continua le processus d'unification en annexant, en 106, l'Arabie nabatéenne. Comme eux, il mit en place un dispositif légionnaire pour protéger la nouvelle province (à Bostra, rebaptisée Nova Traiana) ; comme eux, il étendit le réseau routier en construisant une grande route à travers la Syrie orientale qui la reliait à la mer Rouge par Bostra et Petra[157]. La création d'un saillant de défense sur l'Euphrate en

---

154 Voir Dion, LXVIII, 17, 1 à propos de l'amour de Trajan pour la gloire comme cause initiale, et LXVIII, 29, 1 pour des sentiments de frustration devant son incapacité à égaler Alexandre pour la conquête de l'Inde. Cité et traduit par Garzetti, *Problemi dell'Eta Traianea,* pp. 59-62.

155 Magie, *Asia Minor,* pp. 606, 608 ; Wheeler, *Mesopotamia,* p. 116.

156 Guey, *Essai...,* rejette le motif invoquant la gloire (p. 19) mais souligne le motif de la route commerciale (pp. 20-22).

157 À propos de l'annexion de l'Arabie nabatéenne, voir Bowersock "Arabia Provincia", p. 229, où il montre la signification de l'expression "Arabia adquisita" opposée à celle de "capta" ; en d'autres termes, on a affaire à une mesure administrative plus qu'à une conquête. Pour ce qui est des dispositions concernant la sécurité, voir *ibid,* pp. 232-240. Pour la construction de routes par Vespasien, voir Syme, CAH 11, 130. Cf. Henderson, JRS 39, 1949, p. 128, qui repousse le parallèle avec la politique des Flaviens.

amont de la rivière Khabur et à travers la crête du Djebel Sinjar n'aurait pas été en désaccord avec le principe de réorganisation de la frontière – si, toutefois, l'Arménie au nord de l'axe Nisibis-Zeugma restait un État-client.

Les conquêtes de Trajan étaient manifestement trop étendues pour être consolidées avec succès, dans un empire dont les réserves en hommes avaient à peine augmenté depuis le temps d'Auguste. La politique à long terme d'intégration politico-culturelle de Rome n'était pas acceptée par les cultures régionales restées sur la défensive (encore que, dans les cités grecques, on constate des exceptions) En somme, les dernières conquêtes de Trajan ne pouvaient être viables : l'immense effort de mise en place – lequel aurait entraîné inévitablement un amoindrissement général de la sécurité – n'aurait pu être compensé que par un accroissement de la sécurité contre les Parthes ou encore par l'acquisition de ressources supplémentaires sur place. D'ailleurs, le pays des Parthes ne méritait pas que l'on fasse un effort militaire d'une telle ampleur ; en revanche, sa résistance était suffisamment vive pour mettre obstacle à l'intégration fructueuse des nouvelles provinces.

4. Le déclin du système de la clientèle

Quand Vespasien concentra ses forces à Ptolémais durant l'hiver 67, tandis qu'il préparait une offensive en Judée alors en pleine révolte, quatre souverains clients, Antiochus IV de Commagène, M. Julius Agrippa II, Sohaemus d'Emèse et le chef arabe Malchus lui fournirent 15 000 hommes[158]. Les trois légions de Vespasien mises à part (*XV Apollinaris, V Macedonica* et *X Fretensis*)[159], lesquelles devaient être engagées à fond dans la Guerre Juive, guerre de siège et de guérilla, il

158 Flavius Josèphe, *La Guerre des Juifs,* CXI, 4, 2.
159 Parker, *Roman Legions,* p. 138.

n'y avait dans tout l'Orient que quatre autres légions. L'une d'elle, la *III Gallica,* fut envoyée en Mésie en 68, de sorte que seules les trois légions syriennes restèrent pour protéger le vaste territoire oriental qui va de la mer Rouge à la mer Noire ; l'une d'elle, cependant, la *XII Fulminata,* fut détachée temporairement contre les Juifs[160].

Bien qu'il n'y eût pas d'hostilités entre Rome et les Parthes à cette époque, (à la suite du compromis de 63 dû à Néron) et bien qu'il y eût quelques auxiliaires dans la région qui n'avaient pas été affectés à la guerre contre les Juifs, la concentration des forces contre ceux-ci fut rendue possible uniquement grâce à l'efficacité du bouclier des États-clients qui protégeait les frontières orientales de l'empire. À défaut de cette protection, il aurait été extrêmement imprudent d'affecter presque totalement la réserve des légions disponibles à la Guerre Juive (3 légions sur 28) laissant sans couverture autre que celle de 3 légions syriennes, sans grande valeur militaire, un front étendu et vulnérable[161].

Ce fut vraiment à cette époque que le système de la clientèle en Orient se révéla être efficace. Le royaume nabatéen d'Arabie absorba et contint les raids constants de nomades[162], jusqu'au sud du Sinaï et sur les fron-

---

[160] *Ibid.,* p. 139. Avec la nouvelle légion *I Italica,* l'armée de Néron comprenait 28 légions à cette époque ; ainsi, comptant les 4 légions de Syrie, pas moins d'un quart des forces légionnaires de Rome était déjà engagé dans ce secteur. Il est douteux de penser qu'un appoint de force légionnaire eût eu la possibilité d'être redéployé dans la région (par exemple, pour s'opposer à la pression exercée par les Parthes), sans déséquilibrer le rapport légions / auxiliaires partout ailleurs en risquant des désordres civils internes dans les zones moins soumises, ou encore exposant les frontières à des attaques. Le système était encore particulièrement élastique ; mais tant que les légions engagées dans la guerre contre les Juifs étaient maintenues, l'élasticité devait avoir été très diminuée.

[161] Tacite, *Annales,* XIII, 7.

[162] Bowersock, "Arabia Provincia", pp. 219-229. Sur l'intérêt limité de ces attaques mineures, voir Applebaum et Gichon, *Israel and Her Vicinity,* pp. 36-37.

tières orientales de la Judée ; en Syrie, subsistèrent plusieurs chefs qui faisaient partie de la clientèle de Rome. Sur l'Euphrate, l'Osroène restait un État-tampon favorable aux Parthes mais refusant d'entrer en hostilités avec Rome. Par delà le fleuve, l'Osroène faisait face non pas à un territoire romain, mais à celui de l'État-client de Commagène, clé de la région, dont la loyauté n'avait jusqu'alors pas été mise en doute. Plus au nord, près de la mer Noire, la Petite Arménie avec Aristobule faisait face à la Sophène, autre État-client situé de l'autre côté du fleuve et dont le souverain était un autre Sohaemus[163].

En pratique, cela signifiait que les frontières avec les Parthes, rendues constamment sensibles par les incursions des nomades, étaient protégées par des États tributaires de l'empire mais n'en faisant pas intégralement partie. Les États-clients déployaient leurs propres forces pour faire face aux attaques mineures ; quant à leur résistance aux attaques de grande ampleur, couronnée de succès ou non, elle permettait un répit nécessaire pour dégager du front de Judée l'armée de Vespasien en vue de l'utiliser n'importe où ailleurs.

Néron mourut en 69, Vespasien fut proclamé empereur et une guerre civile était en cours. De nouveau, les États-clients se rangèrent du côté de Vespasien : Tacite nous dit que Sohaemus de Sophène, Antiochus IV de Commagène (qui contribua grâce à sa fortune importante) et d'autres clients accordèrent leur appui à la cause des Flaviens ; on n'a pas trace d'État-client s'opposant à ceux-ci ou même simplement faisant preuve d'une neutralité non bienveillante[164]. Plus tard, en 70, quand Titus entreprit sa dernière campagne de la Guerre Juive, Tacite nous renseigne encore une fois sur les contributions en hommes des États-clients ; cette énuméra-

---

163 Tacite, *Annales*, XIII, 7.
164 *Histoires*, XI, 81.

tion comprend un nombre important d'Arabes, dont le motif était la haine de leurs voisins[165].

Et pourtant, c'est Vespasien lui-même, bénéficiaire immédiat du système de la clientèle, qui présida au démantèlement de celui-ci. Le Pont, dont le souverain était Polémon II, avait déjà été annexé sous Néron en 64[166] ; néanmoins, le dispositif régional reposant sur l'autorité indirecte restait intact. Mais c'est dans les quatre premières années du règne de Vespasien que la Petite Arménie, la Sophène et la Commagène furent annexées[167]. On ne connaît pas le sort des États-clients de moindre importance, mais les seuls États de quelque prestige qui survécurent furent celui d'Agrippa II (annexé après 92), et l'Arabie nabatéenne (annexée après 106)[168] ; les petites royautés du Caucase[169], Palmyre et l'État du Bosphore[170].

Des chercheurs ont expliqué que la politique annexionniste de Vespasien était une des facettes de sa politique plus générale de centralisation[171]. Dans sa tentative générale pour restructurer l'empire sur une nouvelle base, la centralisation administrative et la territorialisation de ce qui était encore partiellement

---

165 *Ibid.,* V, 1.

166 Suétone, *Néron*, XIII. Magie, *Roman Rule*, p. 361.

167 Suétone, *Vespasien*, VIII ; Flavius Josèphe, VII, 7 ; Magie, *Roman Rule*, pp. 573-574. Sur la Sophène, voir Anderson, CAH 10, 758, n. 3.

168 Sur Agrippa II, voir Thérèse Frankfort, "Le Royaume d'Agrippa II et son annexion par Domitien", in *Hommages à Albert Grenier,* vol. 2, pp. 665-666. Pour l'état Nabatéen, voir Bowersock, "Arabia Provincia", pp. 230-231. Pour les autres petits États syriens, voir P. Charlesworth, CAH 11, 40.

169 Magie, *Roman Rule,* p. 606, n. 32.

170 Voir I.A. Richmond, "Palmyra under the Aegis of Rome", JRS 53, 1963, pp. 42-43. Sur l'État du Bosphore, voir Anderson, CAH 10, 265-266.

171 Magie, *Asia Minor*, pp. 569-570. Suétone, *Vespasien*, VIII, mentionne l'annexion de la Commagène et de la Cilicie Trachée et la réorganisation des provinces d'Achaie, de Lycie, de Rhodes, de Byzance et de Samos.

l'empire hégémonique, étaient réciproquement complémentaires. Les visées stratégiques des Flaviens et la survivance du système de la clientèle s'excluaient réciproquement. Il est vrai qu'il y avait encore quelques États-clients de moindre importance en Orient quand Trajan vint à Satala pour y tenir sa cour en 114 : le souverain arsacide d'Arménie n'y vint pas, mais les roitelets de l'Albanie, de l'Ibérie et de la Colchide, parmi d'autres, y assistèrent[172]. De plus, après le retrait qui suivit la guerre des Parthes, l'Osroène devint un nouvel État-client, sous Parthamaspatès, lequel avait été le candidat de Trajan au trône des Parthes[173]. Bien que la terminologie demeurât inchangée, les États-clients qui survécurent à l'annexion au cours du IIe siècle n'étaient pas semblables aux anciens. Le changement dans leurs rapports avec Rome avait des implications stratégiques importantes encore que difficiles à préciser en termes légaux[174].

L'annexion des principaux États-clients avait substitué la présence de légions romaines à "la politique de petits pas"[175] de la mer Noire à la mer Rouge. Avec le déploiement d'une force militaire d'action immédiate, là où auparavant on n'éprouvait que le sentiment de la puissance de Rome axée sur la victoire finale, apparut la nécessité de créer une nouvelle administration et des infrastructures de communication. Sous les Flaviens, un réseau de routes fut réalisé en Anatolie ; de même, très probablement, on construisit une route qui servit de délimitation de frontière entre Palmyre et Sura sur l'Euphrate (cela sous le contrôle de Marcus Ulpius Traianus,

---

172 George H. Stevenson, *Roman Provincial Administration till the Age of the Antonines,* Oxford, Basil Blackwell, 1939, pp. 50-51.

173 Guey, *Essai sur la guerre parthique*, pp. 145-146 ; M. Rostovtzeff, CAH 11, 119.

174 Voir Maxime Lemosse, *Le Régime des relations internationales dans le haut empire romain*, Publications de l'Institut de droit romain de l'Université de Paris, vol. 23, Paris, Lib. Sirey, 1967, pp. 116-123.

175 Syme, CAH 11, 141.

père du futur empereur)[176]. Derrière les routes, une série de bases légionnaires s'étendait sur tout le secteur, depuis Bostra dans la nouvelle province d'Arabie jusqu'à Satala, à seulement 110 km au sud de la mer Noire.

Sous Vespasien, les territoires de Galatie, du Pont, de Cappadoce ainsi que la Petite Arménie furent d'abord réunis en une province démesurément agrandie : celle de Galatie, de 300 000 km². La Cilicie montagneuse, autrefois appartenant aux possessions d'Antiocus IV, fut réunie à la Cilicie Campestris (jusqu'alors partie de la Syrie), pour former une nouvelle province de Cilicie. Quand Rabbel II, dernier des souverains nabatéens, fut déposé en 106, l'Arabie devint également une province très étendue, depuis la moderne Der'a en Syrie méridionale jusqu'à Medain Salih, au fin fond du Hedjaz, incluant d'ailleurs la péninsule du Sinai. Il était clair pour Trajan que la Galatie de Vespasien, par son ampleur, était par trop incommode : en 113 au plus tard, elle fut divisée en deux de ses composantes principales : la Galatie et la Cappadoce[177].

La réorganisation du secteur oriental de l'empire exigeait un rigoureux accroissement du nombre des légions ; celui-ci alla de quatre légions (norme de l'époque julio-claudienne), basées toutes en Syrie, jusqu'à atteindre par la suite un total de huit légions à l'époque d'Hadrien[178]. Ainsi, les besoins du front oriental avaient doublé, tandis que le nombre total des légions dans l'armée n'avait progressé que d'une unité au plus. La réserve de forces établie par le précédent dispositif de distribution des légions était par conséquent épuisée :

---

176 Syme, CAH 11, 139. Pour l'Anatolie voir Magie, *Asia Minor*, pp. 570-573 et également, pour le système entier, voir Chevallier, *Voies romaines*, p. 161.

177 Voir Magie, *Asia Minor*, pp. 574, 576 ; sur l'Arabie, voir Bowersock, "Arabia Provincia", p. 230.

178 Cf. Tacite, *Annales,* IV, 5, avec Parker, *Roman Legions,* p. 163 ; La Cappadoce possédait deux légions, la Syrie trois, la Judée deux et l'Arabie une. Voir aussi Syme, CAH 11, 140-141.

quand des légions entières étaient soustraites même pour une brève période, les forces qui restaient étaient insuffisantes. Beaucoup plus que la réorganisation *tactique* de la défense aux frontières, c'est cela qui a privé les armées impériales de leur souplesse essentielle.

C'étaient les forces centralisées de l'empire lui-même qui avaient à faire face aux deux sortes de menaces, en l'absence de forces d'États-clients prêts à s'opposer à des attaques mineures, et de territoires d'États-clients aptes à absorber les attaques de grande envergure. Vespasien lui-même eut déjà affaire à de "fréquentes incursions de Barbares" en Cappadoce (c'est-à-dire en grande Galatie) ; de plus, en 75, le roi d'Ibérie du Caucase dut être aidé pour fortifier les abords du col de Dariel, "les Portes caucasiennes"[179]. La "diplomatie des petits pas" à l'adresse des États-clients a peut-être été difficilement perçue comme inviolable aux yeux d'un soldat qui s'était élevé jusqu'à devenir empereur grâce à la puissance manifeste de ses légions ; mais la conséquence finale de l'annexion était le remplacement de l'intervention pratiquement gratuite de la puissance militaire de Rome, lointaine mais dynamique, par une dispersion des forces qui affaiblissait l'empire[180]. Par la suite, quelques troupes romaines – une sous-unité de la *XII Fulminata* – ont même été stationnées dans un coin reculé des montagnes du Caucase[181].

Il est clair qu'un État-client tel que l'Osroène d'Hadrien était hors de l'empire au vrai sens du terme, de même que les États-clients antérieurs avaient été dans l'empire, même s'ils n'y étaient pas légalement. La différence était subtile mais très importante – une

---

179 Suétone, *Vespasien,* VIII ; Magie, *Asia Minor*, p. 575 (et n. 24) ; *ibid,* p. 1438 (vol. II).

180 Cette "intervention" n'était pas gratuite en termes de revenu fiscal (des impôts) potentiel. Quand on annexa la Cappadoce en 17, son revenu permit de réduire de 50 % la taxe sur les ventes. Tacite, *Annales*, XI, 42. Cf. *ibid,* I, 78.

181 Lemosse, *Relations internationales*, p. 117, n. 250.

affaire de probabilité. Les États-clients de l'ancien système pensaient que celui-ci n'était qu'un instrument temporaire de l'autorité impériale. Maintenant, c'était un substitut permanent à cette autorité. L'intention définitive et l'aptitude à l'annexion n'étaient plus à l'ordre du jour, ainsi que la principale incitation à l'obéissance de la part des souverains clients anxieux de retarder la redoutable échéance.

Sous les Julio-Claudiens, plus l'État-client était fort, mieux il pouvait assurer ses diverses missions de sécurité. Un empire qui était réputé capable d'expansion ultérieure était aussi celui qui pouvait maintenir de puissants États-clients en sujétion. Cela est différent du nouveau système, dans lequel les meilleurs des clients étaient ceux assez faibles pour être tenus par la crainte des forces déployées à proximité. Du fait qu'il n'était plus question d'annexion ultérieure, seuls les États-clients faibles étaient les plus sûrs. Toutefois, leur propre faiblesse les rendait incapables de fournir librement un appoint militaire. D'un autre côté, des États-clients forts étaient devenus dangereux, puisque les liens de dépendance avaient été relâchés.

Avec le système antérieur, même Décébale, souverain des Daces, aurait pu devenir un client puissamment utile à la suite de la première guerre victorieuse de Trajan contre les Daces en 101-102[182]. Vaincu, mais encore puissant, un État-client dace aurait pu assumer des responsabilités pour la prévention des infiltrations et des raids sur la frontière daco-romaine et pour s'opposer aux attaques des Sarmates. L'état des relations entre un client tel que Décébale et Rome sous l'ancien système aurait été conditionné par les réalités du pouvoir : Décébale, maintenu en sujétion par la menace inéluctable d'hostilités et de déposition, se serait soumis manifestement aux *desiderata* qu'exigeait la sécurité de Rome sans craindre une opposition interne. Confrontés à la

---

182 *Ibid.*, p. 119.

pire alternative de l'autorité directe impériale, les Daces auraient eu un stimulant puissant pour obéir à un souverain qui lui même obéissait à Rome. Il n'en allait pas de même avec les nouvelles conceptions stratégiques. Faisant face à un empire qui ne pouvait concentrer des forces supérieures sur le théâtre dace qu'avec une difficulté évidente[183], et, fait plus important, à un empire manifestement peu enclin à s'étendre (ce qu'avait montré à quiconque l'échec de l'annexion de la Dacie à la suite de la première guerre de Trajan), Décébale avait été insuffisamment intimidé pour se conduire comme un client sûr[184]. Même si, personnellement, il avait voulu obéir à Rome, il est probable que d'autres en Dacie auraient exigé une politique plus indépendante. Ainsi, on peut penser que le pays des Daces devait être annexé, assez paradoxalement parce que l'empire était devenu un État sur la défensive, ses souverains refusant les annexions. En d'autres termes, Trajan se devait de détruire l'indépendance dace parce que la solution de l'autorité indirecte n'était plus susceptible d'être appliquée dans l'empire[185].

Bien que le système de la clientèle dans les tribus et les États n'eût pas disparu partout, en présence d'un système de défense dissuasive, ils étaient inutiles s'ils étaient faibles ou, s'ils étaient forts, naturellement instables. En Bretagne, la rupture des relations de clientèle avec les Brigantes de Cartimandua a pu être la cause première des campagnes d'Agricola et, plus tard, de

---

183 Domitien rassembla une force de neuf légions contre les Daces en 87 (Parker, *Roman Legions*, p. 158), parmi lesquelles la *V Alaudae* a pu être détruite au combat ; voir Watson, *Roman Soldier,* p. 23, n. 43, pour un bref aperçu de la question. Au cours de la première guerre contre les Daces, Trajan possédait une force de douze légions sur le Danube (Parker, *Roman Legions*, p. 156), et il a pu en avoir treize pendant la seconde guerre (*ibid,* p. 157). Cf. Longden, CAH 11, 231.

184 *Ibid.* Voir aussi Gordon, "Subsidization of Border Peoples", p. 41.

185 Lemosse, *Relations internationales*, p. 119.

l'établissement de la frontière sur la ligne Solway-Tyne[186]. En Germanie inférieure, un semblant de structure de la clientèle survécut, basé sur la repentance des Bataves, Frisons, Tenctères, Usipètes[187]. Mais, là aussi, les relations avaient changé : au lieu des milices tribales affectées à la défense locale sans qu'il en coutât un sou à l'empire[188], des unités régulières de troupes auxiliaires durent être déployées pour garder les frontières.

Quant au secteur sensible du Danube inférieur, les Roxolans qui avaient déjà acquis le dangereux statut de voisins étaient à la fois absolument indépendants et stipendiés[189]. Anticipant curieusement sur le changement du système de la clientèle, un siècle plus tard, la nature de la relation, basée sur le subside, entre l'empire et les clients changea de caractère. À l'origine, le subside était un don en vue de récompenser les chefs méritants, puis il devint une redevance occasionnelle pour bonne conduite qui ne pouvait pas être supprimée sous peine de voir se dégrader la sécurité à la frontière. L'aptitude fondamentale à subjuguer les peuples que l'empire choisissait de stipendier n'était pas encore mise en question ; mais, sans faire réellement peser la menace de l'annexion, les avantages devaient naturellement être accrus, afin de maintenir l'équilibre entre les menaces et les avantages, base de tout le système[190].

---

186 J.A. Richmond, "Queen Cartimandua", JRS 44, 1954, pp. 43-52. Jarrett et Mann, "Britain from Agricola to Gallienus", pp. 179-183 ; Birley, "The Brigantian Problem and the First Roman Contact with Scotland", in *Roman Britain and the Roman Army*, pp. 31-47. Cf. Steer, "The Antonine Wall : A Reconsideration", p. 36.

187 Sur les Bataves, voir Tacite, *Germanie,* XXIX ; sur les Frisons, *ibid,* XXXIV ; sur les Tenctères, les Usipètes, *ibid,* XXXII. Voir aussi J. Harmand, *L'Occident romain*, pp. 224-225, et Demougeot, *Formation...*, p. 143.

188 Tacite, *Histoires*, I, 67, avec une référence aux Helvètes.

189 Comme la *Vita Hadriani*, *SHA*, V, 6, 8, le laisse entendre ; Gordon, "Subsidization of Border Peoples", p. 44.

190 Cf. Syme, CAH 11, 186.

Dans le nouveau système de l'empire, les États voisins n'étaient plus désormais considérés systématiquement comme des buts de conquête ou comme des clients. Au lieu de cela, ils étaient en passe de fonctionner à la manière d'"États-tampons" dont l'Arménie fut longtemps le prototype. L'État-tampon n'assure qu'une seule fonction militaire : il sert de zone neutre géographique séparant des grandes puissances ; il est pour elles un moyen d'éviter un conflit aussi longtemps qu'elles le désirent. Un État-tampon ne peut ni constituer un obstacle actif contre des menaces graves, ni assurer normalement la mission de contenir les dangers mineurs comme le feraient les États-clients ; car il ne peut être obéissant à l'une ou à l'autre des parties sans provoquer l'intervention de la plus forte des puissances rivales.

Bien que le secteur de l'empire touchant au royaume des Parthes fût *sui generis,* car ce royaume était le seul État civilisé contigu au territoire romain, l'Arménie n'était pas un cas unique d'Etat-tampon. L'Osroène, immédiatement à l'est de l'Euphrate, joua aussi ce rôle en dépit de nombreuses vicissitudes, jusqu'au moment où les Romains et les Parthes intervinrent ; ils mirent fin à sa vocation qui consistait à éviter les conflits ; au lieu de cela, ils créèrent un nouveau foyer de discorde et, comme par le passé, s'ingénièrent à introniser et à déposer les candidats rivaux à la royauté. En 123, Hadrien remplaça le candidat des Parthes, Pacorus II, par le sien propre, Parthamaspatès, que Trajan avait autrefois laissé à Ctésiphon dans une situation précaire, à la tête d'un éphémère État-client parthe. De cette façon, l'Osroène devint un État-client d'un nouveau genre, c'est-à-dire un État-tampon, jusqu'au moment où les Parthes déposèrent le candidat de Rome ; en 164, sous Marc Aurèle, Rome intervint une fois de plus et continua à s'opposer aux Parthes jusqu'à l'annexion définitive de l'Osroène sous Septime Sévère en 195[191].

Les nombreux appuis militaires fournis par les clients à l'ancienne mode avaient été des facteurs déterminants conservant à l'armée romaine sa souplesse dans le déploiement. Mais ce système n'était rentable en aucune façon : les territoires qui auraient pu être englobés dans la sphère d'action culturelle et commerciale de la romanisation ne le furent pas ; de même, des peuples qui auraient pu être soumis à la lourde charge de l'impôt impérial ne le furent pas. Ces désavantages étaient payants aussi longtemps qu'il en résultait une économie des forces militaires romaines, lorsqu'il s'agissait d'assurer l'expansion ultérieure en de rares occasions. Mais une fois que les frontières "scientifiques" furent définitivement fixées, la combinaison active de l'autorité hégémonique et de la puissance militaire offensive devint superflue et, avec elle, tout le système des États-clients de la périphérie.

5. L'armée

"Car leur nation n'attend pas l'ouverture des hostilités pour donner aux hommes leur première leçon sur les armes ; ils ne se tiennent pas assis les bras croisés en temps de paix pour ensuite les mettre en action quand cela est nécessaire... Ils s'entraînent sans cesse et ils n'attendent jamais le dernier moment pour faire face à un danger imprévu. De plus, leurs manœuvres en temps de paix ne sont pas moins rudes qu'une véritable guerre ; chaque soldat met toute son énergie dans son entraînement quotidien comme s'il était au combat... En vérité, il ne serait pas faux de comparer leurs manœuvres à des combats sans effusion de sang, et leurs combats à des manœuvres sanglantes"[192]. C'est ce qu'écrivait Flavius

[191] S.N. Miller, CAH 12, 9. Aussi Rostovtzeff, CAH 11, 119 et Magie, *Roman Rule*, pp. 685-686.

[192] Flavius Josèphe, *La Guerre des Juifs*, CXI, 5.

Josèphe à propos de l'entraînement de l'armée romaine, du moins en théorie. Ses compatriotes juifs qui formaient ses premiers lecteurs n'avaient pas besoin de précisions à ce sujet.

Une fois l'empire mobilisé pour combattre, il était invincible grâce à ses excellents chefs de guerre conduisant des légions non moins excellentes amenées d'Europe. Alors, la solide infanterie légionnaire entrait en action, complétée par les divers éléments de l'infanterie légère auxiliaire, de la cavalerie et des troupes utilisant les armes de jet. Au cas où on ne pouvait forcer l'ennemi à combattre au corps à corps, ni le déborder par une manœuvre habile sur le terrain, on pouvait encore en venir à bout grâce aux méthodes radicales des troupes du “génie”. Pour combattre les Chattes dans les montagnes du Taunus en Germanie, on ouvrit des routes à travers les forêts pour donner l'assaut à leurs camps fortifiés situés sur des hauteurs ; pour réduire la dernière poignée de combattants juifs réfugiés dans la forteresse de Masada, perdue en plein désert, les Romains construisirent une rampe d'assaut de 675 pieds de long (200 m environ) et 275 pieds de haut (83 m environ) surmontée par une plate-forme en pierres haute de 75 pieds (22 m environ) et de la même largeur que la rampe[193].

La faculté d'amener sur les lieux du combat un grand nombre d'hommes, de construire les infrastructures convenables, d'approvisionner régulièrement en vivres et en matériel des positions situées dans des régions lointaines et souvent déshéritées, tout cela montre le haut degré de l'organisation militaire romaine[194]. Mais une fois que la stratégie globale de l'empire fut passée de l'expansionnisme hégémonique à la défense du territoire, et au surplus, à une défense préventive, les

---

193 I.A. Richmond, “The Roman Siege Works of Masada, Israel”, JRS 52, 1962, p. 154.

194 Pour un point de vue opposé, voir Thompson, *Early Germany,* p. 150, sur la logistique.

qualités requises par l'armée romaine changèrent elles aussi. Il était nécessaire que l'empire et ses armées aient encore la faculté de déployer des forces importantes sous le commandement de bons généraux pour faire la guerre sur une grande échelle ; mais maintenant, cette faculté de "sursaut" n'était pas suffisante. Avec le nouveau système, l'armée avait besoin également d'assurer une défense soutenue tout le long de la frontière qui atteignait déjà 6 000 milles (environ 9 600 km) même avant la conquête de la Dacie[195].

Les forces armées devaient à la fois protéger les frontières contre les incursions et faire la guerre matériellement parlant. Le moral des troupes exigeait d'entretenir les valeurs combattantes et l'*élan* des troupes affectées aux missions de surveillance et de patrouille, ou tout simplement cantonnées à longueur d'année dans les forteresses légionnaires. Le combat et le butin n'étaient pas dans la perspective immédiate de ces troupes ; il était peu probable qu'elles aient un jour à être soumises à la discipline des combats sous le commandement de généraux en campagne. Pour l'armée romaine, il était plus facile de provoquer une réaction énergique de courte durée en réponse à une attaque que de maintenir un niveau adéquat de préparation de façon permanente. Là où les hommes restaient longtemps inactifs dans un environnement hospitalier, ils cessaient d'être des soldats. Tacite nous rapporte les moyens énergiques employés par Cn. Domitius Corbulon en 55-58 pour transformer les hommes appartenant aux deux légions syriennes (*III Gallica* et *VI Ferrata*) en soldats aptes à combattre dans la guerre que Néron conduisit contre les Parthes : après avoir éliminé les hommes âgés et les inaptes qui avaient été conservés sur les rôles – ceux qui n'avait jamais été de garde, ou qui ignoraient les exercices les plus simples ou encore ceux qui ne

---

195 Le périmètre mesuré est de 9 600 km sans la Dacie et de 10 200 km Dacie comprise ; il comprenait aussi 4 500 km de côtes ; Szilagyi, "Variations", p. 205.

possédaient ni casque, ni cuirasse –, Corbulon mit les autres sous la tente à l'entraînement dans le cruel hiver des montagnes d'Anatolie. Malgré cela, il y eut des revers au cours des premiers engagements du printemps suivant[196]. Sans tenir compte des répits qui ont pu résulter des tentatives répétées pour arriver à un règlement diplomatique, on constate que l'armée de Corbulon avait subi un entraînement pendant les trois années qui ont précédé le commencement de la victorieuse campagne d'Arménie. À la suite de cela, Corbulon, nommé gouverneur de Syrie, a dû montrer toute sa rigueur et être un exemple personnel d'autodiscipline pour les deux autres légions de Syrie (*X Fretensis* et *XII Fulminata*). Et cependant, en 66, C. Cestius Gallus, successeur de Corbulon en Syrie, fut battu à plate couture quand il pénétra en Judée pour étouffer ce qui n'était encore qu'un soulèvement mineur. Constituée à partir de la *XII Fulminata* et comprenant des détachements de 2 000 hommes chacun, provenant de deux autres légions de Syrie, la force expéditionnaire incluait aussi 6 cohortes d'infanterie auxiliaire, 4 ailes de cavalerie et presque 14 000 hommes provenant de la clientèle ainsi qu'un grand nombre d'irréguliers qui avaient été volontaires pour participer à ce qui paraissait sûrement devoir être une victoire rapide[197].

Les Juifs (ou plutôt les Zélotes) ne pouvaient opposer que des hommes non entraînés, armés de javelots et d'arcs. Gallus atteignit bientôt Jérusalem, mais ne réussit pas à prendre d'assaut la hauteur sur laquelle était bâti le temple ; il fut alors réduit à la retraite[198]. Au

---

196 Tacite, *Annales,* XIII, 35, 36.

197 Flavius Josèphe, *op. cit.*, XI, 18, 9. Parker, *Legions,* p. 138, pense que dans ce passage les *vexillationes* de la *IV Scythica* et de la *VI Ferrata* étaient avec Cestius Gallus.

198 Flavius Josèphe, *op. cit.,* XI, 19, 7, laisse entendre que Cestius Gallus se retira pour des raisons obscures. Ce n'est pas vraisemblable : Gallus n'était pas un lâche (*ibid,* II. 19.5.) ni un imbécile. On peut penser que les troupes légionnaires s'étaient montrées

cours de celle-ci, son armée subit des pertes importantes[199]. La *XII Fulminata* perdit ses aigles – un déshonneur tel que, dans la plupart des cas, la légion était assurée d'être dissoute – et les forces impériales réussirent à s'échapper mais en abandonnant les bagages et en perdant leur artillerie et leurs machines de siège ; elles perdirent 5 780 hommes selon Josèphe[200]. La défaite de Gallus fit que ce soulèvement devint une affaire grave. Par la suite, il fallut entreprendre une action à grande échelle pour défaire les Juifs, une guerre qui exigea l'arrivée du renfort de deux légions venant d'Europe et entraînées au combat, ce que n'étaient pas les légions de Syrie.

Les circonstances qui minèrent la force des légions syriennes étaient particulières à l'Orient pendant la période julio-claudienne : un recrutement local, peu d'actions militaires, une inaction prolongée ; de plus, il semble que les Syriens aient été casernés en ville plutôt que dans des camps à la campagne, pratique qui a toujours été fortement critiquée[201]. Ces conditions ne se limitèrent pas à l'Orient au cours de la période post-flavienne mais s'étendirent à tout l'empire.

Le danger était flagrant : toutes les légions pouvaient être contaminées comme celles de Syrie. La guerre offensive à grande échelle devait cesser partout dès lors que les frontières “scientifiques” étaient atteintes et que le recrutement local devenait rapidement la norme, tandis que les campements ruraux supposés

---

irrésolues, les auxiliaires en avaient été affectés et les irréguliers s'étaient débandés.

199 Suétone, *Vespasien,* IV.

200 Flavius Josèphe, *op. cit.,* XI, 19, 9. Josèphe donne une liste des pertes de l'infanterie et de la cavalerie à l'exception des irréguliers.

201 Ramsay Mac Mullen, *Soldier and Civilian in the Later Roman Empire,* Harvard Historical Monographs 52, Cambridge, Mass. Harvard University Press, 1963, pp. 77-78.

revigorants laissaient la place à des forts construits en pierres où l'atmosphère serait bientôt celle d'une ville[202].

C'est dans cette perspective et aussi dans celle de la guerre civile qu'on doit voir la politique militaire de Vespasien et de ses successeurs. D'abord, à la suite de la révolte de Civilis, Vespasien mit de l'ordre dans les forces légionnaires : 4 légions (*I Germanica, IV Macedonica, XV Primigenia* et *XVI Gallica*) furent dissoutes pour s'être rendues ou pour avoir perdu leurs aigles. Au même moment, 2 légions composées de marins pris dans la flotte (*I* et *II Adiutrix)* et une légion levée par l'empereur Galba dont le règne fut bref (*VII Gemina,* ex-*Galbiana*) furent mises en activité ainsi que 2 légions de création récente (*IV Flavia Felix* et *XVI Flavia Firma*)[203].

L'accession de Vespasien avait mis en lumière les desseins secrets de l'empire[204] ; ainsi, le problème de maintenir la discipline s'ajoutait à celui de la sécurité politique. Un événement qui marque les succès et les revers de la politique militaire des Flaviens à la suite de la Guerre Civile est la tentative de putsch de L. Antonius Saturninus, légat de Germanie supérieure, contre Domitien en 88-89[205]. Tandis que Saturninus réussissait à persuader les deux légions sous son commandement (*XVI Gemina* et *XXI Rapax*) de lutter pour sa cause en s'appropriant le trésor de l'armée, le légat et l'armée de Germanie inférieure restèrent loyaux à Domitien et la tentative échoua. Cet épisode montra incidemment que la pénétration diplomatique pouvait être une arme à

---

202 G. Forni, "Estrazione etnica e sociale dei soldati delle legioni...", ANRW, IIe partie, vol. 1, pp. 386-390.

203 Parker, *Roman Legions,* p. 145 ; Bersanetti, *Vespasiano,* pp. 75-79. Voir aussi, Eric B. Birley, "A Note on the Title "Gemina", JRS 18, 1928, 58.

204 G.E.E Chilver, "The Army in Politics, AD 68-70", JRS 47, 1957, p. 35. L'auteur fait remarquer que Vespasien ne se sentit pas obligé d'acheter la fidélité de l'armée : ses largesses n'étaient pas grandes et il n'y eut pas d'augmentation de paye.

205 Suétone, *Domitien,* VI, 7.

deux tranchants : Saturninus avait vraisemblablement acheté l'aide des Chattes, peuple germanique d'Outre-Rhin. Mais la débâcle du Rhin se produisit plus tôt que prévu, les Chattes ne purent passer sur le fleuve gelé et la tentative de tractations avec un État-client à des fins privées échoua[206].

Quand on réinstalla les légions sur le Rhin après leur réorganisation à la suite de la Guerre Civile, on remplaça les camps d'hiver rudimentaires (*hiberna*), faits de bois et de terre par des bases construites en pierres ; par la suite on construisit des bases permanentes en Bretagne et dans tout l'empire[207]. Cela est peut-être la manifestation la plus claire d'une stratégie à long termes ayant atteint les frontières "scientifiques", on n'envisage plus aucune opération ultérieure, en tout cas pas au-delà de la portée des bases fixes[208].

Tandis qu'on faisait des tentatives pour interdire des divertissements inacceptables pour des militaires[209], les forteresses légionnaires spacieuses et bien équipées offraient un degré d'hygiène et de confort que les soldats (et la plupart des civils) ne connaîtraient que beaucoup plus tard, au XIXe siècle et encore !... Même dans la partie désertique et torride de l'Afrique du Nord, la forteresse de la légion *III Augusta* à Gemellae (construite en 126-133) comprenait des thermes parfaitement

---

206 *Ibid.*

207 Pour la reconstruction en pierres des bases légionnaires, voir Schönberger, "Roman Frontier in Germany", p. 189, n. 38, 51, 21, 32.

208 En Bretagne, quand la frontière fut avancée, d'abord jusqu'à la ligne d'Hadrien et ensuite encore plus loin à la ligne Clyde-Forth, les légions restèrent à York et à Chester, très à l'arrière. Des légions restèrent aussi à Strasbourg, à presque 87 milles (140 km) derrière le *limes* d'Antonin au point le plus proche, Welzhemi. Mais la forteresse de Windisch fut abandonnée quand la garnison de Germanie inférieure fut réduite vers 101 ap. J.C. ; Schönberger, "Roman Frontiers in Germany", p. 165.

209 R.W. Davies, "The Daily Life of the Roman Soldier under the Principate", ANRW, IIe partie, vol. 1, p. 332.

équipés à la romaine sur une surface de plus de 600 m^2. Des moyens très étudiés permettaient d'alimenter les thermes en combustible (tamaris du désert) et eau[210].

Un hôpital avec des chambres de 5 lits pour les malades couchés ainsi que des latrines séparées toutes les deux chambres[211], était prévu dans le plan des forteresses légionnaires et des forts auxiliaires. L'effectif des légions et de quelques unités auxiliaires comportait des médecins (*medici*) ainsi que des infirmiers et des spécialistes (*medici chirurgi* et *medici clinici*)[212]. Les sources écrites laissent entendre que les médecins militaires avaient grande réputation dans la profession. Les autorités militaires devaient faire des efforts particuliers pour assurer l'hygiène des troupes dans les bases fixes ; le laisser-aller qu'on peut tolérer en campagne, pourvu qu'on change souvent d'emplacement de camp, aurait provoqué des cas de maladies contagieuses dans les camps permanents.

Des mesures plus habiles étaient nécessaires pour faire face aux problèmes plus graves du maintien des qualités combattantes et de l'*élan* des hommes destinés à passer leur vie entière à l'armée sans jamais voir l'action (depuis la fin de la guerre des Parthes sous Trajan en 117 jusqu'aux guerres de Marc Aurèle dans les années 160, il y eut presque un demi-siècle de tranquillité, avec toutefois des actions sporadiques et localisées aux lointaines frontières septentrionales de la Bretagne et en Maurétanie en 141-152). C'est en mettant constamment l'accent sur la sélection des troupes[213], sur l'entraî-

---

210 J. Baradez, "Les thermes légionnaires de Gemellae", in *Corolla Memoriae Erich Swoboda Dedicata,* p. 16.

211 Sur les hôpitaux et leurs installations, voir Webster, *Roman Imperial Army,* pp. 195-196, 251, 254.

212 R.W. Davies, "The Medici of the Roman Armed Forces", in *Epigraphische Studien* n° 8, 1969, 83-99, pour la hiérarchie, p. 86.

213 R.W. Davies, "Joining the Roman Army", *Bonner Jarhbücher* 169, 1969, pp. 208-213.

nement[214] et sur la spécialisation professionnelle[215] qu'on répondit à la question. Un document épigraphique de valeur unique nous donne un aperçu rapide sur le caractère des exercices militaires à l'époque d'Hadrien[216]. Malgré le ton officiel de son discours adressé aux troupes d'Afrique, la compétence technique des observations d'Hadrien donne toute son authenticité à ce document[217].

Seul un entraînement continu pouvait maintenir les qualités combattantes d'une armée qui s'installait pour une période indéfinie dans la vie militaire du temps de paix. De plus, comme les terribles mutineries de l'an 14 l'ont montré et comme le sac de Crémone durant la Guerre Civile devait le faire plus tard, la concentration d'un grand nombre d'hommes dans des légions pleinement conscientes de leur propre puissance en tant que forces principales de combat, faisait courir de graves risques à la société. Il n'est donc pas surprenant que la politique militaire mît surtout l'accent sur le maintien de la discipline plutôt que sur l'innovation. Hadrien lui-même, homme aux larges vues et grand expert militaire, ne fut pas un innovateur[218]. Au contraire, son objectif

---

214 Sur l'entraînement courant, voir *ibid,* pp. 209-210, et Watson, *Roman Soldier,* pp. 54-72. Des méthodes d'entraînement plus perfectionnées étaient utilisées, comme la construction de camps d'exercice. Un de ces derniers semble avoir été utilisé comme champ de tir d'artillerie ; voir R .W. Davies, "The Romans at Burnswark", *Historia* 21, 1972, pp. 107-108, 110.

215 David Breeze, in "The Organization of the Legion : The First Cohort and the *Equites Legionis*", JRS 59, 1969, p. 50, n. 7, note que plus de 154 spécialités différentes ont été recensées dans l'effectif de la légion sans toutefois compter les sous-officiers dans les centuries.

216 Cf. Ronald Syme, "Hadrian the Intellectual", *Empereurs romains d'Espagne,* pp. 243-253.

217 ILS, 2487, trad. Arnold H.M. Jones, dans son *History of Rome Through the Fifth Century,* 2 vol., New York, Harper and Row, 1970, vol. 2, *The Empire*, pp. 154-155.

218 Cependant, il était considéré comme *armorum peritissimus et rei militaris scientissimus* in *Vita Hadriani* dans SHA ; cité par Bernard W. Henderson, *The Life and Principate of the Emperor*

principal fut le rétablissement du service journalier et de la discipline à la suite des turbulences causées par les guerres de Trajan.

Sous Hadrien, les légions étaient déployées dans des bases fixes que, dans la plupart des cas, elles ne devaient plus jamais quitter ; les soldats fondèrent des familles non reconnues dans les établissements (*vici*) qui apparurent spontanément autour des bases militaires. On a parfois avancé que cet enracinement a diminué les qualités militaires en sapant l'esprit combatif[219]. Si l'armée romaine avait basé sa valeur uniquement sur le courage des hommes, la remarque aurait quelque fondement. Mais, en fait, la préférence pour une action calculée et méthodique fut la marque de l'armée romaine longtemps avant Hadrien. Selon Frontin, Scipion l'Africain répondit un jour à une personne qui critiquait sa prudence : "*ma mère a donné le jour à un général, non à un guerrier*" (*imperatorem me mater, non bellatorem, peperit*)[220]. Telles furent les armées d'Hadrien et de ses successeurs. Comme par le passé, l'armée romaine combattrait et vaincrait en s'appuyant sur une tactique saine, une stratégie méthodique, une organisation logistique exemplaire. Il n'était pas nécessaire pour triompher d'adopter la sauvagerie des guerriers barbares. C'étaient des soldats qui recevaient une paye régulière (portée à 300 deniers par Domitien)[221], des avantages à la retraite ainsi que des gratifications occasionnelles, au lieu de l'espoir incertain du butin ; ils pouvaient être maintenus en état de combattre par des moyens admi-

---

Hadrian, Londres, Methuen and Co, 1923, pp. 171. Voir la discussion, pp. 171-177, *contra* Marquardt et autres.

219 P.e. W. Weber, CAH 11, 312-313.

220 *Stratagèmes,* IV, 7, 4.

221 Sur la paye des légionnaires d'Auguste à Septime Sévère, voir Watson, *Roman Soldier,* pp. 89-92. Voir aussi pp. 97-99 sur la paye d'autres formations de citoyens, pp. 102-104 sur la cessation des paiements.

nistratifs : règlements, inspections, et l'exécution minutieuse des exercices prescrits.

Au cours du IIe siècle, il n'y eut que des changements mineurs dans l'équipement des légions[222], avec cependant une exception importante : l'introduction de la *carroballista,* une machine de guerre puissante, aussi mobile qu'un char, pouvant lancer des flèches ou des projectiles[223]. Elle était déjà représentée sur la Colonne Trajane et donc utilisée par l'armée[224] ; elle semble être devenue le type le plus important des matériels d'artillerie dans les forces légionnaires et elle était employée à côté d'un petit nombre de machines de jet plus lourdes et partant moins mobiles. L'introduction de la *carroballista* a dû augmenter encore plus les avantages de Rome dans la guerre au caractère hautement intensif à laquelle les légions étaient déjà si entraînées.

Mais le maintien de la sécurité aux frontières contre des attaques de faible ampleur, objectif principal de l'armée romaine au cours de la plus grande partie du IIe siècle, exigeait des forces plus légères entraînées et équipées pour la surveillance, la patrouille, les missions d'escorte et aussi pour des actions de faible envergure nécessitant des éléments très mobiles. Il n'est donc pas surprenant, par conséquent, que la proportion des troupes auxiliaires dans l'armée paraisse avoir augmenté pendant le IIe siècle[225]. De plus, il y avait une tendance à

---

222 P. Couissin, *Les Armes Romaines. Essai sur les origines et l'évolution des armes individuelles du légionnaire romain,* Paris, H. Champion, 1926. La tendance était d'utiliser des *pila* plus lourds et plus courts (pp. 363-369) ; le remplacement du lourd bouclier cylindrique par un autre plus plat et plus petit (pp. 390-395). Ces changements se sont généralisés à la fin de la période, sous les Sévères. L'auteur émet une opinion négative à leur propos mais n'en donne pas la raison.

223 Eric William Marsden, *Greek and Roman Artillery : Historical Development,* p. 190.

224 Richmond, "Trajan' s Army on Trajan's Column", p. 14.

225 C'est l'hypothèse générale, voir p.e. G.L. Cheesman, *The Auxilia of the Roman Imperial Army,* p. 168, où une force totale d'auxi-

accroître la diversification structurale et fonctionnelle. Par exemple, des *alae* milliaires et des cohortes furent soit incorporées, soit bien augmentées en nombre pendant la période post-flavienne (la première apparition d'une *ala* milliaire date de 85)[226]. Les nouvelles formations étaient vraiment nécessaires pour combler le vide entre les légions et les *auxilia* quingénaires, avec un effectif pratiquement le même à un dixième près : étant données les inévitables frictions que l'embrigadement des différentes unités entraînerait, les unités milliaires représentèrent, en gros, une force plus solide.

Il y eut aussi une innovation organique dans le sens opposé : l'apparition d'une nouvelle sorte de force, les *numeri,* qu'on attribue d'habitude à Hadrien, mais qui probablement existaient déjà sous Domitien[227]. Les *numeri* sont bien moins connus des historiens que les légions, les *alae* et les cohortes. On peut tout d'abord les identifier grâce à la composition de leurs noms : une désignation d'ethnie suivie dans la plupart des cas par une désignation de fonction[228]. Il est vraisemblable que les *numeri* étaient de plus petites unités que les *auxilia* quingénaires (300 hommes ?), et qu'en tant qu'unités ethniques récemment levées, elles conservaient un caractère national marqué, caractère que les *auxilia* avaient perdu depuis longtemps[229]. On sait que les

liaires (y compris les *numeri*) est évaluée à 220 000 hommes contre environ 174 000 hommes des troupes légionnaires.

226 Birley, "Alae and Cohortes Milliariae", pp. 55-60.

227 La première explication est celle généralement admise ; la seconde est celle de Forni, in "Contributo alla Storia della Dacia Romana", p. 25. Mais la question est controversée, on a émis l'hypothèse que le vrai concept de "*numeri*" est trompeur plus qu'artificiel. Voir Michael Speidel, "The Rise of Ethnic Units in the Roman Impérial Army", ANRW, 2e partie, vol. 3, pp. 202-231.

228 J.C. Mann, "A Note on the Numeri", *Hermes* 82, 1954, 502.

229 En d'autres termes, c'étaient des Barbares : *ibid,* pp. 505-506. Pour les *numeri* en général, voir Cheesman, *Auxilia of Roman Imperial Army,* pp. 85-90 ; Watson, *Roman Soldier,* p. 16 ; Webster, *Roman Imperial Army,* pp. 149-150 ; Syme, CAH 11, 132. Pour les

numeri ont été autorisés à conserver leurs cris de guerre particuliers, et on dit quelquefois que leur création eut pour but de raviver l'esprit combatif des *auxilia* devenus trop prudents[230].

Il convient de rappeler un fait important : la disponibilité immédiate et le bon marché du recrutement des *numeri*[231]. De plus, contrairement aux effectifs des *auxilia* réguliers, celui des *numeri* se renouvelait automatiquement au lieu de s'éteindre : les auxiliaires partant à la retraite recevaient la citoyenneté, aussi leurs fils étaient-ils candidats légionnaires plutôt que candidats auxiliaires[232], mais il n'en était pas ainsi des soldats des *numeri* et leurs fils prenaient du service hors des légions[233]. Cela était important : tandis que le problème du recrutement se posait constamment pour toutes les formations, il a dû être toujours moins aigu pour les légions mieux payées. D'un point de vue organique, des petites unités comme les *numeri* convenaient mieux au déploiement fragmentaire sur les frontières "fermées", comme en Germanie, où les portions de la frontière d'Hadrien, du Taunus occidental et de l'Odenwald

---

unités en Bretagne, voir Simpson, *Britons and the Roman Army,* pp. 131-135. Cf. note 227.

230 P.e. Watson, *Roman Soldier,* p. 16 ; l'*élan* est probablement inféré par les cris de guerre que mentionne Arrien (*Tactica,* 44).

231 Watson, *op. cit.,* pp. 99-101. Il ne semble pas qu'on ait des détails pour les *numeri,* mais il faut tenir compte de l'échelle hiérarchique : paye des légionnaires, 224 denarii, de *l'ala,* 200, de la cohorte *equitata*, 150, des auxiliaires à pied, 100 denarii.

232 Les troupes auxiliaires recevaient la citoyenneté au moment de la retraite, comme c'était le cas depuis l'époque de Claude ; les fils des auxiliaires pouvaient par conséquent prétendre à servir dans la légion. A.N. Sherwin-White, *The Roman Citizenship,* Oxford, Clarendon Press, 1939, pp. 191-192. Sous Antonin le Pieux, cependant, les fils d'auxiliaires ne la recevaient plus de leurs pères ; ils avaient à servir dans l'*auxilia* afin de devenir citoyens ; *ibid*, p. 215.

233 Mann, "A Note on the Numeri", p. 505.

étaient gardées par des fortins armés par des *numeri*[234]. Il est également possible que les troupes affectées aux forts milliaires du Mur d'Hadrien en Bretagne aient été des *numeri.* Dans les deux cas, il n'aurait pas été souhaitable, pour remplacer les *numeri,* de diviser les *alae* et les cohortes en un grand nombre de petites sous-unités. De plus, les *numeri* contribuaient à la diversité fonctionnelle des unités de l'armée romaine ; on ne peut les considérer comme des troupes de "catégorie inférieure".

Il était impératif de diversifier les forces complémentaires de cavalerie et d'artillerie pour compenser l'importance de l'infanterie légionnaire. Des cavaliers irréguliers nord-africains (*Mauri gentiles*) jouèrent un grand rôle parmi les troupes qui combattirent sous Trajan, il en est de même pour les archers orientaux ; les uns et les autres étaient considérés comme des irréguliers (*symmachiarii*) qui devinrent par la suite des *numeri*[235]. Tandis qu'il semble peu probable que les Romains aient considéré les *numeri* comme devant infuser aux troupes leur élan barbare, les archers à cheval étaient une formation typiquement orientale, et il était naturel de trouver des *numeri* d'archers à cheval originaires de Palmyre et de Sura, côte à côte avec des auxiliaires réguliers comme ceux d'Iturée. Des troupes montées utilisant des armes de jet étaient ce qui convenait le mieux à la défense des frontières, puisqu'elles pouvaient s'opposer avec succès aux tentatives de petits groupes insaisissables et aux escarmouches ; il n'est pas surprenant qu'elles aient été importantes dans la garnison du *limes Porolissensis* en Dacie, le long des Carpathes, qui n'avait pas de mur de défense continu[236].

---

234 Voir la carte (n. 40), p. 216 in Wilhelm Schleiermacher, *Der Römische Limes in Deutschland : Limesführer,* 3e éd., Berlin, Gebr. Mann Verlag 1967.

235 Garzetti, *L'Impero de Tiberio agli Antonini,* p. 439.

236 Forni, "Contributo", p. 214.

Outre les *numeri,* il existait quelques forces spécialisées plus sophistiquées : sous Trajan, par exemple, on leva une *ala* milliaire de lanciers (*Ala I Ulpia Contariorum*) ainsi qu'une autre montée sur dromadaires (*Ala I Ulpia Dromadariorum*)[237]. La première a pu être une unité expérimentale de cavalerie lourde de choc et la seconde, manifestement, un cas de spécialisation en fonction du terrain. Il est clair que, puisque l'armée romaine n'était plus une force indifférenciée capable de combattre n'importe où, des types de formation adaptés aux régions étaient devenus nécessaires : des unités montées sur dromadaires pour le désert, des archers à cheval pour les frontières "ouvertes" comme celles de Dacie et plus particulièrement de l'Euphrate, des unités armées du javelot léger (*Raeti, Gaesati*) pour les pays montagneux, etc.

La plupart des frontières exigeaient une combinaison de forces fixes pour armer les forts, les tours de guet et les postes de garde, et des forces mobiles, c'est-à-dire de la cavalerie pour les patrouilles et les missions d'escorte. À l'échelon provincial, on pouvait obtenir une force mixte en combinant des *alae* de cavalerie avec de l'infanterie auxiliaire ou même légionnaire ; mais au niveau strictement local, les difficultés de l'intégration de telles forces pouvaient être évitées en déployant les *cohortes equitatae.* Ces dernières paraissent avoir été constituées de 120 cavaliers et de 480 fantassins si elles étaient quingénaires et de 240 cavaliers, pour 800 fantassins pour les milliaires[238].

Quelquefois dissoutes sous l'appellation d'infanterie montée de rang inférieur, répudiées traditionnellement par les vrais cavaliers[239], il semble que les *cohortes equitatae* étaient, au contraire, des combinaisons organiques d'infanterie à pied et de cavalerie *légère,* c'est-à-dire une cavalerie pour le harcèlement tactique, contraire-

---

237 Birley, "*Alae* and *Cohortes Milliariae*", p. 55.

238 Davies, "*Cohortes Equitatae*", p. 752.

239 P.e. Cheesman, *Auxilia of the Roman Imperial Army,* p. 29.

ment à la cavalerie lourde. Dans le cas de conflits à grande échelle, la cavalerie et l'infanterie combattraient non pas en formation combinée[240] mais suivant leur nature respective ; cependant, pour les missions normales de sécurité aux frontières, il est clair que la combinaison cavalerie-infanterie des *cohortes equitatae* serait utilisée de façon organique, avec l'infanterie tenant les positions fixes du système tandis que les patrouilles de cavalerie couvriraient les zones proches de la frontière.

L'affectation des légions à des territoires donnés, découlant de leur déploiement dans des bases permanentes, soulève la question fondamentale de la flexibilité en cas d'opérations à grande échelle. Si les légions ne pouvaient plus quitter leurs bases, d'où pouvaient donc venir les forces expéditionnaires ? Une partie de la réponse nous est donnée par l'utilisation des *auxilia* pour la formation de la force expéditionnaire en cas de conflit d'intensité moyenne ; ce fut le cas des opérations en Maurétanie sous Antonin le Pieux vers le milieu du IIe siècle quand la seule légion d'Afrique (*III Augusta*) fut renforcée par des forces de cavalerie envoyées dans les bases relais de la côte : Portus Magnus, Cartenae, Tipasa[241]. À Tipasa, on a dégagé un mur de 2 700 m de long ; il protégeait le point de débarquement des forces

---

240 Davies, *op. cit.,* 754-763 passim. Davies démontre que les hommes des *cohortes equitatae* étaient de vrais cavaliers et non des fantassins montés, en tout cas ce n'étaient pas des troupes montées de second ordre. Mais il ne montre pas la différence entre la cavalerie légère, bonne pour la reconnaissance et les patrouilles de protection etc., et la cavalerie lourde entraînée et équipée pour le combat à cheval, c.à.d. pour charger *en masse* contre des concentrations ennemies à cheval ou à pied. La cavalerie des *alae* avait deux missions, elle était entraînée à combattre à la fois avec des armes de jet et des armes de choc comme le *contus* ; la cavalerie des *cohortes equitatae* n'était montée et équipée que pour le combat rapproché et pour les attaques avec les armes de jet ; en tant que telle, elle était destinée à n'être que de la cavalerie légère.

241 Marguerite Rachet, *Rome et les Berbères : Un problème militaire d'Auguste à Dioclétien,* Coll. Latomus, vol. 110, Bruxelles, Latomus, 1970, pp. 196-200.

prélevées en Europe, l'*Ala Flavia Britannica* (unité de cavalerie milliaire), l'*Ala I Ituraeorum Sagittariorum* (archers à cheval), *Ala I Ulpia Contariorum* (lanciers, cavalerie lourde) et une *Ala I Canninefatium*[242]. De telles unités devaient s'acclimater avant tout engagement sérieux et les dispositions prises pour assurer la sécurité au point de débarquement ont été manifestement efficaces.

Mais l'armée romaine ne pouvait se passer de forces légionnaires pour un conflit à grande échelle. Trois légions entières semblent avoir été envoyées en Orient pour combattre contre les Parthes sous Marc-Aurèle. C'étaient la *I Minervia,* casernée à Bonna (Bonn) en Germanie inférieure, la *II Adiutrix* d'Aquincum (Budapest) en Pannonie et la *V Macedonica* de Troesmis (près de Galatz) en Mésie inférieure[243]. Beaucoup plus fréquent était l'usage des *vexillationes,* détachements issus des légions, dont l'importance allait de très petites unités sous le commandement de centurions à d'importantes formations commandées par des légats de légions[244]. L'utilisation des *vexillationes,* qui a été longtemps pratiquée, s'est accrue considérablement après Trajan. Les légions dans leur ensemble avaient des liens étroits avec les lieux de leur casernement et, en conséquence, n'étaient pas facilement mises en mouvement car les soldats ne se faisaient pas à l'idée d'une séparation indéfinie d'avec leurs familles (encore illégi-

---

242 J. Baradez, "L'enceinte de Tipasa : base d'opérations de troupes venues de Pannonie sous Antonin le Pieux", in *Quintus Congressus Internationalis Limitis Romani Studiosorum,* Zagreb, 1963, pp. 75-77.

243 La preuve est commentée dans Birley, *Marcus Aurelius,* Londres, Eyre and Spottiswoode, 1966, p. 165.

244 Lucas de Regibus, *La Monarchia Militare di Galliene,* Recco, Nicoloso da Recco, 1939, p. 108. Il existe une monographie sur les *vexillationes* : Robert Saxer, *Untersuchengen zu den vexillationes des römischen Kaiserheeres von Augustus bis Diokletian,* Epigraphische Studien, Beihefte der Bonner Jahrbüchen, n° 18, Cologne, Böhlau, 1967.

times). Mais il était encore possible de trouver 1 000 ou 2 000 volontaires dans chaque légion en vue d'opérations loin de leurs bases.

Pour ne pas redéployer les légions entières, il y avait des raisons beaucoup plus sérieuses et beaucoup plus démobilisantes que la répugnance des hommes à quitter leurs foyers. Avec une sécurité aux frontières reposant maintenant sur l'implantation des forces *in situ* (plus que sur la crainte ressentie par les Barbares de leur puissance même éloignée), le retrait des légions pouvait entraîner une détérioration immédiate du processus diplomatique de surveillance des frontières au niveau local. Cette détérioration, à son tour, pouvait provoquer des attaques contre le territoire impérial. Il est vrai que quotidiennement, les tribus de l'autre côté de la frontière devaient compter avec les forces auxiliaires des forts de la frontière ; mais l'intégrité du territoire impérial était en fin de compte assurée par la "dissuasion préventive" émanant de la puissance concentrée des légions. Leur retrait tendrait à déstabiliser le rapport de force local et annulerait l'effet dissuasif, obligeant ainsi à faire reposer entièrement la sécurité sur la "capacité combattante" des forces laissées en place.

Quand, sous Marc-Aurèle, trois légions complètes (ainsi que plusieurs *vexillationes*) furent envoyées pour combattre contre les Parthes, les gouverneurs des provinces concernées reçurent l'ordre de compenser le départ des légions par une action "diplomatique". D'une manière compréhensible, dans la dissuasion, l'action diplomatique fut moins efficace, provoquant des troubles dans le nord sous Marc-Aurèle, immédiatement après l'issue victorieuse de la guerre des Parthes[245]. Il était

[245] Birley, *Marcus Aurelius,* p. 165. Pendant l'hiver 166/167, les frontières du Nord étaient défendues par des forces de *vexillationes* en attendant le retour des forces qui avaient été envoyées auparavant en Orient. Néanmoins, des incursions de grande ampleur se produisirent ; voir Jenö Fitz, "Réorganisation militaire au début des

plus efficace d'utiliser des *vexillationes* au niveau stratégique, comme cela s'est produit en 83-85 sous Domitien, quand C. Velius Rufus, en Germanie, avait sous son commandement une force provenant de neuf légions différentes[246]. Les éléments d'appui et les quartiers généraux des légions pouvaient alors être laissés en place, avec les soldats âgés et mariés, précisément ceux qui risquaient d'être moins utiles sur des théâtres lointains et qui, en revanche, étaient prêts à donner le meilleur d'eux-mêmes pour la défense de la frontière qui était le lieu de leurs foyers et de leurs familles. De plus, les officiers légionnaires et les sous-officiers rompus aux relations avec les indigènes d'au-delà de la frontière restaient en place, maintenant la "présence" psychologique de la légion en tant que moyen de dissuasion. Apparemment, cette situation n'était pas affectée outre-mesure par le départ de *vexillationes* d'importance moyenne. En tout cas, le développement des infrastructures militaires et civiles, routes, centres d'approvisionnement, dans toutes les régions de l'empire, rendait superflus les éléments logistique et d'appui des forces expéditionnaires : les éléments locaux d'appui et les infrastructures de base, déjà en place dans la zone des combats, pouvaient être "élargis" pour recevoir les *vexillationes* consistant uniquement en groupes légionnaires de combat, c'est-à-dire en cohortes. Cela, incidemment, allégeait les contraintes créées par le problème des transports.

Finalement, il y avait la question de la sélection des hommes. À moins d'avoir été exclus de leurs unités d'origine, plutôt que choisis par les chefs de détachement, les hommes des *vexillationes* étaient en général plus jeunes et plus aptes que le légionnaire moyen. Vraisemblablement, ils étaient libres de tout lien familial et aussi

---

guerres marcomanes", *Hommages à Marcel Renard,* éd. Jacqueline Bibaw, 3 vol., coll. Latomus, vol. 102, Bruxelles, 1969, vol. 1, pp. 262-274.

246 ILS 9200, cité par Syme, CAH 11, 163.

idoines pour les coups de main et l'action offensive qu'étaient résistants pour la défense de la frontière les hommes plus âgés, chargés de famille, laissés derrière.

6. Conclusion

Les forces expéditionnaires tirées de l'armée romaine, partout basées sur des positions fixes aux frontières, pouvaient avoir autant de puissance que les armées stratégiquement mobiles du commencement du principat. Une stratégie étudiée en vue d'une défense dissuasive – même si elle n'est en aucune façon une stratégie de “cordon” – ne pouvait bénéficier du très haut niveau de la puissance militaire “disponible” dans le système antérieur d'autorité hégémonique et d'armées mobiles. Tandis que, sous Néron, trois légions pouvaient être déployées en Judée, en 66, sans que cela entame le dispositif, l'armée de Trajan fut étirée presque jusqu'à la cassure en 116, et celle de Marc-Aurèle, encore plus, en 166. Plus tard, le manque de souplesse du système dut être compensé par le recrutement de deux nouvelles légions (*II* et *III Italicae*)[247]. La marge de sécurité du système était devenue dangereusement étroite.

247 J.C. Mann, “The Raising of New Legions during the Principate”, *Hermes* 91, 1963, p. 485.

Chapitre III

La défense en profondeur. La grande crise du IIIe siècle et les nouvelles stratégies

La réconciliation des traditions républicaines avec l'efficacité autocratique était la vertu éminente de l'artifice constitutionnel inventé par Auguste : le principat. La succession, qui n'était ni dynastique, ni vraiment élective, était son défaut majeur. Quand un empereur passable choisissait un successeur capable et en faisait son fils adoptif, tout était pour le mieux. L'adoption satisfaisait le sentiment dynastique de l'armée et du populaire sans heurter les préjugés antidynastiques du Sénat. Mais s'il n'existait pas de fils capable et qu'aucun ne fût adopté, alors devenait empereur celui qui, généralement par la force, se proclamait tel.

Pendant la période heureuse du IIe siècle, Trajan (98-117) fut adopté par Nerva et lui-même adopta Hadrien, qui vécut jusqu'en 138. Hadrien, à son tour, adopta Antonin le Pieux (138-161) qui adopta deux fils : Lucius Verus, mort en 169, et Marc-Aurèle, qui gouverna l'empire jusqu'en 180.

Ensuite, la chaîne des adoptions heureuses fut rompue. Marc-Aurèle n'adopta personne car un fils lui était né, Commode, tout à fait incapable de régner. Commode fut assassiné en 192. Trois mois plus tard, son successeur par acclamation, le vieux Pertinax, fut bientôt assassiné à son tour. La garde prétorienne, la plus puissante force militaire présente à Rome, arbitre obligé dans les successions, choisit de vendre cette prérogative. L'acquéreur, Didius Julianus, ne vit pas la fin de l'année. Septime Sévère, légat de Pannonie, amena avec lui tout le poids des légions de la frontière danubienne pour marcher sur Rome et réclamer le trône. Mais si un légat pouvait se proclamer empereur, un autre le pouvait aussi. Pendant cinq ans, Septime Sévère eut à lutter contre de graves soulèvements internes : d'autres légats, avec leurs légions, contestaient son droit tout comme il l'avait fait lui-même.

Après avoir défait ses rivaux, Septime Sévère entreprit une guerre à l'extérieur qui se révéla pleine de succès ; il mourut à York en 211 pendant la campagne. Ses deux fils naturels, Caracalla et Geta, héritèrent conjointement de la puissance impériale, comme l'avait fait Commode, et avec la même capacité à gouverner. Caracalla fut assassiné en 217 après avoir tué son frère cinq ans plus tôt. La succession obtenue par le meurtre et la guerre civile devenait la règle.

Entre la mort naturelle de Septime Sévère en 211 et l'accession de Dioclétien en 284, il y eut vingt-quatre empereurs plus ou moins légitimes et beaucoup plus d'usurpateurs ; c'étaient des personnages qui ne pouvaient imposer leur autorité à Rome. La plupart vécurent peu d'années, mais quelques usurpateurs régnèrent pendant plusieurs années sur des régions importantes de l'empire. En fait, le règne le plus long de cette période fut celui de l'usurpateur Postumus qui contrôla la Gaule pendant neuf ans. Les empereurs "légitimes" ne régnèrent en moyenne que trois ans. Un empereur, Decius (249-251), mourut au combat contre les Goths ; un autre, Valérien (253-260), fut capturé par les Perses et mourut en captivité ; Claudius II (268-270) mourut de la peste. Tous les autres empereurs et la majorité des usurpateurs furent assassinés ou périrent dans une guerre civile.

Les bouleversements sanglants au cœur du système impérial favorisaient les agressions venant de l'extérieur. Mais il est raisonnable de penser que la gravité de la menace extérieure avait augmenté indépendamment des bouleversements internes. Sur le Rhin et sur le cours supérieur du Danube, les voisins d'antan de l'empire, jusque là dispersés, avaient commencé à se fédérer au cours du IIe siècle pour former des groupes beaucoup plus importants et beaucoup plus menaçants, et cela avant que les soulèvements internes ne se produisissent. À la place des nombreux peuples connus aux deux premiers siècles de notre ère – Frisons, Bructères, Tenctères, Usipiens, Chattes, Hermondures, etc. –, l'empire dut affronter les fédérations plus importantes des Francs et des Alamans qui pouvaient rassembler beaucoup plus d'hommes pour l'attaque des frontières. Ayant eu pendant longtemps affaire à un adversaire unique dont l'unique culture s'était répandue dans la vie tribale, les divers Barbares se découvrirent un support culturel commun pour s'attaquer à l'empire. La diplomatie romaine trouva plus de difficultés à susciter des divisions parmi des Barbares qui maintenant avaient beaucoup en commun.

En Orient, le faible régime arsacide des Parthes fut renversé vers 224 par la dynastie perse des Sassanides ; le nouvel ennemi se montra beaucoup plus dangereux que le précédent. Pour l'empire, ce changement eut des conséquences catastrophiques, car sa stratégie globale pour contenir l'ennemi en fut perturbée. Septime Sévère avait combattu les Parthes avec plus de succès que n'importe quel Romain avant lui et sa réussite fut consolidée par l'établissement d'une frontière "scientifique" en Mésopotamie septentrionale sur la ligne rivière Khabur – Djebel Sinjar. Mais cela ne fut pas suffisant pour résister, une génération plus tard, à la poussée perse.

Les désordres intérieurs et les agressions étrangères n'étaient pas purement simultanés ; ils réagissaient réciproquement et d'une manière contrariante. Heureusement pour Rome, la territorialisation de l'armée (que la plupart des historiens modernes se plaisent à condamner) était déjà bien avancée : elle doit avoir joué le rôle de frein vis-à-vis de l'avidité des prétendants, car les soldats étaient probablement moins enclins à quitter les frontières pour combattre dans des guerres civiles si leurs propres familles et leurs propres terres risquaient d'être à la merci des envahisseurs. Néanmoins, les troupes n'étaient que trop fréquemment retirées des frontières, déjà soumises à des attaques, pour combattre dans des guerres privées entre empereurs et usurpateurs. Il existait aussi une relation plus subtile entre la menace extérieure et l'instabilité intérieure : l'usurpateur, dans une région, l'était en partie parce qu'il réagissait contre l'échec de l'autorité centrale, incapable d'assurer la sécurité des régions frontalières.

Cette action réciproque entre les désordres intérieurs et l'invasion étrangère avait des résultats désastreux : l'histoire du IIIe siècle est, en grande partie, celle des invasions, beaucoup d'entre elles rendues possibles par les tensions domestiques et quelques-unes si graves que Rome elle-même dut se protéger par une enceinte. Beaucoup de ce qui avait été entrepris et achevé depuis Auguste fut détruit sans remède. Détruite aussi toute l'idée que l'on se faisait de l'empire.

La plupart du temps, l'empereur du moment devait porter son attention sur les menaces de l'intérieur, même quand des attaques de l'extérieur étaient en cours : il était plus important de protéger la fonction impériale que d'assurer la tranquillité des frontières lointaines. Quelquefois, la sécurité externe était sacrifiée au bénéfice de la paix à l'intérieur : Philippe l'Arabe (244-249) abandonna la poursuite de la campagne contre les Perses commencée par son prédécesseur et sa victime Gordien III (238-244) pour obtenir un traité de paix rapide mais désavantageux, afin de retourner à Rome pour briguer la puissance impériale avant qu'un autre puisse le faire à sa place.

Le rapide succès des efforts de Dioclétien pour restaurer la stabilité politique et la sécurité territoriale de l'empire est la preuve que l'idéal d'un empire unifié était encore vivant, qu'une forme de patriotisme culturel était devenue prédominante et qu'un désir profond d'ordre était universel. Dioclétien (284-305), paysan devenu empereur à travers les grades de l'armée, n'était ni un paysan, ni un soldat naïf quand il revêtit la pourpre. Élevé dans le chaos et l'insécurité d'un demi-siècle, Dioclétien poursuivit sans relâche une politique de réorganisation intérieure et de renforcement systématique des frontières : la première illustrée par le fameux édit sur les prix, le second par la construction de solides forts autour du périmètre impérial.

Alors qu'il avait bénéficié lui-même d'un système de succession non codifié, Dioclétien inventa, ou au moins appliqua, des dispositions témoignant d'un réel génie constitutionnel qui devaient écarter le danger des guerres civiles. La tétrarchie, le pouvoir à quatre, devait produire les futurs empereurs avec la régularité d'une machine : deux co-empereurs égaux, un Auguste pour l'Occident, l'autre pour l'Orient. En 286, Dioclétien nomma Maximien co-empereur pour l'Occident, tandis que lui-même conservait l'Orient. Ensuite vint un raffinement : chaque Auguste aurait un César, empereur plus jeune ; en 293, Dioclétien choisit Galère comme son propre César et Constance I Chlore pour Maximien. Les deux Césars épouseraient la fille de chacun des Augustes, et par la suite lui succéderaient, et s'associeraient, à leur tour, un César. Les tétrarques pouvaient entrer en campagne en même temps dans leurs secteurs respectifs ; aucun territoire important de l'empire ne serait plus jamais laissé sans contrôle et l'on dissuaderait ainsi les usurpateurs. En 305, Dioclétien (et Maximien son co-empereur) abdiqua et se retira dans un somptueux palais en Dalmatie ; ce fut le seul empereur à se retirer volontairement des affaires. En 309, le système de la tétrarchie était déjà désorganisé. Six Auguste se disputèrent le titre d'empereur et il n'était pas possible, par conséquent, de prévoir une succession automatique. Néanmoins, l'institution du double gouvernement dura jusqu'à l'extrême fin de l'empire d'Occident, et les luttes désordonnées du IIIe siècle, pour la succession, ne se renouvelèrent pas.

L'empire, magnifique palais tombé en ruines, fut restauré sous la tétrarchie mais devint une forteresse aussi solide qu'austère. L'agent de cette transformation consistait en un parfait système d'impôt en nature, lequel, impitoyablement, exigeait d'un empire devenu une vaste base logistique les vivres, le fourrage, les vêtements, les armes et l'argent nécessaires pour la défense impériale. Dans le domaine militaire, les réformes de la tétrarchie marquent une étape critique dans la très lente transformation de la défense territoriale du IIe siècle en défense en profondeur de l'empire déclinant. La période de la tétrarchie fut celle de changements douloureux et sévères ; ils furent accomplis par un homme dont les réelles qualités ne peuvent être occultées même par les auteurs qui lui sont le plus hostiles. C'est dans le dur régime de Dioclétien que résidait la solution du sauvetage difficile de l'empire et de sa civilisation, tandis que dans la période apparemment plus heureuse de Constantin se trouvèrent les germes du désastre final.

1. Aperçu du système

Affrontée à un ennemi suffisamment mobile et fort pour franchir le périmètre défensif en suivant un axe de pénétration prévu à l'avance, la défense a, en principe, à choisir entre deux solutions. La première, couramment connue sous le nom de "défense élastique", entraîne l'abandon complet du périmètre avec ses fortifications et leurs infrastructures. En fait, la défense repose exclusivement sur des forces mobiles qui doivent l'être autant que celles de l'adversaire. On lutte ainsi des deux côtés sur un pied d'égalité : la défense peut être aussi concentrée que la force offensive, puisqu'il n'est pas nécessaire d'affecter des unités pour tenir une quelconque position fixe, ni de détacher des forces pour protéger le territoire ; en revanche, la défense, de ce fait, sacrifie tous les avantages tactiques normalement inhérents à son rôle (excepté la connaissance du terrain) puisque aucun des adversaires ne peut choisir le terrain et encore moins le fortifier à l'avance.

La seconde méthode opérationnelle est la "défense en profondeur", basée sur la combinaison de positions fortifiées indépendantes d'une part, et, d'autre part, de forces mobiles déployées entre ou derrière ces positions. Avec cette méthode, qui possède plusieurs variantes, tant anciennes que modernes, les opérations ne sont plus celles d'un affrontement symétrique entre des forces semblables. Tandis que l'adversaire possède l'avantage de la complète liberté de la concentration, la défense, elle, possède celui d'un appui réciproque entre les positions fortifiées indépendantes et les forces mobiles sur le terrain. Si les positions fortifiées sont suffisamment résistantes pour être encore debout après l'attaque sans qu'il ait fallu faire intervenir directement les unités mobiles, si ces dernières, à leur tour, peuvent résister ou éviter les attaques concentrées de l'adversaire sans avoir à rechercher l'abri des positions fortifiées, et finalement, si l'adversaire doit par la suite réduire ces positions afin d'avoir l'avantage[1], alors les conditions sont réunies pour que la défense en profondeur soit un succès. À un moment donné, tôt ou tard, l'adversaire sera affronté à une force supérieure, résultant de la combinaison des éléments fixes et mobiles de la défense.

Ce sont là les deux solutions générales répondant au défi d'une percée stratégique du périmètre que les défenses de celui-ci ne peuvent arrêter. Aucune n'offre la sécurité dissuasive d'une défense puissante du périmètre, mais les deux solutions présentent l'avantage d'une meilleure résistance. Du point de vue *tactique,* les deux méthodes emploient des types entièrement différents de déploiement et de conduite des opérations. Mais sur le plan *stratégique,* la différence qualitative entre les deux

---

1 L'adversaire doit nécessairement réduire ces positions parce qu'il a besoin d'utiliser les routes qui sont commandées par les places fortes de la défense pour assurer son support logistique.

méthodes est moins significative que le degré de leur application, car les deux peuvent être utilisées sur tout le territoire défendu, sur une base régionale, ou bien à un niveau purement local. À mesure que le degré d'application croît, la résistance à court terme du système croît également, mais la profondeur du territoire qui est susceptible d'être le champ de bataille doit augmenter aussi ; ceci devient coûteux pour le pays.

Parce que les Romains avaient développé un système d'ensemble de défense du périmètre au cours du IIe siècle, leur réaction aux premières invasions graves du périmètre impérial, qui eurent lieu sous Marc-Aurèle (vers 166), fut à la fois progressive et efficace. Ni le système de défense élastique, ni celui de défense en profondeur ne furent mis en œuvre. En revanche, sur les secteurs du périmètre les plus exposés, les fortifications de frontière furent renforcées et les garnisons augmentées : deux nouvelles légions (*II Italica* et *III Italica*) furent levées et déployées respectivement en Norique et en Rhétie, provinces qui n'avaient jusqu'alors pas reçu de légions[2]. La stratégie fondamentale du périmètre ne fut pas abandonnée, même quand le premier noyau d'une réserve stratégique fut créé une génération plus tard sous Septime Sévère. Au lieu de cela, d'autres tentatives furent faites pour palier les insuffisances locales du système de défense des frontières, en construisant des fortifications supplémentaires et en augmentant les garnisons.

Ce ne fut qu'après l'effondrement des défenses impériales, dû à la grande crise de la moitié du IIIe siècle et au désordre qui s'ensuivit, qu'une décision précise fut prise pour adopter une nouvelle stratégie.

À l'époque où et à l'endroit où les défenses des frontières étaient totalement balayées, la stratégie de

---

[2] H.M.D. Parker, *The Roman Legions,* Oxford, Clarendon Press, 1928, p. 167. Sur le déploiement de la *III Italica* à Regensburg, voir H. Schönberger, "The Roman Frontier in Germany", JRS 59, 1969, p. 172.

défense élastique était le seul remède mais, dans la mesure où un choix délibéré était possible, la stratégie fut celle de la défense en profondeur, basée sur la combinaison de forces fixes aux frontières et d'unités mobiles sur le terrain. Cependant, l'adoption d'une stratégie de défense en profondeur à la fin du IIIe siècle ne fut ni totale, ni définitive. *Chaque fois que la stratégie montrait des signes de succès durables, elle était rapidement abandonnée.* Dès que les forces armées romaines étaient capables d'acculer l'adversaire à la défensive, ou mieux encore, de reprendre le statut d'État-client, tout était mis en œuvre pour remettre sur pied le précédent système de sécurité dissuasive. C'était la caractéristique essentielle de la politique militaire de Dioclétien à la fin du IIIe siècle et de celle des plus heureux de ses successeurs jusqu'à Valentinien I (364-375), quand fut faite la dernière tentative sérieuse pour doter le territoire impérial d'une défense dissuasive.

Compter à long terme sur une stratégie de défense en profondeur entraînait le maintien d'un équilibre stable entre les incursions de l'ennemi et les contre-offensives de défense qui en résultaient. Les incursions étaient inévitables et, à moins d'être de très faible ampleur, ne pouvaient pas être interceptées sur la frontière elle-même, car ses garnisons avaient été réduites. Ne rencontrant que des postes de garde fixes et de faibles forces de patrouille sur la frontière, l'ennemi pouvait fréquemment la traverser rapidement sans être inquiété, mais dans le cas de défense en profondeur, cela ne signifiait plus que le système de défense avait été “tourné” et balayé. Au contraire, l'ennemi se trouverait engagé dans une zone de combat périphérique de profondeur variable, à l'intérieur de laquelle des forts grands et petits ainsi que des villes, des fermes, des greniers et des refuges fortifiés subsisteraient, chacun capable d'opposer une résistance contre un ennemi dépourvu de machines de siège. À l'intérieur et hors de cette zone, se trouvaient les forces mobiles de la défense, déployées pour combattre en rase campagne mais avec l'appui des places fortifiées.

Cet appui pouvait prendre plusieurs formes distinctes[3]. D'abord, les îlots fortifiés servaient de dépôts d'approvisionnement. Au bas empire, la grande supériorité que les Romains conservaient sur leurs ennemis était l'excellence de leur logistique ; leurs victoires ont été souvent le résultat d'affrontements entre des troupes romaines bien nourries et des envahisseurs affamés, qui n'avaient pu trouver sur leur passage de dépôts de vivres non défendus[4]. Les approvisionnements en vivres et en fourrage dans les dépôts fortifiés étaient interdits à l'ennemi alors qu'ils étaient mis à la disposition de forces défensives quand celles-ci avançaient pour reprendre le territoire temporairement envahi. L'installation de dépôts de vivres sur la frontière était la solution idéale du point de vue logistique, puisque le réapprovisionnement était disponible là où il était le plus nécessaire, c'est-à-dire au lieu de destination des forces. Des forces de cavalerie peuvent se déplacer en campagne à raison de 80 km par jour, mais il n'existait chez les Romains aucun transport logistique pouvant se déplacer à cette allure. Même dans le cas d'unité d'infanterie utilisant de bonnes routes, le réapprovisionnement à l'arrivée à destination était une solution meilleure que l'approvisionnement au départ, puisque des fantassins peuvent marcher à 5 km à l'heure tandis que de lourds charrois ne peuvent dépasser 6 km à l'heure[5].

---

3 Voir Lt-Col. Hamilton Tovey, *Elements of Strategy,* Londres, Eyre and Spottiswoode, 1887, pp. 133-134.

4 Tacite distingue les Chattes qui sont une exception parmi les Germains car ils vont à la guerre munis de leurs provisions (*Germanie,* XXXIII). Voir E.A. Thompson, *The Early Germans,* Oxford, Clarendon Press, 1965, pp. 140-149.

5 Les mules, chevaux et chameaux peuvent bien entendu se déplacer aussi vite sinon plus vite que les hommes, mais la charge qu'ils portent est lourde et un moyen économiquement rationnel exigerait l'utilisation de charrettes tirées par des boeufs. Les bœufs ont besoin de seize heures par jour pour le repos et la digestion et,

La deuxième fonction des positions fortifiées est plus essentiellement tactique. Les défenses fixes sur la frontière pouvaient utilement servir d'obstacles même aux points où le périmètre dans son ensemble n'avait pas l'effectif suffisant pour s'opposer avec succès aux incursions. Au bas empire, les anciennes bases reconstruites "en dur" en vue d'une longue résistance et les forts nouvellement construits servaient à s'opposer aux franchissements des rivières et aux passages des cols de montagne. Dans un projet rationnel de fortifications en profondeur, l'objectif consiste à répartir l'effet de barrière du terrain sur l'ensemble du secteur en interdisant le libre passage aux points les plus faibles. C'est la raison de l'implantation des forts le long du fleuve en face des gués qui caractérise la frontière Rhin-Danube au bas empire.

Une troisième fonction des forteresses indépendantes dans le dispositif de défense en profondeur est la possibilité de les utiliser comme bases pour la sécurité de l'arrière ainsi que pour les renseignements. Les forces impériales devaient se déplacer aussi vite que possible pour arriver à la concentration rapide que la nouvelle stratégie exigeait ; ainsi, elles ne pouvaient se permettre d'interrompre leurs propres communications afin de ralentir les incursions de l'ennemi[6]. Pour assurer la sécurité des mouvements de concentration des forces impériales, des convois de ravitaillement ainsi que des transports civils et en même temps, tout en s'opposant à l'utilisation par les bandes ennemies des voies de

---

de plus, sont très lents. On a calculé que la légion à effectif complet consommait 170 tonnes de blé par mois et une *ala* quingénaire un petit peu moins de 53 tonnes d'orge pour ses chevaux ; R.W. Davis, "The Daily Life of the Roman Soldier under the Principate", ANRW, IIe partie, vol. 1, p. 318.

6 Jusque très récemment, en Europe du Sud-Est, les tronçons des routes qui aboutissent à des frontières internationales étaient fréquemment laissés sans pavés, ce qui est une parade à l'invasion. (C'était vrai en Grèce et en Yougoslavie jusque bien après la seconde guerre mondiale.)

communication, on construisit des forts de loin en loin le long des grandes routes. Ces forts, dont l'effectif était faible, ne pouvaient pas s'opposer efficacement au passage d'importantes forces ennemies, mais ils pouvaient au moins intercepter des groupes isolés et des fourrageurs et ainsi les retarder en leur imposant des détours. L'objet de ce dispositif était en effet de ralentir l'ennemi en attendant les colonnes de secours envoyées vers les secteurs menacés. Au cours des invasions du IIIe siècle, avant la construction des forts le long des routes, des petites bandes de Barbares avaient pu pénétrer et parcourir rapidement des centaines de kilomètres à l'intérieur en utilisant les voies construites précisément pour faciliter les déplacements à l'intérieur de l'empire.

La quatrième fonction des forteresses indépendantes n'est importante que lorsque des forces mobiles d'intervention y sont casernées. Ces forces peuvent opérer des sorties pour attaquer un envahisseur sur son arrière, se repliant ensuite à l'abri des murs quand l'ennemi résiste efficacement. De telles opérations non seulement useront l'adversaire, mais aussi l'obligeront à concentrer ses forces plus qu'il ne l'aurait voulu. Cela pouvait devenir dangereux pour lui, puisque le principal problème tactique qui se posait aux forces mobiles romaines sur le terrain était d'en venir aux prises avec des forces d'invasion dispersées et insaisissables.

La cinquième fonction de ces forteresses indépendantes consistait à empêcher les pertes en hommes des unités mobiles en difficulté, en leur procurant un refuge temporaire. Dans une stratégie de défense essentiellement élastique, des unités mobiles numériquement plus faibles que l'adversaire ont à faire un choix difficile : s'enfuir ou être vaincues. Si des forteresses sont à leur portée, ces unités mobiles ne sont pas nécessairement hors de combat ou dispersées. L'empire se devait de conserver les rares forces bien entraînées et les forteresses jouaient ce rôle doublement, en augmentant la capacité défensive des garnisons à l'abri des murailles et en offrant un refuge temporaire aux unités mobiles qui, autrement, auraient été détruites ou refoulées du théâtre des opérations.

Ces forteresses avaient un inconvénient possible : des murs solides et de hauts remparts pouvaient, en fin de compte, saper l'élan offensif des forces qu'ils abritaient en soulignant la différence entre la relative insécurité du combat en rase campagne et l'abri offert par ces positions. Cependant, ce n'était pas inévitable. Comme c'est le cas de nos jours, l'effet démoralisant de l'abri offert par les fortifications pouvait être contre-carré par un entraînement et un commandement appropriés. On peut éviter le syndrome de la "Ligne Maginot" : les soldats mal commandés, qu'ils soient à l'abri d'une forteresse ou non, seront vaincus sur le champ de bataille.

Dans ce travail, j'ai admis l'hypothèse que les ouvrages fortifiés devaient normalement être capables de résister à une attaque directe, à condition qu'ils aient leurs effectifs et leurs approvisionnements réglementaires. Cependant, ce n'était pas le cas des forts romains du Ier et du IIe siècles. Les "forteresses" légionnaires et les "forts" des auxiliaires n'étaient à l'époque que des ensembles résidentiels, qui possédaient une enceinte sans avoir les caractéristiques de véritables forteresses. Cela correspondait parfaitement à leur fonction de bases d'opérations tactiques offensives, même si ces dernières se faisaient dans le cadre d'une stratégie défensive du territoire. Ces "forteresses" et "forts" étaient incapables de résister à des adversaires déterminés, avec leur vaste espace protégé par des murs peu épais et de faible hauteur, leurs fossés étroits qui ne servaient qu'à contrarier le passage de petites bandes (ou tout au plus qu'à briser l'élan d'une attaque subite). Même les plus primitifs des ennemis[7] pouvaient trouver le moyen de faire une brèche dans les murs de quelque cinq pieds

---

7 Pour l'adresse des Barbares, voir E.A. Thompson, *A Roman Reformer and Inventor : Being a New Text of the Treatise De Rebus Bellicis...*, Oxford, Clarendon Press, 1952, pp. 45-46.

seulement d'épaisseur (1,50 m) avec des béliers[8]. Les bases frontalières n'étaient pas là dans un but de défense tactique ; elles étaient simplement placées à cheval sur des voies de communication pour assurer des facilités logistiques et résidentielles. La longueur des murs d'enceinte n'était pas en rapport avec l'effectif des garnisons, à cause du large développement des installations intérieures et de la forme du périmètre (un rectangle et non pas une forme circulaire ou ovale de moindre périmètre)[9]. De plus, les murs manquaient de véritables remparts pour la défense et de tours en saillie, d'où on pouvait atteindre les parties extérieures des murs. Dans le cas où des tours existaient, elles n'étaient que décoratives (c'est-à-dire à peine saillantes), comme celles de la forteresse de Trajan à Eburacum (York), où des tours de 30 pieds/carrés (3 m^2) à la base ne saillaient que de 2 pieds (0,60 m) par rapport au mur[10]. Enfin, les bases des deux premiers siècles manquaient de larges bermes et de fossés (pour écarter suffisamment les machines de siège), de planchers intérieurs surélevés (pour s'opposer aux tentatives de sape), de portes protégées et de poternes permettant de faire des sorties. Tous ces aménagements devinrent habituels dans les fortifications du IIIe siècle et au-delà, intégrés dans divers dispositifs qui resteront des modèles d'architecture militaire pendant plus de cinq siècles.

---

8 Par exemple la forteresse d'Eburacum qui abritait des légionnaires, construite vers 107-108 sous Trajan et reconstruite sous Septime Sévère, avait des murs de 18 pieds seulement de haut (5,40 m) et 5 3/4 pieds (1,74 m) d'épaisseur ; R.M. Butler, "The Defences of the Fourth Century Fortress at York", in R.M. Butler (ed.) *Soldier and Civilian in Rome Yorkshire,* Leicester University Press, 1971, p. 97. Les murs des fortifications après le IIIe siècle étaient de 10 pieds d'épaisseur (3 m) ; voir Harold von Petrikovits, "Fortifications in the North-Western Roman Empire from the Third to the Fifth Centuries A.D.", JRS 61, 1971, p. 197.

9 Von Petrikovits, *op. cit.,* pp. 194-195.

10 Butler, "Defenses of the Fourth Century Fortress at York", p. 97.

On a suggéré quelquefois que cette transformation dans l'architecture romaine fut la conséquence d'une amélioration soudaine dans la poliorcétique des ennemis de Rome[11]. Cela paraît très improbable. La technique n'est pas un phénomène indépendant, mais le reflet des concepts culturels et économiques de la société et les Barbares n'avaient pas évolué d'une façon significative. Il est vrai qu'il y a des références à l'utilisation d'"engins" par les Goths au troisième siège de Philippopolis (Macédoine) en 267 et au siège de Sidé en 269, mais il est douteux que ces machines aient été autre chose que de simples béliers ou des tours d'assaut. En fait, tout indique que l'amélioration dans la technique de siège des Barbares, au cours des six premiers siècles, a été peu importante[12]. Seuls les Perses Sassanides étaient manifestement plus avancés.

Invoquer la "tactique" pour expliquer la révolution dans l'architecture militaire romaine est peu plausible, mais on peut en donner une explication stratégique claire, propre à n'importe quel type de défense en profondeur. Les bases romaines furent reconstruites en forteresse, non pas parce que les Barbares avaient appris à faire des brèches dans les murs – ce qu'ils ont toujours été capables de faire – mais parce que l'ennemi n'avait pas encore la capacité d'utiliser des machines de siège efficaces. Il était impératif que les forteresses résistassent à un siège en règle, sinon la défense en profondeur s'effondrerait rapidement et une défense élastique de la pire espèce lui succéderait. D'un autre côté, affrontant des Barbares non équipés pour franchir avec succès des

---

11 Von Petrikovits, *op. cit.,* p. 193 a attribué l'amélioration de la technique de siège des Goths au fait qu'ils avaient pris des villes en Grèce et en Asie Mineure. Mais ces villes ont été en paix pendant des siècles et il n'y a pas de raison de croire qu'elles possédaient le matériel et les hommes entraînés à la guerre de siège. L'auteur ajoute (p. 193) que les Francs et les Alamans "tentèrent très rarement d'assiéger une ville".

12 Thompson, *Early Germans,* pp. 133-134.

défenses efficaces convenablement armées, et incapables d'affamer des défenseurs bien approvisionnés, les forteresses étaient en mesure de résister pendant que les secours étaient en route ; par la suite, elles reprendraient leur rôle d'appui.

Le caractère général de la stratégie romaine de défense en profondeur était celui d'une "défense-en-arrière" contrairement à la "défense-en-avant" propre à l'ancienne stratégie aux frontières. Dans les deux cas, l'ennemi doit être tôt ou tard intercepté, mais tandis que la défense en avant exige qu'il le soit en avant de la frontière, de telle façon que la vie civile puisse continuer normalement à l'intérieur, la défense en arrière prévoit une interception uniquement à l'intérieur du territoire impérial, les dégâts étant limités par les points de défense, forts, villages, villes et même fermes. Le système antérieur de sécurité dissuasive avait été manifestement plus bénéfique pour les civils, mais il était devenu trop onéreux contre des ennemis devenus capables de concentrer des forces écrasantes sur un étroit secteur de la frontière. De plus, le système manquait d'élasticité, puisqu'il n'y avait rien derrière la ligne de défense de la frontière. Au contraire, la défense en profondeur pouvait survivre sans complètement s'effondrer, même après des incursions graves et prolongées. Et cette résistance s'ajoutait à la flexibilité de la stratégie impériale dans son ensemble : en présence de nombreuses menaces venant de différents secteurs, des armées pouvaient être redéployées pour y faire face, car entretemps, aucun dommage irréparable ne se produirait.

Pour les autorités centrales de l'empire, les principes stratégiques et les intérêts majeurs des provinciaux étaient deux choses absolument différentes et cette opposition devait avoir de graves conséquences politiques. Il y avait un lien étroit entre les fréquentes invasions du IIIe siècle et les nombreux troubles de succession en Bretagne, Gaule, Égypte et Afrique du Nord. La sécurité des provinces avait été sacrifiée à celle de l'empire dans son ensemble, et on pouvait excuser les provinciaux de n'avoir pas accepté la logique du système.

L'équilibre résultant des stratégies de défense en profondeur couronnées de succès était rarement maintenu très longtemps. Cette défense en profondeur réussie possédait une tendance innée à faire place à un renouveau temporaire de la stratégie antérieure de défense en avant ; si la stratégie ne se montrait pas efficace, elle laissait la place à une inévitable "défense élastique". L'objectif d'une défense en profondeur heureuse, assurant l'ultime maîtrise du territoire impérial, reprenait l'objectif des Antonins, c'est-à-dire protection dissuasive pour tous les territoires de l'empire contre des dangers quelle que soit leur gravité. L'objectif d'une défense en profondeur, en cas d'insuccès, était nécessairement ramené à celui d'assurer au moins la survie des forces mobiles sur le terrain, car elles avaient fréquemment l'empereur à leur tête. Quelquefois, malgré la flexibilité tactique d'une "défense élastique" (dans laquelle on pouvait toujours chercher la sécurité dans la retraite), les armées impériales ne réussissaient pas à atteindre cet objectif minimum : c'est ainsi que nous voyons l'empereur Decius tué par les Goths en 251, alors qu'il guerroyait dans l'actuelle Dobroudja ; Valérien capturé en 260 devant les murs d'Edesse, par le souverain Sassanide de Perse Shapur Ier ; et, défaite la plus grave, Valens tué et son armée massacrée par les Wisigoths devant Andrinople ; ce fut le grand désastre de 378.

Même quand il n'y avait ni retour complet à une défense dissuasive, ni une tendance élastique profonde, la dynamique de la stratégie était fondamentalement instable, essentiellement parce que la zone de défense qui devenait zone de combat faisait aussi partie de la base logistique à l'échelle de l'empire. Les Romains ne faisaient pas face à un unique ennemi ni même à un groupe défini d'ennemis dont la défaite finale leur aurait assuré une sécurité permanente. Quelle que soit l'importance des victoires romaines, les frontières de l'empire resteraient toujours sujettes à des attaques, puisqu'elles étaient des obstacles sur le chemin des migrations séculaires s'écoulant du nord au sud et de l'est vers l'ouest. La stratégie romaine ne pouvait donc tendre utilement à une victoire définitive à n'importe quel prix, car la menace n'était pas temporaire mais constante. Le seul objectif raisonnable était de maintenir un niveau minimal de sécurité au prix le plus bas possible pour la société.

Avec une stratégie heureuse de défense dissuasive, le coût total de la sécurité consistait en argent dépensé ouvertement pour l'entretien des troupes et en dépenses non apparentes concernant les réquisitions et la conscription. Une stratégie de défense en profondeur entraînait aussi un effort financier supplémentaire pour la société, le peuple le payant directement, et non par l'intermédiaire du collecteur d'impôt ou du sergent recruteur : c'étaient les pertes qu'infligeaient les incursions de l'ennemi. À court terme, ces charges n'avaient pas d'influence directe sur l'armée, puisqu'elle combattait avec des hommes déjà enrôlés et nourris avec du blé déjà moissonné. À très long terme, cependant, le poids de ces charges conditionnerait l'attitude du peuple et de l'élite envers l'idée même d'unité de l'empire ; il affecterait de façon décisive le moral des troupes autochtones et déterminerait finalement l'opinion que les habitants se faisaient de l'organisation impériale. Mais, à moyen terme, il y avait une relation directe entre, d'une part, le support logistique disponible pour l'armée (et par conséquent ses potentialités) et, d'autre part, l'ampleur géographique de la défense en profondeur.

Si la zone périphérique, théâtre de combats dans une suite d'incursions ennemies et de contre-offensives heureuses, restait étroite, les pertes infligées à la base logistique de l'armée seraient en conséquence limitées. Mais cette zone ne pouvait rester étroite que si la réaction des défenseurs était rapide, et cette rapidité de réaction s'opposait à la nécessité de disposer de temps pour rassembler en vue d'une contre-offensive, la force la plus puissante. Réciproquement, toutes choses égales par ailleurs, plus le degré de concentration est élevé, plus long est le temps exigé pour un déploiement de forces avant l'interception, et plus profonde est la pénétration de l'ennemi. En d'autres termes, il existait un rapport entre la capacité de résistance du système et le degré de destruction supporté par la base logistique impériale avant que l'ennemi ne soit repoussé.

C'était ce conflit de priorités entre l'effort demandé aux citoyens et à la logistique en cas d'interception différée d'une part, et les avantages stratégiques de la concentration préliminaire des forces la plus grande possible, d'autre part, qui aboutissait à donner un aspect cyclique à la stratégie impériale. Victorieuses, les armées impériales réprimaient les menaces majeures et ensuite triomphaient des tentatives d'incursion dans des délais de plus en plus réduits. À chaque fois, le dommage causé à la base logistique par une incursion était de plus en plus faible, et les armées impériales stationnées dans ces zones affectées se renforçaient progressivement ; et cela tendait à garantir – toutes choses égales par ailleurs – que les délais d'interception seraient encore plus courts... et ainsi de suite. En sens inverse, si les armées impériales ne remportaient pas de succès, les incursions étaient de plus en plus profondes, les dommages à la base logistique d'autant plus graves et les forces impériales vivant sur le secteur étaient de plus en plus affaiblies. Les forces mobiles rassemblées pour repousser l'ennemi devraient venir de points de plus en plus éloignés, retardant ainsi de plus en plus le moment de l'interception et, par conséquent, accroissant le dommage fait à la base logistique... et ainsi de suite.

Des chefs militaires capables, aidés par la fortune des armes, purent freiner, et même renverser la tendance descendante qu'avait prise la défense en profondeur à mesure qu'elle se détériorait. En Occident, il y eut plusieurs redressements importants, du IIIe siècle à la fin du IVe siècle, se terminant à chaque fois par un retour temporaire à une défense dissuasive aux frontières. Ainsi, dans la moitié orientale de l'empire, on surmonta la grave crise du Ve siècle, comme d'ailleurs beaucoup d'autres par la suite. Mais la tendance vers le bas qui commença en Occident après le règne de Valentinien (364-375) ne fut que partiellement redressée par la suite. Après la mort de Théodose I en 395, la tendance devint irréversible. Une grande partie de l'empire d'Occident devint alors le théâtre des luttes entre les armées barbares qui ravageaient le pays, soit qu'elles fussent là pour défendre un empire de jour en jour moribond, ou pour leur propre compte. Le but d'une stratégie de défense en profondeur, c'est-à-dire, finalement, la restauration complète de la sécurité dans le territoire, avait dégénéré en défense de plus en plus élastique qui n'avait d'avantage que pour ceux qu'elle protégeait en les rendant puissants. Les pertes de secteurs possédant une base logistique prirent un caractère permanent puisque l'autorité impériale fut mise entre les mains de peuples guerriers qui ne faisaient plus des incursions, mais plutôt occupaient ce qui jusqu'alors avait fait partie de l'empire.

2. La menace change de caractère

Le système de sécurité dissuasive d'Antonin avait toujours été fragile dans le cas d'attaques simultanées venant de directions différentes ; en 162, l'invasion de l'Arménie par les Parthes amorça une série de conflits qui devaient durer, avec quelques courts répits, jusqu'à la mort de Marc-Aurèle en 180[13]. La menace qui pesait sur le Danube, et à un moindre degré sur le Rhin, était permanente. La menace parthe, en revanche, était sporadique ; les guerres de Rome en Orient avaient un commencement et une fin, car l'adversaire était un État organisé. Le pays des Parthes et Rome demeurèrent adversaires, mais il n'y eut pas d'action guerrière entre

[13] Les sources à ce sujet sont excessivement pauvres ; voir le résumé récent dans Birley, *Marcus Aurelius,* Londres, Eyre and Spottiswoode, 1966, pp. 223-245, 283-286 et note 24.

eux de 117 à 162. Quand, en 162, le front oriental fut rouvert, des *vexillationes* tirées des légions, des auxiliaires, et même des légions au complet furent envoyées en Orient, ce qui entraîna un affaiblissement des frontières européennes. Il apparaît que, même auparavant, il y avait eu des incursions de la part des Chattes contre le *limes* du Taunus : la destruction de forts à la frontière est attestée[14]. À la même époque, on s'attendait à des troubles sur les frontières du Danube[15]. Les Romains surveillaient constamment les Barbares, et c'était réciproque : avec la réduction des effectifs dans les garnisons de la frontière, les Barbares envisagèrent naturellement des raids fructueux.

En 166, les armées de Marc-Aurèle renouvelèrent l'exploit de Trajan : elles défirent les Parthes, prirent Ctésiphon, et se répandirent sur le pays environnant, mais aucune nouvelle frontière ne fut établie[16]. La victoire en Orient fut suivie d'une guerre sans résultat en Occident. Au moment où les forces expéditionnaires revinrent d'Orient, apportant une grave épidémie de peste avec elles, les Quades, Marcomans et Iazyges traversèrent le Danube sur une grande partie de son cours ; ils déjouèrent ou même défirent les faibles garnisons aux frontières et des bandes grandes ou petites pénétrèrent profondément dans le territoire impérial[17].

---

14 P.e. Altenstadt ; Schönberger, "Roman Frontier in Germany", pp. 171-172.

15 Birley, *Marcus Aurelius,* p. 165, d'après SHA, *Vita Marci,* XII, 13.

16 David Oates, *Studies in the Ancient History of Northern Iraq,* Londres, Oxford University Press pour la British Academy, 1968, pp. 72-73. D. Magie, *Roman Rule in Asia Minor to the End of the Third Century after Christ,* 2 vol., Princeton University Press, 1950, vol. 1, pp. 660-663.

17 E. Demougeot, *La Formation de l'Europe et les invasions barbares...,* Paris, Aubier, 1969, pp. 215-219 ; J. Fitz, "A Military History of Pannonia from the Marcoman Wars to the Death of Alexander Severus (180-235)", *Acta Archaelogica Academiae Scientiarum Hungaricae* 14, 1962, 32-36 ; Pavel Oliva, *Pannonia and the*

Les *Scriptores Historiae Augustae* mentionnent une “conspiration” de Barbares : en fait, il n'y eut pas entente mais l'occasion parut favorable à tous[18]. En 167, les Quades et les Marcomans étaient à Aquilée, porte d'accès à l'Italie du nord-ouest[19]. C'était la menace militaire la plus grave qui frappait l'empire depuis le début du principat. Malgré une grave crise de l'impôt[20], et en dépit d'une insuffisance de main-d'œuvre, deux nouvelles légions, la *II* et la *III Italicae* furent levées vers 165[21]. Il fallut user d'expédients désespérés pour trouver des recrues[22]. De plus, des forces importantes d'auxiliaires et de *vexillationes* distraites des légions stationnées à la frontière furent déployées en tant que forces en campagne pour faire face à la nouvelle menace[23].

L'arrière-pays, non défendu, permettait à l'ennemi de faire des incursions de tous côtés ; cependant, cette menace n'était pas particulièrement sérieuse. Le dommage infligé par ces éphémères incursions de Barbares n'était dans la plupart des cas que superficiel. Aquileia,

---

Onset of the Crisis in the Roman Empire, Prague, Ceskoslovenske Academie Ved, 1962, pp. 260-278

18 SHA, *Vita Marci,* XXII, 1.

19 Giovanni Brusin, “Le Difese della Romana Aquileia e la loro cronologia”, *Corolla Memoriae Erich Swoboda Dedicata,* Römische Forschungen in Niederösterreich, 5, Graz et Cologne, Böhlaus Nachf., 1966, p. 87. Attilio Degrassi, II *Confina nord-orientale dell' Italia romana : Ricerche storico-topografiche,* Dissertationes Bernenses ser. 1, fasc. 6, Berne, A. Grancke, 1954, p. 113.

20 Oliva, *Pannonia and the Onset of the Crisis, 96-113* ; *Vita Marci*, XXI, 6-8.

21 Parker, *Roman Legions,* pp. 116-117. Voir aussi J.C. Mann, “The Raising of New Legions during the Principate”, *Hermes* 91, 1963, pp. 486-489.

22 Sur la prédominance à cette époque des *vexillationes* sur les légions à effectif complet, voir Romanelli, “L'esercito Romano nella representazione della colonna”, in *La Colonna di Marco Aurelio,* Rome : L'“Erma” di Bretschneider, 1955, p. 65 ; cf. Parker, *Roman Legions,* p. 168.

23 *Ibid.*, p. 114.

bien que dépourvue de troupes et sans enceinte, fut rapidement et d'une façon improvisée mise en état de défense et ne succomba pas. Les Quades et les Marcomans n'étaient ni organisés, ni équipés pour des opérations de siège ; leur action consistait à faire un raid de grande envergure, et leur objectif était plutôt le butin que l'occupation du terrain. Du fait qu'ils n'avaient pas endommagé sérieusement la base logistique de l'empire, la victoire définitive de celui-ci n'était qu'une question de temps. En 172, les Marcomans avaient été chassés de l'empire, et la paix leur fut imposée ; deux ans plus tard, ce fut le tour des Quades et en 175 le tour des Sarmates[24]. Quand les Quades et les Marcomans reprirent les hostilités en 177, elles se terminèrent par une grande victoire des Romains sur le Danube deux ans plus tard[25]. On suppose que Marc-Aurèle avait prévu une opération au-delà du Danube pour conquérir le berceau des Marcomans, et encore plus ; mais ce projet, si en fait il a été sérieusement envisagé, fut abandonné par son fils Commode à la mort de l'empereur en 180[26].

Il est impossible d'évaluer l'ampleur de la menace qui sévissait constamment dans la région danubienne et qui devint manifeste après 166. Parmi les sources fragmentaires sur cette période, on trouve, par exemple, trace de l'invasion en Pannonie de 6 000 Langobards et d'Ubiens qui avaient franchi le *limes* danubien[27]. Une légion avec ses auxiliaires aurait pu aisément défaire cette force, si l'ennemi avait pu être localisé et forcé à combattre. Mais ce qui n'est pas clair, c'est la significa-

---

24 Demougeot, *La Formation,* pp. 220-224 ; Birley, *Marcus Aurelius,* pp. 233-245.

25 Demougeot, *op. cit.,* pp. 224-227 ; Birley, *op. cit.,* pp. 272-286, passim.

26 Voir Oliva, *Pannonia... op. cit.*, pp. 299-304. Ceci va à l'encontre des sources citées y compris SHA, *Vita Marci*, XXIV, 5 ; cf. W. Weber, CAH 11, 355, 362.

27 Demougeot, *op. cit.,* p. 216 qui cite Dion, XLII, 3, 1 ; Weber, CAH 11, 352, rectifie ce total et le porte à 6 000 survivants d'une force plus importante.

tion du chiffre de 6 000 : correspond-il à une véritable invasion ou est-ce une vague d'incursion de moyenne ampleur ?

Heureusement, il n'est pas nécessaire de quantifier le changement afin de prouver que la menace généralisée à laquelle l'empire devait faire face durant et après le IIIe siècle était beaucoup plus préoccupante que celle des deux derniers siècles. Les sources narratives fournissent suffisamment de preuves pour montrer que les Goths de l'Est, dont les attaques vers l'ouest avaient atteint Tyras sur le Dniestr en 238 et qui traversèrent le delta du Danube quatre ans plus tard, étaient un adversaire bien plus redoutable que les Carpes et les Sarmates, qui avaient été jusqu'alors les ennemis les plus à craindre en Mésie inférieure[28]. De même, les Alamans, dont les attaques forcèrent l'évacuation du *limes* d'Antonin au-delà du Rhin et du Danube en 260[29], et les Francs sur le Rhin inférieur, qui traversèrent en masse la frontière, après l'effondrement de l'empire des Gaules en 275[30], étaient certainement plus à craindre que leurs prédécesseurs dans les mêmes secteurs. Rome dut faire face aussi aux nouvelles menaces des Saxons venues de la mer qui razziaient le sud de l'Angleterre et les côtes de la Gaule ; leurs méfaits semblent avoir été particulièrement intenses entre 268 et 282, comme le butin de pièces de monnaie le laisse entrevoir[31].

Des incursions venues de la mer au cours des Ier et IIe siècle eurent lieu, mais elles étaient limitées et localisées : de nouvelles incursions de Francs et de Saxons dans la Manche, de Goths, d'Hérules et de peuples

---

[28] Demougeot, *op. cit.*, p. 395. Sur les attaques des Goths en général, voir *ibid*, pp. 393-433 et John B. Bury, *The Invasion of Europe by the Barbarians*, 1928 ; réimpression, New York, Russel and Russel, 1963, pp. 3-22.

[29] Schönberger, "Roman Frontier in Germany", pp. 176-177.

[30] Demougeot, *op. cit.*, pp. 521-532 ; Schönberger, *op. cit.*, pp. 177-179.

[31] Sheppard S. Frere, *Britannia. A History of Roman British*, Londres, Routledge and Kegan, 1967, pp. 188-189.

associés sur les côtes de la mer Noire et du bassin oriental de la Méditerranée. Elles étaient d'un caractère différent : d'environ 253 jusqu'à environ 269, les Goths et les Hérules s'en prirent d'abord aux côtes de la mer Noire et plus tard à celles de la mer Égée, dans une série d'actions qui allaient croissant, laissant fréquemment leurs navires pour s'enfoncer profondément dans l'intérieur[32]. Ce faisant, des terres cultivables étaient dévastées et de nombreuses villes attaquées, mises à sac et quelquefois rasées : Pityus au cours de la première vague de raids venant de la mer en 253, Trapezus et d'autres villes de la mer Noire en 254 ou 255, Chalcédoine et Nicomédie ainsi que d'autres cités de Bithynie en 256, quand les Barbares allèrent par mer de l'Hellespont vers l'Égée[33]. Il s'écoula presque dix ans au cours desquels les attaques furent de moindre ampleur ; mais en 266 et 267, les Goths, les Hérules et leurs alliés se ruèrent encore une fois sur la Thrace, la Macédoine, la Grèce et l'Asie mineure ; ce furent des expéditions combinées par mer, tandis que, sur terre, les raids continuèrent[34]. Parmi les villes grandes et petites, Athènes, encore importante, mais, comme les autres, pratiquement sans défense, tomba entre les mains des Hérules venus par mer en 267. Au cours d'un des événements fameux dans l'historiographie, Dexippus rallia 2 000 Athéniens pour combattre les Hérules[35], mais Athènes était déjà tombée ; elle ne devait se relever qu'au cours du Ve siècle[36].

---

32 Demougeot, *op. cit.,* pp. 419-428 ; Alföldi, CAH 11, 147-150 ; Chester G. Starr, Jr, *The Roman Imperial Navy 31 BC - AD 324,* Cornell Studies in Classical Philology, vol. 26, Ithaca, Cornell University Press, 1941, pp. 194-196.

33 Demougeot, *op. cit.,* p. 419.

34 Alföldi, CAH 11, 148-149.

35 Fergus Millar, "P. Herennius Dexippus ; The Greek World and the Third Century Invasions", JRS 59, 1969, pp. 26-27.

36 Homer A. Thompson, "Athenian Twilight : AD 267-600", JRS 49, 1959, pp. 61-65.

Le problème de sécurité posé par l'apparition des attaques venues par mer était, du point de vue stratégique, d'une très grande importance. L'augmentation du coût, supporté par les finances impériales, pour créer une défense basée à terre de 4 800 km de côtes contre des incursions venues de la mer, était disproportionnée par rapport à l'ampleur de la menace[37]. De plus, alors que la maîtrise de la mer Noire et de la Méditerranée permettait d'assurer la sécurité à terre, il n'en allait pas de même en mer du Nord. Quelques milliers d'hommes attaquant par mer pouvaient infliger plus de dommages, et provoquer des mesures de défense plus coûteuses que ne l'aurait fait sur terre un nombre d'hommes deux ou plusieurs fois plus important. On dut créer pour la "côte saxonne" en Bretagne et dans le nord-ouest de la Gaule un dispositif de défense côtière entièrement nouveau. (Un *Comes Litoris Saxonici per Britanniam* mentionné dans la *Notitia Dignitatum* était chargé de la défense du secteur[38].)

Les sources narratives donnent, pour les effectifs armant les flottes d'envahisseurs et pour les armées des Goths et de leurs alliés, des chiffres anormalement élevés. On cite le nombre de 2 000 navires pour l'expédition des Goths en 267 et 320 000 guerriers traversant la Dobroudja[39]. Bien entendu, l'historiographie moderne réfute l'exactitude de ces chiffres, tout en reconnaissant que l'ampleur de la menace fut particulièrement grande, la plus grande à laquelle Rome dut faire face au cours du IIIe siècle[40]. Seules, des statistiques que nous ne possédons pas pourraient prouver que la menace était devenue plus intense et non pas que l'empire s'affaiblissait

---

37 Ce chiffre ne comprend pas les côtes insulaires et péninsulaires.

38 Frere, *Britannia,* pp. 188-189, 338 passim. Sur le *comes* et son commandement, voir *ibid,* pp. 212, 229.

39 SHA, *Vita Claudii,* VIII, 1 et VI, 4.

40 A. Alföldi, CAH 12, 149 ; Bury, *The Invasions of Europe,* p. 22, qui remarque que les chiffres sont grossièrement exagérés.

de plus en plus. Après tout, on constate un désordre intense dans la hiérarchie politique ; il se manifeste par des usurpations répétées qui bouleversent le fonctionnement de l'autorité centrale entre la mort d'Alexandre Sévère en 235 et l'avènement de Dioclétien en 284. On constate aussi des témoignages irréfutables de faiblesse économique et d'insuffisance dans le système fiscal. Mais le changement fondamental dans le monde extérieur à l'empire eut lieu en Orient et il fut sans conteste significatif. En 224-226, l'état parthe des Arsacides fut renversé par les Sassanides qui fondèrent le nouvel empire perse[41].

En un sens, tout le système de défense dissuasive au IIe siècle avait été fondé sur l'hypothèse implicite qu'un empire parthe en position de faiblesse subsisterait comme la seule puissance d'importance en Orient. L'État parthe était en mesure de s'opposer à l'autorité de Rome sur l'Arménie, mais la menace qu'il ferait peser serait épisodique : Trajan eut sa guerre des Parthes, Marc-Aurèle eut la sienne cinquante ans plus tard ; Septime Sévère lutta contre les Parthes en 195 et ensuite en 197-199 et, comme ses prédécesseurs, il fut victorieux. Chaque fois que les forces expéditionnaires romaines avaient été concentrées, immanquablement, les Parthes avaient perdu. Septime Sévère avait terminé sa campagne en organisant un *limes* permanent sur la ligne de la rivière Khabur – Djebel Sinjar, puis à l'Est du Tigre, où étaient stationnées ses deux nouvelles légions, *I* et *III Parthicae*[42].

Intermittente, la menace parthe était également limitée dans l'espace ; on ne trouve pas trace d'un projet arsacide de conquête visant la Syrie et la Cappadoce,

---

41 Voir Arthur Christensen, *L'Iran sous les Sassanides,* 2e éd., Copenhague, Ejnar Munskgaard, 1944, pp. 84-96.

42 Oates, *Studies in the Ancient History of Northern Iraq,* p. 93 ; S.N. Miller, CAH 12, 16-17, M. Besnier, *L'Empire romain de l'avènement des Sévères au Concile de Nicée,* Histoire ancienne, 3e partie ; Histoire romaine, vol. 4, Paris, PUF, 1937, pp. 24-25.

situées au cœur de l'empire. La faiblesse stratégique des États parthes était organique : assemblage d'États vassaux semi-autonomes sous suzeraineté arsacide, le royaume des Parthes était vulnérable aux manœuvres de la diplomatie romaine tendant à le diviser et il était visiblement incapable de mobiliser totalement les ressources militaires considérables du plateau iranien et des terres limitrophes.

Tout cela changea avec la venue au pouvoir des Sassanides. D'abord, le nouvel État était beaucoup plus centralisé que l'ancien, possédant des moyens d'autorité, administratifs et idéologiques qui avaient manqué aux Arsacides – et le plus important de tous, une religion d'État[43]. En second lieu, l'expansionnisme sassanide dépassa, presque dès le début, l'objectif des ambitions arsacides qui s'était limité à l'Arménie. Le premier des empereurs sassanides, Ardeshir, comme les plus énergiques de ses successeurs (en particulier son fils, Shapur Ier, 241-272), visait déjà la conquête de la Mésopotamie septentrionale et bien au-delà. Jusqu'à l'effondrement final de la puissance sassanide au VIe siècle, les Romains durent défendre la Syrie elle-même contre le "Roi des Rois d'Iran et de non-Iran"[44], comme se nommaient eux-mêmes les souverains d'après le titre de Shapur Ier le Conquérant. La troisième différence importante entre les menaces arsacides et sassanides résidait dans la tactique. Il est notoire que, sous les Sassanides, les tactiques combinées de cavalerie légère et lourde des Arsacides furent généralement améliorées, mais les Sassanides, à la différence des Arsacides, développèrent une poliorcétique appropriée[45]. La guerre en Orient consistant essentiellement en escarmouches et rares batailles de cavalerie suivies d'opérations de siège, les nouvelles facultés des armées sassanides, contre les villes, étaient d'une importance manifeste.

---

43 Christensen, *L'Iran...*, *op. cit.*, pp. 97-98.
44 *Ibid.*, p. 220.
45 *Ibid.*, pp. 207-212.

La simple chronologie suffit à montrer la continuité de la menace sassanide. En 230, Ardeshir attaqua le territoire impérial dans le nord de la Mésopotamie après une offensive malheureuse contre l'Arménie (gouvernée par un Arsacide, roi client de l'empire). Sévère Alexandre répondit en emmenant une armée en Orient qui gagna quelques batailles et en perdit davantage, mais réussit néanmoins à restaurer le *statu quo ante* en 233[46]. En 241, les Sassanides furent plus heureux, envahissant le nord de la Mésopotamie, y compris Nisibis et Carrhae, et étendant leurs conquêtes à l'Ouest jusqu'à Antioche[47]. Les Romains lancèrent une contre-offensive (sous le commandement nominal de Gordien III) en 242-243, mais cela n'aboutit pas à la restauration du *statu quo*. Dans le traité de paix de 244, conclu par le successeur de Gordien Philippe l'Arabe, Edesse et tout l'État-client d'Osroène à l'entour furent perdus ; le roi vassal Abgar XI se réfugia à Rome. La menace des Perses s'assoupit jusqu'en 252, où Shapur lança la première de ses grandes offensives ; par la suite, la guerre fut intermittente. Les chances de Rome furent au plus bas en 260, quand Valérien fut capturé à Edesse (il resta jusqu'à sa mort captif des Perses)[48].

À la fin, les tentatives sassanides du IIIe siècle pour repousser les frontières de l'empire jusqu'en Syrie échouèrent. Les campagnes des grands empereurs-soldats Aurélien et Carus, et plus tard Galère, rétablirent la prédominance romaine dans la région de façon définitive à la fin du siècle. Le traité de paix de 298 confirma la souveraineté de Rome sur l'Arménie et établit la frontière sur la ligne rivière Khabur-Djebel Sinjar-Lac de Van. Cette frontière devait connaître des

---

46 Magie, *Roman Rule in Asia Minor,* pp. 695-696 ; Oates, *Studies in the Ancient History of Northern Iraq,* p. 74 ; Besnier, *L'Empire romain de l'avènement des Sévères,* pp. 105-107.

47 W. Esslin, CAH 12, 86-88 ; Christensen, *L'Iran sous les Sassanides,* pp. 130-131.

48 Besnier, *op. cit.,* pp. 151, 153, 177-178.

alternances de paix et de guerre jusqu'au traité de Jovien avec Shapur II en 363, par lequel le nord de la Mésopotamie, y compris Nisibis, fut cédé finalement aux Perses[49].

Mais l'effet global sur l'empire romain de la pression sassanide était bien plus catastrophique que ne le laissaient supposer ces changements territoriaux. En fait, quand la menace croissante en Orient devint manifeste, le système entier de défense dissuasive fut déséquilibré. Comme la réserve de forces mobiles *disponibles* était limitée dans ce système, il était essentiel que l'on vînt à bout des menaces dans un secteur donné avant d'avoir à en affronter d'autres ailleurs. Les *vexillationes* légionnaires et les troupes auxiliaires concentrées sur le Rhin pouvaient être redéployées sur le Moyen Danube en quelques semaines ; avec des marches journalières de 8 heures à l'allure de 5 km à l'heure, une infanterie sans bagages pouvait aller des côtes de la Manche à celles de la mer Noire en moins de 50 jours. Cela signifiait que, pendant les mois d'été et d'automne, époque où les incursions des tribus étaient le plus probable, les mêmes unités pouvaient combattre aux deux extrémités de la frontière européenne de l'empire, et cela pendant la même saison de campagne. Il n'en était pas ainsi pour les troupes affectées à la Mésopotamie septentrionale, quel que soit le succès de leurs opérations. À cause de la plus grande distance, le coût élevé de la guerre contre les Perses dans ce système était hors de proportion avec l'importance des forces engagées, quel que soit leur nombre.

---

49 Voir W. Seston, *Dioclétien et la tétrarchie : guerres et réformes,* Bibl. des Écoles françaises d'Athènes et de Rome, fasc. 162, Paris, de Boccard, 1946, pp. 159-172. Sur le traité de l'an 298, voir *ibid,* pp. 172-174. Cf. Ernst Stein, *Histoire du Bas Empire : de l'État romain à l'État byzantin,* éd. et trad. J-R. Palanque, 2 vol., Paris et La Haye, Desclée de Brouwer, 1959, vol. 1, pp. 79-80 où la date est celle de 297. Sur le traité de 363, voir *ibid,* p. 171.

La menace sur le Rhin et sur le Danube était endémique, mais ce ne fut qu'à l'apparition d'une autre menace également endémique en Orient que la contrainte globale sur les forces disponibles de l'empire devint accablante. Par la suite, des pressions simultanées sur des secteurs éloignés cessèrent d'être l'exception et furent la règle. Ainsi, les grandes attaques des Alamans sur les frontières de la Germanie supérieure et de la Rhétie en 233 (la destruction de plusieurs forts frontaliers est attestée)[50] entraînèrent la fin de la contre-offensive romaine contre Ardeshir, premier de la dynastie sassanide. De même, l'effondrement final de la frontière entre Rhin et Danube eut lieu (en 260)[51] à un moment où la pression en Orient était à son plus haut niveau : les forces de Shapur avaient même pris Antioche en 256, tandis que les incursions par mer des Goths et des Hérules avaient atteint leur apogée en Asie mineure.

On pouvait percevoir une double interaction, intentionnelle ou non, entre la fréquence des attaques des Goths sur mer et sur terre et l'intensification de la pression perse en Orient. En 250, l'empereur Décius se mit en route pour rétablir la frontière du bas Danube, et après avoir chassé les Carpes de la Dacie Malvensis, ses forces attaquèrent les Goths qui avaient pénétré en Thrace et les forcèrent à lever le siège de Nicopolis[52]. Une guerre de manœuvres stratégiques força les Goths à se retirer vers le nord, dans la Dobroudja. Mais une défaite tactique catastrophique annula les effets d'une victoire stratégique apparente : l'armée de Décius en

---

50 Schönberger, "Roman Frontier in Germany", p. 175 qui décrit les attaques comme étant "un événement décisif dans l'histoire de la Germanie supérieure et de la Rhétie".

51 *Ibid.*, p. 176.

52 Sur les Carpes, voir Demougeot, *La Formation...*, pp. 437-39. Sur les Goths en général, voir le résumé dans Lucien Musset, *Les Invasions : les vagues germaniques,* Nouvelle Clio, n° 12, Paris, PUF, 1965, pp. 80-82. Sur la suite des événements, cf. Demougeot, *La Formation...*, pp. 409-411.

campagne fut détruite à Abrittus (en Dobroudja centrale) en 251[53]. En 252, Shapur déclencha une offensive de grande ampleur en Orient. Au cours des quatre années suivantes ce fut le déluge : la Dacie était submergée par les envahisseurs, les Goths atteignirent Salonique, des incursions par mer ravagèrent les côtes, et les armées de Shapur conquirent le pays jusqu'à Antioche, tandis que dans l'ouest les Francs et les Alamans soumettaient toute la frontière du Rhin et le haut Danube à des pressions presque constantes. Les attaques dans l'ouest atteignirent leur maximum en 260 – l'année même du désastre de Valérien, quand l'avance de Shapur menaça même la Cilicie et la Cappadoce[54].

De nouvelles fédérations d'anciens voisins de l'empire, comme les Francs et les Alamans, des arrivées relativement récentes dans le voisinage immédiat des *limites,* comme celles des Gépides, des Goths, des Hérules et des Vandales (les Asdings en face de la Pannonie et des Silinga sur le Main), ainsi que des ennemis établis de longue date comme les Carpes et les Sarmates, tous ces peuples pouvaient constituer ensemble une menace plus grande que celle de leurs prédécesseurs ; mais ceci ne peut être prouvé. Mais outre le changement qualitatif dans la nature de la menace en Orient, on assiste aussi à une détérioration qualitative du fonctionnement de l'autorité impériale. Tandis que quelques usurpations étaient le contre-coup d'atteintes à la sécurité et n'en étaient pas la cause puisqu'elles émanaient d'hommes qui s'efforçaient d'être des défenseurs de la sécurité (ou bien constituaient des affirmations régionales de l'intérêt de la région pour sa sécurité) – d'autres, mani-

---

53 Demougeot, *op. cit.,* p. 412.

54 Sur la Dacie, voir *ibid,* pp. 434-442 ; sur les incursions des Goths ap. 250 et leurs victoires, voir *ibid,* pp. 416-425 ; sur la formation de la fédération des Francs et leurs attaques jusqu'à environ 260, voir *ibid,* pp. 465-489 passim ; sur la menace de Shapur en Anatolie orientale, voir Besnier, *L'Empire romain de l'avènement des Sévères...,* p. 178.

festement, *entraînaient* l'affaiblissement des frontières. Des forces aux frontières pouvaient être retirées pour prendre part aux luttes internes pour le pouvoir. Ainsi, nous constatons que les défenses sur le Rhin furent dégarnies en 253 quand Trebonianus Gallus envoya des troupes pour combattre Aemilianus ; la campagne de Gallien contre Ingenuus en 258 ; et le redéploiement vers l'Italie, par Postumus l'empereur gaulois, des troupes stationnées à la frontière, en 269[55].

À cause des ponctions répétées de soldats pour les *vexillationes,* les bases légionnaires, à la fin du IIIe siècle, étaient probablement occupées en grande partie par de vieux soldats et aussi par ceux qui n'étaient pas bons pour le service en campagne. Ce n'était pas le système d'Hadrien consistant en une sécurité dissuasive grâce à une "défense en avant", qui était mis à l'épreuve dans la crise du IIIe siècle mais seulement l'enveloppe vide de ce système privé de l'élément indispensable de la mobilité tactique et dépourvu de son élasticité stratégique. Les Alamans, qui avaient pénétré par la vallée du Neckar et avaient envahi le *limes* de Germanie supérieure et de Rhétie en 260, étaient probablement plus forts que les Chattes que Domitien avait refoulés avec succès au-delà du Taunus, mais il est certain que les frontières impériales qu'ils attaquaient étaient devenues beaucoup plus faibles.

Outre la réduction des effectifs et la baisse de qualité des hommes, il y avait maintenant une disparité fonctionnelle entre l'infrastructure des fortifications, la stratégie et la nature des troupes destinées à la mettre en œuvre. Des troupes statiques, particulièrement attachées à leur secteur en vertu de leurs propres intérêts locaux, auraient été vraiment utiles si elles avaient été déployées dans un système de défense des frontières organisé pour mettre en valeur leurs qualités particulières. Les frontières, cependant, étaient encore organi-

---

55 Demougeot, *La Formation...,* p. 466.

sées pour appuyer, en principe une tactique offensive et elles n'étaient plus adaptées, de ce fait, à leurs défenseurs. La réorganisation des défenses frontalières pendant et après le IIIe siècle fut par conséquent une adaptation réaliste du système aux ressources. On ne pouvait pas s'attendre à ce que des troupes statiques et ressemblant de plus en plus à une milice puissent servir effectivement comme forces mobiles de frappe ; mais si on les mettait derrière des murs solides et de hautes tours, il y avait des chances pour qu'elles tiennent aussi longtemps que les meilleures troupes mobiles. En même temps, bien entendu, la qualité des troupes à la frontière était fonction de la stratégie qui maintenant tendait à équiper les armées mobiles en campagne du meilleur matériel de combat. Une fois accompli ce changement stratégique, il était nécessaire de changer aussi la tactique de défense des frontières : les troupes frontalières du IIIe siècle n'étaient pas en mesure d'exécuter avec succès la tactique de "défense en avant" du IIe siècle mais elle pouvait parfaitement armer de façon satisfaisante les éléments fixes de la défense en profondeur.

3. Les nouvelles frontières de l'empire

En 298, la grande victoire de Galère (César de l'empereur Dioclétien) permit à Dioclétien de conclure avec les Perses un traité de paix qui devait durer 30 ans. Les termes en étaient très avantageux : la frontière romaine était repoussée au-delà de Singara, courant au nord-est le long du Tigre et s'infléchissant ensuite à l'Ouest au Sud du Lac de Van[56]. Elle était à la fois plus avancée et plus facile à défendre que l'ancienne frontière, soumise constamment à la pression sassanide depuis 230 et maintes fois transgressée dans les années troublées qui suivirent.

---

[56] Seston, *Dioclétien et la tétrarchie,* pp. 173-174. Cf. carte de 309 ap. JC in Stein, *Histoire du Bas-Empire,* vol. 1, livre 2.

En Orient, et là seulement, l'empire sortait de la tempête du IIIe siècle avec une position stratégique renforcée et même avec quelques gains territoriaux. Toute la bande côtière s'étirant de l'Égypte à l'Anatolie était une fois encore protégée par un large saillant de territoire impérial, articulé sur la ligne rivière Khabur – Djebel Sinjar – Tigre en Mésopotamie septentrionale. Comme auparavant, le désert syrien au sud et les hautes terres d'Arménie au nord se trouvaient hors de la frontière : si le saillant du nord de la Mésopotamie était fortement tenu, il pouvait à lui seul protéger les provinces orientales contre une attaque perse et aussi assurer la sujétion des Arabes éparpillés au sud ainsi que celle des populations des montagnes d'Arménie au nord[57].

Partout ailleurs, la réorganisation des défenses impériales sous Dioclétien et la tétrarchie vit les pertes l'emporter habituellement sur les gains. Les provinces de Dacie au-delà du Danube avaient été perdues progressivement et, sous Aurélien (270-275), la frontière avait retrouvé le tracé d'avant Trajan le long du fleuve[58]. C'était encore vrai en Germanie, où les terres à l'est du Rhin et au nord du Danube en Germanie supérieure et en occidentale avaient été abandonnées et la frontière ramenée à la ligne Rhin-Ill-Danube en 260[59]. Aux extrémités de l'empire, il y eut un retrait semblable en Maurétanie Tingitane qui se réduisait à une tête de pont semi-circulaire au sud de Tingis (Tanger) par l'abandon du *limes* méridional de Volubilis et aussi du saillant à l'est (ce dernier a pu servir à relier la Tingitane avec la

---

57 Cf. J.C. Mann, "The Frontiers of the Principate", ANRW 2, vol. 1, pp. 524-525 ; sa thèse est ici controversée *in extenso* (chap. II).

58 La perte de la Dacie se fit progressivement, avec l'abandon précoce du *Limes Transalutanus.* Voir Demougeot, *La Formation,* pp. 434-442,452-457 ; et C. Daicoviciu, *La Transylvanie dans l'Antiquité,* Bucarest, non publié, 1945, pp. 165-187. Sur la responsabilité de cette perte, voir Eugenio Manni, *L'Impero di Gallieno... op. cit.,* 1949, pp. 26-31, où chaque phase de l'abandon est précisée.

59 Schönberger, "Roman Frontier in Germany", pp. 176-177.

Maurétanie Césarienne et avec le reste de l'Afrique du Nord romaine[60]). En Égypte aussi, le glacis méridional du Dodecachoinos en Nubie fut abandonné et la frontière ramenée à Éléphantine au niveau de la première cataracte[61].

Bien que ces pertes territoriales reflétassent dans une large mesure la force des événements, la réorganisation des frontières par la tétrarchie présente aussi des signes évidents d'une politique délibérée. Il se pouvait bien que les Alamans, les Burgondes et les Juthunges fussent vraiment trop puissants pour être délogés des *agri decumates* et de tout le saillant Rhin-Danube, mais il est aussi patent qu'étant donnée une stratégie de défense en profondeur, les Romains ne trouvaient plus avantageux de tenir le *limes* d'Antonin qui aurait traversé ce saillant à sa base. Si le massif du Taunus était tenu fortement, il pouvait fournir une base stratégique pour des attaques vers le sud contre des ennemis faisant pression sur les *agri decumates* ; en revanche, il n'était plus très utile si la stratégie prévoyait de s'opposer à des attaques de grande ampleur à l'intérieur du territoire impérial.

La situation était la même en Dacie. Là, avec les Carpes et les Wisigoths établis sur les hautes terres de Transylvanie et en Valachie, les Taifales en Olténie et les Sarmates encore dans le Banat (mais soumis à la pression des Vandales Asding établis dans ce qui est aujourd'hui la Hongrie orientale)[62], il aurait été sans doute très difficile de rétablir l'autorité de Rome sur la Dacie (c'est-à-dire la Transylvanie et la tête de pont de l'Olténie). Mais une stratégie dissuasive était mise en œuvre ici : la défense en profondeur voulue par la

---

60 Mann, "Frontiers of the Principate", p. 529.

61 J. Lesquier, *L'Armée romaine d'Égypte d'Auguste à Dioclétien,* Le Caire, Institut français d'Archéologie orientale, 1918, pp. 474-477.

62 E.A. Thompson, *The Wisigoths in the time of Ulfila,* Oxford, Clarendon Press 1966, pp. 3-6.

tétrarchie était peu profonde, comme nous le verrons, et n'exigeait pas de saillant trop marqué. Les légions et les unités de cavalerie de chaque province renforcées, si nécessaire, par des forces expéditionnaires devaient défendre le territoire provincial à une échelle provinciale. Au contraire, le système précédent de "défense-en-avant", appuyé sur la Dacie, avait eu un caractère régional avec la province de Dacie formant un saillant défendu d'où on pouvait engager des contre-offensives de flanc vers le Banat à l'ouest et vers la Valachie à l'est. Que la nouvelle stratégie ait été ou non la bonne d'un point de vue conceptuel, il est clair que son adoption réduisait considérablement la valeur militaire du saillant dace[63].

Le retrait en Tingitane fournit une preuve décisive de la valeur d'une telle conjecture stratégique. En Afrique du Nord, les attaques incessantes des Maures et des Baquates en 240-245 se terminèrent par une attaque générale de nomades et de montagnards en 253-262 ; la Maurétanie Césarienne, la Sitifienne et la Numidie – et peut-être la Proconsulaire (aujourd'hui la Tunisie) – furent touchées[64]. Des campagnes punitives locales rétablirent l'autorité romaine à chaque fois, mais en 288 il y eut un nouveau soulèvement affectant toute la région et, cette fois l'empire pouvait répondre enfin avec de grands moyens.

Débarquant en Tingitane après avoir traversé le détroit qui la sépare de l'Espagne, Maximien, Auguste

---

63 Sous Constantin, qui reprit la stratégie offensive de la défense en avant, un pont fut construit sur le Danube en 328 pour permettre l'accès à la vallée de l'Olt. Cette tête de pont sur le Danube était utilisée, comme la Dacie l'avait été dans son ensemble comme base pour des attaques de flanc. En 332, les Wisigoths (alors attaquant les clients Sarmates dans le Banat), furent attaqués de flanc par une force romaine arrivant par la vallée de l'Olt et subirent une grave défaite ; voir Thompson, *Wisigoths,* pp. 10-12 ; sur la stratégie, voir Stein, *Histoire du Bas Empire,* pp. 128-129.

64 M. Rachet, *Rome et les Berbères : un problème militaire d'Auguste à Dioclétien,* pp. 238-250, 252-254.

junior de Dioclétien, amenait une armée expéditionnaire en Afrique du Nord, composée de cohortes prétoriennes, de *vexillationes* de la *XI Claudia*, d'Aquilée, de la *II Herculia,* de Mésie inférieure, et de la *II Traiana* d'Égypte, de *numeri* germains et gaulois, de recrues thraces ; peut-être appela-t-il aussi des vétérans[65]. Prenant les grands moyens, Maximien avança sur toute la façade de l'Afrique du Nord, de Tanger à Carthage. Là, le 10 mars 298, Maximien fit une entrée triomphale après avoir défait les Baquates, les Bavares et les Quinquegentanei, avoir poursuivi les Berbères du Rif, de l'Aurès et de la Kabylie jusque dans leurs montagnes[66], et avoir refoulé les tribus nomades dans le Sahara[67].

L'offensive pacificatrice de Maximien avait été très heureuse, et pourtant ce fut à ce moment-là que Volubilis et son *limes* furent évacués[68]. Ici comme dans les autres secteurs, il y avait une logique dans cette combinaison singulière de victoire et de retrait : la victoire avait créé les conditions favorables pour la réorganisation de la frontière, dictées par des considérations stratégiques à l'échelle de l'empire. Il n'y a aucun doute que les Barbares après leur défaite pouvaient être assujettis et une zone tampon sous l'autorité des clients, établie en avant des nouvelles limites. Les Romains pouvaient espérer qu'étant données les lourdes pertes des tribus, les survivants respecteraient au moins pour un temps l'inviolabilité du territoire romain.

Le retrait du sud de l'Égypte conforte ce schéma. Dans ce secteur, il est sûr que la nouvelle ligne de

---

65 Seston, *Dioclétien,* p. 119, n. 1.

66 *Ibid.*, pp. 117-120 ; Rachet, *Rome et les Berbères,* pp. 254-256.

67 Brian H. Warmington, *The North African Provinces from Dioclétien to the Vandal Conquest,* Cambridge University Press, 1954, p. 8, pour un bref survol de la question ; sur le fond, voir Seston, *Dioclétien,* pp. 116-117.

68 Voir Rachet, *op. cit.,* p. 256 ; M. Euzennat, "Limes de Volubilis", in *Studien zu den Militärgrenzen Roms. Vorträge des 6 Internationalen Kongress in Süddeutschland*, Cologne-Graz, Bohlau Verlag, 1967, pp. 198-199.

frontière (appuyée sur Éléphantine) était protégée par le recours à la clientèle : les Nobades sédentaires étaient établis sur le Nil afin de contenir la poussée des Blemmyes nomades[69]. Comme par le passé, une frontière sûre devait être suffisamment forte pour assurer la soumission des clients forts établis au-delà, clients qui pouvaient participer activement à la défense de la frontière en relevant les troupes romaines de la tâche quotidienne de riposte contre des menaces de faible ampleur. La nouvelle stratégie cessa de tendre vers une défense en avant et n'exigea absolument pas de glacis de clients sûrs ; il n'était plus question dorénavant de positions avancées et de saillants offensifs.

Les frontières de l'empire, qui subsistèrent après ce qu'on peut appeler le naufrage du IIIe siècle, furent "rationalisées" : des saillants exposés, faibles au plan géographique mais stratégiquement utiles, cédèrent la place à des frontières plus simples le long des fleuves en Europe et plus courtes dans les régions désertiques d'Afrique du Nord. Ce ne fut qu'en Orient qu'on rétablit une frontière de défense en avant, une fois de plus de propos délibéré. Bien que, après des débuts difficiles, Galère ait défait complètement l'armée sassanide en 297, Dioclétien se contenta de l'ancienne frontière établie par Septime Sévère, à l'exception de l'adjonction de quelques petites satrapies au-delà du Tigre (pour lesquelles le roi d'Arménie Tiridatès III, favorable à Rome, fut dédommagé aux dépens des Perses en Atropatène moyenne)[70]. Il est remarquable que Dioclétien s'abstint de revendiquer le pays à l'est de Singara, au-delà du Tigre et au sud du Djebel Sinjar, région que Rome avait occupée peu de temps à la suite des conquêtes de Trajan après 115 ; occupation qui avait incarné le funeste expansionnisme de cet empereur. Ici également, l'éta-

---

69 Lesquier, *L'Armée romaine d'Égypte,* pp. 474-477 ; Seston, *Dioclétien,* p. 158.

70 Seston, *Dioclétien,* pp. 168-174 ; Stein, *Histoire du Bas Empire,* p. 80.

blissement de la frontière fut complété par des relations de clientèle : avec l'Arménie bien sûr, avec le royaume d'Ibérie dans le Causase, qui était déjà stratégiquement important et destiné à l'être encore plus, à mesure que le danger provenant d'au-delà du Caucase était plus pressant.

4. Les villes fortifiées et les points forts de la défense

Pour la mise en œuvre de la nouvelle stratégie, la rationalisation avait été une condition nécessaire mais non suffisante. Quand Dioclétien et ses collègues eurent restauré la force de l'empire au point qu'une mince défense en profondeur à l'échelle provinciale pouvait se substituer à la "défense élastique" en profondeur de la fin du IIIe siècle, on dut modifier les fortifications des zones frontières. Réparer les forteresses, les forts et les tours de guet du principat ne suffisait pas ; de simples bases d'où partiraient des forces offensives ne convenaient plus. Il devenait nécessaire maintenant de construire des forts capables de soutenir une résistance dans la profondeur afin de protéger les lignes intérieures de communication. Au lieu d'avoir une bande étroite en bordure de la frontière de la province, on devait créer de larges zones sous contrôle militaire afin de délimiter le territoire dans lequel les civils pourraient vivre en sécurité comme des civils.

La province de Palestine III (Salutaria), comprenant le Negev et la moitié méridionale de l'ancienne province d'Arabie, et qui était organisée essentiellement en zone militaire, est une illustration extrême de ce schéma. Là, le *limes* n'existait pas pour protéger une province, mais c'est plutôt elle qui existait pour appuyer le *limes* qui avait la simple fonction, au niveau régional, de protéger le sud du Levant des attaques de nomades. Articulées en profondeur sur la ligne intérieure (Gaza-Beersheba-Arava) et sur le périmètre extérieur (Nitzana-Petra), s'étendant au sud de Petra à la mer Rouge, les défenses de la Palestina Salutaris étaient “parsemées de fortifications”, toutes des “points-forts” capables de se défendre et construites selon les nouvelles conceptions[71]. À Mesad Boqeq, par exemple, on a trouvé un *quadriburgium,* construction typique de l’époque de Dioclétien : il est petit (22 par 22 m) et comporte quatre tours carrées pleines en saillie[72]. On fortifiait aussi des sources et des postes de signaux dans la zone défendue sur toute l’étendue de la province et on protégeait aussi soigneusement les quelques routes. Par exemple, la passe du Scorpion, point sensible qui permettait la principale liaison occidentale entre Eilat (Aila) sur la mer Rouge (où la *X Fretensis* était stationnée vers 300) et le Nord, était gardée par des forts à chaque extrémité de la route, un poste à mi-route, des tours de guet dans les environs et un point de surveillance au plus haut sommet[73].

On prenait le même soin, à l’extrémité opposée de l’empire, dans le nord-ouest de l’Europe, pour fortifier les routes importantes allant des frontières vers l’intérieur. Sous le principat, les routes importantes avaient été sommairement gardées par des soldats détachés de leurs légions pour ces missions de police (*beneficiarii consulares*)[74]. Mais à partir de la deuxième moitié du IIIe siècle, on commença à construire sur les routes, à l’arrière des frontières, des forts ordinaires ainsi que de petits forts (*burgi*) ; c’était le cas sur la route de Cologne à Bavai par Tongres (celle qui aboutissait sur la Manche à Boulogne)[75] et sur les routes de Trèves à Cologne et de

---

71 Mordechai Gichon, “The Negev Frontier”, in Shimon Applebaum et Mordechai Gichon, *Israel and Her Vicinity in the Roman and Byzantine Periods,* Tel Aviv University Press, 1967, pp. 49-50.

72 *Ibid.*, p. 52.

73 *Ibid.*, pp. 52-54.

74 Davies, “Daily Life of the Roman Soldier”, p. 326 ; von Petrikovits, “Fortifications in the North Western Roman Empire”, p. 188.

75 Schönberger, “Roman Frontier in Germany”, p. 178 ; J. Mertens et C. Leva, “Le Fortin de Braives et le *Limes Belgicus*”, in R. Chevallier, éd. *Mélanges d’Archéologie et d’histoire offerts à André*

Reims à Strasbourg[76]. À la suite de la grande invasion en Italie, en 259-260, des Alamans que l'empereur Gallien défit à Milan, et de l'invasion des Juthunges, dix ans plus tard, qu'Aurélien écrasa dans la vallée du Pô, la défense des routes transalpines devint une priorité majeure. L'objectif était l'installation de multiples obstacles en travers des routes d'invasion conduisant vers l'Italie du Nord[77].

Partout où la stabilité était suffisante pour permettre des installations à long terme aussi tard que dans la dernière moitié du IVe siècle, l'effort commencé, peut-être d'une manière systématique sous la tétrarchie, fut continué par la suite. Les obstacles étaient prévus pour empêcher les pénétrations profondes qui avaient caractérisé les attaques du IIIe siècle telles celles des Alamans en 259 qui avaient atteint le sud de la France et l'Espagne ainsi que le nord de l'Italie[78]. Des bandes d'Alamans pillards étaient allées jusqu'à Lyon et même Clermont-Ferrand ; ils avaient descendu la vallée du Rhône et s'étaient dirigés vers l'Espagne (on a trouvé dans le nord-est de l'Espagne des trésors de monnaies datant de cette période)[79].

Au point de pénétration initial, les Barbares auraient été rassemblés donc redoutables, mais dans les incursions postérieures, ils se seraient présentés en ordre dispersé. D'où la logique des petits forts sur les routes (et des petits refuges pour les civils), qui n'auraient guère été utiles en face d'une masse compacte de Barbares comme celle que Gallien défit en 260 près de

---

Piganiol, EPHE VIe section, Centre de Recherches Historiques, 3 vol., Paris, SEVPEN, 1966, vol. 2, pp. 1063-1074. La route Cologne-Bavai n'était pas un *limes,* car la frontière restait sur le Rhin inférieur.

76 Von Petrikovits, "Fortifications in the North-Western Roman Empire", p. 188.

77 *Ibid.*, p. 189.

78 Demougeot, *La Formation,* p. 497. Il y eut aussi cependant des incursions par mer.

79 *Ibid.*, p. 495.

Milan[80]. Ces forts le long des routes et ces refuges offraient quelque protection contre une nouvelle menace interne : des bandes de brigands (*bagaudae*), produit d'une société proche de sa chute, oppressive et spoliatrice[81].

Sur le plan tactique, il y a une différence frappante entre les forts et les forteresses du principat et ceux de la fin de l'empire. Ces dernières sont loin d'être d'un type homogène et au cours de la période qui va de Dioclétien au Ve siècle, on constate des différences importantes dans leurs modèles (la chronologie en est difficile à établir du fait du peu de rigueur des méthodes de datation). En ce qui nous concerne, cependant, on peut traiter comme un ensemble toute la période des fortifications du bas empire, de la deuxième moitié du IIIe siècle jusqu'à l'époque de Valentinien, un siècle plus tard, où il déploya pour la dernière fois des efforts soutenus.

D'abord, le lieu d'implantation est différent. Tandis que quelques fortifications étaient encore construites dans un but résidentiel et logistique, c'est-à-dire très près des routes et en terrain plat, la plupart des fortifications du bas empire répondaient à des considérations tactiques. Bien entendu, la raison de ce changement était que des forces concentrées du principat pouvaient combattre l'ennemi en prenant l'offensive, mais les petites garnisons des frontières du bas empire étaient souvent obligées de résister sur place, attendant l'arrivée de renforts provinciaux, régionaux ou même à l'échelle de l'empire. En conséquence, les positions natu-

---

80 Les chiffres donnés dans les documents, 100 000 Alamans contre 10 000 Romains, ont été grossièrement exagérés semble-t-il, mais le but de ces incursions, la recherche des vivres et le pillage, obligent les assaillants à se disperser dans la campagne et à se concentrer autour des villes qui sont des cibles. Voir Besnier, *L'Empire romain de l'avènement des Sévères...*, pp. 180-181, n. 234.

81 Clifford E. Minor, "Brigand, Insurrectionist and Separatist Movements in the later Roman Empire", Mémoire, Université de Washington, 1971, pp. 118-122.

rellement fortes étaient de première importance. Nous en avons des exemples à Bâle, Zurzach, Burg près de Stein am Rhein, Arbon, Constance, Kempten et Isny sur le Rhin supérieur et en Rhétie. Sur le bas Rhin, où le terrain est généralement plat, les forts étaient construits sur les quelques hauteurs qui existaient – même si ces sites n'étaient pas par ailleurs convenables – comme à Qualburg et Nimègue[82]. Ce souci d'un terrain facile à défendre se manifeste en outre dans l'implantation des forts que la tétrarchie échelonnait le long des routes et dans le système de patrouille dans le secteur syrien, reposant sur la ligne avancée de la *Strata Diocletiana,* allant de Palmyre, droit vers le sud, au golfe d'Eilat sur la mer Rouge[83].

C'est dans les plans des fortifications du bas empire qu'éclate une deuxième différence. On conservait les formes rectangulaires du vieux système avec des fossés défensifs arrondis, puisque dans beaucoup de cas les anciennes fortifications restaient en usage ; mais le plan carré devenait prédominant, de même que le plan quadrilatéral irrégulier (Yverdon), des formes presque circulaires (Jünkerath) ou semblables à des cloches – où le côté le plus large s'étendait le long du fleuve ou de la mer (Coblence, Altenburg, Solothurn, Altrip)[84]. L'avantage des formes presque carrées ou presque circulaires sur l'ancien modèle rectangulaire réside, comme on l'a dit plus haut, sur le fait qu'à une surface intérieure donnée correspond la plus courte longueur de mur. On évitait d'utiliser le cercle parfait – théoriquement le meilleur – à cause des difficultés de construction. Les murs aux contours irréguliers, qui devaient devenir la

---

82 Von Petrikovits, "Fortifications in the North-Western Roman Empire", p. 193.

83 Seston, *Dioclétien,* pp. 178-179 et la carte de la p. 374 ; voir aussi la carte 1 de D. Van Berchem, *L'Armée de Dioclétien..., op. cit.,* p. 130.

84 Von Petrikovits, "Fortifications in the North-Western Roman Empire", pp. 193-195.

caractéristique des constructions médiévales, commençaient à apparaître en certains endroits où ces murs épousaient les irrégularités du terrain – des terrains escarpés faciles à défendre, comme à Vemania-Isny, Pevensey, Pilismarot sur le Danube, entre autres[85]. Ce modèle se retrouve aussi lorsqu'on utilisait, comme faisant partie du contour, la rive au tracé irrégulier d'un fleuve[86].

Les structures extérieures de défense et le périmètre des fossés et des bermes offrent une autre différence importante. Au lieu de petits fossés en forme de V, avec d'étroites bermes – seulement 7 à 8 pieds romains de large (2,10 à 2,40 m) –, caractéristiques des structures du Ier siècle et du IIe siècle, nous trouvons par la suite des bermes plus larges, de 25 à 90 pieds de large (7,50 à 27 m) ; tandis que les fossés, qu'ils soient simples ou doubles et souvent à fond plat, étaient aussi beaucoup plus larges, de 25 à 45 pieds ou plus (7,50 à 13,50 m)[87]. Ces larges fossés servaient à écarter du mur les béliers et les machines de siège des assaillants. Les armées sassanides, à l'inverse de celles des Arsacides, étaient équipées de machines de siège[88], mais le changement stratégique le plus important se fit du côté romain : de petites garnisons devaient maintenant résister seules et même le flot habituel des Barbares, qui n'avaient jamais maîtrisé la technique évoluée des machines de siège,

---

85 *Ibid.*, pp. 195-196.

86 Ce fut le cas de Dinogetia-Garvan en Scythie ; voir Emil Condurachi, "Neue Probleme und Ergebnisse der Limes-forschung in Scythia Minor", *Studien zu den Militärgrenzen Roms,* pp. 165-166.

87 Von Petrikovits, *op. cit.*, p. 197.

88 Ammien Marcellin (XX, 6, 5) parle d'un *aries robustissimus* au siège de Singara en 359 ; auparavant, des tours cuirassées de fer, des plates-formes de tir d'artillerie ont été utilisées sans succès par les armées de Shapur II au siège d'Amida. Quoi qu'il en soit, les Barbares du Nord n'étaient pas dépourvus d'idées inventives en technique ; voir Thompson, *Roman Reformer and Inventor,* pp. 44-50. Cependant, une technologie rationnelle de l'art obsidional est une autre affaire.

était sans doute capable d'utiliser des béliers improvisés. On prévoyait alors de larges fossés pour empêcher ces machines d'approcher trop près des murs. On faisait des murs plus épais au lieu des 5 pieds habituels (1,50 m), les murs des forts du bas empire avaient ordinairement 10 pieds romains ou plus d'épaisseur (3 m)[89]. Quand on utilisait d'anciens forts, on se contentait d'augmenter l'épaisseur des murs[90].

Les larges bermes, d'autre part, reflétaient un changement tactique significatif. Les recherches ont montré que dans les fortifications qu'Aurélien construisit autour de Rome, et dans les murs du bas empire en Bretagne, en Gaule et partout ailleurs, la puissance de tir des défenseurs était maintenant augmentée grâce à l'artillerie fixe composée de balistes, de catapultes et d'onagres[91]. Au cours du IVe siècle, les légions perdirent leur armement complémentaire d'artillerie, et mises à part des légions spéciales d'artillerie (mentionnées dans la *Notitia Dignitatum*), l'artillerie semble avoir été utili-

---

89 Von Petrikovits, "Fortifications... ", *op. cit.*, p. 197. C'est une banalité ; voir p.e. les forteresses légionnaires de Strasbourg et celle de Divitia (Deutz) d'époque constantinienne en face de Cologne ; Franz Oelmann, "The Rhine *Limes* in Late Roman Times", in *IIIrd Congress of Roman Studies,* 1949, éd. Eric Birley, Durham University Registrar, 1952, pp. 87-95. Mais en Bretagne et ailleurs, les structures de murs de peu d'épaisseur continuèrent d'exister (Frere, *Britannia,* pp. 342-359). Et pour un cas bien précis, voir Butler, "Defenses of the Fourth Century Fortress at York", p. 97.

90 Comme dans le cas du fort auxiliaire de Remagen sur le Rhin, où la structure existante datant du Principat a été remise en état en 275 ; von Petrikovits, "Fortifications...", *op. cit.,* p. 197. Il y a un dessin illustrant le procédé utilisé dans les changements successifs du plan in Radu Florescu, "Les phases de construction du castrum Drobets (Turnu Severin)", in *Studien zu den Militärgrenzen Roms,* pp. 144-151.

91 I.A. Richmond, *The City-Wall of Imperial Rome...,* Oxford, Clarendon Press, 1930, p. 243 ; Richmond a calculé que l'armement complet en artillerie comprenait 762 pièces (pour 381 tours) ; Philip Corder, "The Reorganization of the Defenses of Romano-British Towns in the Fourth Century", *Archaeological Journal,* 112, 1955, 34-35.

sée sur une grande échelle uniquement comme défense fixe (*tormenta muralia*)[92]. Du fait que ces armes étaient installées sur des tours et des remparts, elles ne pouvaient pas être pointées en tir plongeant contre les assaillants proches des murs. De larges bermes étaient prévues pour maintenir les assaillants dans une zone extérieure qui pouvait être battue par des tirs croisés de projectiles[93].

Pour servir de contre-sape, on conçut un dispositif plus élaboré : c'était un plancher surélevé à l'intérieur des forts ; car la sape était un moyen que les assaillants utilisaient quand ils manquaient de machines de siège et quand la défense n'avait pas la possibilité, grâce à l'artillerie, de les maintenir à distance des murs. Ce dispositif, qu'on trouve dans les forts de Bavai, Alzey et Altrip, parmi d'autres[94], indique que les conditions de combat sont les mêmes qu'au Moyen Age : une offensive incapable de faire une brèche dans les murs et une défense également incapable de frapper les assiégeants même quand ils sont très proches des murs.

Du IIIe au Ve siècle, le déploiement des forces connut plusieurs phases distinctes, mais il est clair que les garnisons frontalières, stratégiquement concentrées, typiques de la stratégie linéaire du principat, furent diminuées alors que l'importance de l'armée romaine croissait. Il y avait plus de troupes qu'avant, mais celles-

---

92 E.W. Marsden, *Greek and Roman Artillery : Historical Development,* 195-196.

93 Richmond, *City-Wall of Imperial Rome,* pp. 79-80. Corder, "Reorganization", pp. 34-36 (diagramme). Dans certaines conditions, l'artillerie pouvait compenser des effectifs déficients ; ceci était un point important ; voir Thompson, *Roman Reformer and Inventor,* p. 49, à propos de l'auteur d'un écrit préconisant une arme économisant la main-d'œuvre dont il était l'inventeur : c'était une *ballista fulminalis.*

94 Von Petrikovits, "Fortifications... ", *op. cit.,* p. 197. La même technique fut utilisée dans les forteresses du XXe siècle qui assuraient la police en Palestine et aux Indes durant la présence britannique.

ci n'étaient plus déployées exclusivement sur la frontière elle-même. D'où ces forts et forteresses du bas empire qui abritaient beaucoup moins d'hommes qu'aux Ier et IIe siècles (les forts extérieurs des murs d'Hadrien étaient la seule exception). En tout cas, quand ces fortifications en vinrent à servir de points forts capables de se défendre, plutôt que d'être seulement des bases, la longueur du contour des murs et la surface intérieure furent réduites au minimum. Par exemple, Vindonissa, base de la légion *XI Claudia,* fut abandonnée vers 100 et par la suite devint un simple village ; vers 260, on fit apparemment une tentative pour remettre en état les murs de la vaste forteresse légionnaire, mais ces murs étaient trop longs et la tentative fut abandonnée. Finalement, vers 300, on construisit à l'intérieur du périmètre ancien un nouveau fort, petit mais solide, entouré d'un triple fossé de grande largeur. À Abusina (aujourd'hui Eining) sur le Danube, proche de l'aboutissement oriental du *limes* artificiel d'Antonin, on construisit un petit fort (37 m par 48 m) à l'intérieur des limites d'un ancien fort de cohorte. Un exemple encore plus frappant de cette transformation est celui que nous offrent les différentes phases de la reconstruction du fort de Drobeta[95].

Typiques des points forts sont les tours de défense, assez hautes pour faciliter le tir de projectiles et installées non pas sur le mur lui-même, mais en saillie vers l'extérieur. En conséquence, les tours décoratives de surveillance des Ier et IIe siècles laissèrent la place, au bas empire, à des tours de formes diverses, mais presque toujours en saillie afin d'offrir la faculté de battre les portions intermédiaires des courtines. On construisit bien des tours en forme d'éventail, comme celles d'Intercisa (Dunapentele) sur le Danube, et des tours poly-

---

95 R. Laur-Belart, "The Late *limes* from Basel to the Lake of Constance", 3e Congrès des Études sur les Frontières romaines, 1949, p. 57 ; Florescu, "Les phases de construction du *castrum* Drobeta", pp. 144-151 ; Oelmann, "The Rhine *Limes*", p. 87.

gonales en saillie comme à Eburacum (York), mais les tours carrées et rondes restèrent les plus courantes[96].

Sous le principat, les portes des villes et des forteresses n'étaient là que pour impressionner ; cependant, au cours du bas empire, les portes devinrent des points faibles qui exigeaient une protection particulière. Du fait que les forts étaient souvent tenus par de petites garnisons et que les forces en place (qui manquaient souvent d'ardeur pour les patrouilles) risquaient d'être surprises, les points défendus étaient susceptibles d'être attaqués à l'improviste, particulièrement là où les Barbares étaient autorisés à se rassembler sur les marchés en période de paix apparente. De telles considérations conduisirent à des innovations en matière de portes : un double ensemble de tours de garde (par exemple à Divitia, en face de Cologne) ; des cours rentrantes ne permettant l'accès au fort proprement dit que par une autre cour intérieure gardée (Bürgie, près de Gundremmingen) ; des portes déguisées cachées par des remparts circulaires (par exemple près de Kellmüntz) ; et enfin des poternes, c'est-à-dire des ouvertures étroites à la base des tours ou des murs, pour permettre aux défenseurs de faire des sorties sans être vus ; les ouvertures étant très étroites, une poignée de défenseurs pouvaient aisément obstruer le passage (Icorigium-Jünkerrath)[97].

Si l'on compare les plans des fortifications romaines et médiévales, on trouve une différence très sensible dans l'implantation des constructions internes. La conception habituelle des Romains (qui semble avoir été appliquée assez tard au IVe siècle) consistait à séparer les quartiers d'habitation des murs extérieurs grâce à une large voie (*via sagularis*). De même que dans la configuration du camp de marche, le but était de proté-

---

96 Von Petrikovits, "Fortifications", pp. 198-199. Le *quadriburgium* construit sous Dioclétien avait quatre tours carrées, son plan variait peu de province à province ; Gichon, "The Negev Frontier", p. 52.

97 Von Petrikovits, *op. cit.*, pp. 198-201.

ger les hommes à l'intérieur des projectiles tirés d'au-delà du fossé d'enceinte. Bien que le fait de prévoir un espace pour la *via sagularis* augmentât la superficie du fort et la longueur des murs, cette pratique dura jusqu'au règne de Constantin, sinon au-delà (le fort de Divitia, cité plus haut, comporte une *via sagularis*). Mais à partir du milieu du IVe siècle et au-delà, on commence à construire des casernes sur la face intérieure des murs, servant de protection supplémentaire réciproque. Cela rendit les quartiers d'habitation moins bien éclairés et moins confortables, mais c'était un moyen économique d'augmenter l'épaisseur des murs. Nous trouvons cela au fort d'Alzey, spacieux mais avec des murs renforcés ; au fort d'Altrip, datant de la fin du règne de Valentinien, plus ramassé ; et au fort de Bürgle, près de Gundremmingen, d'allure typique médiévale : car il est situé au sommet d'une colline, il en a le dispositif interne et le contour extérieur des murs[98].

L'étroitesse des quartiers et les formes irrégulières des nouvelles structures font supposer que ce n'était pas seulement la tactique, mais aussi la forme de vie des soldats qui s'y trouvaient, qui avaient subi un grand changement depuis le principat. Cela n'implique pas nécessairement un déclin dans l'efficacité de la tactique car dans le nouveau système de la défense, les fonctions des forces fixes et mobiles étaient complémentaires. En fait, quelques éléments fixes du système subsistaient, isolés, longtemps après l'effondrement de l'ensemble. St Séverin vit les forts de Küntzig et de Passau au cours de son voyage en Rhétie en 450[99].

Le jour où la défense des frontières ne fut plus dissuasive, il devint nécessaire de défendre les biens de valeur *in situ* à l'échelle locale et avec les moyens locaux.

---

98 *Ibid.*, pp. 201-203 ; Schönberger, "Roman Frontier in Germany", p. 182 ; Laur-Belart, "Late *Limes*", p. 58 ; Gichon, "The Origin of the Limes Palestinae and the Major Phases of Its Development", in *Studien zu den Militärgrenzen Roms,* pp. 180-181.

99 Schönberger, "Roman Frontier in Germany", p. 187, n. 346.

De même que les routes étaient protégées par la construction de forts, tout ce qui avait quelque valeur devait être aussi protégé, sinon ces biens étaient exposés à l'attaque et à la destruction dans l'intervalle entre la pénétration ennemie et l'interception réussie, aboutissement du processus de défense en profondeur. Pour des raisons politiques évidentes, on n'organisa pas systématiquement une milice de civils volontaires[100] et la défense locale reposa essentiellement sur des fortifications locales. Des bandes de Barbares errants et de maraudeurs nés dans les pays (*bagaudae*), non entraînés et non équipés pour une guerre de siège, pouvaient être mis aux abois grâce à des murs défendus par les soldats disponibles dans les parages ou par des citoyens munis d'armes improvisées[101].

Il y eut toujours des villes fortifiées à côté de cités non protégées en Occident ; l'absence d'enceintes jusqu'au IIIe siècle est la preuve de leur prospérité et de leur sincérité[102]. En Orient, il était normal de protéger les villes par des murailles, puisque les limites étaient "ouvertes". Même en Occident, quelques cités possédaient des murs longtemps avant qu'ils ne fussent nécessaires. Par exemple, en Gaule, les murs d'Autun datent d'Auguste ; Cologne fut dotée d'une enceinte vers

---

[100] Quelques troupes ont dû dégénérer en milices occasionnelles, mais cela est très différent d'un système généralisé à tout le pays. Il y eut des exceptions : p.e. Collegis Inventutis a pu armer des forts défendant les routes ; voir Schönberger "Roman Frontier in Germany", p. 178. Les autorités romaines n'étaient pas favorables à la formation de milices de volontaires (ou même des équipes de pompiers). Voir Dion, à propos des idées du IIIe siècle qui apparaissent dans le discours de Maecensas, traduit par A.H.M. Jones, *A History of Rome Through the Fifth Century,* 2 vol., New York, Harper & Row, 1970, vol. 2, p. 58.

[101] Marcianopolis et Philippopolis résistèrent victorieusement à Cniva comme d'ailleurs Salonique en 256, ainsi que beaucoup d'autres villes plus tard.

[102] P.e. les anciennes murailles d'Aquilée abattues à la fin du IIe siècle pour permettre à la ville de s'étendre ; Brusin, "La difense della Romana Aquileia", p. 87.

50 et Xanten (Vetera) vers 110, à l'époque paisible du principat de Trajan[103]. Mais ces murs étaient construits, soit dans un but décoratif, soit par souci de dignité pour la ville ou, au plus, pour des raisons de police ; ils n'étaient certainement pas construits dans un but militaire et n'étaient pas conçus pour faire face à des attaques en règle[104]. D'une grande longueur, ces enceintes étaient difficiles à défendre ; quel que soit leur but, elles circonscrivaient la ville entière au lieu de se limiter aux parties les plus défendables. Les murs étaient généralement peu épais, environ 5 pieds (1,50 m) ; les tours étaient à l'origine décoratives, les bermes et les fossés étroits[105].

Après les terribles invasions de la moitié du IIIe siècle, tout changea. Dans l'Europe du Nord-Ouest, à la suite de l'effondrement des défenses du Rhin, en 254 (quand les Alamans et les Francs firent irruption à travers le *limes*) et en particulier après la grande incursion des Alamans en 259-260[106], les cités des deux Germanies, de la Rhétie et de la Gaule érigèrent rapidement des murs. Ceux-ci étaient très différents des murs d'enceinte précédents. On réduisit rigoureusement les surfaces circonscrites pour arriver à une densité d'implantation raisonnable en rapport avec l'effectif militaire disponible : en Gaule, les murs de Paris et de Périgueux circonscrivaient moins de huit hectares[107]. En outre, les

---

103 R.M. Butler, "Late Roman Town Walls in Gaul", *Archaeological Journal* 116, 1959, p. 26 ; voir sa liste des villes avec enceintes d'avant le IIIe siècle.

104 Von Petrikovits, "Fortifications", p. 189.

105 Butler, "Late Roman Town Walls in Gaul", p. 26.

106 Voir Demougeot, *La Formation,* pp. 485-488, sur l'attaque des Alamans en 254 ; pp. 488-490 sur les attaques des Francs ; pp. 496-498 sur les incursions de 259 à 260.

107 Butler, "Late Roman Town Walls in Gaul", p. 40. Cependant quelques grandes villes moyennes survécurent, par exemple Toulouse dont les 3 000 mètres d'enceinte protégeaient 90 hectares ; Michel Labrousse, "Recherches et hypothèses sur l'enceinte romaine

murs furent adaptés à leur fonction, c'est-à-dire épais et fortement protégés. Tout ce qui pouvait être utilisable en maçonnerie le fut dans l'enceinte de seize hectares d'Athènes, construite à la suite de l'attaque des Hérules en 267 ; une épaisseur de plus de 10 pieds (3 m) fut atteinte en remplissant le vide entre deux parements de murs avec des fragments de statues et d'inscriptions et des blocs de pierre provenant d'anciens bâtiments publics[108].

Les édifices municipaux construits dans des périodes de sécurité et de prospérité étaient quelquefois incorporés dans le nouveau périmètre des murs, en tant qu'entités ; un temple à Beauvais fait partie de l'enceinte tout comme un amphithéâtre à Paris et les grands thermes à Sens[109]. Dans certains cas, même la réutilisation des éléments architecturaux des édifices de la ville n'a pas suffit à protéger son noyau. À Augst (Augusta Raurica) qui s'est développée en tant que cité ouverte, avec "*de beaux édifices publics – forum, basilique, temple de Jupiter, théâtres, thermes, quartiers industriels et adduction d'eau*"[110] –, on fit d'abord une tentative pour protéger l'ensemble de la cité ; mais après 260, à la suite des incursions des Alamans, celle-ci fut en grande partie abandonnée. On fit une autre tentative pour défendre le point le plus élevé du plateau sur lequel la cité était bâtie, en creusant des fossés sur la partie basse des pentes et en transformant les terrasses en murs en utilisant des éléments de réemploi, mais ce fut aussi un échec. À la fin du IIIe siècle, Augst cessa d'exister et seul subsista un petit fort sur les bords du Rhin.

Ailleurs, la restructuration fut plus heureuse, mais cela entraîna l'abandon de grandes installations fixes ;

---

de Toulouse", in *Hommages à Albert Grenier,* éd. M. Renard, vol. I, p. 925.

108 Rome A. Thompson, "Athenian Twilight", p. 63.

109 Butler, "Late Roman Town Walls in Gaul", p. 40.

110 Laur-Belart, "Limes from Basel to the Lake of Constance", p. 56.

quelquefois le changement amena la population civile à son état antérieur barbare. Les *oppida,* villages fortifiés bâtis sur les hauteurs, avaient abrité les Barbares avant que la puissance romaine ne se manifestât et des structures similaires abritaient maintenant les provinciaux romanisés. Dans le sens de Horn (près de Wittnau) en Rhétie, on fortifia à nouveau au cours du IIIe siècle un rempart préhistorique barrant un éperon, pour en faire un refuge[111] ; on trouve de nombreux exemples de refuges bâtis par les populations, en Gaule, dans les Germanies, en Rhétie, en Norique, en Pannonie et en Dalmatie[112]. Là où le manque de temps ou l'absence de site défendable interdisait l'existence d'une vie citadine, même diminuée, la cité disparaissait. Cela était particulièrement vrai dans le cas de villes maritimes comme Leptis Magna qui, bien entendu, ne pouvait pas abandonner la côte même si un lieu de refuge avait existé[113].

Dans certains cas, la taille des cités était tellement réduite, avec des défenses devenues si compliquées que peu à peu elles devinrent des forts ou, du moins, se distinguèrent à peine des forts. En Orient, les garnisons, depuis longtemps, avaient été logées dans les villes, ou plutôt dans des quartiers particuliers des villes. Maintenant, le schéma se généralisait, de Londres à Chersonèse, sur la mer Noire, et de Regensburg sur le Rhin à Tiaret au Sahara[114]. Du fait que les hommes de troupe, soit faisaient partie des milices urbaines à temps partiel, soit devenaient fermiers-soldats sur place, il existait une confusion évidente et régressive entre les militaires et les civils : les cités étaient devenues des forts et leurs

---

111 Schönberger, "Roman Frontier in Germany", p. 178, n. 286.

112 Von Petrikovits, "Fortifications", p. 192, n. 30.

113 Renato Bartolucci, "Il porto di Leptis Magna nella sua vita economica e sociale", in *Hommages à Albert Grenier,* éd. M. Renard, vol. 1, pp. 241-243.

114 Cf. Ramsay Mac Mullen, *Soldier and Civilian in the Later Roman Empire*, Harvard Historical Monographs 52, Cambridge, Mass., Harvard University Press, 1963, pp. 79-80.

habitants des soldats occasionnels involontaires ; les forts devenaient des villes habitées par des artisans-soldats, des marchands-soldats ou des fermiers-soldats. Dans le cas du *Limes Tripolitanus* (dans la Libye actuelle), avec ses *centenaria* – petites fermes fortifiées (ou bien fortins vivant de l'agriculture ?) –, le mélange des rôles est complet[115].

Dans les zones arides, c'est l'approvisionnement en eau qui exige la concentration de la vie rurale ; aussi la conversion des centres ruraux en points forts défendus ne présente-t-elle aucune réelle difficulté. Il n'en va pas de même là où on trouve de l'eau facilement, comme c'est le cas dans la plus grande partie de l'Europe ; l'habitat rural n'y était pas concentré, mais largement dispersé. Par conséquent, sa protection locale est un problème qui ne pouvait pas être résolu économiquement. L'empereur, lui, aurait pu faire construire un mur pour protéger un domaine de 220 km^2 [116], mais le fermier ordinaire n'espérait pas protéger ses champs avec des murs et, au cas où il l'aurait fait, il n'aurait pas été capable de les défendre. Les propriétaires terriens se trouvaient dans une situation intermédiaire. S'ils étaient suffisamment riches, ils avaient la possibilité de construire des tours de guet pour avertir d'une attaque imminente et ils pouvaient fortifier leurs fermes et leurs greniers ; s'ils avaient suffisamment de main-d'œuvre agricole, ils pouvaient même organiser des armées privées[117].

L'empire devait avant tout assurer la sécurité. Après le IIe siècle, les circonstances le forcèrent à exiger un plus haut prix pour cette protection, mais ce prix n'aurait pas nécessairement amoindri l'image de l'empire si celui-ci avait été capable de continuer à assurer un niveau de sécurité en rapport avec le coût

---

115 R.G. Goodchild et J.B. Ward-Perkins, “The Limes Tripolitanus in the Light of Recent Discoveries”, JRS 39, 1949, p. 84.

116 Von Petrikovits, “Fortifications”, p. 191. Son intention était sans objet et cela pouvait être entrepris.

117 MacMullen, *Soldier and Civilian,* pp. 138-151.

demandé. Les cités entourées de murs et les fermes défendues du bas empire montrent quelle sécurité pouvait être assurée par la défense en profondeur, même si celle-ci était un succès. Mais afin d'évaluer ce que coûtait réellement le système à la société, nous devrions prendre en compte le nombre inconnu de petits établissements qui durent être abandonnés en pleine campagne. Les cités, bien qu'entourées de murs et réduites, pouvaient subsister ; de même les fermes et les domaines des propriétaires aisés ; en revanche, ce fut le petit fermier indépendant et le petit domaine que les invasions balayèrent dans de larges zones de l'empire.

5. Les forces aux frontières

Les *alae* de la cavalerie auxiliaire et les cohortes d'infanterie, plus tard complétées par les formations ethniques des *numeri,* formaient sous le principat les forces essentielles de la défense des frontières. Ces troupes constituaient l'élément principal actif du système de défense de la frontière, bien qu'elles fussent d'un statut inférieur à celui de l'infanterie légionnaire et moins bien payées. Les légions n'auraient pas pu jouer un plus grand rôle dans les interceptions à l'avant et dans les petites escarmouches qui caractérisaient la guerre aux frontières, puisqu'elles n'étaient pas suffisamment mobiles pour de telles missions. L'espèce de mobilité exigée par la défense des frontières ne convenait pas au caractère des légions dont les fonctions principales consistaient à stabiliser politiquement les frontières par la seule vertu de leur présence dominatrice et par la sécurité qu'elles assuraient contre les offensives ennemies rares, imprévues et de grande envergure, dans leurs secteurs.

Les unités décrites comme légions continuèrent à servir dans l'armée impériale jusqu'au Ve siècle au plus tard, mais à partir du IIIe siècle et au-delà, leur importance dans l'armée déclina régulièrement. En même temps, les *alae* et les *cohortes,* ainsi que les *numeri,* ou bien devinrent progressivement des forces statiques, ou bien disparurent brusquement là où les frontières avaient été complètement débordées. Il y a une vive controverse à propos de l'époque, de la nature et des résultats de ce changement[118]. Une chose cependant est

---

[118] Van Berchem, *L'Armée de Dioclétien,* pp. 19-24, prouve que les *limitanei* étaient généralement des anciennes *alae* et des *cohortes* sous une apparence locale ; il réfute ce qu'en disent les SHA, *Sévère Alexandre,* LVIII, 4, comme étant une transposition anachronique des idées du IVe siècle. Par là, il reprend un point de vue traditionnel, soutenu par Stein, *Histoire du Bas Empire,* p. 62, et W. Seston, in "Du *comitatus* de Dioclétien aux *comitatenses* de Constantin", *Historia* 4, 1955, p. 289, prouve que les soldats-paysans n'étaient pas des *alae* ni des *cohortales* mais plutôt des Barbares enrôlés pour un service militaire occasionnel (*gentiles*) ; MacMullen, *Soldier and Civilian,* d'un autre côté, doute de la preuve apportée par les SHA, *Sévère Alexandre* (p. 13, n. 34). A.H.M. Jones, *The Later Roman Empire (284-602) : A Social and Administrative Survey,* 3 vol., Oxford, Basil Blackwell, 1964, vol. 2, p. 649, est d'accord avec la réfutation de Van Berchem à propos de la datation haute mais souligne la preuve fournie à propos de l'Afrique du Nord où les milices étaient composées de *gentiles,* tandis que les troupes fixes, c.à.d. les *limitanei* proprement dits (ex *alares* et *cohortales*), restaient des troupes en garnison à plein temps (pp. 650, 652-653). Voir aussi Guida Clemente, La "Notitia Dignitatum", *Saggi di storia e letteratura,* n° 4, Cagliari, Editrice Sarda Fossataro, 1968, pp. 319-42.
Jones, *Later Roman Empire,* p. 649, insiste sur le statut militaire des *limitanei* proprement dits (opposés aux fermiers-soldats barbares) et sur leur efficacité supposée que des preuves peuvent mettre en doute. Jones et d'autres mentionnent que des rations en espèces leur étaient données chaque année jusqu'en 364 et par la suite pour neuf mois par an, ce qui montre selon lui (p. 651) qu'ils n'étaient pas producteurs de leurs vivres (et qu'ils s'entraînaient constamment). Auparavant, Santo Mazzarino, *Aspetto sociali del Quarto Secolo : Ricerche di Storia tarda-romana,* Rome, l'Erma di Breitschneider, 1951, pp. 314-330 et passim, avait prouvé que c'était seulement en Afrique que les paysans étaient des *limitanei.* Pour un aperçu plus complet sur les *limitanei,* quelle que soit leur origine : ils étaient une forme dégénérée de milice paysanne, voir MacMullen, *Soldier and Citizen,* pp. 1-22 et 151-153.

certaine : au cours du IVe siècle[119], les troupes permanentes qui avaient gardé les frontières, appliquant une tactique mobile et offensive, furent remplacées par des paysans-soldats occasionnels (*limitanei*) qui cultivaient les terres qu'on leur avait données et qui fournissaient une défense purement locale et statique.

À partir du moment où la mince ligne de "forts" auxiliaires et de "forteresses" légionnaires le long de la frontière avait été peu à peu remplacée par un réseau beaucoup plus large de point forts, petits et défendus, afin d'appuyer une stratégie de défense en profondeur en cours de développement, le fait que les *alae* et les *cohortes* mobiles avaient cédé la place à des groupes éparpillés de *limitanei* statiques[120] n'avait pas nécessairement entraîné un amoindrissement de l'efficacité des troupes. Car la nouvelle stratégie exigeait, avant tout, que les soldats tiennent leurs positions. C'est seulement à ce prix qu'on éviterait que la faillite du système ne forçât à avoir recours à la défense élastique. Des hommes ayant à protéger leurs familles et leurs biens *in situ* devraient faire de bons combattants.

À l'époque moderne, les colonies de soldats-paysans ont prouvé qu'elles assuraient la défense aux frontières d'une manière efficace et économique : ainsi en des régions et à des époques aussi diverses que la Transylvanie au XVIIIe siècle, la steppe de la Volga au XIXe siècle et le Negev israélien de nos jours. Dans chaque cas, on pouvait compter sur des fermiers-soldats indépendants pour faire face seuls aux incursions locales et autres menaces mineures, tandis qu'ils étaient prêts à fournir des points d'appui pour les armées mobiles en campagne,

---

119 SHA, *Sévère Alexandre,* ne peut être accepté comme preuve. "Cela n'a aucune valeur et n'a aucun fondement pour ce que nous savons de la période des Sévères" (J.F.G.).

120 Les *limitanei* étaient des défenseurs de la ligne de front, même quand les deux groupes coexistaient, comme c'était le cas en Afrique du Nord au moins. Jones, *Later Roman Empire,* p. 643. Cf. Van Berchem, *L'Armée de Dioclétien,* pp. 37-49.

composées de troupes régulières, en cas de guerre à grande échelle. En principe, par conséquent, il n'y a aucune raison de supposer que l'apparition, aux frontières de l'empire romain, de forces composées de paysans-soldats reflétât soit un abâtardissement local, soit une négligence du pouvoir, soit un relâchement de la discipline pour des raisons politiques ; celui-ci allant jusqu'à n'exiger des soldats ni discipline, ni entraînement, mais seulement la prestation de serment[121].

Tout reposait sur l'état général de la société et de la sécurité de celle-ci dans son ensemble. Tout reposait aussi sur la qualité du commandement exercé sur ces fermiers-soldats, les *limitanei.* Il est possible que, sous la tétrarchie, des troupes provinciales (par opposition aux armées du pouvoir central) aient relevé d'une double autorité : pour les *limitanei,* celle du gouverneur provincial (*praeses*) ; pour les éléments mobiles de chaque province frontalière (légions et unités de cavalerie), celle du *dux,* l'officier le plus ancien (encore que ces deux fonctions aient pu être quelquefois remplies par la même personne). Apparemment, cela facilitait le contrôle local de la sécurité et libérait le *dux* de la tâche de contrôler les forces statiques qui, de toute manière, n'auraient pu jouer un rôle efficace dans la guerre de mouvement[122]. L'obscurité des documents est telle qu'une controverse persiste sur l'exacte notion de double autorité[123]. *A*

---

121 Van Berchem, *L'Armée de Dioclétien,* pp. 21-24, que Jones suit en partie, *Later Roman Empire,* vol. 2, p. 608, précisé par Roger Rémondon, *La Crise de l'Empire romain de Marc-Aurèle à Anastase,* Nouvelle Clio, n° 11, Paris, PUF, 1964, diagramme, p. 126.

122 Van Berchem, *L'Armée de Dioclétien,* pp. 21-24, qu'a suivi en partie Jones, *Later Roman Empire,* vol. 2, p. 608, mis en forme par Roger Rémondon, *La Crise de l'empire romain de Marc Aurèle à Anastase,* Nouvelle Clio, n° 11, Paris, PUF, 1964, diagramme p. 126.

123 Seston, "Du *Comitatus* de Dioclétien", pp. 285-288. En tout cas, le *dux limitis* devenant un chef territorial purement et simplement, ayant la charge du *limes* et des *limitanei* ; tout cela à la suite des réformes de Constantin ; voir Van Berchem, *Armée de Dioclétien,* pp. 100-101.

priori, il semblerait qu'en séparant l'administration des *limitanei* de celle des *equites* de cavalerie et des légions (forces mobiles), on ait eu en vue d'encourager l'enracinement des *limitanei* et la dégénérescence ultérieure de leur rôle militaire. Afin de maintenir l'efficacité des petits groupes de fermiers-soldats isolés, il aurait fallu impérativement instaurer un système d'inspection régulière et détaillée ainsi que le contrôle fréquent de l'entraînement de base. Les soldats doivent répéter régulièrement les exercices de combat, non pas parce qu'ils risquent de les oublier mais parce qu'autrement, ils ne les utiliseraient pas au cours d'un vrai combat. Mais il est improbable que les fonctionnaires en charge, qu'ils fussent civils (*praesides*) ou militaires (*duces*) (ou même un *dux limitis* post-constantinien, chargé d'assurer exclusivement la défense des frontières)[124], aient eu un nombre suffisant de subordonnés pour inspecter régulièrement les avant-postes éparpillés des *limitanei.*

La valeur des *limitanei* a pu être influencée par celle des troupes légionnaires à plein temps stationnées dans leurs secteurs. Si ces forces mobiles, bien considérées, étaient toujours prêtes à répondre à l'appel pour partir en campagne et étaient capables de combattre efficacement, il est probable qu'elles aient communiqué aux fermiers-soldats à temps partiel de leurs secteurs une part de leur talent et même de leur esprit. Si, au contraire, les unités, en principe à plein temps, étaient devenues une milice territoriale, ou tout simplement une masse inerte de retraités incapables de sérieuses campagnes, alors la dégradation des *limitanei* aurait été accélérée.

Il est impossible d'estimer la qualité des troupes stationnées aux frontières à différentes époques et en différents lieux de l'empire. Quelques *limitanei* ont pu, en fait, "*passer la plus grande partie de leur temps sur leurs petits domaines... et avoir combattu... comme des*

[124] Van Berchem, *L'Armée de Dioclétien,* pp. 100-102.

amateurs"[125], et cependant, ces *limitanei* ainsi représentés assurèrent avec succès la défense d'un large secteur de Tripolitaine (où aucune autre force n'était déployée) jusqu'au milieu du IVe siècle[126]. Dire que les *limitanei* étaient inutiles implique *a fortiori* que les défenses fixes qu'ils armaient devaient l'être aussi ; ceci s'appliquerait particulièrement au grand ensemble de tranchées, de murs, de tours et d'adduction d'eau du *Fossatum Africae*. Cependant, les archives de la législation impériale témoignent du grand intérêt des autorités centrales pour le maintien du *Fossatum*, aussi tard qu'en 409[127], et seul le souvenir vivant de son efficacité peut expliquer le fait qu'en 534, à la suite de la reconquête de l'Afrique du Nord, Justinien ait ordonné de remettre en état l'ancien *Fossatum* et de recruter et de déployer une fois de plus des *limitanei* pour armer le système[128].

Si on compare les *limitanei* à temps partiel du IVe siècle avec l'infanterie légionnaire des plus beaux jours du principat, les premiers peuvent en vérité paraître très inférieurs et mêmes inutiles. Mais une telle comparaison ne tient pas compte du changement fondamental de l'ensemble de la stratégie de l'empire, laquelle *exigeait* maintenant que des troupes statiques tiennent des positions établies pour appuyer les forces mobiles qui auraient à manœuvrer entre elles. On exigeait certainement de ces forces l'entraînement, la discipline et la mobilité, alors que des premières on réclamait une résistance obstinée. Leur endurance a sûrement impressionné Justinien et elle devrait nous impressionner nous

---

125 MacMullen, *Soldier and Civilian,* p. 153.

126 *Ibid.*, paraphrasé mais inversé. Basé sur Goodchild and Ward-Perkins, "The limes Tripolitanus", pp. 94-95. Ils résistèrent jusqu'en 363 au moins, et seuls.

127 *Ibid.*, p. 43, citant la Constitution Théodosienne *(Cod. Theod.,* VII, 15.1).

128 Jones, *Later Roman Empire,* vol. 1, p. 274 ; vol. 2, p. 663, basé sur le *Cod. Just.* LXXVII, 2, vol. 3, p. 205, n° 130.

aussi : des restes d'un réseau local de défenses subsistaient au Ve siècle, même dans la Rhétie tant ravagée[129].

6. Les forces provinciales

Sous le principat, toutes les forces de l'armée, sauf les 7 000 hommes des cohortes prétoriennes et urbaines, étaient "provinciales", dans le sens où elles étaient normalement déployées pour la défense de provinces déterminées. Ces forces étaient composées exclusivement d'unités à plein temps, légions, *alae* de cavalerie, cohortes d'infanterie et cohortes *equitatae* mixtes. Il n'existait ni force aux frontières de *limitanei* à temps partiel, ni réserve mobile normale, soit régionale soit à l'échelle de l'empire.

À l'époque de Constantin, au IVe siècle, le schéma du déploiement des forces à l'échelon provincial s'était modifié ; les *limitanei* étaient apparus et les *alae* et *cohortes* auxiliaires avaient disparu. Les unités décrites comme légions subsistèrent, mais elles étaient évidemment beaucoup moins importantes ; fragmentées en détachements permanents, elles n'étaient plus déployées dans de vastes bases uniques[130]. De nouveaux types d'unités, les *cunei* de cavalerie et les *auxilia* d'infanterie, forts de 500 hommes apparaissent[131]. Comme les *limita-*

---

129 Schönberger, "Roman Frontier in Germany", p. 187.

130 Van Berchem, *L'Armée de Dioclétien,* pp. 91-92. Par exemple la *V Macedonica* et la *VIII Gemina,* stationnées le long du Danube en Dacia Ripensis et en Mésie supérieure, étaient divisées respectivement en cinq et quatre détachements ; cette division avait un caractère permanent, chaque détachement étant sous les ordres d'un *praefectus legionis* détaché. *Ibid.*, p. 93. La preuve provient de la *Notitia Dignitatum,* mais chez Van Berchem la source est d'époque constantinienne.

131 Ce sont les chiffres généralement acceptés ; voir Clemente, "La *Notitia Dignitatum*", pp. 146-151, où les points de vue qui font autorité ont été exposés. Mais on a aussi pensé que les *auxilia* étaient moins importants (300 hommes), tandis que les *cunei* étaient composés de 1 200 hommes ; L. Varady, "New evidences on some problems of late Roman military organization", *Acta Antiqua Acade-*

nei, toutes ces forces provinciales furent placées sous l'autorité du commandant de secteur, le *dux limitis*, mais elles restèrent composées de soldats à plein temps avec un statut intermédiaire entre celui des paysans *limitanei* et celui des *comitatenses*, élites des forces impériales[132]. Cette évolution qui, au cours du IVe siècle, aboutira à une nouvelle stratification des forces, est elle-même la conséquence d'une série de transformations commencées au IIIe siècle.

Jusqu'au déluge des invasions du IIIe siècle, les légions avaient constitué l'épine dorsale de l'armée romaine et leur déploiement avait peu changé depuis l'époque d'Hadrien. Au commencement du IIIe siècle, la *II Traiana* était encore en Égypte ; la *X Fretensis* et la *VI Ferrata* encore en Palestine ; la *III Cyrenaica* se trouvait en Arabie ; la vieille *III Gallica* dans la nouvelle province syrienne de Phénicie ; la *IV Scythica* et la *XVI Flavia Firma* demeuraient dans la Syrie proprement dite ; les nouvelles légions de Septime Sévère, *I* et *III Parthica* (et peut-être la *IV Italica*) se trouvaient sur la nouvelle frontière sévérienne en Mésopotamie. La *XV Apollinaris* et la *XII Fulminata* étaient en Cappadoce. Sur le Danube, la *I Italica* et la *XI Claudia* tenaient la Mésie inférieure ; la *IV Flavia* et la *VII Claudia* étaient stationnées en Mésie supérieure ; la *V Macedonica* et la *XIII Gemina* étaient en Dacie et la *I* et la *II Adiutrix* en Pannonie inférieure ; la *X Gemina* et la *XVI Gemina* tenaient la Pannonie supérieure, tandis que les deux légions levées par Marc-Aurèle tenaient le reste de la frontière danubienne, avec la *II Italica* en Norique et la *III Italica* en Rhétie. La *I Minervia* et la *XXX Ulpia* étaient en Germanie supérieure, et la *VIII Augusta* ainsi que la *XXII Primigenia* en Germanie inférieure. La

---

miae Scientiarum Hungaricae 9, 1961, p. 360, et aussi ce que cite Clemente dans "La *Notitia Dignitatum*", p. 151, n. 58.

132 Van Berchem, *L'Armée de Dioclétien,* pp. 85, 89, 101. L'auteur distingue les *limitanei* proprement dits et les *ripenses,* une catégorie qui maintenant comprenait les forces provinciales.

Bretagne, maintenant divisée en deux provinces, la supérieure et l'inférieure, avait la *II Augusta* d'une part, la *XX Valeria Victrix* et la *VI Victrix* d'autre part ; la *VII Gemina* était encore en Espagne, et la *III Augusta* demeurait la seule légion d'Afrique du Nord déployée en Numidie.

Le déploiement des légions avait donc manifestement peu changé depuis l'époque d'Hadrien : les *II* et *III Italica* avaient été envoyées après 165 respectivement en Norique et en Rhétie et les légions de Septime Sévère, *I* et *III Parthicae,* avaient été ajoutées. Ces additions portèrent le nombre des légions à 33 – peut-être 34, si on compte la douteuse *IV Italica,* peut-être levée par Sévère Alexandre en 231. Une de ces nouvelles légions, la *II Parthica,* fut affectée à Rome (on y fera allusion plus loin) et le reste avait été logiquement déployé en Mésopotamie nouvellement conquise – à nouvelles frontières, nouvelles légions.

Tel est donc le dispositif qui fut submergé par la tempête du IIIe siècle. Étant donnés les nombreux désastres qui suivirent la défaite de Decius en 251, on peut penser qu'à cette époque les légions avaient perdu leur légendaire efficacité[133]. Cela ne peut être qu'une simple supposition, cependant, puisque nous n'avons pas de preuves de la gravité de la menace ; elle a pu être beaucoup plus importante que celle à laquelle les légions du IIe siècle et leurs aînées avaient été confrontées. Comme nous l'avons vu, le changement *qualitatif* de la menace avait certainement été très défavorable.

Parmi les légions de l'armée des Sévères, seules la *VI Ferrata* de Palestine et la *III Parthica* de Mésopotamie semblent avoir complètement disparu au cours des 50 années de dures épreuves qui séparent la mort de

---

[133] "Le legioni di frontiera avevano assunto tutti i peggiori atteggiamenti degli imboscati ogni tempo... Vicini al nemico senza combattarlo, sedentari, oziosi, politicanti..." Ceci est dit des légions du IIIe siècle avant les réformes de Gallien ; Luca de Regibus, *La Monarchia Militare di Gallieno,* Recco Nicoloso da Recco, 1939, p. 63.

Sévère Alexandre en 235 de la prise de pouvoir de Dioclétien en 284[134]. Plus d'un siècle après Dioclétien, la *Notitia Dignitatum* recense 188 "légions" de toutes sortes, mais ce renouveau administratif n'est qu'un leurre. Les grandes unités de combat du principat avaient cessé d'exister. Les "légions" du bas empire avaient un effectif supposé de 1 000 hommes pour les légions mobiles en campagne, et environ 3 000 ou moins, pour les légions territoriales[135]. De plus, il ne s'agissait plus

[134] Pour la liste des légions de l'armée de Sévère, voir Jones, *Later Roman Empire,* vol. 3, tableau 9, pp. 368-374. La dernière mention de la *VI Ferrata* se trouve dans Dion, LV, 23 ; citée par L. Homo, *Essai sur le règne de l'empereur Aurélien (270-275),* Bibl. des Écoles françaises d'Athènes et de Rome, fasc. 89, Paris, Fontemoing, 1904, p. 201, n. 9 ; la *III Parthica* n'apparaît pas dans la *Notitia,* mais le contexte fait penser que cela est dû à l'oubli d'un scribe ; *ibid,* n. 2. Les listes de la *Notitia* qui concernent le Rhin ont été perdues, mais seule des légions du Rhin, *la XXII Primigenia* ne figure absolument pas dans les unités des forces, comme le sont la *I Minervia* (*Minervii, or.* IX, 37), la *XXX Ulpia (Truncensimani, occ.* VII, 108), et la *VIII Augusta (Octaviani, occ.* VII, 28) et la *XXX Primigenia* qui est mentionnée dans le monnayage de Carausius à l'époque de la Tétrarchie ; *ibid,* p. 202, fi. 1. L'autre légion non mentionnée dans la *Notitia,* la *XX Valeria Victrix,* l'est cependant dans le monnayage de Carausius, *ibid,* p. 203, n. 2. Pour la *III Augusta,* dissoute après 238 et reconstituée en 253, voir René Cagnat, *L'Armée romaine d'Afrique et l'occupation militaire de l'Afrique sous les Empereurs,* Paris, Leroux, 1913, pp. 159-161. 44 légions sont portées sur la *Notitia* en tant que *limitanei* (forces territoriales) ; parmi elles, 29 étaient en Orient (de la Libye à la Dacie) et 15 en Occident ; ceci ne comprend pas 4 détachements de légions aussi portés ailleurs et 4 détachements de légions égyptiennes cités deux fois. Dans l'armée du secteur oriental (*comitatus*), il y avait 13 légions palatines d'élite et 38 légions régulières (*comitatenses*) ainsi que 20 légions transférées des frontières (*pseudocomitatenses*) ; dans l'armée du secteur occidental, il y avait 12 légions palatines et 33 légions régulières ainsi que 28 *pseudocomitatenses.* Le total général s'élève à 188 légions correspondant à 1 128 000 hommes d'après l'effectif ancien d'une légion, ce qui est une impossibilité ; Jones, *Later Roman Empire,* vol. 3, tableau 15, pp. 379-380.

[135] Jones, *op. cit.,* vol. 2, pp. 681-682. Voir Clemente, "*Notitia Dignitatum*", pp. 146-156, sur la question du nombre des unités. Nous possédons quelques preuves archéologiques indirectes qui

d'infanterie lourde dont les hommes étaient choisis et hautement entraînés, comme les légionnaires d'antan ; ils n'avaient pas l'équipement, l'entraînement et la discipline pour opérer comme des troupes du génie combattantes[136] – de loin le plus grand succès des légions du principat. L'artillerie n'était plus organisée[137]. En d'autres termes, ce n'était pas des légions. Au lieu de cela, les unités étaient essentiellement des formations d'infanterie légère, équipées comme l'avaient été les *auxilia*, avec des lances, des arcs, des frondes, des javelots et surtout la *spatha*, la longue épée barbare qui convient à des combats désordonnés et sans discipline[138]. En somme, de telles troupes n'avaient rien à voir avec les forces légionnaires du principat : elles leur étaient inférieures.

Ce déclin ne se produisit pas soudainement à la fin du IVe siècle, bien que la plupart de nos documents datent de cette époque. Les légions qui survécurent au déluge du IIIe siècle le firent en gardant leur structure mais non leurs effectifs. Épuisées par les prélèvements successifs des *vexillationes* qui ne revinrent jamais à leurs unités d'origine, affaiblies par les perturbations dans l'intendance et dans le commandement, balayées à maintes reprises ainsi que les portions de *limes* où elles opéraient (quelquefois détruites dans l'action), les

---

donnent à la centurie de la tétrarchie un effectif réduit à 60 hommes ; Birley, "Hadrian's Wall and its Neighbourhood", in *Studien zu den Militärgrenzen Roms,* p. 7.

136 Végèce, I, 20, 21. Voir F. Paschoud, *Roma Aeterna : Étude sur le patriotisme dans l'Occident latin à l'époque des grandes invasions,* Bibl. Helvetica Romana, n° 7, Rome, Institut suisse de Rome, 1967, pp. 110-118.

137 Marsden, *Greek and Roman Artillery,* p. 195. Il existait des légions indépendantes spécialisées à ce qu'il semble ; p. 196. Ammien Marcellin semble insinuer, en XIX, 5, 2, que les légions régulières n'étaient plus entraînées au maniement de l'artillerie ou à la construction des fortifications.

138 P. Couissin, *Les Armes romaines : Essai sur les origines et l'évolution des armes individuelles du légionnaire romain,* pp. 480-492.

légions durent être terriblement diminuées et profondément affaiblies au temps de Dioclétien. De plus, un grand nombre d'unités auxiliaires, *alae* et *cohortes*, soit disparurent, soit survécurent en tant que *limitanei*, c'est-à-dire comme forces intrinsèquement territoriales, incapables de mobilité sur le théâtre des opérations.

Par suite de ces changements, et en attendant la réforme des légions par Dioclétien, on ne pouvait plus mettre en œuvre la stratégie basée sur la défense en avant (car elle exigeait une supériorité tactique absolue au niveau local) ; il en était de même pour une stratégie adéquate de défense en profondeur, puisque cette dernière exigeait un réseau sûr et profond d'avant-postes fortifiés, de fortins autonomes et de forts le long des routes. Inévitablement, la défense élastique était le seul type de défense qu'on pouvait adopter durant les années de crise (vers 250 jusque vers 284). Tandis qu'elle laisserait l'ennemi pénétrer, quelquefois profondément, elle pourrait au moins assurer la sécurité de la puissance impériale (mais non pas celle du territoire impérial) si des armées suffisamment puissantes pouvaient par la suite faire leur jonction pour défaire l'ennemi, quelle que soit la région qu'il aurait atteinte. Cela pouvait conduire à combattre les Alamans avant la bataille de Milan et les Juthunges après même qu'ils eurent menacé Rome. De puissantes armées dotées d'une forte cavalerie furent réellement réunies et la puissance impériale, de ce fait, survécut mais au prix de l'abandon des civils et de leurs biens entre les mains des Barbares qui continuaient à ravager le pays.

Dioclétien n'était pas satisfait de cette situation : son but était de rétablir une défense territoriale. Cette défense ne devait pas être dissuasive mais devait devenir au moins une mince défense en profondeur, dans laquelle seules les zones frontalières extérieures, et non pas le territoire impérial dans son ensemble, seraient normalement exposées au flux et reflux des combats. Dioclétien, dans sa tentative pour atteindre ce but, essaya de diminuer la dynamique des incursions et *post factum* l'interception (à l'intérieur du territoire impérial) en maintenant des têtes de pont fortifiées pour appuyer suffisamment tôt l'interception des attaques ennemies au-delà de la frontière[139].

Comme on l'a déjà dit, il y avait deux conditions préalables à une stratégie de défense en profondeur réussie : premièrement, l'organisation d'un réseau de fortifications, résistant élastiquement, établi en profondeur ; et, deuxièmement, de forces locales suffisamment puissantes pour affronter avec efficacité les menaces locales. Ces conditions préalables furent remplies grâce à un immense effort de construction de fortifications, effort étendu à tous les continents. "*Quid ego alarum et cohortium castra percenseam toto Rheni et Histri et Eufratae limitae restituta*", déclame le panégyriste, tandis que le chroniqueur Malalas garde le souvenir de Dioclétien et de son effort de construction de fortifications en Orient ; une ligne de forts depuis l'"Égypte" (Arabie ?) jusqu'à la frontière de Perse[140]. L'archéologie moderne a établi le bien-fondé des prétentions que des anciens ont émises en faveur de Dioclétien[141]. Dans trois secteurs, les structures qui subsistent sont d'un grand intérêt.

La *Strata Diocletiana* construite après la guerre contre les Perses, entre 293 et 305, atteignait l'Euphrate, venant du sud-ouest par Palmyre ; elle formait une frontière surveillée par des patrouilles entre l'axe Bostra-Damas et le désert[142]. On a identifié sur cette

---

139 Van Berchem, *L'Armée de Dioclétien,* p. 52 ; von Petrikovits, "Fortifications in the North-Western Roman Empire", p. 181. Constantin continua cette politique ; cf. *ibid,* p. 182 et Thompson, *Wisigoths in the Time of Ulfila,* pp. 10-12.

140 *Paneg. Lat.* IX, 18, 4, cité dans Van Berchem, *op. cit.,* p. 89. Pour Malalas, voir *ibid*, p. 17.

141 Lactance naturellement préfère stigmatiser sa "manie de bâtir" ; *De mortibus persecutarum,* 7. Sur le rôle personnel de Dioclétien, voir Seston, *Dioclétien et la tétrarchie,* pp. 297-298.

142 *Ibid.*, pp. 177-178 ; cf Van Berchem, *L'Armée de Dioclétien,* pp. 3-6.

route les positions de trois cohortes d'infanterie (sur cinq) et de deux *alae* (sur sept) [143]. Puisque cette frontière avait toujours été "ouverte", sans obstacle continu, la différence entre le dispositif de défense de la tétrarchie et celui du principat n'est pas évidente. Cependant, il y avait une différence essentielle et, comme nous le verrons, elle concernait les relations entre les forces provinciales et le *limes*. Sur le Danube, de vieux forts et forteresses étaient en général remis en état et convertis en fortifications correspondant à des points forts, mais à la suite des victoires de Dioclétien sur les Sarmates – à ce moment l'ennemi principal dans le secteur –, une chaîne de têtes de ponts fut aussi établie sur la rive gauche du fleuve, sur la *Ripa Sarmatica*[144], pour faciliter les attaques préventives. En Égypte, où eurent lieu une révolte grave vers 295 et une sérieuse tentative d'usurpation vers 296, la réorganisation des fortifications de la vallée du Nil et du delta permit d'approvisionner les magasins avec les vivres et le fourrage provenant de la levée de l'impôt en nature de la tétrarchie, perçu grâce à la protection des *alae* et des cohortes[145].

L'Égypte conserva un rôle spécial dans l'empire, à cause de sa configuration géographique bien particulière (il ne pouvait y avoir de périmètre normal), mais il est significatif néanmoins que les *alae* et les cohortes aient été affectées à la protection de l'approvisionnement (vivres et fourrages) ; il était absolument essentiel de soustraire le ravitaillement à l'ennemi et d'en faire bénéficier les forces *mobiles* de défense. Finalement, la stratégie de défense en profondeur reposait entièrement sur ce facteur logistique[146].

---

143 *Ibid.,* pp. 26-27, et la carte.

144 Seston, *Dioclétien et la tétrarchie,* pp. 131-132.

145 Van Berchem, *L'Armée de Dioclétien,* pp. 69-71.

146 À l'exception d'un seul *numerus barcariorum* en Rétie, les seuls *numeri* qui subsistaient dans la *Notitia* se trouvaient être les dix unités affectées au Mur d'Hadrien et quatre autres sous l'autorité du *Comes Litoris Saxonici* chargée de la défense des côtes de la

Dans le système tétrarchique de défense en profondeur, le second élément était la nouvelle structure des forces. Mises à part les troupes aux confins, les provinces frontières étaient défendues par des légions et par des unités de cavalerie baptisées *vexillationes,* fortes d'environ 500 hommes chacune[147]. Toutes deux étaient déployées d'une façon permanente dans leurs propres secteurs, mais, comme par le passé, elles pouvaient aussi être redéployées temporairement ailleurs, en totalité ou en partie, pour servir dans des armées en campagne *ad hoc.*

Dioclétien, qui subordonnait sa politique entière aux besoins pressants de la défense impériale et qui fit de l'empire une base logistique enrégimentée[148], utilisa largement le produit de l'impôt en nature levé sans pitié pour remettre en état et entretenir les forces légionnaires. Un siècle plus tôt, Septime Sévère avait déjà fait beaucoup pour adoucir les conditions de service afin de faciliter le recrutement et de redonner le moral[149]. Dioclétien suivit la même politique et organisa un système fiscal dans le but d'approvisionner les légions par des paiements en nature (non sans maintenir le

---

Bretagne ; par la suite, le terme *numeri* devint un terme général, mais peut-être au temps de la tétrarchie désignait-il encore une unité ethnique. *Ibid.,* pp. 57-58.

147 Jones, *Later Roman Empire,* vol. 1, p. 56.

148 Cette transformation est un vaste sujet ; voir les résumés dans Jones, *op. cit.,* pp. 61-68 ; Seston, *Dioclétien et la Tétrarchie,* pp. 261-294, et Van Berchem, "L'annone militaire dans l'empire romain au *III*[e] *siècle", Mémoires de la société nationale des antiquaires de France,* vol. 80, série 8, livre 10, Paris, Klincksieck, 1937.

149 Il accorda l'autorisation de se marier, ce qui était sûrement un cas de reconnaissance *ex post facto,* il augmenta la paye (pour la première fois depuis Domitien) et la porta de 300 à 450 *denarii,* permit la constitution des clubs d'œuvres sociales, facilita les promotions (les bagues d'or) ; Smith, "Army Reforms of Septimius Severus", pp. 492-496, et Birley, "Septimius Severus and the Roman Army", pp. 63-65.

pouvoir d'achat des salaires en dépit de la dévaluation de la monnaie)[150].

Des 34 légions déployées jusque vers 231[151], la plupart avait survécu aux luttes du milieu du IIIe siècle. Il est possible qu'on ait ajouté jusqu'à 35 nouvelles légions, avant l'abdication de Dioclétien en 305, pour un total s'élevant à 67 ou 68 légions. L'estimation minimale est de 56[152] (33 légions sévériennes, 6 de plus attestées en 284, 14 sous Dioclétien et 3 de plus qui sont douteuses)[153]. La croissance des forces légionnaires était donc très importante car les légions de Dioclétien n'étaient absolument pas les bataillons réduits à 1 000 hommes du bas empire. Il est difficile de dire si le légionnaire continuait d'être un soldat d'infanterie lourde ainsi que du génie, bien que la grande quantité de constructions militaires sous Dioclétien laissât entendre qu'il avait ces qualités.

Le rôle des légions était primordial dans la stratégie de défense en profondeur de Dioclétien. Tandis que les nouvelles *vexillationes* de cavalerie étaient d'abord déployées dans l'intérieur, à cheval sur les routes principales, les légions – comme auparavant – restaient

---

[150] Voir le préambule qui concerne le célèbre édit sur les prix traduit par Jones, *History of Rome,* vol. 2, pp. 308-312 ; "Quelquefois, un simple achat fait par un soldat le prive de sa prime et de son salaire".

[151] Ce chiffre comprend la douteuse *IV Italica* qui aurait été levée par Alexandre Sévère ; Mann, "The Raising of New Legions during the Principate", p. 484.

[152] Plutôt schématiquement, E. Nischer, "The Army Reforms of Diocletian and Constantine and Their Modifications up to the Time of the Notitia Dignitatum", JRS 13, 1923, pp. 1-55, avait estimé que les forces légionnaires avaient augmenté de cent pour cent en passant de 34 à 68 unités ; c'est pour cela qu'il a été critiqué en détail par H.M.D. Parker, "The Legions of Diocletian and Constantine", JRS 23, 2e part., 1933, 177-180. Cependant Besnier, *L'Empire romain de l'avènement des Sévères...,* p. 304 et notes 160, 164, est d'accord avec les chiffres de Nischer et Jones, *Later Roman Empire,* vol. 1 pp. 59-60, arrive au même résultat.

[153] Parker, "The Legions of Diocletian and Constantine", p. 80.

concentrées aux points importants pour la défense. En avant, et proches d'elles, se trouvaient les *alae* et les cohortes, à cette époque peu différentes les unes des autres et incapables d'appliquer une tactique offensive de défense en avant. Il est clair, par conséquent, qu'on avait l'intention de rencontrer l'ennemi à l'intérieur de la zone défendue, grâce aux interceptions des *vexillationes* à cheval et grâce aux points d'arrêt que constituaient les légions demeurées unités mobiles de combat.

À Augusta Libanensis, par exemple, les défenses du secteur établies sur la *Strata Diocletiana* comprenaient, outre 7 *alae* et 5 cohortes le long de la route elle-même, deux légions et douze *vexillationes* de cavalerie (appelées *equites* dans la *Notitia*). Le front tenu par les troupes statiques de la frontière pouvait manifestement être enfoncé par un ennemi mobile et les *equites* déployés sur les voies importantes auraient par conséquent la mission d'intercepter les intrus dans l'intérieur avec les légions (à Palmyre et Danaba) servant de pivots et de points d'appui du système[154]. En Palestine, 5 *vexillationes* d'une formation de calaverie d'élite (*equites Illyriciani*) et 4 de cavalerie locale (*equites indigenae*) se trouvaient dans des positions similaires de contrôle du secteur, constituant manifestement une force de déploiement mobile. Ici aussi, l'unique légion tenait une position charnière, à Aila (près d'Élat), tandis que 17 *alae* et cohortes, dans la vallée de l'Arava, forment une ligne de défense statique en travers d'une région qui est le théâtre principal de migrations et d'incursion de nomades[155].

Tel était, en conséquence, le dispositif de défense de base sous Dioclétien, ainsi que le révèle la *Notitia*. On admet sans discussion[156] que les *alae* et les cohortes maintenant fixes, armaient une ligne de fortins indépendants ; que les *equites* servaient de forces mobiles pour une intervention immédiate ; et que les légions

---

154 Van Berchem, *L'Armée de Dioclétien,* pp. 15-17 et carte p. 130.
155 *Ibid.*, pp. 24-26.
156 Jones, *Later Roman Empire,* vol. 1, p. 57.

étaient toujours rassemblées pour former l'épine dorsale de la défense en dernier ressort. Cette défense en profondeur, à l'échelle provinciale, était par conséquent peu profonde : les combats devaient se limiter à chaque élément de défense de la frontière et les forces locales devaient réprimer les violations de frontières, puisqu'on ne pouvait disposer habituellement d'aucune force armée importante à l'échelle de l'empire. En maintenant les combats dans la bande la plus étroite de la zone frontière, les défenseurs limiteraient les dégâts et épargneraient à l'empire les incursions profondes très dommageables qu'entraînait la stratégie précédente (et postérieure) de défense élastique.

Ce fut vraisemblablement sous Constantin (306-337) que le système laissa la place à un autre dans lequel des forces mobiles puissantes étaient concentrées pour une action à l'échelle de l'empire, les forces provinciales étant au contraire réduites. Ce déploiement constantinien a été reconstitué d'après les listes de la *Notitia* concernant les régions du bas Danube : Scythie, Dacie ripuaire et les deux Mésie[157]. En Scythie, par exemple, nous trouvons deux légions, une romaine et une flottille fluviale indigène, mais ni *alae* ni cohortes. Les légions pourvoyaient maintenant en partie à la garde de la frontière ; elles étaient divisées en détachements permanents, chacun d'eux affecté à une portion du fleuve sous le commandement d'un officier de sécurité local, le *praefectus ripae*[158]. Près des entrepôts de vivres, pièces maîtresses de toute la stratégie du bas empire, nous trouvons sept unités de cavalerie, les *cunei equitum,* et huit unités d'infanterie, les *auxilia,* toutes deux étant de nouveaux types de formations de combat[159].

---

157 Van Berchem, *op. cit.,* pp. 90-93, approuvé par Jones, *op. cit.,* vol. 1, pp. 99.

158 Van Berchem, *op. cit.,* pp. 90-91.

159 À propos des *cunei* et des *auxilia* à l'époque de Constantin, voir Jones, *op. cit.,* vol. 1, pp. 99-100.

Les *vexillationes* de cavalerie n'existaient plus, ayant été évidemment transférées aux forces centrales de combat (ou bien réorganisées en *cunei*), et les légions n'étaient plus déployées comme des forces de frappe concentrées. Leur caractère avait dégénéré : dans la hiérarchie des forces au milieu du IIIe siècle, les légions provinciales s'appelaient *ripenses,* occupant une position intermédiaire entre les *alae* et les cohortes du bas de l'échelle et les forces de combat de premier rang, les *comitatenses*[160]. Le commandant de secteur (*dux limitis*) n'était plus le commandant d'une partie des forces impériales dans son secteur, mais seulement un commandant territorial[161].

Puisqu'il n'y avait pas accroissement des ressources globales de l'empire, la création constantinienne des forces de combat n'a pu qu'affaiblir les forces provinciales. On a observé un recul dans la qualité (manifesté par une moindre exigence quant aux conditions physiques pour le recrutement[162]) et très probablement une baisse numérique des effectifs. Bien que Constantin n'ait pas dégarni les frontières de leurs défenses[163], il est clair que les forces provinciales devaient être diminuées pour que les forces de combat puissent recevoir approvisionnement, argent, et surtout hommes. Il y avait donc eu transition de la mince défense en profondeur de l'époque de Dioclétien à un système plus profond reposant sur des forces combattantes puissantes et sur des forces de secteur plutôt faibles (dans la *Notitia,* on trouve des légions appelées *pseudocomitatenses* sous les ordres de commandants de théâtre : ces unités avaient évidemment été transférées des forces territoriales aux forces

---

160 Van Berchem, *op. cit.,* p. 85.
161 *Ibid.,* pp. 101-102.
162 Si on peut tirer une déduction de la constitution de 372, Cod. Theod. VII, XXII, 8. (372) ; *ibid,* p. 102, n. 1.
163 Zosime l'accuse de ne pas l'avoir fait : Jones, *op. cit.,* vol. 2, p. 609.

mobiles (*comitatenses*) sans toutefois atteindre le statut complet d'unité combattante).

Le même processus continua après Constantin. Dans les listes de la *Notitia* pour la Mésie supérieure, nous découvrons, semble-t-il, la description d'un type de déploiement post-constantinien, où trois détachements légionnaires sont mentionnés (tirés de la *IV Flavia* et de la *VII Claudia*) ; mais il y a aussi cinq unités de *milites exploratores* (*milites* étant un terme générique pour "unité"), toutes ces forces commandées par des préfets. Il semble que ces huit unités sont ce qui reste d'une ancienne garnison légionnaire[164]. Ayant rompu tout lien avec leurs anciennes unités, les *milites*, comme les "légions", sont uniquement des forces de reconnaissance et de surveillance (*exploratores*) ; on suppose qu'ils opéraient pour appuyer les huit *cunei* de cavalerie et les huit *auxilia* d'infanterie[165]. Les *cunei*, au moins, ont dû conserver leur cohésion (et par conséquent leur mobilité) au cours du Ve siècle[166] tandis que les *auxilia*, pour leur part, ont dû jouer le rôle de butoir, dévolu à l'infanterie légionnaire, mais d'une façon moins efficace.

Un stade encore plus avancé de désintégration se retrouve dans les listes de la *Notitia* à propos du secteur si dévasté du Rhin moyen, secteur où, sous l'autorité du *Dux Mogontiacensis*[167], se trouvaient onze *praefecti* à la tête d'unités dont la plupart étaient des *milites* indifférenciés. Une de ces unités garde le souvenir d'une association légionnaire (*Praefectus militum secundae Flaviae*) ; un autre nom d'unité rappelle l'existence d'une fonction très probablement disparue (*Praefectus militum balistariorum*). Dans cette liste, il est clair que toutes les unités doivent être identifiées d'abord par les noms de

---

164 Van Berchem, *op. cit.*, p. 93.

165 Jones, *op. cit.*, vol. 3, tableau 12, p. 378.

166 L. Varady, "Additionnal Notes on the Problem of Late-Roman Dalmatian *cunei*", *Acta Antiqua Academiae Scientarum Hungaricae 11*, 1963, 391-406.

167 Clemente, "*Notitia Dignitatum*", p. 299, qui reproduit la liste.

lieux joints à la titulaire – un symbole de l'affectation définitive de ce qui avait été jadis une armée purement mobile.

7. Les forces centrales de combat

S'il était possible de créer des forces combattantes absolument mobiles – c'est-à-dire des forces capables de se déplacer instantanément d'un lieu à un autre –, alors il n'y aurait nul besoin d'en déployer à l'avant une partie. Au lieu de cela, la totalité des forces pourrait être gardée en réserve en un point central, sans s'occuper de sa disponibilité immédiate et sans tenir compte des problèmes de route et de transport. En sens inverse, avec des forces combattantes parfaitement immobiles, le dispositif de déploiement doit utiliser au mieux les positions de chacune des unités afin d'optimiser l'effet tactique ou politique de chaque déploiement en avant ; aucune force ne devrait être gardée en réserve puisqu'une réserve immobile ne sert à rien.

Il n'est pas surprenant que la stratégie de la sécurité impériale, qui atteignit son apogée sous Hadrien, se rapproche de la seconde de ces deux théories extrêmes. Même si les gros bagages étaient transportés par des bêtes de somme ou sur des chariots, les légions ne pouvaient se déplacer plus vite qu'un homme à pied ; si nous raisonnons en termes de distances journalières parcourues par l'infanterie romaine, nous verrons que les distances à l'échelle de l'empire étaient immenses. Du fait que les frontières *exigeaient* la présence permanente de forces romaines pour dissuader ou repousser victorieusement une attaque, et puisque les ennemis ne pouvaient ordinairement coordonner leurs attaques, le déploiement d'une réserve centrale aurait été une garantie coûteuse : de longs délais se seraient écoulés entre l'apparition de la menace et l'arrivée des forces. Il était préférable de conserver toutes les forces sur la frontière et d'augmenter la défense sur un point en prélevant des forces sur un autre. Des forces tenues en réserve ne serviraient à rien et leur entretien coûterait autant sinon plus que celui des forces en place et prêtes au combat. Il est commun de dire que le dispositif de déploiement antonin consistait en une ligne mince et étirée et qu'il n'y avait pas de réserve mobile "*prête à voler au secours des points menacés*"[168]. Sur le plan tactique, des unités auxiliaires et même des légions pouvaient en général atteindre n'importe quel point de la frontière impériale en quelques jours, mais une réserve centrale ne pouvait guère "voler" ; elle aurait dû marcher à une allure désespérément lente sur des milliers de kilomètres ou plus, pour arriver, disons sur le Rhin moyen, en partant d'un point de déploiement tel que Rome.

Il y a, néanmoins, une raison possible pour adopter le principe du déploiement à partir d'une réserve centrale, même dans le cas d'un déplacement très lent : la protection du pouvoir central lui-même. Ce qui était particulièrement inefficace du point de vue de l'empire pouvait très bien être utile pour ses dirigeants. Sous le principat, il n'y eut pas de force centrale de combat ; seulement des gardes du palais, des gardes du corps privés, de jeunes officiers faisant partie de la suite de l'empereur, etc. : Auguste avait ses hommes choisis (*evocati*), une garde composée d'esclaves bataves[169] ; plus tard, les *speculatores* (sous-officiers spécialement choisis) apparurent dans la suite de l'empereur ; sous Domitien, nous notons l'existence des *equites singulares*, une force montée d'environ 1 000 hommes[170]. Vers la fin du IIIe siècle, la suite comprit les *protectores*, une force apparemment composée de gardes d'élite et de jeunes officiers

---

168 A. Alföldi, "La grande crise du monde romain au IIIe siècle", *L'Antiquité Classique* 7, 1938, p. 7.

169 Richard I. Frank, *Scholae Palatinae : The Palace Guards of the Later Roman Empire,* Papers and Monographs of the American in Rome, vol. 23, Rome, 1969, pp. 17-26.

170 M. Speidel, *Die Equites Singulares Augusti,* Bonn, 1965.

en formation[171]. Vers 330, nous trouvons les *scholae*, une force d'élite de cavaliers commandée, cela est significatif, par l'empereur plutôt que par les officiers généraux anciens (*magistri militum*) qui avaient autorité sur toutes les autres forces centrales[172]. La *Notitia* mentionne cinq unités de *scholae* en Occident et sept en Orient, probablement de 500 hommes chacune[173]. Des gardes du corps privés deviennent souvent des gardes du palais avec un statut officiel et il y a une tendance semblable dans l'élite militaire faisant partie de la suite qui dégénère en gardes d'apparat du palais. Une autre évolution – conduisant de la garde du palais à la force d'élite et ensuite à l'armée – n'a jamais été courante à Rome, en dépit du fait que les cohortes prétoriennes étaient depuis le commencement une force bien plus puissante que n'importe quelle garde du corps.

Formés dès 27 av. J.C. au tout commencement du principat[174], les prétoriens étaient une force privilégiée recevant le double de la paye du légionnaire, soit 450 *denarii* par an[175]. Dans sa vue d'ensemble des forces impériales, Tacite mentionne neuf cohortes prétoriennes, alors qu'en 47 ap. J.C. leur nombre atteignait douze[176] ; un des concurrents malheureux de l'an 69, Vitellius, porta leur nombre à seize, mais Vespasien le réduisit de nouveau à neuf. Finalement, en 101, leur nombre attei-

---

171 Stein, *Histoire du Bas-Empire*, vol. 1, pp. 57-58. Jones, *Later Roman Empire,* vol. 1, pp. 53-54 ; vol. 2, pp. 636-640 ; Frank, *Scholae Palatinae,* pp. 33-41.

172 Frank, *Scholae Palatinae,* pp. 47-49. Cf. Jones, *Later Roman Empire,* vol. 2 p. 613. Les *Scholae* était sous l'autorité du Maître des Offices, mais ce dernier était un contrôleur administratif et non un chef de guerre.

173 *Ibid.,* pp. 52-53.

174 Sur les commandements du principat, voir Marcel Durry, *Les Cohortes prétoriennes,* Bibliothèque des Écoles françaises d'Athènes et de Rome, fasc. 146, Paris, de Boccard, 1938 et Alfredo Passerini, *Le Coorti Pretorie,* 1939, rééd. à Rome, Centro Éditoriale Internazionale, 1969, pp. 1-53, pour l'origine et les premières années.

175 *Ibid.,* p. 44.

176 *Annales,* IV, 5 ; Passerini, *Coorti Pretorie*, p. 53.

gnait de nouveau dix, correspondant à une force de 5 000 hommes qualifiée d'élite au moins officiellement[177]. Outre les cohortes prétoriennes, existaient aussi les cohortes urbaines, constamment au nombre de quatre, fortes de 500 hommes chacune ainsi que les *vigiles* forts de 3 500 hommes à la fin du IIe siècle, mais ces derniers étaient des affranchis qui servaient de pompiers et d'agents de la force publique ; ils ne pouvaient être comptés comme soldats[178]. Hormis les *vigiles,* il y avait 8 000 hommes organisés en unités disponibles comme force centrale. C'était plus qu'il ne fallait pour servir de suite à l'empereur, mais de toute manière, cela n'équivalait pas à une vraie force combattante.

Bien qu'il y eût une bonne dose d'élasticité dans le système du IIe siècle, il ne pouvait pas fournir de forces de combat pour les campagnes qui l'exigeaient. Il fallut donc lever de nouvelles légions pour des conflits majeurs. Domitien leva la *I Minervia* pour sa guerre contre les Chattes en 83, et Trajan fit de même avec la *II Traiana* et la *XXX Ulpia* pour ses conquêtes ; Antonin le Pieux réussit à livrer des guerres importantes avec un corps expéditionnaire de forces auxiliaires, mais Marc-Aurèle, lui, fut forcé de former de nouvelles légions (les *II* et *III Italicae*) pour combattre dans le Nord[179]. À sa prise de pouvoir en 193, Septime Sévère livra une guerre civile de grande ampleur ; presque immédiatement après, il entama une grande guerre contre les Parthes. Comme ses prédécesseurs, il la fit avec une armée *ad hoc* composée de *vexillationes* légionnaires et d'auxiliaires ; mais il se rendit compte comme eux que cela ne suffisait pas : en 196, il leva trois nouvelles légions, les *I, II* et *III*

---

177 *Ibid.*, pp. 54-55, 61.

178 Sur les Vigiles, voir P.K.B. Reynolds, *The Vigiles of Ancient Rome,* Oxford, Clarendon Press, 1926.

179 Mann, "Raising of New Legions", n. 27 ; Birley, *Marcus Aurelius,* p. 217.

Parthicae[180]. Depuis Auguste, aucun empereur n'en avait levé autant.

Puis vint la grande nouveauté : bien que la *I* et la *III Parthicae* fussent normalement postées sur la frontière récemment conquise de Mésopotamie, conformément à la pratique précédente, la *II Parthica* n'y était pas. Au lieu de cela, on l'avait casernée près de Rome, à Albanum ; c'était la première légion à être régulièrement stationnée en un point quelconque de l'Italie depuis le commencement du principat. Cela, et le fait que les trois légions sévériennes avaient été placées sous le commandement de chevaliers (*praefecti*) plutôt que de sénateurs (*legati*), a suggéré aux historiens tant anciens que modernes que le déploiement de la *II Parthica* était plus une question d'ordre intérieur et politique qu'une question extérieure et militaire[181]. Il a pu en être ainsi, mais il est non moins évident que la *II Parthica* a pu servir de noyau à une force armée centrale. La nouvelle légion, de par elle-même, était déjà une force importante, plus que l'effectif total des prétoriens d'avant l'époque de Sévère, des cohortes urbaines et des *equites singulares*. Mais Sévère accrut largement ces forces : chaque cohorte prétorienne doubla son effectif, ainsi porté à 1 000 hommes, au total 10 000 ; les cohortes urbaines furent triplées et portées à 1 500 hommes, au total 6 000 ; le nombre des *vigiles* fut lui-même doublé et atteignit 7 000. Quant au nombre des *equites singulares*, il fut le seul à ne pas être augmenté[182]. Il faut ajouter à cela quelques troupes, plus particulièrement de la cavalerie, affectées à un *Castra Peregrina* d'origine obscure, une institution analogue à un Grand Quartier Général impérial[183].

---

180 Smith, "Army Reforms of Septimius Severus", p. 486, n. 28.

181 *Ibid.*, n. 1 pour des citations précises des auteurs anciens et n. 33 (p. 487) pour quelques citations de modernes.

182 Ces comparaisons de chiffres sont données dans Durry, *Les Cohortes prétoriennes*, pp. 81-87 et le tableau, p. 89, n. 4.

183 Birley, "Septimius Severus and the Roman Army", p. 65.

Malheureusement, les sources insuffisantes ne permettent pas de brosser un tableau cohérent de l'utilisation ultérieure de ces forces, mais il est certain que sur les 30 000 hommes maintenant disponibles d'une façon permanente à Rome et non astreints à la défense des frontières, on pouvait prélever une réserve substantielle pour des actions militaires réelles, réserve allant jusqu'à 23 000 hommes – l'équivalent de presque quatre légions[184]. C'était une force importante : Marc-Aurèle prit avec lui trois légions pour combattre les Parthes et leur absence à la défense aux frontières a pu déclencher les dangereux conflits avec les Germains au cours de son règne.

C'est dans les années les plus sombres du IIIe siècle, sous Gallien (253-268), que nous entendons parler d'une nouvelle réserve centrale ou plutôt d'une réserve de forces régionales : c'étaient des forces de cavalerie déployées sur les grands axes routiers tels que Aquileia (qui contrôlait le principal accès à l'Italie en venant de l'est), Sirmium pour le Danube moyen, Poetovio dans la vallée de la Drave et Lychnidus sur la grande voie qui, venant du nord, mène en Grèce[185]. Avec les documents épars que nous possédons, on peut dessiner les contours d'une nouvelle stratégie : une défense en profondeur si profonde qu'elle n'est en fait qu'une défense élastique dans laquelle seul le cœur de l'Italie est tenu solidement[186].

L'outil principal de cette stratégie était un corps de cavalerie parfaitement mobile, qui semble avoir été constitué par Gallien, ou au moins renforcé par lui. Ce

---

184 Maurice Platnauer, *The Life and Reign of the Emperor Lucius Septimius Severus,* Londres et Bombay, Humphrey Milford, 1918, appelle cela un moyen terme entre les armées de Dioclétien et celles de Constantin (pp. 162-163).

185 A. Alföldi, CAH 12, 213.

186 Manni, *L'Impero di Gallieno,* pp. 58-59 et notes ; *De Regibus, La Monarchie Militare di Gallieno,* pp. 78-79 ; Alföldi, CAH 12, 216-218, Besnier, *L'Empire romain de l'avènement des Sévères…*, p. 190.

fut Aureolus qui pendant 10 ans fut son chef, luttant loyalement contre les ennemis tant à l'intérieur qu'à l'extérieur, avant de se retourner finalement contre Gallien en 268. L'usurpateur échoua, mais Gallien fut assassiné alors qu'il assiégeait Milan où Aureolus vaincu avait cherché refuge. Il est significatif que son successeur désigné fut également un chef de cavalerie, Claudius, qui régna deux ans (268-270), remportant de grandes victoires. À son tour, Claudius fut remplacé par un autre chef de la cavalerie encore plus prestigieux, Aurélien, qui gouverna jusqu'en 275, année de son assassinat[187]. Il est clair que l'existence d'un corps mobile de cavalerie, non affecté à une région déterminée, avait une signification politique importante : si son chef n'était pas l'empereur lui-même, il pouvait devenir empereur puisqu'il n'existait pas de force comparable que l'on pût opposer à un grand corps de cavalerie centralisé.

On connaît très peu de chose sur cette cavalerie. Elle comprenait des unités de *promoti* (qui ont dû être des contingents de cavaliers légionnaires de 120 chevaux)[188], et des unités de cavalerie indigène (*equites Dalmatae* et *equites Mauri*) et peut-être quelques éléments de cavalerie lourde (*scutarii*)[189]. Il est possible aussi que sous Gallien les légions eurent de nouveaux contingents de cavaliers de 726 hommes au lieu de 120[190]. C'est à cette époque que le terme *vexillatio* prit un sens nouveau, car il avait en 269 celui de détachement d'infanterie légionnaire, mais en 293, il désigne une unité de cavalerie[191]. Le terme a dû à l'origine avoir

187 *Ibid.*, pp. 185, 225, 232.

188 Parker, "Legions of Diocletian and Constantine", p. 188.

189 Besnier, *L'Empire romain de l'avènement des Sévères...*, p. 190.

190 Stein, *Histoire du Bas-Empire*, p. 55 et n. 216, vol. 2, p. 430, basé sur le chiffre cité par Végèce, XI, 6, et sur la date de 260-290 de la source de Stein ; Cf. H.M.D. Parker, "The Antique Legio of Vegetius", *Classical Quarterly* 26, 1932, 137-149 et passim, pour la datation.

191 Alföldi, CAH 12, 217.

le sens d'unité mobile de combat par excellence et il est facile de voir que la transformation eut lieu au moment où la cavalerie vit augmenter son importance. Aux célébrations de la dixième année du règne de Gallien, la nouvelle importance de la cavalerie fut reconnue officiellement ; dans l'ordre rituel de la procession, elle reçut un rang égal à celui de la garde prétorienne[192].

La cavalerie doubla la mobilité stratégique des forces expéditionnaires se déplaçant par voie de terre (près de 80 km contre 40), mais cet avantage stratégique entraîna un inconvénient tactique : en devenant cavalier, le soldat romain perdit l'avantage de sa supériorité tactique du passé. La cavalerie romaine combattait les Barbares sans bénéficier de l'avantage propre au légionnaire, fût-il décadent. Peut-être est-ce pour cette raison que les écrits de Végèce sont empreints de nostalgie car, étant hostile à la cavalerie, il démontre que l'infanterie était plus économique, plus souple et plus conforme aux traditions légionnaires[193].

L'histoire de la cavalerie romaine rapporte les réels succès des grandes formations de cavalerie légère, pourvues d'armes de jet, et l'échec non moins réel de la cavalerie lourde équipée d'armes de choc[194]. Néanmoins, sous Trajan, une unité milliaire de cavalerie lourde armée de lances (*Ala I Ulpia Contariorum Miliaria*) avait déjà vu le jour ; et même auparavant, Flavius Josèphe avait décrit l'arme que la cavalerie de Vespasien utilisait en Judée (vers 68), le *kontos,* c'est-à-dire une lourde lance, l'arme caractéristique de la cavalerie lourde[195]. Ces cavaliers n'avaient pas de cuirasse complète ; cependant, la première unité de cavalerie *cuiras-*

---

192 *Ibid.,* p. 216.

193 Cité dans Paschoud, *Études sur le patriotisme romain*, p. 117.

194 C'est la conclusion de John W Eadie, "The Development of the Roman Mailed Cavalery", JRS 57, 1967, pp. 161-173.

195 *Ibid.,* pp. 166 (Josèphe, *B.J.,* CXI, 5, 5) et 167. Le *contus* est l'arme normale de la cavalerie chez Végèce ; Couissin, *Armes romaines,* p. 479.

sée apparaît sous Hadrien avec une *Ala I Gallorum et Pannoniorum Catafractata,* une expression qui désigne des cavaliers vêtus de cottes de mailles avec une petite armure rigide[196]. La cavalerie lourde avait été la force principale des Parthes, elle était également celle des armées sassanides. Mais leur cavalerie lourde était entièrement protégée par des cuirasses rigides, leurs chevaux ne l'étaient qu'en partie, à la manière des chevaliers de la fin du Moyen Âge. Les soldats romains les surnommaient *clibanarii* (les fours à pain) ; il est certain que sous le soleil du désert syrien, ils ne devaient pas être à l'aise[197]. Vers la fin de l'année 271, Aurélien partit en Orient par mer pour détruire la puissance de Palmyre, avec une force composée de détachements légionnaires, de cohortes prétoriennes et surtout de cavalerie légère maure et dalmate[198]. D'abord sur l'Oronte, puis à Émèse[199], Aurélien défit nettement les Palmyréens, en utilisant la même tactique à chaque fois : les cavaliers légèrement montés sur des chevaux indigènes firent retraite et furent poursuivis par les *clibanarii* ennemis jusqu'à épuisement de ces derniers. C'est alors que le combat commença vraiment. Plus tard, quand les forces perses intervinrent pour surprendre de flanc les Romains qui assiégeaient Palmyre, ils furent défaits à leur tour avec la même tactique. En dépit de cette preuve éclatante de la supériorité de la cavalerie légère sur des cavaliers cuirassés, *si elle est appuyée par une solide infanterie,* l'armée romaine vit apparaître des unités de *clibanarii* : la *Notita Dignitatum* en mentionne neuf, y compris une unité décrite comme *equites sagittarii clibanarii* (c'est-à-dire des archers à cheval cuirassés) – probablement une combinaison plus décorative

196 *Ibid.,* p. 167.
197 *Ibid.,* pp. 169-170.
198 Homo, *Essai sur le règne d'Aurélien,* p. 88.
199 *Ibid.,* pp. 94, 99.

qu'efficace d'armes légères et de lourdes cuirasses[200]. Les annales des engagements de ces cavaliers cuirassés sont catastrophiques[201].

Dans le dispositif de mince défense en profondeur de Dioclétien, il n'y avait pas place pour un corps de cavalerie indépendant. Stratégiquement, il avait été l'instrument normal d'une "défense élastique", tandis que sur le plan politique son existence même était déstabilisante. Mais Dioclétien n'eut pas besoin de dissoudre le corps de cavalerie, car probablement il n'existait déjà plus[202]. On n'est pas sûr que les *equites* maures et dalmates aient été dissous par Aurélien après sa victoire sur Palmyre afin de garnir les frontières orientales désorganisées – ou si c'est Dioclétien lui-même qui le fit[203]. Les *promoti* ont pu être rattachés aux légions une fois de plus, encore que le lien ait pu être purement administratif[204].

La question du déploiement de la cavalerie sous Dioclétien est directement liée à une question plus large, plus importante et plus controversée – le déploiement d'une force de combat en tant que telle. Le point de vue orthodoxe affirme que Dioclétien et ses collègues créèrent ou développèrent le *sacer comitatus* (c'est-à-dire

---

200 Eadie, "Development of Roman Mailed Cavalery", p. 170. Dans la *Notitia* on trouve mentionnés une *schola*, un *cuneus* et cinq *equites* de *clibanarii*, en Orient ainsi que *equites* et *sagitarii* en Occident.

201 Voir *ibid*, p. 172, pour quelques exemples.

202 Seston, *Dioclétien et la tétrarchie,* pp. 52-53. La date de 298 dans Seston est une erreur typographique, il faut lire 285. Cf. Besnier, *L'Empire romain de l'avènement des Sévères...*, pp. 277-78.

203 Jones, *Later Roman Empire*, vol. 1, p.55 ; La *Notitia* donne beaucoup d'*equites* pour la Palestine : il y en avait douze, huit en Arabie, douze en Phénicie, dix en Syrie, neuf en Osroène et neuf en Mésopotamie ; *ibid*, vol. 3, tableau 10, p. 376.

204 Seston, *Dioclétien et la tétrarchie*, p. 299. Notez cependant que dans la *Notitia*, les listes concernent la frontière orientale, Jones, *op. cit.*, vol. 3, tableau 10, p. 376, et qu'il n'y a pas corrélation entre le nombre des légions et le nombre des *equites promoti*. Cf. Jones, *op. cit.*, vol. 1, p. 53.

l'escorte de l'empereur en campagne), remplaçant les forces de combat improvisées de leurs prédécesseurs par des forces permanentes et créant la double structure des forces fixes aux frontières (*limitanei*) et des forces de combat (*comitatenses*) qui sont la caractéristique de l'armée du bas empire. Dans cette optique, Constantin paracheva simplement cette évolution en ajoutant une structure de commandement une génération plus tard[205]. Le *sacer comitatus* aurait ainsi atteint l'importance d'une force de combat et aurait été beaucoup plus qu'une garde du corps, vu son importance appréciable, et sa composition qui n'était pas uniforme, comme les anciennes cohortes l'avaient été. Il englobait ces dernières, dont le nombre cependant avait été réduit[206] ; des *lanciarii*, fantassins d'élite choisis dans les légions[207] ; des unités de cavalerie, appelées *comites* ; la prestigieuse cavalerie maure ; de nouvelles légions d'élite (*Ioviani* et *Herculiani*) ; probablement des *promoti* de cavalerie[208].

---

205 C'est l'opinion de Mommsen, de Seeck et de Grosse, cités par Stein, *Histoire du Bas-Empire*, vol. 1, pp. 72-73, entre autres. Seston, *Dioclétien et la tétrarchie,* pp. 302-307, présente un point de vue classique modifié en concluant : “L'armée des comitatenses du Bas-Empire est donc née d'une conception stratégique de Gallien, dont le danger politique a été supprimé par Dioclétien et dont Constantin a perfectionné l'organisation technique”.

206 Passerini, *Coorti Pretorie*, p. 57. Par exemple, quelques prétoriens allèrent en Maurétanie avec Maximien en 296 ; cité par Seston, *Dioclétien et la tétrarchie*, p. 119, n. 1.

207 Sur les *lanciarii* comme troupes du *comitatus*, voir Parker, “Legions of Diocletian and Constantine”, p. 186. Jones, *Later Roman Empire,* vol. 1 pp. 55, pense que les *lanciarii* étaient probablement affectés aux secteurs frontaliers sous Dioclétien, et qu'ils ne faisaient pas partie du *comitatus*. Van Berchem, *L'Armée de Dioclétien,* p. 107, suggère que de toute manière, ils étaient peu nombreux. Mais dans la *Notitia*, il y avait plusieurs légions de *lanciarii* ; voir S. Mazzarino, DE, vol. 4, voir art. *Lanciarii* ; et Seston, “Du Comitatus de Dioclétien... ”, *op. cit.,* pp. 293-294. Tous deux soulignent le rôle des *lanciarii* dans le *comitatus*.

208 Comme appartenant au *comitatus* (par conséquent élargi), voir *ibid* ; comme cavalerie régulière, laquelle avait autrefois fait partie de la suite impériale, mais toutefois jamais d'une façon permanente,

Dans l'autre optique, moins traditionnelle, envisagée au commencement du siècle et ensuite rejetée[209], la thèse était que le *sacer comitatus* n'était rien d'autre que l'escorte traditionnelle de l'empereur, et non pas une armée ni même son embryon. On a émis l'idée que Dioclétien avait augmenté son armée jusqu'à la doubler, mais que c'était Constantin qui avait retiré le plus grand nombre de troupes des secteurs frontaliers pour former la force centrale de combat des *comitatenses*. Récemment repris dans une monographie de grande autorité[210], qui a été critiquée[211], mais aussi acceptée par les spécialistes, du moins par la plus grande partie d'entre eux[212], ce point de vue semble maintenant avoir convaincu. La controverse à propos de l'auteur de la réforme reste ouverte, car des doutes subsistent sur des questions

---

Van Berchem, *op. cit.*, pp. 107-108. À l'inverse, Jones, *Later Roman Empire*, vol. 1, pp. 52, 53. Néanmoins, Jones, vol. 2, p. 608, donne le *comitatus* comme "petit".

209 By Nischer, "Army Reforms of Diocletian and Constantine". Cf. N.H. Baynes qui le réfute : "Three Notes on the Reforms of Diocletian and Constantine", JRS 15, 1925, pp. 201-208, ainsi que Parker, "Legions of Diocletian and Constantine".

210 Van Berchem, *L'Armée de Dioclétien* ; on trouvera ses conclusions pp. 113-118. Dans celles-ci, l'auteur pense que les sources narratives, la *Souda,* Aurelius Victor (cité n. 3 et 4, p. 115), et plus particulièrement Zosime, XI, 34, confirment sa thèse, laquelle, cependant, est indépendante de ces sources ; Mischer également a trouvé dans les sources narratives une confirmation de sa discussion, mais Parker en a rejeté la valeur. Seston, dans son aperçu de l'ouvrage de Van Berchem (n. 246), insiste sur le mensonge délibéré rencontré chez Zosime. Il est intéressant d'observer que de toute manière, le passage litigieux, XI, 34, montre l'incapacité de Zosime, et sans doute de beaucoup d'autres avec lui, à comprendre la logique militaire d'une défense stratégique en profondeur.

211 Seston, "Du Comitatus de Dioclétien aux comitatenses de Constantin" (n. 246). Seston fait l'éloge de la méthode de Van Berchem, mais n'accepte pas ses conclusions. Varady, "New Evidences on Some Problems of Late Roman Military Organization" (n. 158), rejette aussi la méthode, puisqu'il ne croit pas que la *Notitia* ait défini des catégories.

212 Jones, *Later Roman Empire,* vol. 1, pp. 54-5, 97 ; vol. 2, p. 608.

secondaires mais importantes[213]. Cependant, c'est Constantin, sans aucun doute, qui créa les nouveaux grades généraux de l'armée permanente, le *magister peditum* de l'infanterie et le *magister equitum* de la cavalerie[214].

En tout cas, au cours des premières décennies du IVe siècle, la double structure de l'armée subsiste, avec les *limitanei* et les troupes provinciales aux frontières sous l'autorité de commandants de secteurs (*duces*), d'une part, et d'autre part, des forces de combat centralisées sous l'autorité de l'empereur et de ses *magistri*. L'évolution ultérieure de cette double structure est visible.

Dans la *Notitia*, on trouve mentionnées 48 légions sous le nom de *pseudocomitatenses*, montrant qu'elles ont été transférées aux forces de combat après avoir servi de forces provinciales[215]. Quand Constantin forma, ou au moins agrandit son armée, il leva quelques nouvelles unités, y compris les *auxilia*[216], mais il dut aussi avoir considérablement affaibli les forces provinciales au profit des forces de combat. C'était, sans nul doute, le transfert de ces troupes des frontières vers les villes que l'historien Zosime, au Ve siècle, bien que partial à cause de ses sentiments antichrétiens, critiqua avec raison[217]. Il est probable qu'à la fin du IVe siècle, les *comitatenses* s'accrurent régulièrement au détriment des forces pro-

213 D. Van Berchem, "On some Chapters of the Notitia Dignitatum Relating to the Defense of Gaul and Northern Britain", *American Journal of Philology* 76, 1955, p. 147.

214 Jones, *Later Roman Empire,* vol. 1, p. 97. Seston, *Dioclétien et la tétrarchie,* p. 307, les décrit comme étant des techniciens.

215 Le chiffre total est tiré de Jones, *Later Roman Empire,* vol. 3, tableau 15, p. 379.

216 *Ibid.*, vol. l, p. 98. Cf. Stein, *Histoire du Bas-Empire,* vol. 1, p. 73, où les *auxilia* sont attribués à Dioclétien.

217 Zosime, *Historia Nova,* trad. James J. Buchanan et Harold T Davis, San Antonio Trinity University Press, 1967, XI, 34.

vinciales (appelées toutes *limitanei*) dont les privilèges et le statut relatifs continuaient à décliner[218].

8. Conclusion

Il est évident que les réductions faites dans les forces provinciales qui gardaient les frontières afin de renforcer les forces armées centrales devaient toujours servir à assurer la sécurité politique à la puissance impériale. Mais elles ont inévitablement dégradé la sécurité quotidienne des populations. Aux derniers stades de l'effondrement de l'empire en Occident, il n'est pas rare de trouver des frontières entièrement dégarnies de leurs défenseurs pour augmenter les forces de combat centrales, comme cela arriva en 406 sous Stilicon, qui était engagé dans un conflit interne[219]. Dans de tels cas, on laissait vraisemblablement le soin aux Barbares alliés de "défendre" la frontière[220] ; c'était une réédition négative des relations de clientèle du Ier siècle. De telles alliances étaient louées mais non achetées ; les représailles ne suffisaient pas à apporter la sécurité une fois que le facteur indispensable de dissuasion avait disparu.

Les listes de la *Notitia,* quelles que soient leurs dates exactes, donnent quelques indications sur la répartition des forces entre les secteurs de frontière et les forces de combat ; on a fait de nombreuses tentatives pour chiffrer cette répartition en s'appuyant sur des esti-

---

218 Jones, *Later Roman Empire,* vol. 2, pp. 649-654. Depuis 325 et au-delà, les forces de secteur (*ripenses*) ont reçu un statut inférieur à celui des *comitatenses,* quoique plus élevé que celui des *alares* et des *cohortales,* selon Van Berchem, *L'Armée de Dioclétien,* p. 85.

219 E. Demougeot, *De l'unité à la division de l'Empire Romain 395-410. Essai sur le gouvernement impérial,* Paris, Librairie d'Amérique et d'Orient, 1951, p. 511.

220 Santon Mazzarino, *Stilicone : La crisi imperiale dopo Teodosio,* Rome, Angelo Signorelli, 1942, pp. 128-129.

mations variables touchant l'importance des unités[221] (voir tableau 3.1.)

Ces estimations, provenant de sources et de méthodes très différentes (elles montrent, entre autres, différentes époques de la *Notitia*), ont un point commun : dans chaque cas, le pourcentage de *limitanei* est nettement plus fort en Orient, qui survécut à la crise du Vᵉ siècle, qu'en Occident qui en souffrit. La conséquence est claire, de même que son lien avec la démonstration faite ici de l'importance stratégique des forces de réserve dans un contexte de mobilité très lente. Le fait que la mobilité des ennemis de l'empire n'était manifestement pas plus grande est hors de propos. Puisque la menace extérieure manquait de coordination, la mobilité *relative* n'avait pas d'importance. Ce qui comptait, c'était la mobilité *absolue* des forces romaines déployées à l'arrière ; elle était beaucoup trop lente pour justifier le système dualiste pour des raisons militaires.

Septime Sévère, devenu empereur, commanda ses armées contre des ennemis intérieurs et extérieurs, en Occident ou en Orient, alors qu'il n'avait aucune expérience du service actif avant de régner. Encore une fois, l'implication est claire : "*l'exemple de Sévère est devenu la règle qui ne souffre pas d'exception. L'empereur doit commander ses armées en campagne, quels que soient son âge et ses goûts personnels – et s'il ne réussit pas, un meilleur général prendra sa place*"[222]. Les forces de combat du bas empire étaient bien plus importantes que celles du principat, mais même quand les *comitatenses*

---

[221] Les chiffres du tableau 3.1. peuvent être comparés aux renseignements cités par Arthur E.R. Boak, *Manpower Shortage, and the Fall of the Roman Empire in the West,* Jerome Lectures, 3ème série, Ann Arbor, The University of Michigan Press, 1955, p. 91, estimations de l'armée du IVᵉ siècle par Piganiol (moins de 400 000), Seeck (400 à 600 000), Lot (450 à 471 000), Cary, Grosse, Stein et Segré (près de 500 000), et J.B. Bury (600 à 650 000), chiffres dans lesquels les forces combattantes en campagne sont évaluées à près de 200 000.

[222] Birley, "Septimius Severus and the Roman Army", p. 78.

étaient répartis dans des réserves régionales, il ne leur était pas possible d'avoir la mobilité stratégique convenable pour défendre par la dissuasion le territoire impérial : l'ennemi pouvait être intercepté et souvent vaincu, mais seulement après qu'il avait fait les pires destructions. D'un autre côté, les forces de combat centralisées pouvaient servir pour protéger la puissance des empereurs-soldats qui les commandaient ; c'était la seule mission que ces forces de combats continuèrent d'accomplir vraiment jusqu'à l'ultime fin.

Mais les dommages infligés aux terres impériales, à la population et à la propriété privée s'accumulaient ; ils minèrent sans relâche la base logistique de l'empire et, sans relâche, ils rabaissèrent dans l'opinion publique la valeur du régime impérial.

Épilogue

Évaluation des trois systèmes

À partir de la version constantinienne de la défense en profondeur, avec sa conception dualiste de troupes aux frontières et de forces de combat centrales, l'armée impériale continua d'évoluer comme prévu vers une stratification plus poussée. À la fin du IVe siècle[1], nous trouvons de nouvelles unités, appelées *palatini,* qui servent comme forces de combat centrales sous le commandement direct des empereurs d'Orient et d'Occident ; les *comitatenses* sont devenus des forces de combat *régionales,* tandis que les *limitanei* sont tombés encore plus bas. On peut sans crainte supposer que cette évolution a entraîné une détérioration supplémentaire de la qualité et de la quantité des ressources en hommes et en matériel, tant régionales que locales nécessaires à la défense territoriale. Toutes choses égales par ailleurs, elle a contribué au déclin de la sécurité du territoire, avec toutes ses conséquences logistiques et humaines, déclin que la faiblesse croissante de l'empire met en évidence.

Un triple déploiement en profondeur aurait bien entendu été beaucoup plus résistant au choc qu'un déploiement linéaire, mais cette élasticité aurait pu

---

[1] Les *Palatini* ont été cités pour la première fois dans une constitution de 365, C. Th., VIII, 1, 10 ; cité par Jones, *Later Roman Empire,* vol. 3, n. 28, pp. 21-22.

simplement signifier que l'autorité centrale entendait de cette façon survivre une année de plus en percevant l'impôt sur une population désormais constamment soumise aux violences d'une guerre ininterrompue et aux ravages dus aux incursions impunies des Barbares. La situation s'était détériorée à tel point qu'au Ve siècle un simple citoyen de l'empire, un marchand de Viminacium, pouvait préférer aller vivre hors de l'empire car il avait trouvé un nouveau foyer chez un peuple aussi peu aimable que les Huns, dans le camp même d'Attila[2].

Revoyons donc les trois systèmes de la sécurité de l'empire. Le premier, dit julio-claudien, mais qui doit être plus proprement considéré comme appartenant à la période républicaine de l'empire. Autour de ses provinces centrales, l'empire était de caractère hégémonique, avec des États-clients autonomes, responsables de l'exécution des *desiderata* de Rome et dont les ressources propres et l'obéissance pourvoyaient à la sécurité territoriale des provinces centrales. Aucune force militaire romaine n'est habituellement stationnée dans les États-clients ou les tribus clientes. Mais la stabilité du système exige un effort diplomatique constant, à la fois pour s'assurer que chaque client est toujours conscient de l'intégralité de la puissance romaine (alors qu'il est lui-même politiquement isolé) et aussi pour maintenir l'équilibre du système de la clientèle au plan interne (c'est-à-dire dynastique) et régional (c'est-à-dire entre clients). Les États-clients, grands et petits, sont maintenus en sujétion par l'idée qu'ils se font de la puissance de Rome, et cette force persuasive était complétée par des encouragements bénéfiques, en particulier des subsides.

Avec ce système, les forces armées, que les clients perçoivent comme un bloc d'une puissance écrasante,

---

2 Rapporté par Priscus, cité, dans des commentaires, dans E.A. Thompson, *A History of Attila and the Huns*, Oxford, Clarendon Press, 1948, pp. 113, 185-186. Mais d'autres ont jugé autrement ; voir, entre autres, Adrian N. Sherwin-White, *The Roman Citizenship*, 2e éd., Oxford, Clarendon Press, 1973, pp. 425-468 passim.

sont effectivement réparties sur un vaste cercle autour de Rome. Mais ces troupes sont encore concentrées en armées comportant de nombreuses légions et ne sont pas affectées à la défense territoriale ; aussi, elles sont essentiellement mobiles et facilement redéployables. La souplesse de l'organisation est telle que presque la moitié de l'armée peut être envoyée vers une seule province en rébellion (Illyricum en 6-9 ap. J.C.) sans mettre en péril la sécurité du reste de l'empire. En l'absence de tels soulèvements, la souplesse se manifeste par l'existence d'une immense force militaire "disponible" qui peut être utilisée pour une expansion ultérieure là où le front reste "ouvert", comme en Germanie avant 9 ap. J.C. ou en Bretagne sous Claude.

À cause de son caractère hégémonique, la sphère de l'autorité impériale n'est limitée que par la distance à partir de laquelle les autres perçoivent la puissance romaine comme contraignant à l'obéissance. La portée de la puissance romaine, par conséquent, n'a pas besoin d'être proportionnelle aux dépenses militaires. L'extension ultérieure de l'empire, sous une forme hégémonique, ne nécessite pas un accroissement des forces militaires en place. Les nouveaux clients répondront à la même contrainte comme l'ont fait les autres avant eux, en entrant dans la sphère d'influence de l'empire. D'où l'économie des forces du système julio-claudien et aussi son efficacité. Mais c'était un système dont le but était d'accroître la sûreté de l'autorité de Rome plutôt que la sécurité du territoire impérial et celle des populations.

Le système d'Antonin, en vigueur sous une forme ou une autre depuis l'époque flavienne, après 69 jusqu'à la crise du milieu du IIIe siècle, est caractérisé par la territorialisation de l'empire et la réorientation de ses priorités. Des forces armées sont maintenant déployées partout pour assurer la tranquillité et par conséquent la prospérité des territoires proches des frontières et *a fortiori* de ceux de l'intérieur. La force militaire de l'empire et sa puissance sont désormais strictement proportionnelles, puisque cette force est maintenant largement utilisée directement et non comme un instrument de persuasion politique. Les clients subsistent, mais ils sont beaucoup moins utiles que par le passé : la tâche de maintenir la sécurité territoriale a passé des clients faibles à des forces largement distribuées sur les frontières, tandis que les clients puissants ne peuvent plus être tolérés, puisque leur force peut maintenant dépasser dangereusement celle des armées impériales proches.

Néanmoins, l'empire reste fort et l'essentiel de sa force est politique. Une réelle et croissante prospérité et une volonté de romanisation éliminent les dernières traces de l'indifférence des indigènes et créent un appui solide à l'unité du régime. Face à des ennemis largement séparés les uns des autres à la périphérie, l'empire est toujours capable d'envoyer des forces écrasantes contre eux, puisque la tranquillité dans les provinces – et en certains endroits des infrastructures efficaces de frontières – permettent de maintenir une paix temporaire même avec des forces aux frontières très réduites. Cette capacité offensive est d'abord utilisée comme instrument diplomatique ; la menace de son emploi sert à garder les voisins de l'empire divisés – sinon forcément obéissants.

Néanmoins, l'influence culturelle et économique de Rome sur l'existence des voisins de l'empire est elle-même créatrice d'une assise culturelle et politique commune susceptible de s'opposer à elle. Des hommes qui n'avaient rien en commun acquièrent maintenant les éléments d'une culture partagée par tous mais n'appartenant à personne. Au-delà du Rhin se constitue une fédération des peuples frontaliers qui va les souder en un redoutable conglomérat multi-tribal. Contrée sans répit par la force résultant des transformations culturelles, la diplomatie romaine, qui cherche à maintenir divisés les ennemis de l'empire, devient de moins en moins efficace et le système de défense des frontières, conçu en fonction de menaces de *faible ampleur,* ne peut lutter avec succès contre cette coalition.

Le troisième système naît pour répondre à cette inextricable combinaison de problèmes diplomatiques et militaires dont les conséquences devinrent manifestes dans la grande crise du IIIe siècle. Sous Dioclétien, une défense en profondeur mince mais structurée remplace la "défense élastique" de Gallien et le système précédent dans lequel des forces de combat *ad hoc* avaient combattu les coalitions de Barbares jusque très loin à l'intérieur du territoire impérial.

Comme celui d'Antonin, le nouveau système ne fournit pas un volant disponible de puissance militaire, soit pour l'offensive, soit pour la coercition diplomatique, dissuasive ou contraignante.

La différence est que le troisième système ne possède plus de capacité de "sursaut", puisque les ennemis de l'empire ne sont plus contraints à la défense par une tactique de défense en avant ; au lieu de cela, ils ne sont que contenus.

Quand les forces destinées à contenir l'ennemi sont réduites à faire appel à des forces de combat *ad hoc,* le front est percé et ce qui reste du système d'Antonin, la capacité d'engendrer des symboles de puissance en vue d'exercer une pression politique, est perdue sans retour. Les relations diplomatiques avec des puissances extérieures doivent donc maintenant traduire le rapport local des forces – qui ne peut pas toujours favoriser l'empire dans tous les secteurs de ses frontières.

Abréviations utilisées

ANRW *Aufstieg und Niedergang der Römischen Welt : Geschichte und Kultur Roms in Spiegel der neuerer Forschung*, Hildegard Temporini, ed. Berlin and New York, Walter de Gruyter, 1974.

BG *Bellum Gallicum.*

CAH *Cambridge Ancient History*, Cambridge, At the University Press, 1923-39.

CW *Transactions of the Cumberland and Westmoreland Antiquarian Society.*

DE *Dizionario epigrafico di antichità Romane*, Ettore di Ruggiero, ed. Rome, L. Pasqualucci, 1895.

ILS *Inscriptiones Latinae Selectae,* H. Dessau (ed.), Berlin, 1892-1916.

JRS *Journal of Roman Studies.*

NH *Naturalis Historia* de Pline l'Ancien.

REL *Revue des Études Latines.*

SHA *Scriptores Historiae Augustae.*

Everett L. Wheeler

Limites méthodologiques et mirage d'une stratégie romaine

Traduit par Philippe Richardot

Article paru dans le
Journal of Military History,
janvier et avril 1993, vol. 57, n° 1 et 2

À Théodore Ropp
octogenarius

Nous voyons que le peuple romain n'a conquis le monde que grâce à l'exercice des armes, à la discipline du camp et à l'expérience du service militaire[1].

Végèce

Il y a seize ans, Edward N. Luttwak pensait combler le fossé entre la stratégie antique et moderne. Dans une synthèse brillante appliquant les techniques modernes d'analyse systémique à la *Limesforschung*, il discerna, à partir des déploiements, des types d'unités, des installations frontalières et des sources littéraires, que la pensée stratégique romaine était passée par trois phases distinctes (ou "systèmes") entre Auguste (31 avant J.C. 14 après) et le début du IVe siècle : la phase julio-claudienne (camps temporaires pour des légions préparées à l'offensive sur ou au-delà des frontières, et appui sur les États-tampons de rois clients), la phase flavienne (à partir de 69 ; absorption des rois clients dans les frontières, camps légionnaires permanents, et un

---

1 *Nulla enim alia re videmus populum Romanorum orbem subegisse terrarum nisi armorum exercito, disciplina castrorum usuque militiae* (*Epitoma rei militaris,* I, 1). Une nouvelle version du texte latin avec une traduction anglaise (avec le Livre IV inclus pour la première fois) est récemment parue : L.F. Stelten, Flavius Vegetius Renatus, *Epitoma Rei Militaris*, New York, 1990. Dans cet article figurent mes propres traductions. Les abréviations suivantes seront utilisées : ANRW = *Aufstieg und Niedergang der römischen Welt*, Berlin, 1972 ; BASOR = *Bulletin, American School of Oriental Research* ; CAH = *Cambridge Ancient History* ; GRBS = *Greek, Roman and Byzantine Studies* ; ILS = H. Dessau, éd., *Inscriptiones Latinae Selectae*, Berlin, 1892-16 ; JRS = *Journal of Roman Studies* ; MEFAR = *Mélanges de l'Ecole Française de Rome : Antiquité* ; ZPE = *Zeitschrift für Papyrologie und Epigraphik*. Cet article n'essaie pas de donner une bibliographie exhaustive sur l'Armée romaine ou les frontières romaines, mais j'ai essayé d'y inclure un travail publié au printemps 1992.

périmètre défensif et préventif avec des barrages continus en Europe contre des menaces de basse intensité), et la phase tardoantique (à partir de 284 ; défense en profondeur avec quelques armées mobiles en réserve)[2]. Bien que Luttwak ait réaffirmé quelques interprétations communément acceptées (par exemple : la rupture entre la politique frontalière flavienne et la réorganisation sous Dioclétien et Constantin), il a intégré les aspects tactiques et stratégiques de l'Armée romaine impériale dans une vue cohérente de la politique romaine - une tâche que les historiens et les archéologues ont généralement repoussée par désir de preuves archéologiques plus complètes[3]. Les Romains de Luttwak sont présentés comme d'astucieux praticiens de la puissance : ils pratiquaient l'économie des forces en maximisant des ressources limitées dans une stratégie rationnelle de défense fondée sur la dissuasion.

L'extrême schématisation des données archéologiques par Luttwak et sa rationalisation de la politique romaine sur quatre siècles semblent supposer un état-major général de planification stratégique et des guerres tournées vers la création de frontières plus faciles à défendre. Le livre a causé une levée de boucliers de deux écoles, distinctes sans toutefois s'exclure mutuellement : d'une part, celle des antiquisants, souvent suspicieux à l'égard des étrangers à leur caste mandarinale et habi-

---

2 *The Grand Strategy of the Roman Empire*, Baltimore, 1976.

3 Les études sur la politique frontalière romaine ne sont bien sûr pas nouvelles. À titre d'exemples notables, voir A.R. Birley, "Roman Frontiers and Roman Frontier Policy : Some Reflections on Roman Imperialism", *Transactions of the Architectural and Archaelogical Society of Durham and Nortumberland* N.S. 3, 1974, pp. 13-35 ; J.C. Mann, "The Frontiers of the Principate", *ANRW* 2, 1974, pp. 508-33 ; J.W. Eadie, "Peripheral Vision in Roman History : Strengths and Weakness of the Comparative Approach", in J.H. D'Arms and J.W. Eadie, eds, *Ancient and Modern : Essays in Honor of Gerald F. Else*, Ann Arbor, 1977, pp. 215-34 ; *Actes du Congrès International d'Etudes sur les Frontières Romaines*, 1949.

tués à ne reconnaître dans l'Histoire que des motivations individuelles ; d'autre part, celle des socio-archéologues, leurs cousins de *l'Ecole des Annales*, et des universitaires marxistes voués à l'interprétation socioéconomique. Les comptes-rendus, bien que reconnaissant le travail de Luttwak, ont décrié plutôt que loué l'ouvrage et nié tout "plan général" de stratégie romaine – soit un point de vue déformant la position réelle de Luttwak[4]. Dans une certaine mesure, les réactions à Luttwak rappellent l'hostilité de l'*establishment* universitaire allemand à Hans Delbrück[5].

Depuis 1989, le chœur des critiques de Luttwak a augmenté à travers la publication des travaux de C.R Whittaker[6], Benjamin Isaac[7] et Arthur Ferrill[8]. Bien que

---

[4] Comptes-rendus : par exemple, E. Badian, *New York Review of Books*, 23 juin 1977, pp. 34-39 ; J.C. Mann, "Power, Force and the Frontiers of the Empire", *JRS* 69, 1979, pp. 175-83 ; réactions : F. Millar, "Emperors, Frontiers and Foreign Relations, 31 B.C.-A.D. 378", *Britannia* 13, 1982, pp. 1-23 ; G.D.B. Jones, "Concept and Development in Roman Frontiers", *Bulletin of the John Rylands University Library* 61, 1978-79, pp. 115-44, spéc. 115 n. 1 (favorable) ; A. Ferrill, *The Fall of The Roman Empire : The Military Explanation*, Londres, 1986, pp. 25-30, 173 n. 40, p. 174 n. 63 ; G. Traina, "Aspettandi i barbari. Le origine della guerriglia di frontiera", *Romano-barbarica* 9, 1986-87, n° 44, pp. 275-76.

[5] Bref survol dans A. Bucholz, *Hans Delbrück and the German Military Establishment*, Iowa City, 1985, pp. 21, 31-33. Cf. (trop bref) G.A. Craig, "Delbrück : The Military Historian", dans P. Paret (dir.), *Makers of Modern Strategy from Machiavelli to the Nuclear Age*, Princeton, 1986, pp. 329-30 ; voir aussi K. Christ, *Von Gibbon zu Rostovzeff : Leben und Werk fürhender Althistoriker der Neuzeit,* Darmstadt, 1972, 159-200, pp. 367-68. Une étude plus complète sur le sujet serait souhaitable.

[6] *Les Frontières de l'empire romain*, trad. C. Goudineau, Paris, 1989 ; par la suite "Whittaker, Frontières", une reprise de "Trade and Frontiers of the Roman Empire" dans P. Garnsey et C.R. Whittaker (dir.), *Trade and Famine in Classical Antiquity,* Cambridge, 1983 ; par la suite Whittaker, "Trade", pp. 110-27.

[7] *The Limits of Empire. The Roman Army in the East*, Oxford, 1990 ; un résumé des arguments de l'ouvrage contre une stratégie romaine a été publié plus tôt : "Luttwak's Grand Strategy and the

Ferril, un traditionaliste, affirme l'existence d'une stratégie romaine avec des correctifs à Luttwak[9], Whittaker et Isaac présentent des révisions radicales à la *Limesforschung*. Whittaker, un représentant de ce qu'on peut appeler le fer de lance de l'histoire socioéconomique ancienne à Cambridge, et Isaac, un universitaire israélien connu pour ses études sur la Judée romaine, ont indépendamment débouché sur des conclusions similaires à travers l'analyse respective des frontières occidentales et orientales : l'absence de frontières romaines définies, de menaces extérieures, et la non-existence d'une stratégie romaine. Pour Whittaker, la stratégie masque les fonctions sociales, culturelles et économiques des frontières comme zone de contact entre Romains et Barbares, tandis qu'Isaac cherche à déplacer l'étude de l'Armée romaine en tant que force de défense vers celle d'une force d'occupation souvent corrompue au service d'une élite au pouvoir. Les deux ouvrages ont de grandes dettes envers Luttwak et ses premiers critiques et, particulièrement pour les non-spécialistes, ont argumenté de façon séduisante. Le livre d'Isaac mérite aussi l'attention comme première monographie depuis 1907 à

Eastern Frontier of the Roman Empire", dans D.H. Franch et C.S. Lightfoot (dir.), *The Eastern Frontier of the Roman Empire*, Oxford, 1989. Dans cet article, la mention "Isaac" fait uniquement référence aux *Limits of Empire*.

8 *Roman Imperial Grand Strategy*, Lantham, 1991, surtout résumé dans "The Grand Strategy of the Roman Empire", dans P.A. Kennedy (ed.), *Grand Strategies in War and Peace*, New Haven, 1991 ; par la suite Ferrill, "Strategy", pp. 71-85.

9 *Roman Imperial Grand Strategy*, pp. 40-47 ; "Strategy", pp. 73-74, 82-83. Ferrill réduit les trois systèmes de Luttwak à deux : une phase de défense en avant d'Auguste à Dioclétien, incluant la rupture du système de 235-284, et une phase tardo-antique de réserves mobiles et de défense en profondeur commençant avec Constantin.

traiter l'intégralité de la frontière romaine d'Orient du Caucase à la mer Rouge[10].

Anticipant les débats que causeront les ouvrages provocants de Whittaker et d'Isaac chez les historiens militaires et antiquisants, mon but est d'exposer les racines universitaires de ces ouvrages et d'étudier la question de la stratégie romaine à partir des travaux les plus récents[11]. Le principal sujet de Whittaker, la nature des frontières, peut être traité ici comme un supplément à la tentative d'Isaac d'éliminer le concept ou l'usage de stratégie. Mais des conclusions similaires tirées de l'étude de deux frontières contemporaines mais distantes ne confirment pas leur justesse. Ces deux chercheurs basent leur travail (à différents degrés) sur des méthodologies et des racines théoriques similaires. La méthodologie (et pas de nouvelles preuves), spécialement dans le cas d'Isaac, conditionne le résultat.

Étant donné l'absence d'une définition adéquate de la stratégie chez Whittaker et Isaac[12], la vision de Paul Kennedy d'une grande stratégie suffira : l'intégration d'une politique et d'une économie globales d'État à des objectifs militaires, aussi bien en temps de paix qu'en temps de guerre, pour préserver des intérêts à long terme, en incluant la gestion des moyens et des fins, la diplomatie, le moral de la nation, la culture politique dans les sphères civiles et militaires[13]. Les Romains

---

10 Voir F. Chapot, *La Frontière de l'Euphrate de Pompée à la conquête arabe*, Paris, 1907.

11 La discussion de Ferrill ignore l'ouvrage de Whittaker et sa rapide réfutation des vues d'Isaac (*Roman Imperial Grand Strategy*, p. 13 note 35, p. 39 note 100) ne prend pas en compte les très nombreux arguments. Le livre d'Isaac est paru trop tardivement pour permettre une complète considération.

12 Whittaker ne définit pas la stratégie et Isaac, p. 419, fait une vague tentative à la fin de son livre : "Stratégie est le terme appliqué aujourd'hui quand la planification politique et militaire ou l'action sont discutées au plus haut niveau".

13 P. Kennedy, "Grand Strategy in War and Peace" : Toward a Broader Definition", in Kennedy (ed.), *Grand Strategies in War and*

n'ont-ils pu remplir ces critères ? Ou bien la stratégie romaine (pas forcément celle que Luttwak décrit) peut-elle survivre aux assauts de Whittaker, Isaac et autres ?

Méthodologies

Avant d'asséner des arguments spécifiques, un bref rappel des thèses d'Isaac et de Whittaker s'avère instructif. Bien que les fonctions de temps de paix de l'Armée romaine et que les abus des administrateurs et des soldats soient loin d'être des idées nouvelles[14], Isaac présente sa nouvelle perspective sur la politique intérieure (une stratégie interne ?), comme si une politique frontalière rationnelle de défense contre des étrangers était incompatible avec le contrôle de l'intérieur. Une armée en pays conquis ne peut avoir ces deux objectifs si l'élite dirigeante cherche seulement à exploiter ses sujets, et si les seuls États frontaliers organisés (d'abord les Parthes, ensuite les Perses sassanides) ne constituent pas une menace même s'ils sont fréquemment en guerre contre Rome. À partir de là, le démantèlement du concept de stratégie romaine commence. Si la menace partho-sassanide est illusoire et si les Romains font des guerres en Orient seulement pour la gloire de l'empereur ou pour satisfaire des troupes avides de butin, toute fonction défensive de garnisons ou de forts est remise en cause. Les Romains ne démarquaient pas leur frontière orientale et réfléchissaient en termes de peuples plutôt que de territoires, donc aucune "ligne tracée dans le

---

Peace, pp. IX, 4-5 ; cf. compte-rendu de Y. Dror, *Journal of Strategic Studies* 15, 1992, pp. 31-33.

[14] Par ex. R. MacMullen, *Soldier and Civilian in the Later Roman Empire,* Cambridge, Mass. 1963, et *Corruption and the Decline of Rome*, New Haven, 1988 ; par la suite MacMullen "*Corruption*" [note du traducteur : ouvrage traduit en français par A. Spiquel et A. Rousselle, *Le déclin de Rome et la corruption du pouvoir*, Paris, 1991] ; P.A. Brunt, "Charges of Provincial Maladministration under the Early Principate", *Historia* 10, 1961, pp. 189-223.

sable" signalée par des déploiements de troupes ou des forts n'existait. D'autre part, ni déploiement, ni fort selon Isaac, n'expliquent leur réelle utilisation. Les légions orientales étaient stationnées dans des villes plutôt que sur une frontière supposée, tandis que les forts de frontière, qui n'étaient jamais d'imprenables structures tactiques, protégeaient les lignes de communications, que les soldats hébergés servaient au maintien de l'ordre, ou que même, il n'y avait pas de forts du tout mais des relais caravaniers. En résumé, Isaac ne peut trouver aucun signe d'une "grande stratégie" centralisée, ou de n'importe quelle stratégie, voire même d'une pensée défensive. L'ignorance géographique, l'absence d'un grand état-major, le manque d'officiers professionnels éliminent la pratique de la stratégie, comme d'ailleurs l'éliminent en théorie les manuels militaires antiques. Tout dépend de la personnalité de l'empereur.

Contrastant avec le goût d'Isaac pour le maintien de l'ordre en Orient, Whittaker cherche à établir un modèle pour interpréter les frontières et leur développement en expliquant la chute de l'Empire d'Occident à la lumière de la structure socioéconomique de la frontière rhénane, et des situations comparables en Bretagne, sur le Danube central, et l'Afrique du Nord. Le Rhin et le Danube n'étaient pas des frontières, parce que les frontières linéaires et naturelles sont des mythes d'historiens modernes alors que la puissance économique, diplomatique, militaire romaine s'étendait bien au-delà de ces fleuves jusqu'au centre de l'Europe. Si des considérations politiques et stratégiques ne déterminaient pas les frontières, des considérations idéologiques ont pu présider à ces lignes de démarcation. Plutôt que de frontières, il s'agit de vastes zones multiethniques. Elles procèdent d'un exercice du pouvoir étatique à travers le contrôle social et économique tandis que les délimitations administratives séparaient des groupes sociaux, économiques et culturels homogènes. Des barrages comme le Mur d'Hadrien ou le fossé germano-rhétique, loin d'être défensifs, visaient à contrôler les mouvements et faciliter les importations dans une zone d'interaction où les peuples étaient artificiellement séparés. La stratégie n'a pas sa place ici, car les Barbares, pacifiques, ne représentaient pas de menace, à l'exception de quelques raids occasionnels. Le commerce débouchait sur une symbiose culturelle entre Romains et Barbares, et à mesure que les chefs locaux et les peuplades accumulaient des richesses, tout en se romanisant, émergeait une classe dirigeante barbare comparable à son équivalent romain. Aux IVe et Ve siècles, une culture romano-barbare naît de l'effacement des frontières. Par conséquent la chute de l'Empire romain d'Occident est une rétraction, quand les peuples frontaliers ont inversé la vapeur de quatre siècles de pénétration romaine.

La thèse de Whittaker sur le destin de l'Empire d'Occident – reposant sur l'exploitation sélective de données archéologiques et l'exagération de l'absence de discrimination entre Romains et Barbares à la fin de l'Empire – ne peut être discutée ici[15]. Sa négation d'une stratégie romaine se traduit plutôt comme une attaque contre Luttwak que contre la stratégie, et s'appuie sur les premières critiques de Luttwak (Millar, Mann [supra n.4]) et sur des analogies historiques (en particulier la frontière du Nord-Ouest des Indes britanniques à la fin du XIXe siècle)[16]. Contrairement à Isaac, Whittaker

---

[15] Utilisation sélective de faits : par ex., *Frontières*, pp. 76-77 ; exagération : cf. *Frontières*, pp. 108-9 (les restes archéologiques ne distinguent pas les inhumations romaines ou germaines) et 138 (les inhumations germaines peuvent être distinguées). Voir également *Frontières*, pp. 65-68 ; "Trade", pp. 114-15 ; cf. J.H.F. Bloemers, "Relations between Romans and Natives" : Concepts of Comparative Studies", dans V.A. Maxfield et M. Dobson (dir.) : *Roman Frontiers Studies 1989 : Proceedings of the XVth International Congress of Roman Frontier Studies,* Exeter, 1991, pp. 451-53 : vues similaires à Whittaker sur une symbiose romano-barbare sur le Rhin inférieur, mais Bloemers avoue qu'il s'agit d'une spéculation.

[16] Whittaker, *Frontières*, pp. 11-50 ; "Trade", pp. 110-14. Ses tentatives, *Frontières*, pp. 16-18, de lier Luttwak aux théories amé-

reconnaît l'existence d'une frontière militaire fortifiée (*limes*), mais ne la discute pas, spécialement parce que son idée d'un "*limes* de l'avant" (*Vorlimes*), une aire d'influence économique romaine et de contrôle politico-militaire au-delà du *limes* formel, détruit l'idée d'une défense frontalière Rhin-Danube (un concept que l'on trouve dans des sources anciennes, mais que l'on attribue à tort à Luttwak)[17]. Au lieu des trois phases stratégiques de Luttwak ou des deux chez Ferrill, Whittaker en voit seulement une, simpliste, une politique inchangée en quatre siècles – conquérir des territoires ennemis et exercer un contrôle au-delà du *limes*. En résumé, la stratégie romaine, selon Whittaker, est seulement ce que les Romains faisaient ponctuellement, et la *Limesforschung* devient un sujet économico-culturel, alors que les questions militaro-politiques sont méprisées[18]. En ce sens, l'interprétation de Whittaker, même si on l'accepte, donne seulement une vue partielle des frontières romaines, mais son insistance à traiter l'activité économique de l'État romain à la périphérie de l'Empire soutient,

---

ricaines de la frontière selon Frederick Jackson Turner et Walter Prescott Webb, aussi bien qu'avec le géopoliticien Friedrich Ratzel, sont gratuites, et il admet finalement que rien ne prouve que Luttwak ait lu ces auteurs (p. 18 note 26). Mais Whittaker croit aux influences inconscientes (pp. 17, 43). Ratzel (1844-1901), fondateur de la géographie humaine ou politique, plaidait pour le déterminisme géographique et a fini par devenir le théoricien indirect de l'impérialisme allemand du XIXe siècle et du *Lebensraum*. Voir D. Whittlesey, "Haushofer : The Geopoliticians" dans E.M. Earle, *Makers of Modern Strategy,* Princeton, 1941, pp. 388-89 ; L. Febvre, *A Geographical Introduction to History*, trad. E.G. Mountford et J.H. Paxton, New York, 1925, pp. 18, 41, 60-61, 295 : une attaque nationaliste française de l'après-Grande Guerre.

17 Whittaker, *Frontières*, pp. 42-43, 71 ; "Trade", pp. 113-14, 124 note 23. L'idée d'un *limes* de l'avant est dérivée de la distinction faite par Henry Lattimore entre frontières intérieures et extérieures, *Inner Asian Frontiers,* Londres, 1940 et *Studies in Frontier History*, Londres, 1962.

18 Whittaker, *Frontières*, pp. 48, 85-90 ; "Trade", p. 10.

comme nous le verrons plus loin, l'idée d'une pratique de la stratégie.

Le révisionnisme radical d'Isaac et de Whittaker, cependant, vient de racines universitaires courantes et doit être replacé dans un contexte plus large – la démilitarisation des études frontalières sous l'influence de la "nouvelle archéologie" et de l'école des *Annales*, de l'hypercritique libérale du réductionnisme, et un rejet général de la spécialisation dans les opérations gouvernementales antiques.

La "nouvelle archéologie" (ou socio-archéologie), très liée à l'anthropologie sociale (ou culturelle), cherche à déraciner cette discipline de son terreau humaniste en histoire et en histoire de l'art pour la reconvertir en une science sociale théorique. Comme la "nouvelle histoire" associée à l'école des *Annales* et à divers écrits postmodernes théoriques, la nouvelle archéologie est redevable au marxisme et à la sociologie de Durkheim en rejetant la connaissance positiviste, l'historicisme traditionnel et l'objectivité universitaire (loin de la lutte des classes), en posant ou en répondant à des questions. Elle considère que les sociétés doivent être vues comme des "systèmes" sous une domination économique, sociale et technologique, et examinées de fond en comble. Evidemment, l'archéologie offre une opportunité unique de recherche en s'attachant à la culture matérielle – une information libre des distorsions causées par le peuple qui a créé cette culture ou par les archéologues qui l'étudient[19]. Bien que les socio-archéologues prétendent étudier tous les aspects des systèmes culturels, ils concentrent leur recherche sur les affaires de subsistance, de commerce et d'organisation sociale. Trahissant les traditions gauchis-

---

[19] M.L. Okun, *The Early Roman Frontier in the Upper Rhine Area : Assimilation and Acculturation on a Roman Frontier*, Oxford, 1989, p. 1 ; pour une perspective historiographique sur la nouvelle archéologie, voir B.G. Trigger, *A History of Archeological Thought*, Cambridge, 1989, pp. 1-24, 148-411.

tes de leur approche, ils tendent à ignorer, à argumenter à côté, ou à caractériser comme idéologiques les sources littéraires sur les problèmes militaires et politiques. Dans le même temps, ils affirment dogmatiquement et de bonne foi la supériorité de leurs théories et méthodologies sur les anciennes[20]. Malgré des questions sur pourquoi ou comment les changements arrivent et comment les sociétés fonctionnent, ils n'acceptent que les explications tirées de théories et de travaux issus de cette nouvelle discipline[21]. Comme J.G.D. Clark, un archéologue non-marxiste, l'a fait remarquer il y a des années, l'information archéologique sans recoupement avec des sources littéraires est plus économique qu'autre chose, mais cette information ne détaille pas une intention économique, une organisation sociale ou d'autres aspects culturels[22].

Cette nouvelle perspective en science sociale encourage l'interprétation à travers des modèles théoriques, et une foule de modèles frontaliers a fleuri. Les plus en veine d'influence sont ceux du néo-marxiste Emmanuel Wallerstein et de l'école des *Annales*[23]. Le modèle du système-monde de Wallerstein pose un centre politico-économique complexe qui exploite une périphérie de sociétés simples et souvent moins peuplées pour leurs

---

20 Voir les critiques de Trigger, *op. cit.*, pp. 22-23, 327, 346-47. Cf. C.S. Peebles, "*Annalistes*, Hermeneutics and Positivists : Squaring Circles or Dissolving Problems", dans J. Bintliff (dir.), *The Annales School and Archeology*, New York, 1991, p. 108, 122 note 1.

21 Cf. G. Woolf, "World-Systems Analysis and the Roman Empire", *Journal of Roman Archeology* 3, 1990, pp. 44-58.

22 Cité par Trigger, *op. cit.*, pp. 264-65.

23 I. Wallerstein, *The Modern World-System : Capitalist Agriculture and the Origins of the European World-Economy in the Sixteenth Century,* New York, 1974 ; cf. M. Rowlands, M.T. Lawsen, K. Kristiansen (ed.), *Centre and Periphery in the Ancient World*, Cambridge, 1987 ; Trigger, *op. cit.*, pp. 332-33 ; Woolf ; un résumé approprié sur les frontières romaines et la nouvelle archéologie, incluant un rappel des nouvelles méthodes, dans Okun *op. cit.*, pp. 1-27. Elle rejette, sans surprise, Luttwak (pp. 6-7) en faveur de Mann.

matières premières ; il en résulte une division du travail entre centre et périphérie et le développement réciproque des deux est conditionné par leur changement de rôles dans le système. Il serait facile de voir dans le nouveau modèle de Wallerstein une version modernisée des théories d'Hobson et de Lénine sur l'impérialisme économique. Au contraire, l'école des *Annales* ne présente pas un modèle spécifique mais une approche générale, insistant sur les structures socioéconomiques et les cycles à long terme, méprisant les facteurs militaires et le rôle des individus et affichant une fascination pour les notions abstraites de temps, d'espace et de mentalité[24]. Le concept braudélien de la "longue durée", développé dans son œuvre majeure *La Méditerranée et le monde méditerranéen à l'époque de Philippe II* (Paris, 1972), semble taillé pour l'archéologie, bien que Braudel ait largement ignoré l'Empire romain, qui forme selon lui l'exception parmi toutes les puissances qui se sont succédé en Méditerranée sur la longue durée[25].

Ces approches nouvelles influencent le vocabulaire et l'interprétation de l'étude de la stratégie romaine et celle des frontières. Ainsi, les Romains illustrent un "système impérial", une élite conquérante exploitant des Barbares au-delà des frontières en même temps que les provinciaux ; les frontières romaines deviennent des zones d'interaction entre d'un côté des Romains et des provinciaux peu romanisés mais plus sophistiqués que les Barbares qui, de l'autre côté, se sont partiellement assimilés à la culture romaine (largement acculturés

---

24 Sur le développement de l'École des Annales, voir J. Bintliff ; "The Contribution of an Annalistic/Structural History Approach to Archeology", dans Bintliff, *op. cit.*, 1-33 ; d'autres essais dans cet ouvrage donnent une analyse favorable à l'influence des *Annales* sur l'archéologie.

25 A. Snodgrass, "Structural History and Classical Archeology", dans Bintliff, *op. cit.*, p. 70.

selon Whittaker)[26]. Dans le cas de Whittaker, certaines connexions au modèle centre-périphérie de Wallerstein sont évidentes, bien qu'en fait il soit redevable à l'école des *Annales*, comme le montrent des références fréquentes à Lucien Febvre, un des fondateurs de cette école. Febvre, cependant, croyait que les frontières étaient politiquement fixées, et son article traitant du sujet est davantage de la lexicologie française qu'une évaluation du concept[27]. Plus largement, l'utilisation de matériel archéologique (en l'absence de sources littéraires) pour dater différentes installations aux frontières est contestée, et même chercher la précision chronologique en faisant le lien avec les sources écrites semble être trop demander[28].

En outre, l'excessive confiance dans les modèles conduit à des conclusions bizarres, comme la tentative de l'Annaliste Linder de "démonter la plupart des Huns" aux IVe-Ve siècles : comme l'Europe centrale et occidentale (en particulier la Grande Plaine hongroise) ne pouvaient

---

26 "Assimilation" et "acculturation" sont maintenant deux termes techniques distincts. Voir Okun, *op. cit.*, *supra*, 12-13, 23.

27 Febvre, *op. cit.*, pp. 308-9, et "Frontières", *Revue de synthèse historique,* 48 Suppl., 1928, pp. 31-48. La monographie de Febvre, une polémique de 368 pages contre le déterminisme géographique de Ratzel, soutient le "possibilisme géographique" de Vidal de La Blache. L'idée de Febvre sur les frontières comprises comme des zones est entièrement géographique. Son étude des concepts français et du vocabulaire des frontières depuis le XVIIIe siècle peut par analogie fournir un appui pour les frontières romaines. Cf. Whittaker, *Frontières*, pp. 32-33, 41-42. Pour nuancer la vision des Annalistes sur les frontières, voir P. Salhins, "Natural Frontiers Revisited : France Boundaries since the Seventeenth Century", *American Historical Review*, 1990, pp. 1423-51, bien que favorable aux thèses annalistes.

28 Dates spécifiques : R. Jones, "Archeology, the longue durée and the Limits of the Roman Empire", dans Bintliff, *op. cit.*, pp. 97-99 ; inexactitude chronologique : Woolf, *op. cit.*, p. 48 : création par Auguste d'une infrastructure pour tirer des tributs et la fin de l'expansion romaine présentées comme contemporaines. Or, la première précède la seconde.

soutenir le mode de vie nomade et le besoin en montures, les Huns seraient devenus des semi-sédentaires et majoritairement des fantassins. En plus de l'affirmation que les pratiques des Mongols médiévaux vaudraient pour les Huns, de nombreux arguments *a silentio* supporteraient cette thèse, alors qu'un autre argument serait donné quand les sources anciennes parlent des Huns sans référence à leurs chevaux[29]. Linder date encore Végèce du milieu du Ve siècle et Végèce, si cette date est correcte, mentionne les Huns comme des experts en cavalerie – un embarras, si ce n'est pas une réfutation de l'argumentation[30].

Évidemment, les socio-archéologues et les Annalistes reconnaissent qu'une frontière peut avoir une fonction militaire, même si la dimension militaire est noyée parmi beaucoup d'autres ou bien totalement démontée en faveur de considérations socio-économiques[31]. Par exemple, un article récent affirme que les forts frontaliers habités par les soldats étaient des cités artificielles[32] ; les

---

29 R.P. Linder, "Nomadism, Horses and Huns", *Past and Present* 92, 1981, pp. 3-19, accepté par Ferrill, *op. cit.*, 8, pp. 141-2 ; *Roman Imperial Grand Strategy*, p. 67. Whittaker, *Frontières*, p. 91. Une absence d'ossements de chevaux dans la Plaine hongroise, vue comme une confirmation par Whittaker, est modérée par Linder, bien que d'autres sources archéologiques montrent que les Huns conservaient des chevaux et que la question est de vérifier l'extension et non l'absence de cavalerie.

30 Végèce, I, 20 (39 Stelten), III, 26 (p. 270 Stelten) ; Linder (*op. cit.*, p. 12 avec note 38) cite le traité vétérinaire de Végèce sur les chevaux hunniques, mais ignore ces passages du *De Re militari*. W. Goffart propose de dater Végèce du règne de Valentinien III (425-455) plutôt que Théodose Ier (379-395), "The Date of Vegetius'De re militari", *Traditio* 33, 1977, pp. 65-100 ; E. Birley, "The Dating of Vegetius and the Historia Augusta", dans *Historia-Augusta Colloqium 1982/83*, Bonn, 1985, pp. 57-67.

31 Whittaker, "Trade", p. 110 ; *Frontières*, pp. 42-43, 48 ; Jones, *op. cit.*, pp. 97-103 ; M. Fulford, "Territorial Expansion and the Roman Empire", *World Archeology* 23, 1992, p. 302.

32 Un argument à l'évidence ? Cf. Tite Live, XLIV, 39, 6 : le camp de l'Armée est une seconde patrie (*altera patria*).

circonstances géographiques et un degré zonal d'urbanisation sont de meilleures clés d'interprétation des intentions romaines que les guerres ou la politique étrangère, si l'on admet que les soldats sont surtout présents pour maintenir l'ordre[33]. Comme Isaac, cet auteur considère que le contrôle intérieur et la défense frontalière s'excluent mutuellement. Mais aussi comme Isaac, les socio-archéologues voient une politique délibérée du gouvernement central pour maintenir l'ordre et l'exploitation du territoire contrôlé[34]. Apparemment, la planification ne serait absente que pour la guerre et la politique étrangère. L'influence démilitarisante des socio-archéologues et de l'école des *Annales* affecte même le travail du Congrès International d'Etudes sur les Frontières Romaines, qui a longtemps été le phare en histoire et archéologie militaires romaines, et qui, au cours de récentes sessions, a donné dans les aspects sociaux, économiques, culturels des frontières romaines non sans faire quelques révérences ou actes d'adoration à la socio-archéologie de Wallerstein[35]. Les arguments qui prétendent que les universitaires ont jusqu'à présent masqué les autres aspects des frontières romaines sous les questions militaires ne sont pas dénués de fondement ; à l'exception de l'archéologie, la sociologie de l'armée romaine (et pas son histoire opérationnelle) a dominé la

---

33 N. Hodgson, "The East as Part of the Wider Roman Imperial Frontier Policy", dans French et Lightfoot, *Eastern Frontier*, 1, pp. 177-89.

34 S.E. Alcock, "Archeology and Imperialism : Roman Expansion and the Greek City", *Journal of Mediterranean Archeology* 2, 1989, 87-135. Isaac (pp. 333-71), cependant, nie toute influence de l'empereur dans le processus de renforcement des provinces et d'urbanisation étant donné l'absence d'un "ministère de la Ville".

35 Voir "Der Einfluss des römischen Militärs auf die einheimische Bevölkerung", dans H. Vetters et M. Kandler (dir.), *Akten des 14. Internationalen Limeskongresses 1986 in Carnuntum*, 2 vol. (= Der römischen Limes in Österreich 26 [Vienne, 1990]), 1, pp. 83-160 ; "Romans and Natives", dans Maxfield et Dobson, *Roman Frontier Studies 1989*, pp. 411-54.

recherche dans ce siècle [le XXe, ndt] (Ferrill, "Strategy", p. 75), et il n'y a pas de doute qu'il y a à apprendre d'une approche anthropologique qui voit dans les "Barbares" des peuples pré-étatiques. Ainsi, nier ou ignorer les aspects militaires des frontières romaines ne conduit qu'à la proverbiale présentation de *Hamlet* "sans le prince".

Si Isaac partage certaines attitudes avec les socio-archéologues et les Annalistes, il est surtout redevable à la méthodologie du réductionnisme. La naissance de cette approche en histoire ancienne a commencé en 1973, quand M.I. Finley pensa étudier l'économie antique sans référence aux concepts capitalistes. Fergus Millar adapta ensuite cette technique dans son étude massive sur l'empereur romain, que compléta son disciple J.B. Campbell avec un succès douteux dans une thèse sur l'empereur et l'armée[36]. Le réductionnisme représente un "retour aux sources" qui cherche à libérer les faits de tous les concepts modernes de la réalité antique. Dans un esprit littéral, les sources littéraires et documentaires doivent être lues avec un œil critique uniquement pour ce qu'elles racontent, et les attitudes anciennes devraient être interprétées selon. L'utilisation extensive d'une littérature de seconde main et de travaux analytiques modernes devrait être évitée à cause du risque de contamination par des concepts modernes[37].

---

36 M.I. Finley, *The Ancient Economy,* Berkeley, 1973 ; F. Millar, *The Emperor in the Roman World*, Ithaca, 1977 ; par la suite "Millar, "*Emperor*" ; cf. son "Emperors at work", *JRS* 57, 1967, 9-19 ; J.B. Campbell, *The Emperor and the Roman Army, 31 B.C.-A.D. 235,* Oxford, 1984, avec le compte-rendu de P. Le Roux, *Revue des études latines* 63, 1985, pp. 440-46. La conception de Millar d'empereurs bourreaux de travail n'est pas universellement acceptée : par ex. N. Lewis, "Notationes Legentis", *Bulletin, American Society of Papyrologists* 13, 1976, 161-63.

37 Voir par ex. la définition par Millar de sa méthode : *Emperor*, pp. XI-XII ; cf. Campbell, *The Emperor and the Roman Army*, pp. VII-X. Finley, cependant, rejette la revendication d'indépendance par

Il y a certes une ligne mince qui sépare la critique légitime de l'hypercritique, mais les interprétations réductionnistes font reposer les faits sur ses épaules et leur minimalisme fait perdre la compréhension des sources. Les réductionnistes tiennent le haut du pavé en matière d'interprétation : ce qu'ils disent est ce que les sources disent. Mais cette méthode reconnaît implicitement que les sources existantes sont complètes – une affirmation dangereuse, étant donné le côté fragmentaire et accidentel de la préservation des sources d'histoire ancienne. Par conséquent, il y a de nombreux arguments *a silentio*, du fait qu'il n'y ait pas de trace pour une chose ou de preuve pour une autre. En outre, en jugeant des sources d'après leur mine, le réductionnisme ignore souvent les limites méthodologiques de l'historiographie ancienne : c'est-à-dire une tendance à ne voir que les individus et les motivations personnelles, en fait à oublier d'importants facteurs historiques et à manquer d'esprit critique pour distinguer le vrai du faux au-delà de ce que peut dire une source ancienne ; de la même façon, le réductionnisme ignore les tics des sources individuelles et les considérations littéraires – le contexte dramatique –, car l'histoire ancienne est une forme de rhétorique.

Isaac (pp. 5-6) reconnaît ouvertement son approche réductionniste, par une allusion au travail de Finley et à ses disciples en économie ancienne, recherchant une réalité ancienne épurée de tout concept anachronique (rationalisme, complexité et sophistication), et pensant avoir la vérité en matière d'interprétation de faits (la systématisation moderne à la Luttwak s'opposant à son retour aux sources). Mais le rationalisme et la sophistication sont-ils exclusivement modernes ?

L'utilisation souvent tendancieuse des sources par Isaac, cependant, contredit son approche réductionniste

---

Millar du *Zeitgeist* : M.I. Finley, *Ancient-History Evidence and Models*, New York, 1985, p. 6.

et prête le flanc à la critique. Quelques exemples suffisent à le démontrer. En prétendant que les guerres orientales de Rome résultent du désir d'un empereur pour la gloire et le profit[38], Isaac donne du relief à deux avis de l'historien Dion Cassius du milieu du IIIe siècle (LXVIII, 17, 1, LXXV, 1, 1), qui donne la gloire pour motif à la guerre Parthique menée par Trajan (en 114-117, et pas en 112-117 comme chez Isaac, 20) et à la première campagne mésopotamienne de Septime Sévère (195). Dion critique souvent l'explication que donne Sévère à l'annexion de la Mésopotamie du Nord : la création d'un *probolos* (ou rempart de défense) pour la Syrie[39]. Ici comme dans d'autres cas de sources qui attestent des motifs stratégiques aux guerres romaines, le fait militaire est combattu[40]. Isaac présente Dion comme une source parfaite et juge que Sévère n'a pas proclamé de but défensif à sa guerre, bien que *probolos* soit clairement un terme défensif.

La critique de Sévère par Dion est quelque peu énigmatique, parce que Dion a fait le panégyrique de Sévère dans deux travaux antérieurs (publiés probablement avant 202) qui évoquent sa prise du pouvoir et des guerres, et qu'il appartenait au conseil de gouvernement de Sévère (*consilium*). Si l'ouvrage majeur de Dion, l'*Histoire romaine*, fut écrit sous Sévère Alexandre (222-235) et publié vers 231, alors le jugement négatif de Dion sur les guerres orientales et l'expansion romaine en général s'inscrit dans un contexte spécifique comme les campagnes infructueuses de Caracalla (211-217), avec lequel Dion avait des relations loin d'être amicales, ou les campagnes de Macrin (217-218)[41]. Dion ne peut donc être

---

38 Isaac, pp. 27-28, 31, 51, 380-83, 387 ; une interprétation déjà chez Campbell *op. cit.*, pp. 390-93.

39 Dion Cassius, LXXV, 3, 2-3 ; Campbell, *op. cit.*, pp. 396-97.

40 Julien, *Orationes*, I, 27, A-B ; Ammien Marcellin, XVII, 5, 5-6 ; Isaac, pp. 23, 26, 393-94, cf. p. 169 et notes 33-34.

41 Voir T.D. Barnes, "The Composition of Cassius Dio's Roman History", *Phoenix* 38, 1984, pp. 240-55. Le récit par Dion Cassius du

considéré comme une source impartiale, et les motifs réels de Sévère lors de l'annexion du Nord de la Mésopotamie étaient sans doute plus complexes que Dion ou Sévère ne le suggèrent[42]. Mais même en acceptant la présentation de Dion par Isaac, selon les règles de la méthodologie réductionniste, une vision objective des sources permet d'argumenter contre Isaac.

L'historien juif de la fin du Ier siècle ap. J.C. Flavius Josèphe illustre un autre exemple de la méthode d'Isaac. Flavius Josèphe est supposé (Isaac, p. 22) n'offrir aucune preuve que les Parthes constituaient une menace pour Rome, mais Isaac ignore les liens entre l'auteur et les empereurs Flaviens (une volte-face au cours de la guerre des Juifs)[43]. Plus significativement, Flavius Josèphe écrivait pendant la plus grande période de paix entre Romains et Parthes après le compromis juré par Néron sur l'Arménie. Pourquoi un auteur pro-Flavien irait-il contre la détente[44] ? Plus loin Isaac (p. 277) utilise le fameux discours d'Agrippa II en 66 (*Bellum Judaeorum*, II, 345-401), passant en revue le dispositif militaire de

---

siège de Byzance à l'époque sévérienne (en 194-195) oublie curieusement la référence au commandant sévérien Marius Maximus, un historien rival qui a probablement critiqué le récit des guerres des Sévères par Dion dans ses biographies impériales : A.R. Birley, "Caecilius Capella : Persecutor of Christians, Defender of Byzantium", *GRBS* 32, 1991, pp. 95-96, 98.

42 Une approche équilibrée des causes des guerres de Sévère contre les Parthes est donnée dans A.R. Birley, *Septimius Severus. The African Emperor*, éd. revue, New Haven, 1989, pp. 115-17, 129-35.

43 L'empereur Titus a ordonné la publication officielle de *La Guerre des Juifs* (Flavius Josèphe, *Autobiographie*, 363).

44 Pour démontrer que les Juifs de Palestine comptaient sur ceux de Parthie et de Mésopotamie pour leur libération, voir C. Debevoise, *A Political History of Parthia*, Chicago, 1938, pp. 93-95, 111-13, 236, 242. Flavius Josèphe avait probablement accès à une source parthique : E. Täubler, *Die Parthernachrichten bei Josephus* (thèse), Berlin, 1904, pp. 24, 60-61, cf. 62-65. De telles preuves contredisent la polémique ouverte par Isaac (*Limits of Empire*, pp. 33-34) qui prétend que l'annexion de la Judée n'avait pas de rapport avec le conflit romano-parthique.

Rome à travers l'Empire, comme une preuve que les armées provinciales servaient uniquement au maintien de l'ordre, puisque une seule allusion vague évoque la défense frontalière. Jusqu'à présent l'argumentation ne parvient pas à expliquer le contexte dramatique du discours, qui, comme la plupart des discours des historiens de l'Antiquité, est une invention de l'auteur et pas les propos de celui qui les prononce. Flavius Josèphe met dans la bouche d'Agrippa ce que quelqu'un qui voudrait dissuader un peuple de se révolter dirait – la supériorité des forces de l'Empire sur une bande de rebelles[45]. Le Livre II de *La Guerre des Juifs*, probablement publié en 75 de notre ère pour coïncider avec l'adresse à Rome du Temple de la Paix par Vespasien, présente le discours d'Agrippa comme un mémoire sur la puissance militaire romaine contre tout ennemi, intérieur comme extérieur[46].

D'autre part, Appien (*Les Guerres celtiques*, XIII) est cité (p. 379) pour montrer le mépris romain à l'égard de la valeur défensive des barrières naturelles, et dans ce cas, des Alpes. Pour Isaac, le premier contact de Rome avec les Germains, une défaite en 113 av. J.C., ne serait jamais arrivé si le consul Papirius Carbo n'avait pas lancé une attaque "sans motif" au nord de la chaîne des Alpes et ignoré son usage défensif. Qualifier l'action menée par Carbo de "sans motif" alors que les Germains avaient attaqué le peuple du Norique, un peuple ami (*amicus*), peut être débattu, bien que cette conduite illustre l'impérialisme sans restriction de la fin de la République quand des gouverneurs provinciaux déclen-

---

[45] De la même façon Isaac, pp. 393-94, donne de l'importance à la servilité des provinciaux chez Tacite, Josèphe et Florus pour montrer leur manque d'intérêt à leur défense. Particulièrement chez Tacite, les mots qui expriment la servilité correspondent au mépris du Principat.

[46] Voir C. Saulnier, "Flavius Josephus et la propagande flavienne", *Revue Biblique* 98, 1991, pp. 199-221. Bien que le discours soit daté de 66, Saulnier montre que la disposition des troupes correspond aux années 70.

chaient des offensives sans autorisation sous le prétexte de défendre les intérêts romains (cf. Jules César, *La Guerre des Gaules*, I). Mais Isaac oublie que Carbo occupait initialement une passe alpine, avant de passer impatiemment à l'attaque quand les Cimbres dépassèrent ce qu'on croyait être la limite de leur progression. Carbo tenta d'exploiter une position naturelle défensive, et au moins depuis l'époque de Caton l'Ancien (234-149 av. J.C.) les Romains ont regardé les Alpes comme un mur protégeant l'Italie et Rome[47].

À lier au réductionnisme est la négation par Isaac (à la suite de Campbell et de Millar) de l'existence d'un corps d'officiers professionnels et d'un mécanisme centralisé de planification stratégique et de décision (pp. 376-87, 404-408, 416). Isaac accepte les arguments de Campbell contre l'existence des *viri militares*, hommes de classe sénatoriale spécialisés dans la carrière militaire avec un avancement rapide dans les plus importants commandements provinciaux. Selon ce point de vue, les généraux romains étaient des amateurs et pas des professionnels. En outre, ni le *consilium* de l'empereur ni les groupes militaro-sénatoriaux n'ont influencé une stratégie ; d'où la conclusion qu'il n'y avait pas de stratégie au-delà des décisions des empereurs[48]. Le rejet

---

47 Caton fr. 85 dans H. Peter, *Historicorum Romanorum Reliquiae*, I² (réimpr. Stuttgart, 1967), 81 ; Polybe, III, 54, 2 ; Tite Live, XXI, 35, 8 ; Hérodien, II, 11, 8 ; Isidore, *Origines*, XIV, 8, 18.

48 J. B. Campbell, "Who Were the Viri Militares ?" *JRS* 65, 1975, pp. 11-31 et *op. cit.*, *supra* note 36, pp. 114, 325-47, 356-57 ; Millar, *op. cit.*, pp. 3-16, cf. *Emperor*, p. 269 note 4, où il est concédé que le *consilium* discutait les questions militaires et de politique étrangère. Différents degrés d'opinion sur le manque de *viri militares* et/ou d'état-major dans Ferrill, *Roman Imperial Grand Strategy*, p. 40, "Strategy", p. 63 ; C.G. Starr, *The Roman Empire, 27 B.C.-A.D. 476 : A Study in Survival*, New York, 1982 (par la suite "Starr"), p. 74. L'existence d'une spécialisation dans la carrière équestre a été également remise en cause : R. Saller, "Promotion and Patronage in Equestrian Careers", *JRS* 70, 1980, pp. 44-63, cf. son *Personal Patronage under the Early Empire*, Cambridge, 1982 – les deux remettent

de l'existence "d'experts" romains et de la spécialisation dans la politique étrangère s'étend aussi à la République, où l'existence "d'experts orientaux" au second siècle av. J.C. est également remise en cause[49].

Ce cas, toutefois, repose sur des fondations peu profondes : les réductionnistes peuvent créer un anachronisme pour mieux le réfuter. Les universitaires n'ont pas généralement vu les *viri militares* comme une classe, et la promotion rapide de quelques hommes au cours des premier et deuxième siècles à des commandements militaires est claire d'après l'épigraphie. Le clientélisme (à la lumière des travaux de Saller) a sa part, mais certaines formes standardisées d'échelons de carrière existaient : un empereur ne pouvait pas passer personnellement en revue tout le bassin d'hommes promus aux carrières publiques chaque année, bien que dans le système augustéen les commandements frontaliers les plus importants avec plusieurs légions fussent dévolus à des personnes loyales à l'empereur[50]. L'attaque contre les carrières militaires est mal conduite : la distinction entre professionnels et amateurs est largement un concept moderne et un anachronisme dans l'analyse du commandement romain. Ceux qu'on appelle des généraux amateurs n'étaient pas forcément inexpérimentés, sans connaissances, ou incapables – certains avaient même un talent naturel pour le commandement. Même dans les carrières militaires modernes, des postes purement administratifs alternent avec des commandements opérationnels. En outre, Millar reconnaît maintenant l'existence d'un systè-

en cause le travail magistral de H.G. Pflaum, *Les Procurateurs équestres sous le Haut-Empire romain*, Paris, 1950, et *Les Carrières procuratoriennes équestres sous le Haut-Empire romain*, 2 vol., Paris, 1960.

49 E.S. Gruen, *The Hellenistic World and the Coming of Rome*, Berkeley, 1984, 1, pp. 203-49.

50 Campbell, *op. cit.*, a essayé de rejeter Birley, "Senators in The Emperor's Service", *Proceedings of the British Academy* 39, 1953, pp. 197-214.

me d'archives à l'usage des affaires étrangères, prévoyant ainsi la possibilité d'un contrôle plus centralisé que les réductionnistes ne l'avaient préalablement affirmé[51].

Stratégie et *Limes*

Si le contexte universitaire des attaques récentes contre la stratégie romaine a été clarifié, deux concepts demeurent problématiques : la stratégie et le *limes*. À strictement parler (pour parler à la manière des réductionnistes), la "stratégie" au sens moderne de planification militaire et/ou de conduite opérationnelle est un mot du XVIIIe siècle, apparu (d'après une étude récente) dans la *Théorie de la guerre* de Gédéon Joly de Maizeroy (1777) et inspiré par le titre d'un traité du VIe siècle attribué au *Pseudo*-Maurice, le *Strategikon*. La littérature militaire allemande des années 1780 a popularisé le mot, alors que les Français et les Anglais furent lents à l'adopter[52]. Ainsi, selon un certain point de vue, la "stratégie" n'existait pas avant le XVIIIe siècle. Ou, pour prendre un autre point de vue, la stratégie est née chez Machiavel[53]. De la même façon, l'institution de grands

---

51 F. Millar, "Government and Diplomacy in the Roman Empire during the First Three Centuries".

52 Voir A. Gat, *The Origins of Military Thought from the Enlightment to Clausewitz,* Oxford, 1989, pp. 41-42. À la même époque, Guibert (1779) utilise "la Stratégique" dans sa *Défense du système de guerre moderne* pour signifier l'art du général : R.R. Palmer, "Frederick the Great, Guibert, Bülow : From Dynastic to National War", dans Paret (*op. cit., supra* note 5), p. 107, note 27. Une étude plus complète du mot "stratégie" serait bienvenue.

53 Ni Earle, dans *Makers of Modern Strategy, op. cit.*, ni Paret dans la nouvelle édition de son ouvrage, *op. cit.*, les deux commençant avec Machiavel, ne prennent le mot "stratégie" comme point de départ. Théodore Ropp a raillé souvent ces ouvrages pour n'avoir pas défini "faiseurs" (*Makers*), "moderne", ou "stratégie".

états-majors remonte au XIXe siècle[54]. Les Romains apparaissent ainsi protégés d'un concept aussi anachronique que la stratégie (cf. Isaac, pp. 375-76), et ne sont pour rien dans l'obligation conséquente de nier la pratique de la stratégie et la connaissance des principes de la guerre chez Périclès, Brasidas, Alexandre le Grand, Hannibal, Scipion l'Africain et Jules César. Machiavel, s'il commence la stratégie, écrivait dans la tradition de la renaissance de l'antiquité dont il plagiait les auteurs[55].

Il est vrai que les traités militaires antiques ne parviennent pas à discuter de stratégie, si nous cherchons une recette jominienne de la victoire, un traité clausewitzien sur la nature de la guerre ou des analyses géopolitiques pour des scénarios de planification[56]. Les manuels antiques, composés selon la forme d'un genre spécifique, le traité technique[57], n'allaient pas au-delà de l'entraînement, des tactiques de bataille et des opérations en campagne. Mais, sauf les nombreux traités grecs de poliorcétique (quelques-uns datent de la période romaine, comme Athénée le Mécanicien, Apollodore de Damas) et probablement deux ouvrages latins, celui du *Pseudo*-Hygin, le *De munitionibus castrorum*, et l'Anonyme du *De rebus bellicis*[58], il n'y a pas de littérature

---

54 D.D. Irvine, "The Origin of General Staffs", *Journal of Modern History* 10, 1938, pp. 161-79.

55 Voir l'analyse de l'emprunt anonyme par Machiavel à Frontin et Végèce dans son *Art de la guerre* dans L.A. Burd, "Le fonti letterarie di Machiavelli nell'Arte della guerra", *Atti Accademia dei Lincei, Classe di Scienze Morali, Storiche e Filologiche*, Ser. 5 4, 1896, pp. 187-261.

56 Cf. Millar, *op. cit.*, p. 21 ; Isaac, pp. 374-77, 407-8 et *supra* note 7, p. 231.

57 Sur le genre, voir M. Fuhrmann, *Das systematische Lehrbuch,* Göttingen, 1960.

58 Un memorandum civil datant de 368-369 sur des réformes militaires et administratives qui n'a pas circulé publiquement dans l'Antiquité : voir E.A. Thompson, *A Roman Reformer and Inventor*, Oxford, 1952, part. 1-6, et A. Cameron, "The Date of the Anonymous De Rebus Bellicis, Oxford, 1979, pp. 1-10 ; cf. H. Brandt, *Zeitkritik in*

militaire technique romaine qui ait survécu. Les travaux qui demeurent (Onosander, les *Stratagèmes* de Frontin, Polyen, Végèce) avaient des prétentions littéraires et les Romains leur accordaient certainement de la valeur[59]. Une approche géopolitique de la politique militaire (ce que les réductionnistes identifient apparemment avec la stratégie) commence d'abord à être mise en forme dans les traités byzantins[60], qui codifiaient principalement et consolidaient la pensée militaire gréco-romaine. Cette mise en forme est directement liée à la spécification de différents types d'ennemis, en opposition à "l'ennemi" abstrait des traités gréco-romains connus[61].

Si les traités militaires gréco-romains n'abordent pas la stratégie (dans son sens moderne), cette omission est une échappatoire. L'Antiquité ne serait pas la der-

der Spätantike. Untersuchungen zu den Reformvorschlägen des Anonymus De Rebus Bellicis, Munich, 1988, suggérant une date du milieu du Ve siècle ; voir aussi H. Jouffroy, "La défense des frontières : le point de vue du *De Rebus Bellicis*", dans Maxfield et Dobson, *Roman Frontier Studies 1989*, pp. 373-75.

59 C'est l'une des rares conclusions valides de la discussion superficielle de Campbell sur les manuels militaires romains : "Teach yourself to be a General", *JRS* 77, 1977, pp. 13-29. Sur les prétentions de Frontin à découvrir une véritable science de la guerre, voir E.L. Wheeler, *Stratagem and the Vocabulary of Military Trickery*, Leiden, 1988, 17-21.

60 Par exemple Anonyme, *De re strategika*, VI, 4 ; Pseudo-Maurice, *Strategikon*, XI ; Léon le Sage, *Taktika*, XVIII ; Constantin Porphyrogénète, *De administrando imperio*. Le *De re strategika* a été attribué à Syrianus Magister et daté vers 600, donc contemporain du Pseudo-Maurice : voir C. Zuckermann, "The Military Compendium of Syrianus Magister", *Jahrbuch der Österreichischen Byzantinistik* 40, 1990, 209-24.

61 Voir G. Dagron, éd., *Le traité sur la guérilla (De velitatione) de l'empereur Nicéphore Phocas (963-969)*, Paris, 1986), p. 142 ; cf. Traina, "Aspettando i barbari", pp. 250-51, 255-59, 261-76. J'espère discuter ce développement important dans un travail ultérieur. Pour une vue générale de la littérature byzantine, voir A. Dain, "Les stratégistes byzantins", *Travaux et Mémoires* 2, 1967, pp. 317-92 ; une brève et compétente recension sur la stratégie byzantine est celle de W.E. Kaegi, *Some Thoughts on Byzantine Strategy*, Brookline, 1983.

nière période de l'Histoire où la théorie militaire écrite est en retrait ou ne reflète pas la pratique courante. Faire la guerre chez les peuples pré-étatiques peut être assez sophistiqué, et les États civilisés avaient mené des guerres bien avant que les Grecs et les Chinois du IVe siècle av. J.C. ne mettent par écrit et en théorie ses principes[62]. Les Grecs et les Romains n'ignoraient pas les principes de la guerre et pouvaient avoir une pensée stratégique – même énoncée en termes géopolitiques –, point sur lequel je reviendrai ultérieurement. La logique qui soutient l'inexistence de la stratégie dans la pratique à partir de son absence supposée dans les traités militaires présupposerait aussi l'inexistence des relations internationales et de la diplomatie par manque de traités techniques sur la question – une éclatante absurdité[63].

En comparaison avec la théorie stratégique, le problème des frontières romaines semble plus complexe, parce que l'évaluation d'une pratique de la stratégie devient une analyse des frontières où le gros de l'armée était stationné. Le problème restant de savoir si les frontières étaient délimitées et défendues ou bien non-

---

62 Pour l'art de la guerre avant les États, par exemple chez les Zoulous, voir E.V. Walter, *Terror and Resistance : A Study of Political Violence,* New York, 1969, pp. 123-43 ; cf. H.H. Turney-High, *The Military : The Theory of Land Warfare as Behavioral Science*, West Hanover, 1981, 35 : "L'art de la guerre est la plus vieille science sociale". Voir aussi E.L. Wheeler, "The Origins of Military Theory in Ancient Greece and China", *International Commission of Military History, Acta* 5, *Bucarest 1980*, Bucarest, 1981, pp. 74-79.

63 Démétrios de Phalère (vers 350-282 av. J.C.), philosophe péripatéticien et gouverneur d'Athènes (317-307), aurait écrit un traité de diplomatie, son *Presbeutikos* (*s.e. Logos : traité de diplomatie*), pour autant qu'un catalogue de ses œuvres (Diogène Laërce, V, 81) donne une indication sur le contenu. Ce traité en un livre précède immédiatement *Peri Pisteos* (*Sur la bonne Fortune*). Démétrios a écrit sur l'art du commandement (*Strategika,* Diogène Laërce, V, 80). Aucun fragment défini de l'ouvrage n'a survécu et l'éditeur des fragments de Démétrios interprète le titre comme un manuel de rhétorique pour les ambassadeurs : voir F. Wehrli, *Die Schule des Aristoteles,* IV^2 : *Demetrios von Phaleros,* Stuttgart, 1968, 37, 39 fr.189, 84.

délimitées avec une armée servant de force de police et de douane. Pour Cicéron, qui parle en 55 av. J.C., quand l'arrêt mis par Auguste à l'expansion romaine (Tacite, *Annales*, I, 11, 8 ; cf. *Agricola*, XIII, 2) semble loin dans le futur, les frontières (*fines*) d'une province avoisinant les Barbares pouvaient équivaloir à la pointe du glaive des légionnaires d'un gouverneur (*Contre Pison*, XXXVIII). C'est donc un problème de l'époque impériale et de sémantique : la distinction entre confins, frontière et *limes*.

Faire une différence entre des confins politiques, ethniques, géographiques et militaires s'avère peu nouveau et de nombreuses puissances impériales l'ont expérimenté[64]. Les politiques préfèrent les rivières et les montagnes car elles forment des lignes de démarcation visibles, malgré les divisions géographiques et ethniques qu'elles engendrent[65]. Jules César dans sa *Guerre des Gaules*, par exemple, crée la fiction du Rhin comme frontière entre Gaulois et Germains, de même que le haut Euphrate, qui n'a jamais été une frontière traditionnelle, comprenait aussi bien des arménophones que des troupes romaines sur ses deux rives[66]. Sans se préoccuper si les rivières, les montagnes et les déserts constituent des "frontières naturelles", de tels obstacles ont une valeur stratégique parce qu'ils retardent ou canalisent les mouvements ennemis. La capacité des

---

64 Voir Chapot, *op. cit.*, pp. 247, 254 ; pour les Indes britanniques, voir C.C. Davies, *The Problem of the North-West Frontier 1890-1908*, Cambridge, 1932, pp. 3-16.

65 Lord Curzon, *Frontiers*, Oxford, 1907 ; par la suite "Curzon", pp. 19-20.

66 Rhin : S.L. Dyson, *The Creation of the Roman Frontier*, Princeton, 1985 ; par la suite "Dyson", pp. 173, 276-77 ; Whittaker, *Frontières*, pp. 34-38 ; "Commerce", pp. 111-12 ; Euphrate : E.L. Wheeler, "Rethinking the Upper Euphrates Frontier : Where Was the Western Border of Armenia ?" dans Maxfield et Dobson, *Roman Frontier Studies 1989*, 505-11. Isaac (pp. 15, 28) se trompe sur le Haut-Euphrate qu'il considère comme une frontière traditionnelle et en acceptant la validité des traités de Sylla, de Lucullus et de Pompée avec les Parthes, que le Sénat n'a pas ratifiés.

Germains, des Sarmates, des Daces et des Perses à traverser des fleuves n'annule pas cet avantage romain (même s'il est léger parfois) de forcer l'envahisseur à un effort supplémentaire[67]. Pas plus que la définition d'une frontière comme une zone (par opposition à une démarcation ou une barrière naturelle) ne nie l'intention stratégique d'installer des forts et des garnisons dans ces régions. Les Romains n'avaient pas une "mentalité Maginot" et, si possible, préféraient avancer en territoire ennemi contre les menaces principales[68]. En outre, ni la romanisation de certains Barbares, ni la manipulation de royaumes-clients barbares comme États-tampons ne contredisent les lignes administratives représentées par les frontières. Whittaker réfute tout ethnocentrisme dans l'expansion romaine[69], et son concept de *limes* de l'avant

---

[67] Curzon, pp. 19, 21 ; cf. Isaac pp. 411-13, sur la capacité des Barbares à traverser les rivières ; contre l'idée de frontières naturelles : Whittaker, *Frontières*, pp. 13-14, 32, 41-42, suivant Febvre (*op. cit.*, 301-9) et *op. cit.*, pp. 40-42 ; cf. Salhins, *op. cit.*

[68] Voir Luttwak, pp. 60-61, 66, 74-75, 78-80 ; cf. Ferrill, "Strategy", p. 72, 196 note 6 ; G. Forni, "Limes" : nozioni e nomenclature", dans M. Sordi, éd., *Il confine nel mondo classico*, Milan, 1987 ; par la suite "Forni"), p. 293. Whittaker concède, *Frontières*, p. 42, que les murs, les palissades et les tours peuvent former une ligne de démarcation et avoir une utilité militaire pour arrêter des raids. Sur le rôle de Vauban (1633-1707) dans la formation du concept français de frontière linéaire, voir Febvre, *op. cit.*,, 34 ; Salhins, *op. cit.*, p. 1434. L'influence des frontières romaines sur Vauban demeure (à ma connaissance) une voie inexplorée, bien que cela ait été supposé : J.B. Wolf, *Science, Technology and War : Proceedings of the Third Military History Symposium, USAF Academy*, Washington, 1970, p. 40.

[69] Whittaker, *Frontières*, pp. 16, 42. A. Alföldi, "Die ethische Grenzscheide am römischen Limes", *Schweizer Beiträge zur allgemeinen Geschichte* 8, 1950, pp. 37-50, et "The Moral Frontier on Rhine and Danube", dans *Congress of Roman Frontier Studies, 1949*, Durham, 1952, pp. 1-16 est peu convaincant, bien que Dyson (p. 278) rejette aussi l'idée que les Romains voyaient dans les Barbares "matière à conquête". Whittaker semble influencé par la vision de Febvre (*op. cit.*, pp. 31-32) qu'une frontière doit se dresser contre un ennemi, parce que *frontière* aux XIIIe-XIVe siècles signifiait ligne de bataille. Les Germains étaient officiellement reconnus comme des

(*Vorlimes*) commande la stratégie romaine – une zone sous influence romaine mais pas directement sous protection romaine[70]. Pour autant que la stratégie soit concernée, les distinctions propres à la notion de frontière (délimitation politico-administrative ou ligne de défense) ou de confins (la périphérie d'une entité politique où se fond un peuple d'une autre identité politique et culturelle) a peu de sens, et l'étude de la romanisation des indigènes dans l'Empire et au-delà de ses frontières a une longue historiographie. Bien sûr, le texte d'un décret sénatorial récemment découvert, daté de 19 de notre ère, réfute l'utilisation par les Romains des fleuves comme frontières, alors que le Rhin est clairement montré comme une frontière (voir 2e partie).

Cependant, deux termes abusivement utilisés par les universitaires réclament un commentaire : la frontière scientifique et le *limes*. Le débat sur la première a commencé dans le public au cours et après la seconde guerre d'Afghanistan (1878-80) pour savoir où serait la frontière occidentale des Indes. La ligne Kaboul-Ghazni-Kandahar, jugée plus courte et combinant des avantages naturels et stratégiques, si elle pouvait être reliée au système ferroviaire indien, semblait être la meilleure ligne de défense contre l'éventualité d'une attaque des hordes russes à partir de l'Asie centrale. Cette "frontière scientifique" n'a jamais été établie. En 1893, l'Accord Durand dessina la Ligne Durand qui étendait le protectorat britannique sur des tribus en-deçà de la ligne Kaboul-Ghazni-Kandahar mais au-delà de la limite

---

ennemis publics (*hostes*), contrairement aux brigands (*latrones*), dans la loi romaine depuis au moins le début du IIIe siècle : Ulpien dans le *Digeste de Justinien*, XLIX, 15, 24.

70 Cf. *op. cit.* et le modèle centre-périphérie chez Luttwak, pp. 22-23. Les séries de murs de terre bas qui courent du Nord du Danube en Hongrie jusqu'en Moldavie, dont une part est actuellement datée du Ier siècle, ne sont pas des constructions romaines et semblent n'avoir pas eu de valeur défensive. Il s'agirait de démarcations politiques. Voir Forni, pp. 284-86.

administrative des Indes, avant l'Entente anglo-russe de 1907 qui reconnut un protectorat sur tout l'Afghanistan et mit fin à la menace russe. C'est ainsi que pour trois décennies la ligne Kaboul-Ghazani-Kandahar représentait la proposition d'une "Ecole de l'avant" – une frontière scientifique, militairement idéale[71].

Malheureusement, ce mot "sonnant" de l'impérialisme victorien tardif a été canonisé par la *Cambridge Ancient History* qui considérait que Vespasien avait créé une "frontière scientifique" en Orient dans les années 70, d'où le fait que Luttwak (apparemment) se le soit approprié pour caractériser la suggestion de Ronald Syme que la politique germanique d'Auguste prévoyait une frontière sur l'Elbe et le Danube ("la ligne Hambourg-Leipzig-Prague-Vienne") et pour caractériser la frontière supposée de Trajan en Mésopotamie[72]. Conséquemment, le terme est devenu une cible facile pour Whittaker et pour Isaac comme symbole d'une politique et d'une stratégie de frontière rationnelles[73]. Mais, comme nous l'avons déjà dit pour le mot "stratégie", la pratique romaine de la stratégie rend contingente l'existence du mot, et encore plus pour l'expression victorienne tardive de "frontière scientifique". Aucune frontière n'est parfaite et seul le débat interne d'historiens permet un certain type de critique. En fait, un néo-archéologue concède le fait qu'en Grande-Bretagne, la ligne Tyne-Solway, le Mur

---

71 Voir Curzon, pp. 18-21, 39-41 ; Davies, *op. cit.*, pp. 1-17 ; Whittaker, *Frontières*, pp. 23-24. Curzon était Vice-Roi des Indes, 1898-1905. Les origines du terme échappent à Isaac, p. 394 n. 106.

72 J.C.G. Anderson, "The Eastern Frontier from Tiberius to Nero", *CAH* 10, p. 1934 ; Luttwak, p. 50, 108. Cf. R. Syme, "The Northern Frontiers under Augustus", *CAH* 10, p. 353, qui n'utilise pas le terme. Syme modifie sa première vue dans "Military Geography at Rome", *Classical Antiquity* 7, 1988, par la suite "Syme", p. 250. Sur la frontière supposée de Trajan en Mésopotamie, voir note 118 infra. Cf. Ferrill, *Roman Imperial Grand Strategy*, p. 35 : "La sécurité préventive était une grande stratégie naturelle ou scientifique".

73 Whittaker, *Frontières*, 26, 41 ; Isaac, *Limits of Empire*, p. 394.

d'Hadrien, était le seul choix pratique topographiquement, et que la ligne Clyde-Forth, le Mur d'Antonin construit plus tardivement, était la seule autre possibilité[74].

Le mot latin *limes* pose une menace plus sérieuse. Il signifie originellement une rocade ; puis *limes* est devenu le terme général pour la délimitation du territoire, c'est-à-dire démarcation/confins, depuis que les écrits de Theodor Mommsen l'ont utilisé pour désigner les frontières fortifiées de l'Empire romain. Mais Giovanni Forni (1987) et Isaac (1988) sont arrivés indépendamment à des conclusions similaires sur l'usage romain de ce terme à l'époque impériale : *limes* continuait à désigner une frontière, et au premier siècle acquérait le sens nouveau de "route" (spécialement une rocade militaire parallèle au territoire ennemi) ; tandis qu'à partir du IVe siècle, il signifie district frontalier sous les ordres d'un *dux* (général)[75]. Jusque-là, les deux interprétations convergent. Selon Forni, un *limes* peut être associé à des fortifications, bien qu'au sens strict il démarque seulement un réseau routier combiné à des troupes ; un *limes* ne demande pas de fortifications[76]. Isaac, cependant, veut séparer ce terme de toute connotation défensive, puisque *limes* dans les sources anciennes n'est pas directement lié à des structures militaires. D'où le fait que les frontières politiques n'aient pas d'importance : des pierres de bornage marquaient les limites provinciales, mais aucune ne montrait où l'Empire finissait : les Romains pensaient en termes de peuples plutôt que de territoire ; même les travaux géographiques, comme la carte routière tardo-antique appelée la Table de Peutinger, et

---

74 Jones, *op. cit.*, p. 102 ; cf. Davies, *op. cit.*, p. 16, sur l'impossibilité d'une frontière scientifique.

75 Forni, pp. 272-94, une révision de son article encyclopédique, "Limese, dans E. de Ruggiero, éd., *Dizionario Epigrafico,* Rome, 1959-62, 4, pp. 1074-1281 ; Isaac, *Limits of Empire*, p. 408.

76 Forni, pp. 282-84, cite Tacite, *Agricola*, XLI, 2, *Germanie*, XXIX, 3 ; *Historia Augusta*, *Hadrien*, XII, 6 ; cf. Forni, p. 286.

l'*Expositio totius mundi* du IVe siècle, laissent dans le vague les confins de l'Empire. En outre, comme la présence militaire romaine s'étendait au-delà des frontières supposées, aucune ligne de défense définie n'existait, et le *limes,* pour ainsi dire, n'était qu'une ligne de communications et pas de défense[77].

Isaac note un point technique du débat – le même que Forni sur l'exclusion de fortifications au sens littéral de *limes* –, mais conceptuellement, cette thèse bizarre contredit l'utilisation fréquente de *limes* dans des phrases qui évoquent la construction de forts ou de tours et l'établissement de garnisons[78]. L'abréviateur Festus du IVe siècle (*Breviarium*, VIII) doit certainement refléter le dernier sens de *limes* comme "région militaire" quand il écrit qu'Auguste avait créé un *limes* entre les Romains et les Barbares à travers le Norique, les Pannonies et la Mésie ; mais ce récit correspond à une réalité archéologique : une route trans-balkanique allant d'Aquilée à Byzance et une chaîne de forts dans les Portes de Fer sur le Danube – un projet commencé à la fin du règne

---

77 Isaac, p. 3, 103, 159, 171, 395-98 ; pareillement Millar, *op. cit.*, pp. 351-52 ; R. Moynihan, "Geographical Mythology", dans R. Winkes, ed., *The Age of Augustus*, Providence/Louvain, 1985, p. 153. Avis contraire dans Ferrill, *Roman Imperial Grand Strategy*, p. 20 : sauf les additions de la Grande-Bretagne et de la Dacie, les frontières romaines étaient "territorialement délimitées et géographiquement logiques".

78 En plus des sources citées supra note 76, *Panégyriques Latins*, 5(7), pp. 11, 5, ILS 724 ; Ammien Marcellin, XXIII, 5, 2, tous cités par Isaac, "*Limes*", 127-28, 133-34". *Limes* est apparu à la fin du Ier siècle ou au début du IIe siècle. Voir ILS 8855 (survolé par Isaac), une inscription grecque qui se réfère aux Champs Décumates (à l'Est du Rhin) comme *Chôras* [hyp]*erlimitanès* (pays en avant du *limes*). La restitution d'*erlimitanès* n'a pas été discutée : Pflaum, 1950, *op. cit.*, p. 50, 1960, 182-3 n. 85 ; Whittaker, *Frontières*, p. 66. L'occurrence d'une forme du mot dans une inscription grecque à cette époque est significative, puisque le grec *limiton*, dérivé du latin *limes*, ne se généralise pas avant le Bas-Empire.

d'Auguste ou au cours de celui de Tibère (14-37 de notre ère)[79].

Isaac doit aussi mettre de côté toute relation du *limes* dans les sources littéraires avec son usage comme moyen de surveillance, sans compter les références aux frontières fortifiées romaines dans les sources grecques, où le latin *limes* n'est pas utilisé[80]. Un passage (*Historia Augusta*, "Les trente tyrans", XXVI, 6)[81] cité comme référence pour démontrer l'adéquation de *limes* avec un district frontalier (ici *regio*, "région, zone") semble réfuter la

---

79 Voir M.R. Werner, "Tiberius and the Continuation of Augustan Policy on the Moesian Limes" dans Winkes, *op. cit.*, pp. 163-68.

80 Isaac, "*Limes*", pp. 131 et 127 note 13 où A. Piganiol, "La notion de *limes*" dans *Scripta Varia*, Bruxelles, 1973, 3, pp. 131-34 est trop rapidement passé de côté ; cf. Forni, p. 282 ; sources grecques : Aélius Aristide, *Eloge de Rome*, LXXX-LXXXIV ; Hérodien, II, 11, 5 ; cf. Appien, *Histoire romaine*, Préface, 7 à fin (n'est pas discuté par Isaac dans ce contexte) ; l'Anonyme du *De Rebus Bellicis*, LXI, 1-3. Whittaker, *Frontières*, pp. 27-28, dévalorise Appien et Aélius Aristide, arguant que ces références aux frontières fortifiées ne sont que des vues idéalisées de l'espace sacré d'une Cité grecque sans relation avec les besoins stratégiques romains. Cette opinion, en particulier pour Appien, n'est pas crédible d'autant plus que cet historien a occupé le poste de *procurator Augusti* et avait accès aux cercles dirigeants sous le règne d'Antonin le Pieux (138-161) à travers son ami Fronton, consul suffect en 143 et tuteur de Marc Aurèle et de Lucius Verus, futurs empereurs. Son *Histoire romaine* insiste sur les guerres d'expansion romaine et va jusqu'aux guerres de Trajan (101-103, 105-106). Appien n'était pas ignorant des réalités frontalières et des besoins stratégiques. Pour le concept grec de frontière, voir G.D. Rocchi, "Il concetto di frontiera nella Grecia antica", dans Sordi, *op. cit.*, pp. 21-42. Les visions de la frontière chez les Grecs pouvaient différer à l'extrême, comme chez J. Ober, *Fortress Attica : Defense of the Athenian Land Frontier, 404-322 B.C.*, Leyde, 1985 : la frontière attique ressemblait à une frontière fortifiée romaine.

81 "Depuis, leur région (Isaurie) située au milieu du territoire romain est encagée par un nouveau type de défense comme un *limes*, défendu par le terrain et pas par des hommes" (*Etenim in medio Romani nominis solo regio eorum novo genere custodiarum quasi limes includitur, locis defensa non hominibus*").

thèse d'Isaac dissociant *limes* et défense[82]. Si les traités de géographie délimitent vaguement les frontières de l'Empire, deux raisons à cela : d'abord, les textes qui demeurent ne sont pas des publications techniques ou officielles ; ensuite, la propagande augustéenne assimilait l'Empire romain au monde habité, l'oekumène[83]. Des travaux géographiques plus tardifs continuaient probablement de perpétuer cette fiction (cf Appien, *Histoire romaine*, Préface, 9).

Cependant, les Romains délimitaient certaines frontières impériales[84]. Isaac (p. 397) rejette le mot d'Auguste de conserver telles quelles les frontières de l'Empire (Tacite, *Annales*, I, 11, 8), mais il ignore le commentaire de Pline (*Histoire Naturelle*, VI, 120) disant que Pompée a établi la frontière orientale de l'Empire à Ouros à l'Est de l'Euphrate. Quel que fût le but du Mur d'Hadrien en Grande-Bretagne ou du fossé d'Hadrien en Numidie (*fossatum Africae*), les deux marquaient les frontières romaines et, comme la Grande Muraille de Chine, avaient la valeur symbolique de ligne à ne pas dépasser[85]. La seule référence explicite ancienne à une intention pour le

---

82 Contrairement à l'équation que fait Isaac entre *regio* et *limes* (bien que les deux soient au nominatif), le placement de *quasi limes* après *novo genere custodiarum* indique que l'auteur avait l'intention d'insister sur la relation de *limes* avec la défense.

83 Un thème majeur chez C. Nicolet, *L'Inventaire du monde : géographie et politique aux origines de l'Empire romain*, Paris, 1988.

84 Collection de références chez D.S. Potter, "The Tabula Siarensis, Tiberius, the Senate, and the Eastern Boundary of the Roman Empire", *ZPE* 69, 1987, pp. 274-75 avec note 19. Potter exagère toutefois la signification d'une nouvelle inscription qui honore Germanicus et place la frontière orientale de l'Empire sur le Mont Amanus en Syrie à l'Est de l'Euphrate. La lecture des lignes cruciales est incertaine.

85 Ligne de franchissement : Curzon, p. 25 ; cf. Isaac, p. 414 ; Whittaker, *Frontières*, pp. 38-40, 47-48 ; sur le Mur d'Hadrien considéré comme la croissance d'éléments antérieurs, voir D.J. Breeze et B. Dobson, *Hadrian's Wall*, Londres, 1987, pp. 5-26. Whittaker (pp. 47-48) représente mal la vue de Breeze et de Dobson en prétendant que le but du Mur d'Hadrien n'était que de contrôler les mouvements et en omettant son rôle défensif : voir Breeze et Dobson, pp. 40, 60-61.

Mur d'Hadrien stipule son rôle de démarcation entre Romains et Barbares[86].

Les royaumes clients, considérés comme une part de l'Empire mais pas intégrés dans son système provincial, brouillent le concept de frontières définies, comme ces tribus arabes qui sont aussi bien alliées des Romains que des Perses à la fin de l'Empire[87]. Les Romains n'ont jamais eu de réticences à attaquer un adversaire, à faire de l'ingérence, ou à maintenir une présence militaire au-delà du territoire romain[88], mais une telle conduite ne nie pas l'existence de frontières et plaide pour des idées de défense. La distinction entre un Empire romain au sens strict (ressort territorial direct) d'un Empire au sens large (ressort direct, rois clients, zones d'influence) est préférable à une totale négation des frontières[89]. Après tout, les Indes britanniques avaient trois frontières différentes entre 1893 et 1907[90].

Le problème de la fonction des forts romains et de leur relation avec le concept de *limes* demeure, mais ces

---

86 *Historia Augusta*, Hadrien, XI, 2, cf. XII, 6. Whittaker, *Frontières*, pp. 39-40, rejette cette preuve sur la base que la séparation entre Romains et Barbares est une idée du IVe siècle, mais cette vue fait bon marché du fait que la politique frontalière d'Hadrien insiste sur l'absence d'expansion territoriale et de la valeur symbolique de structures permanentes. Cf. Birley, *op. cit.*, pp. 15-19 ; G. Webster, *The Roman Imperial Army*, Londres, 1969, pp. 82-90.

87 Voir Strabon, VI, 4, 2, XVII, 3, 25 ; Isaac, pp. 248-49. Les similitudes entre rois clients et gouverneurs provinciaux peuvent être exagérées : D. Braund, *Rome and the Friendly Kings*, Londres, 1984 ; par la suite "Braund", particulièrement pp. 70-85.

88 Sur les empereurs expansionnistes contre les non-expansionnismes, voir Birley, *op. cit.*

89 Voir T. Liebmann-Frankfort, *La Frontière orientale dans la politique extérieure de la République romaine*, Bruxelles, 1969, pp. 9-15, et la notion de Luttwak qui oppose "l'Empire hégémonique" à "l'Empire territorial", pp. 22-23. Je reviendrai plus bas sur l'utilisation des lignes frontalières par les Romains.

90 Curzon, p. 41 : la frontière administrative des Indes britanniques, la Ligne Durand (frontière de protection active) et la frontière afghane (frontière stratégique avancée).

questions seront examinées dans le contexte de la frontière de l'Orient romain.

L'Armée romaine d'Orient

L'Orient posait des problèmes spécifiques aux Romains : c'est seulement là, après 146 av. J.C., que les Romains ont fait face à des États ennemis urbanisés avec des civilisations plus anciennes que Rome ; c'est là dans la période impériale, comme en Afrique du Nord, que le désert au Sud du Mont Taurus formait une frontière "ouverte" (sans barrières artificielles ou naturelles), où les cités en tant que points d'appui logistiques, particulièrement en eau, influençaient le déploiement[91]. Au nord du Taurus la frontière avec l'Arménie aurait été une situation unique, dépendant du statut de l'Arménie comme cliente, province, voire ennemie sous contrôle partho-sassanide.

Les guerres fréquentes et les manœuvres diplomatiques tortueuses – où la stratégie romaine devrait être dominante – ont caractérisé les frontières romaines d'Orient pendant des siècles. Ce conflit de "superpuissances" est relativement peu discuté chez Isaac (pp. 15-53, 219-68), selon qui la Parthie, à l'exception de raids occasionnels, ne constituait pas une menace et selon qui les Sassanides n'étaient qu'un obstacle pour la progression des Romains à l'Est de l'Euphrate. Les preuves d'une menace perso-parthique et leurs revendications territoriales sont écartées[92]. L'Arménie, la pomme de

[91] Sur les frontières ouvertes, voir Luttwak, 78-80. Pour une étude récente des ruines d'installations militaires en Orient, voir D. Kennedy et D. Riley, *Rome's Desert Frontier from the Air*, Londres, 1990, Whittaker, "Commerce", pp. 112, 123 (notes 10 et 13), semble ne pas comprendre le concept de frontière ouverte.

[92] Par exemple les Parthes : Tacite, *Annales*, VI, 31, 1 ; Dion Cassius, LIX, 27, 3 (pas chez Isaac) ; les Sassanides : Dion Cassius, LXXX, 3 ; Hérodien, VI, 2, 2-7 ; Julien, *Orationes*, 1 27A-B ; Ammien Marcellin, XVII, 5, 5-6 ; Isaac, *Limits of Empire,* pp. 21-23, 32 ; cf. P.

discorde entre Rome et la Parthie depuis le Ier siècle avant av. J.C., continuait d'être un *casus belli* ou un champ de bataille entre Romains et Sassanides, mais Isaac ne montre pas qu'elle était le problème majeur des relations internationales en Orient. En effet, pour les événements au nord de la Mésopotamie, il n'y a pas de possibilité d'aller aux sources originales : sauf pour les *Res Gestae* de Sapor Ier, Isaac se repose sur des sources de seconde main et ignore celles de première main d'origine orientale (arméniennes, géorgiennes et sassanides)[93]. Les erreurs géographiques et événementielles sont également évidentes[94].

Panitschek, "Zur Darstellung der Alexander und Achaelenidennachtfolge as politische Programme in kaiserzeitlichen Quellen", *Klio* 72, 1990, pp. 457-72 ; D.S. Potter, "Alexander Severus and Ardashir", *Mesopotamia* 22, 1987, pp. 147-57.

93 Même la littérature secondaire montre d'évidentes omissions, par ex. une génération d'ouvrages sur la Parthie : Josef Wolski, E. Dabrowa, *La Politique de l'État parthe à l'égard de Rome d'Artaban II à Vologèse I (ca 11-ca 79 de NE) et les facteurs qui la conditionnaient,* Cracovie, 1983 ; H. Sonnabend, *Fremdenbild und Politik : Vorstellungen der Römer von Ägypten und dem Partherreich in der späten Republik und frühen Kaiserzeit,* Francfort-sur-le-Main, 1986 ; M.-L. Chaumont, *La Christianisation de l'Empire iranien des origines aux grandes persécutions du IVe siècle*, Louvain, 1988 ; E. Winter, *Die sassanidisch-römischen Friedensverträge des 3. Jahrhunderts* n. Chr., Francfort-sur-le-Main, 1988.

94 Harmozica, le fort qui garde la capitale de l'Ibérie (Géorgie) Mtskheta, est placée par erreur (Carte 1) au nord de la rivière Kura ; voir O. Lordkipanidze, *Archäologie in Georgien : Von der Altsteinzeit zum Mittlelalter*, traduit par D. Mcheidse, Weinheim, 1991, 148 Abb.68 ; Tomisa, le franchissement de l'Euphrate près de Mélitène en Cappadoce, est placée (Carte 2) sur le côté Ouest du fleuve ; et la Commagène (Carte 3) apparaît à l'Est de l'Euphrate. La ville arménienne de Kainepolis est faussement distinguée (p. 52) de Vagharshapat (deux noms pour le même site) et la moderne Erivan n'est pas le site de la capitale de l'ancien d'État d'Urartu, sise à Tupsha (moderne Van) ; voir P.E. Zimansky, *Ecology and Empire : The Structure of the Urartian State*, Chicago, 1985, pp. 51, 78-80. Pareillement (p. 29), Gabinius a gouverné la Syrie en 55 (pas en 65) av. J.C. ; la bataille de Carrhes date de 53 (pas de 54) av. J.C. ; et Corbulon n'a

L'Arménie, cependant, fournit le chaînon manquant pour comprendre la politique orientale des Flaviens (69-96 ap. J.C.). Isaac, reconnaissant la réorganisation de la frontière du Haut Euphrate, y voit une influence des leçons de la guerre menée en Arménie par Corbulon (56-63) et voit une politique plus agressive que défensive dans l'annexion des royaumes clients (Petite Arménie et Commagène en 72), dans l'établissement de camps légionnaires sur le Haut Euphrate, et dans le besoin d'améliorer les communications par la construction de routes. Vespasien (69-79) préparait une guerre contre l'Arménie[95] – Isaac ignore que les trois-quarts de l'Asie Mineure, de la Cappadoce à la Phrygie, ont été unifiés dans une vaste province sous un seul gouverneur depuis environ 75 jusque vers 114 ; cette situation était pour le moins inhabituelle parce que depuis Auguste, la politique était de limiter les légions sous le contrôle des gouver-

pas soutenu en 61 le roi arménien Tigrane dans son invasion de l'Adiabène (Tacite, *Annales*, XV, 1, 3), mais seulement essayé de sauver Tigrane d'une réaction parthe. En outre (p. 40), l'annexion de la Cappadoce (pas de la Commagène) et la déposition du roi de Cappadoce Archelaüs en 17 ont causé une baisse de la taxe sur les ventes (Tacite, *Annales*, II, 42 ; Dion Cassius, LVII, 17, 3-7). L'Arménie (p. 52) n'est pas devenue une province après la guerre contre les Parthes de 161-166, mais a été dévolue à un roi client soutenu par des troupes romaines revenant à la situation pré-néronienne sous Claude (pp. 41-54). L'idée que les Flaviens avaient l'intention d'encercler l'Arménie avec une chaîne de forts (cf. Tacite, *Histoires*, II, 6, 2) renvoie à W. Schur, *Die Orientspolitik des Kaisers Nero*, Leipzig, 1923, pp. 35-36, et ne commence pas (Isaac, p. 50 et note 205) avec A.B. Bosworth, "Vespasian's Reorganization of the North-West Frontier", *Antichthon* 10, 1976, pp. 63-78.

95 Isaac, pp. 29-30, 33, 35, 41-42, 50-51 ; cf. Luttwak, pp. 60-61, 66 sur la politique flavienne de défense comme action offensive au-delà de la frontière. Isaac (p. 35) rejette le fait que la construction d'un port à Séleucie de Piérie et d'un canal le reliant à Antioche, capitale de la Syrie, était partie intégrante d'une structure planifiée en vue d'une guerre contre les Parthes. Voir D. Van Berchem, "Le port de Séleucie de Piérie et l'infrastructure logistique des guerres parthiques", *Bonner Jehrbücher* 185, 1985, pp. 47-87.

neurs provinciaux (cf. Tacite, *Agricola*, XXXIX, 2). Mais, bien sûr, rien de cela ne peut être considéré comme de la stratégie, même si Isaac réalise (p. 41) que le mouvement vers l'avant des légions vers le Haut Euphrate est parallèle avec l'avancée des légions en Haute Germanie sous le même Vespasien ; et il démontre (en bon réductionniste, p. 51) qu'aucune source ne définit la politique de Vespasien comme défensive. Mais, en fait, aucune source narrative détaillée n'existe pour l'époque flavienne, si ce n'est les résumés byzantins de Dion Cassius et les commérages biographiques de Suétone.

Si Vespasien voulait préparer une guerre contre l'Arménie (au moment où cela serait le plus profitable) et n'avait pas d'idées défensives, lui et ses fils n'avaient apparemment pas confiance dans le compromis néronien avec la Parthie, par lequel Néron avait favorisé la transmission du trône d'Arménie à un candidat parthe. Mais Tiridatès, couronné par Néron en 66, était sans aucun doute mort depuis longtemps en 112 quand Trajan provoqua la guerre de succession arménienne (114-117). Il y a donc eu un changement dans les rois d'Arménie qui n'est pas relevé dans les sources gréco-romaines[96], très probablement sous les Flaviens, qui sont passés sur un possible *casus belli* à l'époque où ils refusèrent aux Parthes leur aide contre les Alains[97]. Une victoire parthique remportée en 73/74-77/78 par le gouverneur de Syrie Marcus Ulpius Traianus (père du futur empereur)

---

96 Les problèmes chronologiques des sources arméniennes ne peuvent être évoqués ici.

97 Suétone, *Domitien*, II, 2 ; Dion Cassius, LXVI, 15, 3 ; cf. M. Heil, "M. Hirrius Fronto Neratius Pansa, legatus exercitus Africae", *Chiron* 19, 1989, pp. 165-84, part. pp. 172-77 ; A. Barzan, "Roma e tra i Parti tra pace e guerra fredda nel I secolo dell'imperio", dans Sodi, *op. cit.*, p. 216 et note 17 : le soutien parthe à un faux Néron est une réponse à ce refus d'assistance.

reste obcure quant à sa date et son déroulement[98]. Les Flaviens n'ont pas cherché à débrouiller l'écheveau des affaires parthiques même s'ils en ont eu l'occasion.

Sans doute, la stratégie flavienne émerge du contexte détaillé des faits séparés. Le compromis de Néron avait transmis le contrôle de l'Arménie à la Parthie. Comme un abréviateur du IVe siècle l'a écrit : *"Néron a perdu l'Arménie"*[99]. L'Asie Mineure tout entière, privée de légions et protégée par un roi-client assis sur le trône d'Arménie, restait sans défense sauf les forces du gouverneur de Syrie situées plus au Sud. Ajouter des légions sur le Haut Euphrate en face de l'Arménie, une conséquence naturelle du compromis néronien, était plus qu'un simple réagencement des communications de flanc, à moins bien sûr que l'on ne croie que Rome avait une telle confiance dans les Parthes, célèbres pour leur fourberie comme de nombreux peuples orientaux, qu'aucune mesure défensive n'ait été prise[100]. Bien que les traités officiels aient proclamé le contraire, les Parthes au Ier siècle étaient toujours considérés comme des ennemis[101].

Isaac peut bien considérer que la Parthie ou la Perse sassanide ne représentaient aucune menace pour Rome, bien qu'il reconnaisse de possibles effets à long

---

98 Références dans E. Dabrowa, "Les rapports entre Rome et les Parthes sous Vespasien", *Syria* 58, 1981, pp. 187-204 et 203 note 5 qui insiste sur les tensions continuelles entre Rome et la Parthie.

99 Festus, *Breviarium*, XX : *Nero... amisit Armeniam*.

100 Sur la fourberie des Parthes, voir Frontin, *Stratagèmes*, I, 1, 6 ; Plutarque, *Crassus*, XXII, 5 ; XXX, 3, 5 ; Dion Cassius, XL, 20 ; Horace, *Lettres*, II, 1, 112, *Odes*, IV, 15, 23 ; Polyen, VII, 41 ; cf. K.-H. Ziegler, *Die Beziehungen zwischen Rom und dem Partherreich*, Wiesbaden, 1964, pp. 33, 44, 94-95. Les Arméniens et les Sassanides étaient également jugés fourbes. Arméniens, par ex. Tacite, *Annales*, II, 3, 1, XII, 46, 1 ; Sassanides, par ex. Aurelius Victor, *Césars*, XXXII, 5 ; *Historia Augusta*, Valérien, I, 2 ; Themistius, *Orationes* (éd. G. Downey), 11.148d, cf. 10.135d ; Anonyme du *De Rebus Bellicis*, XIX, 2 ; Ammien Marcellin, XXV, 1, 5 ; 3, 1 ; Procope, *Histoire des guerres*, II, 3, 9-10.

101 Barzano, *op. cit.*, p. 212 avec note 4, p. 220.

terme de l'invasion parthe de 40 av. J.C., qui pendant une année a couvert la Syrie, la Palestine et le Sud de l'Asie Mineure en bordure de la mer Egée, et des campagnes de Sapor Ier au milieu du IIIe siècle qui a pris Antioche, l'Arménie, l'Ibérie caucasienne, et est parvenu au centre de l'Asie Mineure. On peut juger du souvenir de la bataille de Carrhae dans la mémoire romaine, un désastre équivalent à l'Allia, à Cannes et à Andrinople[102]. L'échec des Parthes et des Sassanides à tenir des territoires romains à l'Ouest de l'Euphrate montre le manque d'ambition territoriale des deux Empires iraniens.

L'argumentation d'Isaac repose sur un déterminisme historique selon lequel ne pouvait arriver que ce qui est arrivé, et ignore les aspects psychologiques de la menace. Isaac ne se demande jamais pourquoi les Parthes et les Sassanides n'ont pas exploité leurs succès militaires – une question qui demande une réflexion sur l'histoire iranienne[103]. Les Parthes n'ont pas bâti d'Empire parce qu'ils n'en avaient pas l'intention. Parthes et Sassanides convoitaient la Transcaucasie (Colchide, Ibérie [l'ancienne Géorgie soviétique] et Albanie [l'Azerbaïdjan])[104]. En fait, les Parthes confirment la thèse de

---

102 Voir D. Timpe, "Die Bedeutung des Schlacht von Carrhae", *Museum Helveticum* 19, 1962, pp. 104-29. Dion Cassius (XL, 14, 3-4) considérait les Parthes comme les égaux militaires des Romains.

103 Dion Cassius (XL, 15, 5-6) attribue l'échec des Parthes à s'étendre à l'Ouest de l'Euphrate à un défaut de préparation logistique et à la difficulté de faire face à de nouveaux terrains. Le terrain est aussi une explication aux échecs romains en Europe centrale et au Proche-Orient : voir Luttwak, pp. 45-46 ; Mann, *op. cit.*, *supra* note 3, pp. 510-11 et *op. cit.*, *supra* note 4, pp. 177-78 ; cf. Traina, "Aspettando i barbari", 255-56, 259, 265-75. Les socio-archéologues ont une explication différente sur la fin de l'expansion qui sera examinée plus tard.

104 Tacite (*Annales*, IV, 5, 5) réfute la conclusion d'Isaac (p. 50) qui prétend que la Transcaucasie n'avait aucun rôle dans la rivalité romano-parthique. Isaac (p. 231 note 6) accepte par erreur l'idée que l'Arménie contrôlait naturellement l'Ibérie (Géorgie). Ni les Anciens, ni les Modernes qui ont écrit sur l'histoire de la Géorgie et de

Thucydide, selon laquelle un Empire décline quand il cesse de s'étendre[105]. Mais depuis le Ier siècle av. J.C. jusqu'à cette époque, les Parthes ont été troublés par de nombreuses guerres de succession et de rébellion. Auguste et Tibère les favorisaient en gardant sous le coude un stock de prétendants parthes possibles – un aspect de la politique romaine qu'Isaac ignore[106]. Les Sassanides, bien que mieux organisés et militairement supérieurs aux Parthes, avaient également des crises dynastiques et, comme les Romains, avaient à contenir des incursions barbares sur leur frontière nord à partir du IVe siècle.

Expliquer pourquoi une chose n'arrive pas peut laisser perplexe. Mais si la menace peut concorder avec l'annexion territoriale partielle ou complète, ou la destruction de l'ennemi, alors Isaac a exactement résumé le triste souvenir des guerres romano-byzantines contre les Sassanides depuis la période qui suit la campagne de Julien en 363[107], alors qu'au cours des innombrables

l'Arménie ne soutiennent une telle interprétation. Sur l'histoire de la Transcaucasie au IIe siècle, voir E.L. Wheeler, *Flavius Arrianus : A Political and Military Biography* (thèse, Duke University, 1977, pp. 54-259).

105 Thucydide, VI, 18, 3-4 ; 6-7 ; cf. Wolski et son hypothèse selon laquelle la supériorité des rois parthes sur la noblesse venait de l'utilisation de mercenaires originaires de tribus du Sud de la Russie et d'Asie centrale pour faciliter l'expansion impériale. Les guerres civiles ont commencé quand l'expansion s'est arrêtée : "Le rôle et l'importance des mercenaires dans l'État parthe", *Iranica Antiqua* 5, 1965, pp. 103-15.

106 Pareillement oublié chez E.S. Gruen, "The Imperial Policy of Augustus", dans K.A. Raaflaub et M. Toher, eds, *Between Republic and Empire. Interpretations of Augustus and His Principate*, Berkeley, 1990, pp. 397-98. Cf. S. Elbern, "Geiseln in Rom", *Athenaeum* 70, 1990, pp. 97-140 ; E. Dabrowa, "Les premiers otages parthes à Rome", *Folia Orientalis* 24, 1987, pp. 63-71 ; A. Aymard, "Les otages barbares au début de l'Empire", *JRS* 51, 1961, pp. 136-42.

107 Isaac, p. 219, dont le texte (pp. 229-35) sur la Transcaucasie et la défense des passes du Caucase est superficiel, manque entre autres de noter la complexité des factions pro et anti-Sassanides

luttes pour renverser le rapport de forces, Rome a dû reconnaître les Sassanides comme des égaux – un statut généralement refusé aux Parthes[108]. Isaac ignore en outre que les Anciens faisaient une distinction dans la conduite et les buts stratégiques entre des guerres livrées pour l'honneur et l'Empire (généralement contre d'autres États) et celles menées pour la survie (habituellement contre les Barbares ou les peuples pré-étatiques)[109]. Les guerres contre les Parthes et les Sassanides appartenaient à la première catégorie.

Une objection peut cependant être élevée : la concordance d'Isaac de la menace avec des faits réels et son rejet de la dissuasion romaine sont faux. Sans s'occuper de savoir si les revendications partho-sassanides sur l'héritage du vieil Empire achéménide (supra, note 92) sont historiquement fondées ou relèvent de la propagande romaine, la menace reste une affaire de perception

---

entre les nobles arméniens et le nouveau problème des chrétiens contre les zoroastriens. Les anciennes sources sur la diplomatie romano-sassanide et les guerres jusqu'en 363 sont maintenant collationnées et traduites dans M. H. Dodgson et S.N.C. Lieu, eds, *The Roman Eastern Frontier and the Persian Wars (AD 226-363) : A Documentary History,* Londres, 1991.

108 Du point de vue du droit international sur les relations romano-sassanides, voir S. Verosta, "International Law in Europe and Western Asia between 100 and 650 A.D.", *Académie de Droit International, Recueil des Cours* 113, 1964-III, Leyde, 1966, pp. 485-600 ; C. Dupont, "Guerre et paix dans l'empire romain de 312 à 565 ap. J.C.", *Revue Internationale des Droits de l'Antiquité* 22, 1975, pp. 189-222 ; E. Christos, "Some Aspects of Roman-Persian Legal Relations", *Kleronomia* 8, 1976, pp. 1-48 ; R.C. Blockley, *Rome and Persia : International Relations in Late Antiquity*, Ottawa, 1985, et *East Roman Foreign Policy : Formation and Conduct from Diocletian to Anastasius*, Liverpool, 1992. Cf. V.L. Bullough, "The Roman Empire vs. Persia 363-502 : A Study of Successful Deterrence", *Journal of Conflict Resolution* 7, 1963, pp. 55-68.

109 Cicéron, *Des Devoirs*, I, 38, cf. III, 86-87 ; *De l'Amitié*, XXVIII, *Pour Sestius*, LIX ; Diodore de Sicile, XIX, 72, 3, XX, 80, 3, XXXII, 4, 4 ; Appien, *Les Guerres libyques*, LVIII, 254-57 ; Plutarque, *Démétrios*, V, 3.

psychologique, d'une crainte réelle ou imaginaire d'être en danger. Combien de millions de dollars avons-nous dépensés depuis 1950 pour dissuader une guerre nucléaire ? Seul un regard rétrospectif permet le luxe de dire si le danger n'existait pas parce qu'il ne s'était pas matérialisé. Les Romains avaient de bonnes raisons après Carrhae et l'invasion parthe de 40 av. J.C. de craindre les capacités des Parthes, perception plus tard transférée aux Sassanides. De même, il n'est pas juste de dire que Luttwak a appliqué un concept moderne aux Romains en disant qu'ils pratiquaient la guerre psychologique. Les Grecs et les Romains la connaissaient. La "véritable cause" dont parle Thucydide (I, 23, 6) de la guerre du Péloponnèse (431-404 av. J.C.) était la crainte par Sparte de la montée en puissance d'Athènes – un motif strictement psychologique. Les stratagèmes, si fameux chez les Anciens, sont souvent plus psychologiques que physiques : la déception et la tricherie sont des jeux de l'esprit[110]. Même les guerriers pré-étatiques connaissaient le prix de la terreur comme technique psychologique et stratagème possible et les Romains employaient habilement des tactiques terroristes[111]. De plus, Thucydide est proche des idées de Luttwak d'une Rome qui utilise la dimension psychologique de la puissance comme moyen défensif[112], et l'idée de dissuasion

---

110 Luttwak, pp. 2-4, 33, 195-200 ; sur les stratagèmes, voir Wheeler, *op. cit.*, passim ; idem, "The Modern Legality of Frontinus' Stratagems", *Militärgeschichtliche Mitteilungen* 44.1, 1988, pp. 7-29, et "Ruses and Stratagems" dans T.N. Dupuy, éd., *International Military and Defense Encyclopedia*.

111 Sur le lien entre stratagème et terreur, voir E.L. Wheeler, "Terrorism and Military Theory : An Historical Perspective", *Journal of Terrorism and Political Violence* 3, 1991, pp. 6-33 (= C. McCauley, ed., *Terrorism Research and Public Policy* [Londres, 1991], 6-33) ; terrorisme romain : par ex. Polybe, X, 15, 4-5 ; Tacite, *Annales*, XIV, 23, 1 ; *Germanie*, XXIX, 2, XXX, 5, XXXII, 2 ; *Agricola*, XX ; Luttwak, pp. 3-4, sur le siège de Masada.

112 Thucydide, VI, 11, 4 cf. VI, 38, 4, et Tacite, *Annales*, XV, 31, 2 ; Luttwak rejeté par Starr, p. 121, suivi par Ferrill, *Roman Imperial*

(au sens où la force et l'état de préparation militaires sont des prérequis à la paix) était courante dans l'Antiquité[113].

Néanmoins, chez Isaac il n'existe pas de menace partho-sassanide. Le champ est donc libre pour son analyse superficielle du haut Euphrate et du Nord-Est, pour présenter l'Armée romaine comme un instrument de profit et une force d'occupation au Sud du Taurus, en Mésopotamie du Nord, Syrie, Palestine et Arabie romaine (Transjordanie), la région à laquelle il consacre le gros de son étude. Cette conception géographiquement "molle" de la frontière orientale de l'Empire romain correspond à un intérêt récent pour les Arabes et l'Arabie romaine[114]. Toutefois, du point de vue des relations internationales, la frontière arabe était d'une importance secondaire comparée à la Mésopotamie du Nord et à l'Arménie jusqu'au IIIe siècle et après. La riche province de Syrie restait un problème à toutes les époques.

La Judée romaine confirme la vision d'Isaac d'une armée romaine-force d'occupation, mais c'est oublier les efforts de pacification et de contrôle dans d'autres

---

Grand Strategy, p. 32, "Strategy", p. 80. Cf, sur le concept de menace, P. Karsten, P.D. Howell et A.F. Allen, *Military Threats : A Systematic Historical Analysis of the Determination of Success*, Westport, 1984.

113 Voir W. Haase, "Si vis pacem, para bellum". Zur Bedeutung militärischer Stärker in der römischen Kaiserzeit", dans J. Fitz, éd., *Limes : Akten des XI. internationalen Limeskongresses*, Budapest, 1977, pp. 721-56.

114 Voir par ex. G.W. Bowersock, *Roman Arabia*, Cambridge, Mass., 1983 ; M. Sartre, *Trois études sur l'Arabie romaine et byzantine*, Bruxelles, 1982 ; I. Shahîd, *Rome and the Arabs : A Prolegomena to the Study of Byzantium and the Arabs*, Washington, 1984, *Byzantium and the Arabs in the Fourth Century*, Washington, 1984, *Byzantium and the Arabs in the Fourth Century*, Washington, 1989 ; S.T. Parker, *Roman and Saracens : A History of the Arabian Frontier*, Philadelphia, 1986, et ed., *The Roman Frontier in Central Jordan : Interim Report on the Limes Arabicus Project*, 1980-85, Oxford, 1987.

régions[115] ; bien que le cas de la Judée soit conforté par des sources talmudiques peu utilisées, généraliser le modèle à la Transjordanie (Arabie) et à la Syrie s'avère problématique. Pour le démontrer, il faudrait nier toute menace bédouine, toute frontière fortifiée et tout problème défensif, ramener l'avance romaine dans le désert à de la protection caravanière. À partir de là, l'exploitation des provinces peut être étudiée en détail (Chapitre VI) ; les empereurs romains peuvent être montrés comme ne portant aucun intérêt au développement des provinces par l'urbanisation (Chapitre VIII) ; et le besoin de sécurité intérieure peut être assimilé à de la résistance idéologique à Rome (cas des Juifs) et au banditisme (Chapitre II).

Comme nous traitons de l'attaque d'Isaac contre la stratégie romaine, une réfutation de ces derniers points ne s'impose pas. Oui, l'exploitation et la corruption des provinciaux existaient, mais l'admirable recension des preuves de banditisme établie par Isaac n'élimine pas la menace extérieure[116]. La récente édition d'un papyrus du IIe siècle provenant du Sud de la mer Morte n'indique pas d'hostilité juive à Rome ni que les troupes romaines aient été des forces de sécurité intérieure[117]. Plus important pour notre propos est le tableau que dresse Isaac du *limes* oriental et des forts romains. C'était une frontière ouverte et il n'y a pas eu de tentative de créer une barrière défensive continue sur des centaines de km de désert. L'Euphrate n'a marqué la frontière romaine au Nord de la Syrie qu'après l'acquisition de la Mésopotamie

---

115 Cf. Tacite, *Agricola*, XIX-XXI, sur les efforts de pacification d'Agricola en Grande-Bretagne.

116 Isaac a oublié quelques apports à cette hypothèse dans J. Dobias, "Les premiers rapports des Romains avec les Parthes et l'occupation de la Syrie", *Archiv Orientalni* 3, 1931, pp. 215-56, qui prétend que l'annexion romaine de la Syrie résulte d'un désir d'arrêter la piraterie en Méditerranée orientale.

117 Voir M. Goodman, "Babatha's Story", *JRS* 81, 1991, pp. 169-75, part. 170.

(au Nord de la rivière Khabur). Les tentatives pour déterminer en Mésopotamie des lignes fortifiées d'après des photographies aériennes de ruines pas toujours romaines ni byzantines ont été réfutées. Car la défense s'appuyait sur un réseau de forteresses et en particulier de villes. Même la ligne de frontière supposée (attribuée à Trajan, Septime Sévère et Dioclétien) qui va de l'Euphrate au Tigre le long du Khabur et du Djebel Sinjar jusqu'à Mossoul (en face de Ninive), aurait laissé le flanc Est du Tigre exposé[118]. Mais il faut avouer que les sites romains de Mésopotamie sont peu exploités par l'archéologie.

Toutefois, les routes d'invasion vers les territoires romains les plus convoités (Nord de la Syrie, Asie mineure) étaient limitées aux cours de l'Euphrate et du Tigre, comme la géographie le dictait en retour aux Romains qui voulaient envahir Ctésiphon (près de Bagdad), la capitale des Parthes et des Perses[119]. Etant donné le nombre limité de routes offertes à de grandes armées en territoire romain, un périmètre de défense continu était inutile, et les troupes romaines stationnaient le long des grandes voies de communication. Ainsi, deux des arguments d'Isaac tombent : d'abord, le manque de précision chez Ammien et Procope sur d'éventuelles lignes fortifiées en Mésopotamie ; ensuite, l'affirmation que l'occupation du Nord de la Mésopotamie ne

---

118 Isaac, pp. 255-57 ; sur la ligne Khabur-Djebel Sinjar, voir F.A. Lepper, *Trajan's Parthian War*, Oxford, 1948, pp. 114-21, 148-50 ; cf. D. Oates, *Studies in the Ancient History of Northern Iraq*, Londres, 1968, pp. 68, 71. Pour les nouveaux arguments selon lesquels Trajan n'a pas créé une province d'Assyrie, voir C.S. Lightfoot, "Trajan's Parthian War and the Fourth Century Perspective", *JRS* 80, 1990, pp. 121-24, contesté par D.S. Potter, "The Inscriptions of the Bronze Herakles from Mesene : Vologeses IV's War with Rome and the date of Tacitus *Annales*", *ZPE* 88, 1991, pp. 277-90, part. pp. 279-86.

119 Voir plus récemment W.E. Kaegi, "Challenges to Late Roman and Byzantine Military Operations in Iraq (4th-9th Centuries)", *Klio* 73, 1991, 593-94.

protégeait pas la Syrie d'une invasion au IIIe siècle[120]. Une défense basée sur des forteresses dispersées ou des enceintes urbaines ne constitue qu'une action retardatrice jusqu'à l'arrivée de renforts de campagne. Personne n'a jamais prouvé que les Romains avaient une mentalité Maginot (cf. supra note 68). De plus, l'empereur Julien en 363 justifie l'invasion de la Perse comme des représailles pour venger de récentes défaites en Orient et un renforcement de la sécurité de ce front (Ammien Marcellin, XXIII, 5, 18). Isaac oublie de montrer que l'invasion de la Syrie par les Perses au IIIe siècle intervient après la défaite de l'armée de campagne. La valeur de l'occupation de la Mésopotamie du Nord est clairement démontrée par l'absence d'installations militaires en Cappadoce, qui devient une frontière secondaire après l'occupation de la Mésopotamie[121].

Le Sud de la Syrie et de l'Arabie pose toutefois un problème différent : le désert interdit une invasion par une armée conventionnelle, mais la transhumance ou les razzias occasionnelles des Bédouins peuvent occasionner des troubles. Luttwak affirme que les Arabes représentent une menace de basse intensité et que les installations militaires dans ce secteur datent du IVe siècle ou plus tard. Il voit dans cette région l'exemple type de la défense en profondeur qu'il généralise à toutes les frontières du Bas-Empire[122]. Mann a sévèrement critiqué l'extension par Luttwak de la défense en profondeur à toutes les frontières du Bas-Empire[123]. Isaac (pp. 186-88)

---

120 Isaac, pp. 257, 260, 16 ; cf. Dion Cassius, LXXV, 2, 3-3 ; *supra* notes 41-42.

121 Voir Wheeler, *op. cit.* ; cf. Isaac, p. 171.

122 Luttwak, 159-90 ; cf. les mots de Parker (*op. cit.*, *supra* note 114), qui a extensivement fouillé la frontière de l'Arabie. Ferrill, *Roman Imperial Grand Strategy*, 21, se trompe quand il affirme que Trajan a construit des fortifications frontalières extensives sur la frontière arabe.

123 Mann, *op. cit.*, *supra* note 4, pp. 180-81, et *op. cit.*, *supra* note 3, p. 520 ; de la même façon Whittaker, *Frontières*, 88 ; Ferrill accepte

ne voit rien de tout cela, car il réfute toute forme de défense romaine.

Comme les Partho-Sassanides, les Bédouins, d'après Isaac, ne constituaient pas une menace ; les nomades et les colons coexistaient pacifiquement. De la même manière, l'annexion de l'Arabie par Trajan en 116 ne peut être liée à un conflit avec les Parthes. Le manque de preuves d'une avancée romaine dans le désert syrien avant Septime Sévère (193-211) indiquerait une action de police afin de protéger les routes caravanières[124]. Ces hypothèses sont liées au stationnement des troupes romaines et à la fonction des forts romains : d'abord, la distribution des troupes (si elles sont proches d'une frontière) ne permet pas de tirer une conclusion sur une stratégie, mais, comme Isaac le prétend en presque auto-contradiction, une distribution dispersée dans l'intérieur indique une force de sécurité intérieure ; ensuite, le site d'un fort ne présuppose pas sa fonction défensive, car les forts peuvent surveiller des lignes de communication, abriter des gendarmes ou bien être des caravansérails[125]. Une fois encore, l'argument est spécieux et hermétique. Certains problèmes ne permettent que des hypothèses au lieu de trouver une solution, comme la question obscure des motifs de l'annexion de l'Arabie et de la nature

---

la défense en profondeur, mais la critique comme étant inefficace : *Roman Imperial Grand Strategy*, pp. IX-X, "Strategy", pp. 72-73.

[124] Isaac, pp. 33-34, 68-77, 99, 101, 119, 131-33, 213-15.

[125] Isaac, pp. 6-7, 33, 54-55, 94-95, 101, 103, 159, 171, 184, 207-8. I Shatzman a anticipé beaucoup des idées d'Isaac (par ex. pas de défense en profondeur, insistance sur l'idée de sécurité intérieure, et démilitarisation de certains sites), en réfutant l'existence d'une frontière militaire flavienne le long du Negev à Raphia sur la Méditerranée au Sud de la mer Morte, bien qu'il accorde (p. 47) une ligne défensive à cet endroit aux IVe-VIIe siècles : voir "The Beginnings of the Roman Defensive System in Judaea", *American Journal of Ancient History* 8, 1983, pp. 130-60 ; une frontière plus ancienne sur le Negev est soutenue par M. Gichon, "Where and Why Did the Romans Commence the Defense of Southern Palestine ?" dans Maxfield et Dobson, *Roman Frontier Studies 1989*, pp. 318-25.

belliqueuse ou pacifique des transhumances arabes[126]. Si l'argument d'Isaac sur l'avancée de Rome dans le désert au prétexte de protéger les caravanes plutôt que de protéger le territoire peut être accepté, il y a une contradiction entre des Bédouins hostiles dans le désert mais pacifiques lors d'une transhumance en territoire romain. De la même façon, il distingue une posture défensive dans l'Antiquité tardive en Syrie du Nord et en Mésopotamie (soudaine volte-face dans un livre qui affirme que les Romains n'ont pas de pensée défensive) pour la sécurité intérieure au Sud de la Syrie, en Palestine et en Arabie ; il va même jusqu'à évoquer l'utilisation des tribus arabes par les Romains et les Sassanides pour mener des actions de guérilla[127]. La concession qu'il fait sur une posture défensive romaine en Mésopotamie sous le Bas-Empire est gommée par le développement graduel de cette politique (il n'y a pas de planification centrale) et l'appel aux locaux pour assurer leur autodéfense. Rien n'est dit sur la détérioration de la capacité militaire du gouvernement central, particulièrement au IVe siècle[128].

---

126 Arabie romaine : Bowersock, *op. cit.*, pp. 76-109 ; Shahîd, *Prolegomena, op. cit.*, pp. 19-21 ; *contra*, J.W. Eadie, "Artifacts of Annexation : Trajan's Grand Strategy and Arabia", dans J.W. Eadie et J. Ober, eds, *The Craft of the Ancient Historian : Essays in Honor of Chester G. Starr*, Lanham, 1985, 407-24 ; transhumance : E.B. Banning, "Peasants, Pastoralist and Pax Romana : Mutualism in the Southern Highlands of Jordan", *BASOR* 261, 1986, pp. 25-50, et "De Bello Paceque : A Reply to Parker", *ibid*, 265, 1987, pp. 52-54 ; S.T. Parker, "Peasants, Pastoralist, and Pax Romana : A Different View", *ibid*, 165 (187), pp. 35-51, et "The Nature of Rome's Arabian Frontier", dans Maxfield et Dobson, *Roman Frontier Studies 1989*, pp. 498-504 ; P. Mayerson, "Saracens and Romans : Micro-Macro Relationships", *BASOR* 274, 1989, pp. 71-79 (contre Parker).

127 Isaac, pp. 76-77, 213-15, 235-37, 241, 248-49, 260. Malgré un argument ingénieux (226-28), nier tout nationalisme arabe dans la montée de l'Empire de Palmyre dans les années 260 semble politiquement tendancieux.

128 Isaac, pp. 250, 254, 260. Cf. l'activité militaire de Synèse de Cyrène, évêque de Ptolémaïs : J.H.W.G Liebeschuetz, *Barbarians*

Les arguments d'Isaac sur la distribution des troupes et la fonction des forts ne sont pas convaincants. Nier toute menace extérieure revient à positionner les troupes dans le vide sur une frontière supposée, mais Isaac passe peu de temps à mettre en relation leur type tactique et leur situation[129]. La plus récente discussion sur la distribution des troupes en Arabie et en Syrie Phénicée, telle que la présente la *Notitia Dignitatum* vers 395, montre clairement que le gros des troupes, pour autant que les sites ont pu être identifiés, était stationné le long des routes principales et pas dans l'intérieur[130]. "Uniquement de la sécurité routière" dirait Isaac, mais distinguer la protection des lignes de communication parallèles au front et la défense de ce front revient à couper les cheveux en quatre. La taille de la forteresse légionnaire de El-Leijun à l'Est de la mer Morte en Jordanie est complètement disproportionnée avec une simple mission de sécurité routière[131].

Passons à l'argument contre le rôle militaire des forts. Luttwak s'oppose fortement à l'idée d'une "menta-

---

and Bishop/Army, Church, and State in the Age of Arcadius and Chrysostom, Oxford, 1990, pp. 228-35.

129 Isaac montre de façon convaincante que les colonies de vétérans (comme communautés) n'avaient pas de rôle militaire, et plus significativement, que les *limitanei* du Bas-Empire n'étaient pas une milice de paysans attachée à la terre : pp. 169-70, 208-13, 311-32, et "*Limes*", 139-47 ; cf. Luttwak, pp. 177-90 ; Ferrill, *op. cit.*, pp. 23-27. MacMullen (*Corruption*, pp. 175-76, 274 note 17) et Whittaker, (*Frontières*, p. 89) ont précédé la vue d'Isaac sur les *limitanei*. Les vétérans s'installaient sur des terres frontalières, et pouvaient néanmoins être rappelés : voir S. Johnson, "Frontier Policy in the Anonymous", dans Hassel et Ireland (*op. cit., supra* note 58), 1, pp. 67-75, part. 68.

130 S.T. Parker, "The Fourth Century Garrison of Arabia : Strategic Implications for the South-Eastern Frontier", dans French et Lightfoot, *Eastern Frontier*, 2, pp. 355-72 ; sur la date et l'évolution de la *Notitia Dignitatum*, voir maintenant J.C. Mann, "The Notitia Dignitatum- Dating and Survival", *Britannia* 22, 1991, pp. 216-19.

131 Cf. S.T. Parker, "Preliminary Report on the 1989 Season of the *Limes Arabicus* Project", *BASOR*, Suppl. 27, 1991, p. 141.

lité Maginot" romaine et refuse tout rôle tactique aux forts du Principat, mais Isaac nierait toute fonction défensive à la plupart des forts du Bas-Empire[132]. Bien évidemment, toutes les structures qui dans les sources littéraires ou documentaires sont appelées *praesidia* ou *castra*, en particulier dans les provinces intérieures, pouvaient avoir des fonctions civiles et même avoir été des stations routières (*mansiones*) ; le palais de Dioclétien à Split (qui a la forme d'un camp militaire) et les murs du Kremlin sont cités comme exemple d'architecture militaire à usage non-militaire (Isaac, pp. 172-208). Une manière de voir différente pourrait y voir la militarisation des civils et non une démilitarisation des forts frontaliers ; l'exemple du Kremlin est malheureux car il s'agit d'une ancienne fortification.

L'atout maître d'Isaac est gardé en réserve : c'est l'exagération par Procope du programme de fortification de Justinien, en particulier sa revendication erronée d'un fort du Sinaï qui défendait la Palestine contre les Sarrasins[133]. Le point faible de Procope qui décrit des sites qu'il n'a pas vus dans un panégyrique de Justinien dénonce une fois de plus la méthode littéraliste qui ignore le contexte. En résumé, la tentative d'Isaac de généraliser le modèle de sécurité intérieure en Judée pour nier toute stratégie romaine échoue. Une incompréhension du concept de menace et une méthodologie fautive produisent des ingéniosités plutôt que des arguments solides[134]. Les empereurs du IVe siècle, comme

---

132 Luttwak, pp. 61-71, 134-35 ; cf. Isaac, pp. 6-7, 103, 159, 186-87, 207-8, 417-18.

133 Procope, *Des Bâtiments*, V, 8, 9 ; Isaac, pp. 94-95, 375.

134 La discussion sur la valeur militaire des rivières (pp. 411-13) semble particulièrement controuvée et se voit compromise par sa conclusion : "Ce n'est pas bien sûr nier qu'une rivière peut jouer un rôle important dans une campagne militaire, ou qu'elle ait pu être utilisée comme obstacle par une armée romaine". En général, sur les rivières frontalières dans l'Antiquité, voir R. von Scheliha, *Die Wassergrenze im Altertum*, Breslau, 1931.

Julien et Valentinien, pensaient, comme Auguste et Tibère, que les forts frontaliers avaient une grande valeur défensive puisqu'ils ont cherché à garantir la sécurité de l'Empire en s'appuyant sur les rives du Rhin et du Danube[135]. Même après sa mort, Valentinien a été commémoré comme un partisan des fortifications frontalières (Ammien Marcellin, XXIX, 4, 11). Les flèches barbelées tirées par Isaac sur la stratégie romaine ne sont pas sans effet. Qu'est-ce qui peut être sauvé de la stratégie romaine ?

135 Voir H. von Petrikovits, "Fortifications in the North-Western Roman Empire from the Third to the Fifth Centuries A.D.", *JRS* 61, 1971, pp. 178-218 ; cf. T.S. Burns, "The Germans and Roman Frontier Policy (ca A.D. 350-378)", *Arkheoloski Vestnik* 32, 1981, pp. 390-402 ; sur Auguste et Tibère, voir Werner, *op. cit.*, *supra* note 79.

Deuxième partie

*L'attaque de Benjamin Isaac contre la stratégie romaine (*Limits of Empire*, pp. 372-418) s'oppose à "la systématisation... d'universitaires contemporains" (Isaac, p. 5), en fait Edward N. Luttwak dans sa* Grande stratégie de l'Empire romain*, et fait une synthèse de toutes les critiques sur Luttwak. J.C. Mann a déjà écrit qu'une frontière évolue sans plan d'ensemble et qu'aucune stratégie romaine cohérente n'a existé : les Romains réagissaient plutôt qu'ils n'anticipaient les événements. F. Millar a montré l'absence d'un grand État-Major chargé d'une planification centralisée et que l'ignorance géographique des Romains empêchait toute planification. J.B. Campbell a réinsisté sur l'absence de grand État-Major et de planification, bien qu'il distinguât les buts stratégiques des guerres romaines dans le Nord et l'Ouest du motif de gloire auquel il attribue les guerres de l'Est*[1]*. De la même façon un rapport coût-efficacité a été avancé comme motif à l'expansion et à l'annexion sous l'Empire romain (l'expansion n'a lieu que si elle est profitable ;*

---

1 J.C. Mann, "The Frontiers of the Principate", *ANRW*, II.1, p. 1974 ; par la suite "Mann," Frontiers", pp. 508-14, et J.C. Mann, "Power, Force and the Frontiers of the Empire", *JRS* 69, 1979 (par la suite "Mann, "Power"), pp. 175-80 ; F. Millar, "Emperors, Frontiers and Foreign Relations, 31 B.C.-A.D.378", *Britannia* 13, 1982, pp. 1-23 ; J.B. Campbell, *The Emperor and the Roman Army, 31 B.C.-A.D. 235*, Oxford, 1984, pp. 114-15, 332, 356-57, 390-393.

certains peuples ne valent pas d'être conquis) par Mann, D. Braund et Campbell[2]. *Au contraire, C.R. Whittaker et les socio-archéologues, bien que rejetant les vues de Luttwak, attaquent aussi l'hypothèse de Mann sur les "frontières naturelles" et sur la réactivité romaine sans planification préalable. Aucune stratégie centralisée n'aurait existé, mais les frontières auraient été déterminées par des facteurs démographiques, économiques et logistiques romains*[3]. *Après une telle attaque contre la schématisation par Luttwak du système frontalier et son argument en faveur du commandement centralisé, c'est non seulement la stratégie romaine mais aussi la survie de l'Empire qui sont laissées au petit bonheur la chance*[4]. *Le retour de bâton universitaire est allé trop loin. Les critiques commettent souvent la légère erreur de Luttwak en rejetant une stratégie romaine qui n'est pas définie selon des standards du XX*e *siècle. L'étude suivante essaiera d'avoir une perspective moins biaisée.*

La négation par Isaac d'une stratégie romaine (pp. 375-76) ne parvient pas à distinguer entre *grande stratégie* (planification militaire d'État et action militaire sur la longue durée) et *stratégie de campagne ou de*

---

2 Mann, "Power", pp. 117-78 ; D. Braund, *Rome and the Friendly Kings,* Londres, 1984, p. 189 ; Campbell, pp. 390-401. Cf. Strabon, II, 5, 8 ; IV, 5, 3 ; VI, 4, 2 ; XVII, 3, 24 ; Appien, *Histoire romaine*, Préface, 7 ; Dion Cassius, LXXV, 3, 2-3. Luttwak, pp. 45-46, a suggéré une raison "techno-militaire" aux limites de l'expansion.

3 C.R. Whittaker, *Frontières*, pp. 42-43, 48-49, 53 ; cf. M. Fulford, "Territorial Expansion and the Roman Empire", *World Archaeology* 23, 1992, pp. 294-305 ; R. Jones, "Archaeology, the *longue durée* and the Limits of the Roman Empire", dans J. Bintliff, ed, *The* Annales *School and Archaeology,* New York, 1991, pp. 101-103.

4 P.A. Brunt, *Roman Imperial Themes*, Oxford, 1990 (par la suite "Brunt"), p. 476. Bien sûr Onosander, dans son *Strategikos* écrit vers 49-59, nie (*Préface*, 5-6) que les succès des Romains à la guerre aient été le fruit de la chance ; cf. Polybe, XVIII, 28, 4-5. Les Grecs du IIe siècle av. J.C. au IIe après étaient partisans d'attribuer les succès romains à la chance : voir J.L. Ferrary, *Philhellénisme et impérialisme,* Rome, 1988, pp. 365-73.

guerre. Nous avons noté les difficultés de lier les réalités de l'Antiquité à un mot du XVIIIe siècle et d'ignorer l'évolution du concept de stratégie dans la pensée antique. Il serait superflu de démontrer que les États antiques faisaient la guerre avec des buts clairement définis et des plans, et que les "Grands capitaines" de l'Antiquité faisaient des préparations, incluant des plans, pour atteindre leurs buts. Les généraux antiques comprenaient les principes de la guerre sans termes descriptifs formulés comme centre de gravité, approche indirecte, etc. (cf. Thucydide, III, 13, 5-6). L'utilisation d'une stratégie de campagne ou de guerre tient bon, même si les motifs pour les campagnes d'Orient se limitaient à la gloire ou au profit.

Mais Isaac soutient en outre (pp. 170, 375) que les Romains n'avaient pas de mot pour la stratégie. Les sources indiquent le contraire ; seuls quelques exemples suffisent. Tite Live a qualifié l'avis d'Hannibal au conseil de guerre d'Antiochus III en 191 av. J.C. comme "un plan pour toute la guerre" (*de ratione universi belli,* XXXVI, 7, 16), qui est appelé à la fin de son discours son "conseil"/ *consilium* (XXXVI, 7, 21)[5]. *Consilium,* qui est aussi un synonyme de stratagème[6], apparaît fréquemment dans le sens de "stratégie" dans les sources latines : la politique d'Auguste qui consiste à renoncer à de nouvelles conquêtes est qualifiée de *consilium coercendi intra terminos imperii* (Tacite, *Annales*, I, 11, 8 ; cf. *Agricola*, XIII, 2) ;

[5] Cf. *ratio belli* dans Tite Live, XL, 21, 7, sur les plans stratégiques de Philippe V en 181 av. J.C. On a prétendu que le discours d'Hannibal (Tite Live, XXXVI, 7, 2-21 ; cf. Appien, *Les Guerres syriennes*, 14) est une invention de Polybe mais cela ne repose pas sur le champ lexical de Tite Live : voir N.G.L. Hammond et F.W. Walbank, *A History of Macedonia*, vol . 3, *336-167 B.C.*, Oxford, 1988, p. 450, note 2.

[6] Voir E.L. Wheeler, *Stratagem and the Vocabulary of Military Trickery*, Leyde, 1988, pp. 52-56, et 51-52 où est réfutée l'affirmation que les Romains n'avaient pas de mot pour stratagème avant la Deuxième Guerre Punique.

Tacite appelle le conseil de guerre tenu par Vespasien en 69 pour planifier sa guerre contre Vitellius un *consilium de summa rerum* (*Histoires*, II, 81, 3, cf. II, 82) ; l'empereur Lucius Verus, en envoyant à son ex-précepteur Fronton du matériau pour écrire une histoire de sa guerre parthique (161-166), voulait que le récit de ses plans fût rappelé (*consiliorum meorum rationes,* Fronton, II, 194, Loeb = *Ad Verum*, II, 3, éditeur Van den Hout) ; et Cicéron, discutant de la stratégie de Pompée contre Jules César en 49 av. J.C., distingue une stratégie thémistocléenne (*consilium Themistocleum*) d'une péricléenne[7]. De plus, un équivalent romain du concept moderne de grande stratégie peut être trouvé dans l'opinion de Cicéron sur ce qu'un sénateur doit connaître des affaires militaires et diplomatiques (*Des Lois*, III, 41). Cependant les Grecs du Ve et du IVe siècle av. J.C. pensaient déjà en termes grand-stratégiques et les truismes de politique étrangère et de stratégie ont été réduits à des lieux communs (*topoï*) dans des manuels de rhétorique[8]. Les critiques de Luttwak préfèrent-ils considérer les Romains comme une régression dans la pensée militaire ?

Trop d'importance, cependant, est donné à ce qui est connu pour chaque empereur, ignorant par là l'action collective des Romains. Comme le dit Ferrill, tous les

---

7 Cicéron, *Lettres à Atticus,* VII, 11, 3 (=n° 134 éd. Shackleton-Bailey), X, 8, 4 (= n° 199 éd. Shackleton-Bailey) ; cf. Plutarque, *Pompée*, LXIII, 1. La distinction des types de stratégie et leur identification avec des cas historiques représentent un sérieux progrès dans le développement de la pensée stratégique antique. Sur la stratégie de César et de Pompée en 49 av. J.C., voir H.M. Ottmer, *Die Rubikon Legende. Untersuchungen zu Caesars und Pompeius's Strategie vor und nach Ausbruch des Bürgerkrieges*, Boppard am Rhein, 1979.

8 Voir Thucydide, III, 13, 5-6 ; Xénophon, *Les Mémorables*, III, 6, 3-18, *Anabase*, I, 5, 9 ; Polyen, VII, 16, 2 (sur Artaxerxès) ; la stratégie dans des manuels de rhétorique : Aristote, *Rhétorique* I, 4, 1359b-60a ; Anaximène, *Rhétorique* (= Ps. Aristote, *Rhétorique à Alexandre*, 1224b-25b).

empereurs, même les non-expansionnistes, avaient des politiques militaires et frontalières qui ont duré au-delà de leur temps[9]. La grande masse des archives de l'État romain a depuis longtemps disparu ; trop de lacunes déroutent tout suivi documentaire. Bien sûr, inférer l'absence de stratégie romaine d'une absence de bureau gouvernemental de planification stratégique est surtout un argument *a silentio*, couplé à une vision bornée de ce que doit être la stratégie. La logique de cet argument pousse à dire que Rome et la Grande-Bretagne contemporaine ne connaissent pas la science du gouvernement parce qu'elles n'ont pas de constitution écrite. Les sociétés antiques, même écrites, se basaient sur des traditions non-écrites, des coutumes, et sur une mémoire institutionnelle[10]. Le développement graduel et relativement tardif de la stratégie comme concept formel dans la théorie militaire écrite illustre ce point[11].

D'autre part, bien que Luttwak attribue presque chaque guerre romaine à la recherche rationnelle d'une frontière plus défendable, il est par trop radical de nier toute rationalité aux opérations militaires romaines. Est-ce une interprétation historique légitime que d'attribuer un plus haut degré de rationalité ou d'irrationalité aux Romains qu'aux chefs d'État contemporains ? Pour étendre cette analogie, de nouveaux chefs d'État essaient de promouvoir de nouvelles politiques, et les empereurs

---

9 A. Ferrill, *Roman Imperial Grand Strategy*, Lantham, 1991, p. 40 ; "The Grand Strategy of the Roman Empire" dans P.A. Kennedy, ed., *Grand Strategies in War and Peace*, New Haven, 1991 ; par la suite "Ferrill, "Strategy", p. 73. Sa vision négative de Néron n'a pas besoin d'être valide (malgré une tradition littéraire hostile), si l'on étudie attentivement la guerre arménienne de 56-63.

10 Cf. les conclusions de W.V. Harris sur la survie de la culture orale dans l'Antiquité : *Ancient Literacy*, Cambridge, Mass., 1989, pp. 326-27.

11 Cf. G. Traina, "Aspettando i barbari. Le origine tardoantiche della guerriglia di frontiera", *Romanobarbarica* 9, 1986-87, pp. 247-80, sur le développement de la théorie sur la guérilla, bien qu'il eût pu se passer de la rhétorique de l'analyse à la Foucault.

romains, particulièrement au IIIe siècle, n'avaient pas de longs règnes. L'inanité de la politique romaine reflète occasionnellement la diversité des empereurs plutôt qu'un manque de stratégie. On se plaint fréquemment que les États-Unis n'aient pas de politique étrangère cohérente. L'étude détaillée d'un contexte d'événements sur une frontière particulière, comme la politique des Flaviens sur le haut Euphrate déjà mentionnée, peut montrer quelque méthode dans cette folie supposée. L'approche littéraliste des sources ne parvient pas à apprécier l'accès limité des anciens historiens à une information détaillée. Dion Cassius, dans un bref *excursus* (LIII, 19, 2-6), pleure sur la grande difficulté d'obtenir des sources précises sur les affaires étrangères de la période allant d'Auguste à son temps, le début du IIIe siècle ; et Dion avait pourtant occupé de hauts postes, consul en 205 (ou 206) et 229, gouverneur de Pannonie supérieure en 226-228, commandement frontalier à deux légions. Polybe (XXIX, 5, 1-3) avoue une réticence (comme si c'était inconvenant pour un historien) à rapporter la diplomatie secrète entre Eumène II de Pergame et Persée de Macédoine en 168 av. J.C. La sécurité des opérations et la surprise n'étaient pas inconnues aux plus hauts échelons. La preuve que donne Dion Cassius pour le secret des affaires étrangères à l'époque impériale fait écho au secret des réunions du Sénat romain au milieu de la République (264-133 av. J.C.) et au secret du plan athénien pour l'expédition de Sicile en 425 av. J.C. (une session à huis clos des dix stratèges et de la *Boulè*)[12].

Aussi détaillée qu'elle soit dans le livre d'Isaac, la négation d'une stratégie romaine semble prématurée

---

12 Voir W.V. Harris, *War and Imperialism in Republican Rome 327-70 B.C.*, Oxford, 1979, pp. 6-7, 255 ; P.J. Rhodes, *The Athenian Boule*, Oxford, 1972, p. 41 ; cf. Diodore de Sicile, XIII, 2, 6 ; XXX, 3 ; Lysias, XXXI, 31 ; sur les opérations de sécurité, voir Frontin, *Stratagèmes*, I, 1 ("Sur l'occultation des plans").

quand des points importants ne sont pas traités. D'abord, il manque une vue générale des ressources de l'Empire et de ses capacités. Qu'est-ce qui était et qu'est-ce qui n'était pas possible ? Bien sûr, en niant toute menace extérieure, les complexités de la politique étrangère et les échecs militaires sont laissés de côté. Ensuite, les développements tactiques sont ignorés. Les armées de Constantin[13], et certainement de Justinien (sans considérer l'organisation et le recrutement), diffèrent grandement de celle d'Auguste[14]. Luttwak a essayé au moins

[13] Les implications stratégiques de la réorganisation de l'Armée romaine sous Dioclétien et Constantin sont trop complexes pour être étudiées ici. Whittaker, *Frontières*, pp. 88-90, nie un changement de stratégie, mais cf. Ferrill, *Roman Imperial Grand Strategy*, pp. 45-50 ; Ferrill, "Strategy", pp. 82-83 ; et 1ère partie note 129. Le travail standard sur les armées de campagne du Bas-Empire (principalement sur la période 364-v. 400), D. Hoffmann, *Das spätrömische Bewegungsheer und die Notitia Dignitatum*, 2 vol., Düsseldorf, 1969-70, a aussi un problème : voir T. Drew-Bear, "A Fourth-Century Latin Soldier's Epitaph at Nikolea", *Harvard Studies in Classical Philology* 81, 1977, pp. 257-74.

[14] Sur les tendances tactiques du Haut-Empire, la meilleure étude (inconnue à J.B. Campbell, "Teach Yourself to Be a General" *JRS* 77, 1987, 13-29) reste celle de F. Lammert, *Die römische Taktik zu Beginn der Kaiserzeit und die Geschichtschreibung*, Leipzig, 1931. Ferrill discute rapidement les tactiques romaines du Bas-Empire et laisse sceptique (*The Fall of the Roman Empire : The Military Explanation,* pp. 29-30), mais il modifie son point de vue dans "Strategy", pp. 75-77. De même, sa croyance dans la supériorité tactique romaine, particulièrement au Bas-Empire, est discutable [Note du traducteur : cette supériorité tactique est indiscutable dans les combats contre les Alamans (bataille de Strasbourg, 357) ou la campagne de 363 contre les Perses, ou contre les Francs en combat frontal (388). Elle décline avec l'abandon du casque et de l'armure à partir des années 380. La tactique romaine a du mal à faire face à de la cavalerie à la fin du IVe siècle. La cavalerie gothique lui donne de sévères leçons entre 376 et 378 lors de la guerre balkanique ; tout particulièrement à Andrinople où l'armée mobile d'Orient est anéantie (378). Les Huns font des deux Empires des États tributaires ente 447 et 449. Au Ve siècle, ce sont les alliés barbares qui font les succès romains d'Occident et les Vandales défont régulièrement les flottes occidentale et orientale : cf. Ph. Richardot, *La Fin*

d'intégrer tactique et stratégie, et il a été dit que l'utilisation de la phalange par les Romains et la réticence à engager des légionnaires (contrairement aux auxiliaires) en bataille contre des forces non-romaines aux Ier-IIe siècles reflète tactiquement la posture défensive stratégique de l'Empire[15]. Troisième argument, Isaac (p. 373) nie qu'une pensée défensive romaine puisse être tirée d'une menace extérieure puisqu'on ne peut dresser un tableau précis des ennemis extérieurs de Rome. Son livre, cependant, montre peu d'efforts à certifier cette information. Tacite voyait les Germains comme une menace aussi grande que les Parthes et des événements postérieurs l'ont confirmé ; mais la nécessité de faire cette mise au point montre que de nombreux Romains pensaient autrement[16]. Trois politiques relatives à des peuples extérieurs à l'Empire sont omises, bien qu'elles montrent une pensée stratégique : des subsides payés à des Barbares pour les tenir tranquilles, une politique pour affamer des raiders barbares en retraite, et le contrôle des exportations[17].

---

de l'Armée romaine (284-476). 2e éd. revue et augmentée, Economica-ISC, Paris, 2001, pp. 122-123, 253-288, 311-317].

15 Voir E. L. Wheeler, "The Legion as Phalanx", *Chiron* 9, 1979, pp. 303-18 ; des vues similaires sur l'utilisation de la phalange à l'époque républicaine dans M. Samuels, "The Reality of Cannae", *Militärgeschichtliche Mitteilungen* 47.1, 1990, pp. 7-31.

16 Tacite, *Germanie*, XXXVII, 2-5 ; cf. Mann, "Power", p. 179 ; Ferrill, *Roman Imperial Grand Strategy*, p. 13, "Strategy", p. 79. Whittaker élimine bien sûr les menaces extérieures en se basant sur une symbiose économique entre Germains et Romains : voir 1ère partie, note 69.

17 C.D. Gordon, "The Subsidization of Border Peoples as a Roman Policy of Imperial Defense", these, University of Michigan, 1948, et "Subsidies in Roman Imperial Defense", *Phoenix* 3, 1949, pp. 60-69 ; cf. Braund, pp. 62-65, 183 ; des raiders affamés : E.A. Thompson, *The Early Germans*, Oxford, 1965, 132, pp. 140-7, et *Romans and Barbarians : The Decline of the Western Empire*, Madison, 1982, pp. 3-19 ; Whittaker, *Frontières*, 98 ; contrôle des exportations : J. Kunow, "Bemerkungen zum Export römischer Waffen in das Barbarikon", dans *Studien zu den Militärgrenzen Roms*, vol. 3,

Des erreurs alourdissent ces péchés d'omission. Comme cela a été dit, Isaac n'a pas compris le concept de menace, et son argument qui affirme que les Romains n'appréciaient pas la valeur des obstacles naturels tombe à côté. De la même façon, nier que les Anciens comprenaient les aspects psychologiques du pouvoir et de là commenter Thucydide sont une démarche peu convaincante. En outre, Isaac (p. 376) déclare que les Romains n'ont jamais subordonné le placement de forts à des considérations politiques ou militaires. Isaac ne tient pas compte du Pseudo-Hygin, *Gromaticus*, 56-57, de Végèce, IV, 1, de l'Anonyme du *De Rebus Bellicis*, et de Syrianus Magister, *De re strategika*, 9-11, bien que ces discussions théoriques abstraites ne conviennent pas à la conception géostratégique qu'il recherche pour la stratégie. Tacite, cependant, loue son beau-père Agricola pour son talent dans la création de forts : aucun n'a été capturé, rendu ou abandonné (*Agricola*, XXII, 1-3), et des experts louaient son sens du terrain (*adnotabant periti non alium opportunitates locorum sapientius legisse*). On peut en inférer que tous les généraux romains n'étaient pas bons dans le choix de sites pour les forts et que leur placement était un critère du Ier siècle pour qualifier un bon général.

Plus problématique est l'assertion comme quoi les Romains n'avaient pas de précepte équivalent à celui de Clausewitz : la guerre est la continuation de la politique

Stuttgart, 1986, pp. 740-46 ; W.G. Kerr, "Economic Warfare on the Northern *Limes* : Portoria and the Germans" dans V.A. Maxfield et M. Dobson, éditeurs, *Roman Frontier Studies 1989 : Proceedings of the XVth International Congress of Roman Frontier Studies*, Exeter, 1991, pp. 442-45 ; Whittaker, *Frontières*, p. 68 et "Trade and Frontiers of the Roman Empire" dans P. Garnsey et C.R. Whittaker, eds, *Trade and Famine in Classical Antiquity*, Cambridge, 1983, pp. 118-20 ; cf. E. Winter, "Handel und Wirtschaft in Sasanidisch-(ost.) Römischen Verträge und Abkommen", *Münstersche Beiträge zur antiken Handelsgeschichte* 6, 1987, pp. 46-72.

par d'autres moyens[18] . La conquête, au moins jusqu'au désastre de Teutoburg (9 ap. J.C.), a été une solution romaine traditionnelle aux problèmes de sécurité[19] ; mais les idées clausewitziennes fleurissaient dans l'Antiquité[20]. Thucydide, le plus pointu des analystes de la guerre avant Clausewitz, ne paraphrase pas explicitement le dit de Clausewitz sur la guerre et la politique, bien que son insistance sur le rôle de l'intelligence (sagesse) et des finances à la guerre (III, 13, 2) implique qu'il était au fait de ce principe. Aristote, cependant, insiste sur le point que la guerre est un moyen, pas une fin, et doit s'accorder avec le bien de l'État et les relations extérieures de cet État. Polybe a des idées similaires et Syrianus Magister dit que l'art de la guerre est la partie la plus importante de la politique[21] . Ces exemples grecs et byzantins sont antérieurs ou postérieurs à la littérature romaine au sens strict. Mais la croyance romaine dans la subordination des énergies militaires à des buts politiques est explicitée deux fois : d'abord, Maharbal reproche à Hannibal après Cannes (216 av. J.C.) de savoir comment remporter une victoire mais pas comment l'exploiter ; ensuite César reproche à Pompée

---

18 *"La littérature romaine présente peu de justification pour le fait que les Romains soumettaient leurs énergies militaires à des buts politiques"*, Isaac, p. 376.

19 Cf. Mann, "Frontiers", p. 509 ; Whittaker, *Frontières*, p. 85.

20 Par ex. frictions en temps de guerre : Aristote, *Politique*, VII, 12, 9 (le concept s'y trouve bien que ce ne soit pas dans un contexte militaire) ; le flou de la guerre : E.L. Wheeler, *"Polla kena tou polemou :* The History of a Greek Proverb", *Greek, Roman, and Byzantine Studies* 29, 1988, pp. 153-84.

21 Aristote, *Politique*, VII, 2, 17-18, cf. VII, 14, 13, 21-22 ; cf. saint Thomas d'Aquin et son commentaire sur Aristote, *Ethique à Nicomaque*, I, 2 et X, 11 : la science politique détermine ce que la science militaire devrait faire ; la science politique utilise la guerre, indésirable par elle-même, pour atteindre un but politique et pour le bien de l'État ; Polybe, III, 4, 9-11 ; Syrianus Magister, *De re strategika*, IV, 1, éd. Köchly et Rüstow = p. 21 lignes 7-8, éd. Dennis (cf. 1ère partie, note 60).

après le siège de Dyrrachium (48 av. J.C.) des faits similaires[22]. L'épisode d'Hannibal est probablement dû à Caton l'Ancien qui n'est pas seulement l'auteur des *Origines* (la première histoire de Rome en latin), mais aussi le premier auteur d'un manuel militaire en latin[23]. Nier que les Romains tenaient compte des relations entre la guerre et les buts politiques semble infondé.

En outre, l'hypothèse que les guerres romaines étaient motivées non pas par une pensée défensive mais par des motifs de gloire mérite d'être passée au crible[24]. Elle est mal posée, car faire la guerre pour la gloire n'exclut pas des motifs rationnels. Les empereurs, comme des chefs d'État contemporains, peuvent accroître leur prestige personnel et leur popularité par l'aventurisme militaire. L'invasion de la (Grande-)Bretagne par Claude (43 ap. J.C.) en offre peut-être le meilleur exemple : Auguste avait établi le précédent que les empereurs pouvaient continuer les vertus martiales de la République[25]. Le gros de l'argumentation en faveur du motif de gloire repose sur Dion Cassius, dont l'opinion ne peut être considérée comme impartiale et qui ne doit pas être

---

22 Maharbal : Tite Live, XXII, 51, 4 ; Valère Maxime, IX, 5 ext.3 ; Plutarque, *Fabius*, XVII, 1 ; Florus, I, 22, 19 ; Ammien Marcellin, XVIII, 5, 6 ; César : Appien, *Histoire des guerres civiles*, II, 62, 260 ; cf. Suétone, *Jules César*, XXXVI ; Plutarque, *César*, XXXIX, 8, *Pompée*, LXVI, 5, *Moralia*, 206D. Cf. aussi Polybe, III, 4, 3-6.

23 Aulu Gelle, *Nuits Attiques*, X, 24, 7 = Caton fr. 86 (H. Peter, *Historicorum Romanorum Reliquiae*, I^2 [réimpr. Stuttgart, 1967] ; cf. Tite Live, XXII, 51, 2-4 ; sur Caton, *De re militari*, voir A.E. Austin, *Cato the Censor*, Oxford, 1978, pp. 184-85, 204-5.

24 Isaac, *op. cit.*, pp. 380-87.

25 Claude : Campbell, p. 390 ; cf. Luttwak, p. 50, qui n'a pas vu que la pénétration de Claude en (Grande-)Bretagne est en contradiction avec sa vision du système julio-claudien ; Auguste : E.S. Gruen, "Augustus and the Ideology of War and Peace", dans R. Winkes, éd., *The Age of Augustus*, Providence/Louvain, 1985, pp. 51-72, qui montre que les vertus martiales et non la proverbiale "paix augustéenne" étaient honorées par la propagande d'Auguste. Cf. Isaac, p. 387.

étendue au-delà du contexte historique immédiat dans lequel il écrit. La négation de la stratégie romaine ne devrait pas se fonder sur l'affirmation que toute stratégie doit être optimale et que les Romains auraient dû choisir infailliblement la bonne voie.

Le motif du butin est encore plus faible. Comme l'admet Isaac (p. 280), il n'y a pas d'étude systématique concernant l'acquisition de butin et sa distribution dans la période impériale. L'argumentation repose alors sur des références dispersées à des soldats en train de piller, auxquelles s'ajoutent des allusions au butin lors de harangues conventionnelles et rhétoriques d'avant-bataille que faisaient les généraux. Pour utiliser un argument réductionniste, aucun passage d'auteur ancien n'affirme qu'un empereur ait entrepris une guerre sous la pression de troupes avides de butin ; d'autre part, les propres arguments d'Isaac (pp. 383-4) sur l'organisation hiérarchique de la troupe et le corps des officiers nient toute pression sur l'empereur. L'armée républicaine avait des règles définies concernant le butin (Polybe, X, 16, 2-17, 5). Les prisonniers destinés à être vendus comme esclaves, le plus rentable des butins, devenaient la propriété de l'État. Les hommes du rang n'avaient pas droit au butin, bien qu'en pratique les profits tirés de la vente du butin fussent distribués en parts égales[26]. Dans la discipline souvent plus relâchée de l'époque impériale, il est difficile sans une étude détaillée de dire si les règles républicaines étaient renforcées, modifiées ou abandonnées. Pour faire un parallèle, le butin jouait un rôle significatif dans les armées de mercenaires du IVe siècle av. J.C. et la période hellénistique, mais l'examen minutieux par Pritchett du butin dans la guerre chez les Grecs montre que, particulièrement au IVe siècle, le butin ne

[26] Voir I. Shatzmann, "The Roman General's Authority over Booty", *Historia* 21, 1972, pp. 177-205 ; W.K. Pritchett, *The Greek State at War*, vol. 5, Berkeley, 1991, pp. 72, 375-76 avec une bibliographie additionnelle.

faisait guère plus que nourrir les troupes[27]. Butin ne signifie pas immense gain pour les soldats. Nous ne savons aucunement ce que rapportait une campagne victorieuse à un simple soldat. En outre, tous les empereurs depuis Auguste savaient que leur pouvoir reposait sur une armée régulièrement payée, des départs en retraite rétribués, et cela de plus en plus grâce aux dons (*donativum/donativa* au pluriel) payés plus tard en nature (*annona militaris*), jusqu'à ce que l'Armée apparaisse au Bas-Empire comme une entité juridique privilégiée aux marges de la société romaine. Bien que la corruption dans le système militaire romain et dans le traitement des provinciaux soit connue, le pillage ne saurait être considéré comme une source régulière de rêvenus pour le soldat[28]. Le motif du butin reste à prouver.

D'autre part, une lecture serrée du matériel cité (Isaac, particulièrement pp. 24-28) ne supporte pas l'allégation d'une absence de pensée défensive. Dion Cassius (LII, 37, 1) déclare qu'Auguste s'est opposé à une future expansion mais prêche pour une défense solide et en particulier frontalière (LII, 27, 3). Pour Strabon (VI, 4, 2, C288), il était nécessaire de surveiller les nomades du Sud de la Russie bien qu'ils n'aient pas été une proie rentable, de la même façon que le Sénat accordait à Auguste l'administration de provinces devant être protégées contre des tribus soumises ou pas (XVII, 3, 25). Strabon reflète l'attitude défensive de Tibère sous lequel il écrit sa *Géographie*, et de même Nicolas de Damas insiste sur la défense au début de sa biographie d'Auguste [29]. Les preuves documentaires démontrent

---

27 Pritchett, pp. 68-541, part. pp. 439-504.

28 Une vue générale de la solde et du *donativum* dans G.R. Watson, *The Roman Soldier*, Ithaca, 1969, pp. 89-114 ; cf. V.A. Maxfield, *The Military Decorations of the Roman Army*, Berkeley, 1981, pp. 55-60 ; sur la corruption, voir p. 310, note 14.

29 Voir E. Noè, "Considerazioni sull' impero romano in Strabone e Cassio Dione", *Rendiconti, Istituto Lombardi, Clase di Lettere e*

l'existence d'une pensée défensive romaine à cette époque. La *Tabula Siarensis*, deux tables de bronze trouvées en 1982 près de Séville (Espagne), préserve une copie d'un décret du Sénat de la fin décembre 19 de notre ère, qui rapporte des honneurs funéraires décernés à Germanicus, le neveu de Tibère et ex-commandant de l'Armée du Rhin, qui venait de trouver la mort en Syrie le 10 octobre. Bien que la lecture et la restitution de nombreuses lignes demeurent incertaines, le Rhin est mentionné comme la frontière du territoire romain et les campagnes de Germanicus en Germanie (14-16 ap. J.C.) sont caractérisées comme des mesures prises pour défendre la Gaule romaine[30].

Finalement, malgré les rejets par Isaac et Whittaker du rapport d'Hérodien en II, 11, 5 avec le concept de *limes* (voir *supra*, p. 337, texte et note 80), le passage montre clairement une pensée défensive. Hérodien utilise ici le verbe *proballein* (mettre devant, protéger) et son dérivé *problema* (défense, barrière). Dion Cassius, quand il décrit le discours de Septime Sévère sur l'annexion de la Mésopotamie du Nord (LXXV, 3, 2), appelle la nouvelle province un *probollos* (défense, boulevard), autre dérivé du même verbe, et Arrien, dans son scénario tactique pour combattre les Alains, décrit le déploiement de ses légions en phalange comme une *probolè* (défense, boulevard), autre dérivé[31]. Donc, un historien (Hérodien),

---

Scienze Morali e Storiche 122, 1988, p. 105 note 17, 1ère partie 106, 114 ; Nicolas dans F. Jacoby, *Die Fragmente der grieschischen Historiker*, vol. 2A, Berlin, 1926, p. 391 (= n° 90 fr. 125). Sur la datation de la biographie de Nicolas après 14 de notre ère, voir M. Toher, "The Date of Nicolaus'Bios Kaisaros", *Greek, Roman and Byzantine Studies* 26, 1985, pp. 199-226.

30 Voir la discussion de G.A. Lehmann, "Das Ende der römischen Herrschaft über das westelbische Germanien : Von der Varus-Katastrophe zur Abberufung des Germanicus Caesar 16/7 n° Chr.", *Zeitschrift für Papyrologie und Epigraphik* 86, 1991, pp. 79-96, part. p. 90 et notes 28-29.

31 Voir Wheeler, pp. 303-4, 311 ; cf. pp. 316-17.

un empereur (Sévère) et un gouverneur provincial (Arrien) démontrent que ce terme était fréquent dans le langage militaire au IIe et au début du IIIe siècles. Ils démontrent non seulement l'intégration d'un vocabulaire stratégique et tactique à cette époque mais aussi une disposition défensive dans ces deux échelles de l'activité militaire.

J'ai repoussé quelques assauts récents contre la stratégie romaine, mais cette attitude défensive n'a été que trop passive en essayant de contrer des initiatives hostiles. Mais toute défense de la stratégie romaine doit inclure les traditions de la période républicaine. Les pratiques militaires romaines ne commencent pas avec Auguste. Bien que les universitaires diffèrent sur de nombreux points, un bref regard sur la stratégie républicaine peut éclairer celle de la période impériale.

Quelques notions traditionnelles de stratégie romaine, fréquentes dans des ouvrages, nécessitent quelques modifications ou abandons. Le concept "diviser pour régner" n'a pas dominé la pensée militaire romaine : la phrase *divide et impera* apparaît pour la première fois vers 1600 dans un commentaire italien de Tacite et peu de preuves montrent que la République romaine ait créé des divisions pour son intérêt, bien que sous l'Empire on ait pris conscience que la discorde chez les Barbares a été un facteur de sécurité[32]. De la même façon, l'Antiquité ne

---

32 Voir J. Vogt, "*Divide et impera* - die angebliche Maxime des römischen Imperialismus", dans F. Taeger et K. Christ, éd., *Orbis*, Fribourg, 1960, pp. 199-218 ; pareillement Brunt, p. 127 ; cf. Hammond, p. 454, (sans connaître l'article de Brunt) qui illustre le concept avec la politique romaine dans les Balkans et en Asie mineure dans les années 180 av. J.C. ; et Braund, *op. cit.*, 98, qui accepte "divise et conquiers" comme une pratique romaine courante. Sur le plaisir des Romains à voir les Barbares se diviser : par ex. Tacite, *Annales*, XII, 48, 2 ; *Agricola*, XII, 2, XXXII, 1 ; *Germanie*, XXXIII, 2 ; Julien, *Orationes*, I, 12A-B, 21B ; Ambroise, *Lettres*, XXIV, 8 ; Claudien, *Sur le VIe Consulat d'Honorius*, 218-22 ; Orose, VII, 43, 14-15 ; Malchus, fr. 18.2, dans C.R. Blockley, *The Frag-*

connaissait pas une victoire à la Pyrrhus mais une victoire à la Cadmos, proverbe dérivé du mythe de Cadmos et des guerriers surgis des dents de dragons[33].

D'un autre côté, malgré d'innombrables difficultés chronologiques et contrefaçons dans la tradition historique romaine, des schémas généraux de stratégie se dégagent lors des premiers temps de la République (509-264 av. J.C.)[34]. L'expansion romaine en Italie aux IVe-début IIIe siècles av. J.C. montre un souci de briser l'encerclement stratégique par des alliances ou des colonies romaines sur les flancs ou les arrières d'ennemis potentiels, et des buts de sécurité stratégique à travers la construction de routes[35]. Au vu de ces manœuvres, plaider l'ignorance géographique des Romains est peu crédible. Une procédure identique apparaît lors de la première Guerre Punique (264-241 av. J.C.), quand les Romains employaient le concept non juridique de patron et de client dans les relations internationales : une offense contre un *amicus* romain situé sur les flancs ou les arrières d'un ennemi potentiel devenait un *casus*

---

mentary Classicizing Historians of the Later Roman Empire, vol. 2, Liverpool, 1983, p. 429, lignes 30-42.

33 Hérodote, I, 166, 2 ; Plutarque, *Moralia*, 10A, 488A ; Malchus, fr. XVIII, 2 dans Blockley, p. 429, lignes 39-41. Le concept mais non la phrase concernait la victoire de Pyrrhus à Ausculum (279 av. J.C.) dans deux textes grecs, Plutarque, *Pyrrhus*, XXI, 9-10, *Moralia*, 184C) et un texte latin (le proverbe *Osculana pugna :* Festus, *De verborum significatu,* 214, éd. Lindsay). La "victoire à la Pyrrhus" est apparue pour la première fois dans un journal britannique, le *Daily Telegraph,* le 17 décembre 1885.

34 Pour une étude sur l'évolution du mot *imperium* jusqu'à finir par désigner Empire, voir J.S. Richardson, "*Imperium Romanorum :* Empire and the Language of Power", *JRS* 81, 1991, pp. 1-9.

35 Voir J. Vogt, "Raumauffassung und Raumordnung in der römischen Politik", dans Taeger et Christ, pp. 172-98 ; cf. R. Rowland, "Rome's Earliest Imperialism", *Latomus* 42, 1983, pp. 749-62, pour une bibliographie plus récente.

belli, même si Rome n'était liée par aucun traité d'assistance[36].

Bien sûr, la stratégie de la République romaine est liée de façon inextricable à l'impérialisme romain – un problème très crucial lors de l'expansion romaine outre-mer après la deuxième Guerre Punique (218-201 av. J.C.). Polybe (vers 200-118 av. J.C.), notre meilleure source pour la période, précise que les efforts romains pour contrôler la Méditerranée résultaient d'efforts conscients bien qu'il soit vague à propos de plans spécifiques[37]. La réticence romaine à annexer des territoires pour les soumettre à un contrôle direct a produit à l'excès le concept moderne d'"impérialisme défensif" ; idée qui remonte à Theodor Mommsen[38].

Depuis les années 1970, les universitaires révisionnistes, se concentrant surtout sur le IIe siècle av. J.C., ont rejeté l'impérialisme défensif. Comme le terme impérialisme, datant du XIXe siècle, n'a pas d'équivalent grec ou latin, le terme est jugé anachronique, et pour la conquête de l'Orient grec, on a prétendu qu'on pouvait seulement démontrer que les Romains avaient une tendance à l'hégémonie[39]. D'après cette logique, aucun impérialisme

---

36 Voir l'étude classique de E. Badian, *Foreign Clientelae, 264-70 B.C.*, Oxford, 1958. Cf. W. Dalheim, *Struktur und Entwicklung des römischen Völkerrechts im dritten und zweiten Jahrhundert v. Chr.*, Munich, 1968.

37 Polybe, I, 3, 6; 9-10 ; III, 1, 4-5 ; 2, 6.

38 Sur les influences contemporaines sur les visions de Mommsen, Maurice Holleaux et Tenney Frank, voir J. Linderski, "*Si vis pacem, para bellum* : Concepts of Defensive Imperialism", in W.V. Harris, ed., *The Imperialism of Mid-Republican Rome*, Rome, 1984, pp. 133-64, pour la notion romaine de guerre juste, voir Harris, pp. 163-254 ; S. Albert, *Bellum Iustum : Die Theorie des "gerechten Krieges" und ihre praktische Bedeutung für die auswärtigen Auseinandersetzungen Roms in republikanischer Zeit*, Kallmünz, 1980 ; J.W. Rich, *Declaring War in the Roman Republic in the Period of Transmarine Expansion*, Bruxelles, 1976.

39 Voir R. Werner, "Das Problem des Imperialismus und die römische Ostpolitik", *ANRW* 1.1, 1972, pp. 501-63, où les concepts d'impé-

ou empire n'a existé avant le XIXe siècle (cf. Harris, pp. 3-4). Nous avons montré le côté fallacieux de ce genre d'argument sémantique pour la "stratégie". D'autres, au contraire, insistent sur le côté agressif des Romains : Harris, le plus polybien, y trouve sa source dans l'éthique aristocratique – recherche de la gloire personnelle à travers l'expansion ; Veyne montre l'esprit belliqueux et isolationniste des Romains, manifeste dans leur volonté d'être seuls et d'imposer leur volonté[40].

Dans tous les cas, que l'on explique l'Empire romain par l'agressivité, la volonté défensive ou la naïveté, on doit admettre le caractère progressif de sa construction exempt de plan d'ensemble, bien que chercher à y voir une planification à long terme soit une autre erreur. Le contrôle par Rome n'équivaut pas toujours à une annexion, comme l'usage fréquent de rois clients l'atteste. L'expansion romaine a souvent résulté de la montée en puissance d'un engagement modeste au début[41]. De la

---

rialisme sont discutés en détail ; E.S. Gruen, *The Hellenistic World and the Coming of Rome,* Berkeley, 1984, 1, pp. 1-8, est plus bref. Cf. E. Hermon, "L'impérialisme romain républicain : approches historiographiques et approche d'analyse", *Athenaeum* 67, 1989, pp. 407-16. Pour une critique de la vision de Gruen selon laquelle les naïfs romains seraient tombés dans les filets des Grecs hellénistiques et auraient adopté des méthodes diplomatiques grecques, voir A. Giovannini, "Roman Eastern Policy in the Late Republic", *American Journal of Ancient History* 9, 1984, pp. 33-42 ; R.A. Bauman, "Rome and the Greeks : A propos of a Recent Work", *Acta Classica* 29, 1986, pp. 85-97 ; voir aussi C. Habicht, "The Seleucids and their Rivals", *Cambridge Ancient History* VIII[2], 1989, pp. 324-87 part. 382-87.

40 Harris ; P. Veyne, "Y-a-t-il eu un impérialisme romain ?", *MEFAR* 87, 1975, pp. 793-855, fortement influencé par R. Aron, *Paix et guerre entre les nations*, Paris, 1962.

41 Harris, *op. cit.*, 107 ; S.L. Dyson, *The Creation of the Roman Frontier,* Princeton, 1985 (par la suite "Dyson"), pp. 270-77. L'étude de Dyson, une maîtresse-collection d'informations archéologiques pour l'Italie du Nord, le Sud de la France et l'Espagne aux IIe-Ier siècles av. J.C., fortement influencée par l'anthropologie (particulièrement le modèle des peuples des montagnes contre le peuple des plaines), évite de nombreux pièges de la nouvelle archéologie.

même façon, la portée du contrôle sénatorial sur la politique et l'expansion est une chose débattue[42], de même que l'importance de la "course au Triomphe" dans l'expansionnisme à la fin de la République (133-31 av. J.C.)[43]. Les vues sur les intentions d'Auguste en Germanie, qui s'achevèrent dans le désastre de Teutoburg, vont de la non annexion de la Germanie à l'expansion en Europe centrale jusqu'à la Caspienne[44].

L'Empire auquel Auguste accéda seul en 31 av. J.C. a été bâti de façon non systématique et sans préoccupation de frontières défensives, mais quelques légions de

---

42 Sur la stratégie expansionniste du Sénat : Harris, pp. 107, 197 note 1 ; Dyson, p. 277 ; Ferrill, "Strategy", p. 74 ; cf. la comparaison d'Alexandre le Grand et des Romains (pp. IX, 17-19), où la jeunesse du raisonnement stratégique d'Alexandre est opposée à la sagesse de la décision collective du Sénat ; sur le faible pouvoir de contrôle du Sénat : A.M. Eckstein, *Senate and General : Individual Decision-Making and Roman Foreign Relations, 264-194 B.C.,* Berkeley, 1987, qui insiste sur les décisions sur le moment prises par les généraux ; J.R. Richardson, *Hispaniae : Spain and the Development of Roman Imperialism, 218-82 B.C.*, Cambridge, 1986, pp. 174-80, qui insiste également sur ce point ; Brunt, pp. 443-44.

43 La course au Triomphe avait lieu en Orient mais pas en Occident/Dyson, 270, 278 ; en Occident et pas en Orient selon E. Badian, *Roman Imperialism in the Late Republic,* Ithaca, 1968, pp. 11-13, 54-55. Le problème de la course au Triomphe est un faux problème du fait que des opposants politiques du général en mission pouvaient détenir des charges politiques à Rome ; cf. Plutarque, *Lucullus*, XXIV, 3.

44 Pas d'annexion : K.W. Welwei, "Römische Weltherrschaftideologie und augusteishe Germanienpolitik", *Gymnasium* 93, 1986, pp. 118-37 ; E.S. Gruen, "The Imperial Policy of Augustus", dans K.A. Raaflaub et M. Toher, eds, *Between Republic and Empire : Interpretations of Augustus and His Principate,* Berkeley, 1990, pp. 396, 403-4, qui reproduit l'hypothèse de Mann selon laquelle les Romains se contentaient de réagir ; cf. Syme, "Military Geography at Rome", *Classical Antiquity* 7 (1988 ; par la suite "Syme"), pp. 241-50 ; l'annexion de la Caspienne : Brunt, pp. 455-56 ; la conquête de l'Elbe : Ferrill, *Roman Imperial Grand Strategy*, p. 13. La *Tabula Siarensis* peut indiquer que les Romains ont formellement renoncé à s'étendre en Germanie seulement en 19 de notre ère ; voir Lehmann.

la fin de la République semblent avoir eu des garnisons provinciales permanentes et d'autres tenaient des points stratégiques dans l'Empire[45]. Quels qu'aient été les buts d'Auguste en Germanie, il a par ailleurs achevé la conquête de l'Espagne, annexé les districts alpins et repoussé la frontière balkanique au Danube, comblant les "trous" qui existaient dans le contrôle impérial[46]. Insister sur l'absence d'acquisition territoriale systématique et de planification à long terme, c'est-à-dire de stratégie cohérente sous la République ou Auguste[47], revient à oublier que la stratégie est parfois employée à des buts moins grandioses. De 146 av. J.C. (si ce n'est 167) jusqu'à Carrhae (53) qui démontre la puissance parthe, Rome n'a pas eu à affronter de grands États. Des rois clients ont pu devenir hostiles, comme Jugurtha en Numidie ou Mithridate VI du Pont, et causer quelques troubles, mais Rome affrontait les problèmes quand ils surgissaient.

Si les Romains ne planifiaient pas mais réagissaient, nous devons nous demander pourquoi. Démosthène au IVe siècle av. J.C. (*Première Philippique*, XXXIX) – qui n'était certainement ni un grand, ni un original penseur – disait qu'à la guerre, il valait mieux anticiper les faits que les suivre. La réponse ne repose peut-être pas dans l'ignorance romaine de la stratégie, de la géographie, de la pensée défensive et de la collecte du renseignement etc., mais dans la confiance en soi (ou arrogance) créée par des succès militaires. La mentalité

---

45 Mann, "Frontiers", pp. 513-14, suivi par Isaac, p. 388 ; les légions de la fin de la République : Ferrill, *Roman Imperial Grand Strategy*, p. 74.

46 Sur les réformes militaires d'Auguste et leur contexte politique, voir K. Raaflaub, "Die Militärreformen des Augustus und die politische Problematik des frühen Prinzipats", dans G. Binder, ed ., *Saeculum Augustum*, Darmstadt, 1987, pp. 246-307 ; cf. Ferrill, *Roman Imperial Grand Strategy*, 1.

47 Brunt, pp. 443-44 ; Mann, "Frontiers", pp. 513-14 ; Gruen, pp. 396, 414 ; avis contraire, Syme, pp. 241-49.

romaine pensait que tout était possible (Polybe, I, 37, 7). La tradition rhétorique qui date de Polybe, affirmant que les Romains préféraient des terrains ouverts pour dresser des camps légionnaires plutôt que d'avoir le bénéfice de terrains difficiles, symbolise cette arrogance[48].

De plus, aucune étude de la stratégie romaine ne devrait ignorer la préoccupation des Romains, héritée des Etrusques, d'enclore et de définir des espaces et l'obsession des Romains pour l'arpentage en matière de cités, de camps, de provinces[49]. Une étude récente (l'antithèse conceptuelle de l'approche d'Isaac) montre la forte influence de l'arpentage dans la planification de la Guerre des Gaules de César et dans les opérations romaines en Germanie[50]. Contrairement au goût d'Isaac pour les populations plutôt que pour les frontières définies (pp. 395-98), la Rome républicaine définissait des frontières par des fleuves, des montagnes et des fossés. Le traité de Rome avec Hamilcar Barca vers 226 av. J.C. fait de l'Ebre la limite orientale de l'Espagne carthaginoise, et la Paix d'Apamée (188 av. J.C.) délimitait l'Empire séleucide aux montagnes du Taurus et à la rivière Tanaïs[51].

---

48 Voir Traina, pp. 265-74, bien que cette hypothèse soit insuffisamment nuancée ; cf. Tacite, *Agricola*, XXII, 1-3.

49 Voir Vogt, pp. 172-98 ; O.A. Dilke, *Greek and Roman Maps,* Londres, 1985, pp. 18-19, 88-101, 103 et *The Roman Land Surveyors : An Introduction to the Agrimensores*, Newton Abbot, 1971. Balbus, un géomètre civil, accompagnait Trajan dans sa conquête de la Dacie (101-103, 105-106) ; voir son traité dans F. Blume et alii, éditeurs, *Die Schriften der römischen Feldmesser,* réimpr. Hildesheim, 1967, 1, pp. 91-108, part. pp. 92-93. L'intérêt des Romains pour l'arpentage est relevé dans la littérature latine la plus ancienne : voir A. Valvo, "Finitor : nota a Plaut 'Poem .' 49", dans M. Sordi, éd., *Il confine nel mondo classico*, Milan, 1987, pp. 166-77.

50 W. Hartke, "Mathematisches Kalkül in der römischen Strategie an Schelde und Maas, Rhein und Main", *Militärgeschichte* 22, 1983, pp. 312-32.

51 Sur les sources et leur discussion voir F.W. Walbank, *A Historical Commentary on Polybius*, 3 vol., Oxford, 1957-79, 1, pp. 167-72, 3, pp. 156-64 ; voir aussi A. Giovannini, "La clause territoriale de la

Mais au-delà de fixer des frontières avec des puissances ennemies, Rome, au début du IIe siècle av. J.C., définissait sa propre frontière au Nord de l'Italie comme le fleuve Pô avec comme glacis la région comprise entre le Pô et les Alpes. Vers 146 av. J.C., Scipion Emilien a divisé la nouvelle province d'Afrique de la Numidie par un fossé, la *Fossa Regia*, probablement la première frontière bâtie par l'armée romaine[52]. En fait, si la conjecture de Dyson (pp. 229-31) d'un "protolimes" est correcte, Caecilius Metellus Pius en 79-71 a employé des éléments qui seront plus tard standardisés pour les frontières de l'Empire romain – une combinaison de politique de la terre brûlée, de garnisons militaires reliées par des routes et d'indigènes loyaux – pour couper Sertorius de la côte lusitanienne.

Insister sur l'annexion de territoires morceau par morceau ne parvient pas à rendre compte de développements logiques dans la stratégie romaine. L'acquisition de l'Espagne carthaginoise après la deuxième Guerre Punique a conduit les Romains à s'intéresser à contrôler la route terrestre entre l'Espagne et l'Italie – et donc à la Gaule Transalpine[53]. Pareillement, l'annexion de la Macédoine en 146 av. J.C., et l'engagement croissant en Asie mineure, intensifié par le legs du royaume attalide à Rome en 133 av. J.C., se sont illustrés dans le développement d'une ancienne route grecque, la *Via Egnatia*, qui reliait l'Adriatique à Byzance et qui devint plus tard la route principale vers l'Orient[54]. La réorganisation par

---

paix d'Apamée", *Athenaeum* 60, 1982, pp. 224-36, bien qu'omettant le rôle de l'Arménie dans le traité.

52 Pô : Dyson, pp. 41-43, 54 ; *Fossa Regia* : Pline, *Histoire naturelle*, V, 25 ; L. Keppie, *The Making of the Roman Army*, Londres, 1984, p. 44.

53 Vogt, pp. 182-83 ; Dyson, pp. 126-73.

54 Cf. Syme, p. 249. F.W. Walbank date la *Via Egnatia* des années 140 av. J.C. : *Studies in Greek and Roman History and Historiography*, Cambridge, 1985, pp. 193-209. Pour des études topographiques de la *Via Egnatia*, voir J.P. Adams, "Polybius, Pliny, and the

Pompée de l'Orient après la troisième Guerre Mithridatique (74-63) ne devrait pas être oubliée – un système de rois clients et de provinces qui étendait le contrôle romain à l'Euphrate et au-delà[55]. En résumé, si la République romaine n'a pas eu de stratégie cohérente au sens d'un plan d'ensemble pour la construction d'un Empire, cela n'exclut pas la stratégie pour le défendre, des concepts traditionnels de marquage et de définition des frontières par des rivières et des fossés, et une arrogance/confiance en soi dans la manière d'affronter les menaces.

Finalement, deux arguments majeurs de la critique contre Luttwak méritent une réponse : l'absence d'un grand état-major romain et l'ignorance supposée des Romains en géographie[56]. Nous avons noté le côté fallacieux qu'il y a à lier la stratégie à l'existence d'un département gouvernemental. Et puisqu'une bureaucratie romaine a seulement commencé à se développer sous Auguste, la capacité de Rome à affronter des guerres

---

Via Egnatia", in W.L. Adams et E.N. Borza, eds, *Philip II, Alexander the Great and the Macedonian Heritage*, Lantham, 1982, pp. 269-302 ; N.G.L. Hammond et M.B. Hatzopoulos, "The Via Egnatia I-II", *American Journal of Ancient History* 7, 1982, pp. 128-49 ; 8, 1983, pp. 48-53.

55 Il y a plusieurs études dans Vogt, p. 186 ; Badian, pp. 77-88 ; G. Wirth, "Pompeius in Osten", *Klio* 66, 1984, pp. 574-80 ; A.N. Sherwin-White, *Roman Foreign Policy in the East, 168 B.C. to A.D. 1*, Norman, 1984, pp. 186-234. Sur l'utilisation de rois clients pour défendre l'Asie mineure entre 63 et 31, voir W. Hoben, "Untersuchungen zur Stellung kleinasiatischer Dynasten in dem Machtkämpfen der ausgehenden römischen Republik", thèse, Mayence, 1969.

56 État-major : Millar, pp. 4-15 ; Campbell, pp. 114-15, 327-34, 345-46, 356-46, 356-57 ; Isaac, pp. 376-87, 404-8, 416 ; sur l'ignorance géographique : Millar, pp. 15-20 ; Isaac, pp. 401-6 ; R. MacMullen, *The Government's Response to Crisis,* New Haven, 1976, pp. 52-54, cf. pp. 67-69. Sur l'idée fausse que Rome n'avait pas de réserve centrale, voir C.G. Starr, *The Roman Empire, 27 B.C.-A.D. 476. A Study on Survival*, New York, 1982 (par la suite "Starr"), pp. 123-24, suivi par Ferrill, *Roman Imperial Grand Strategy*, pp. 16, 35.

étrangères sur des théâtres multiples, comme lors de la deuxième Guerre Punique en Italie, Espagne, Sicile, Grèce, et Afrique n'a pas dépendu d'un bureau central de planification stratégique. Sous la République, la direction des Affaires étrangères et la stratégie de guerre relevaient traditionnellement du Sénat, mais dans la "République restaurée" du Principat, de telles affaires incombaient à l'empereur, qui devait tenir le Sénat avisé des questions touchant l'armée et les relations internationales sans que ce vénérable corps n'ait à formuler de politique[57]. Toutefois, ne privilégier que ce que les sources explicitent clairement sur la prise de décision du prince sous-estime gravement le rôle des amis et conseillers, de même que l'existence d'archives centralisées et d'organismes de contrôle[58]. Peut-on accepter qu'avec une institution qui avalait, selon l'estimation la plus modérée, 40 à 50 % des ressources budgétaires et qui était plus documentée et plus bureaucratisée qu'à aucun moment de son histoire, l'État romain n'avait pas de vision administrative et planificatrice[59] ? Après tout, on peut prétendre que les États-Unis n'avaient pas de

---

57 Pour les preuves ou leur absence, voir R.J.A. Talbert, *The Senate of Imperial Rome*, Princeton, 1984, pp. 230-31, 425-30 ; cf. 402.

58 Syme (p. 246) propose sagement (dans sa manière de faire à la Tacite) que Marcus Agrippa, beau-fils d'Auguste, et deux ex-consuls qui jouaient fréquemment aux dés avec Auguste avaient un rôle de conseillers. Il pondère d'autres cas de ce genre, "*si d'autres étaient connus*".

59 Campbell, pp. 163-65, bien que ses calculs excluent le coût des dons et des primes de retraite ; cf. R. MacMullen, "The Roman Emperor's Army Costs", *Latomus* 43, 1984, pp. 157-80 ; Starr, pp. 86-90 ; K. Hopkins, "Taxes and Trade in the Roman Empire (200 B.C.-A.D. 400)", *JRS* 70, 1980, pp. 101-25 ; Ferrill, *Roman Imperial Grand Strategy*, pp. 37-38, qui voudrait augmenter les dépenses annuelles à 1,5 milliard de sesterces (plutôt qu'environ 800 millions) et réduire les dépenses militaires à 30 %. Tous ces travaux ne sont que des jeux universitaires. Sur les documents : Harris, pp. 217-18, cf. pp. 293-94.

grande stratégie avant le “containment” bien que sa stratégie soit implicite dans son budget militaire et la structure de ses forces[60].

À sa mort en 14 ap. J.C., le testament d'Auguste incluait un inventaire de l'Empire (*Breviarum totius imperii*), enregistrant toutes les forces militaires et leur déploiement, les flottes, les royaumes clients, les provinces, les revenus directs et indirects, et l'état des divers trésors publics, en plus d'un avis politique contre l'expansion de l'Empire[61]. Un rapport sur l'état des finances était nouveau dans l'État romain, mais le cens de Rome a tenu scrupuleusement des listes sur les ressources humaines disponibles depuis l'époque des Rois (avant 590)[62]. À la fin de la République, les légions commençaient à être numérotées individuellement et avoir une identité régimentaire, comme les unités auxiliaires à l'époque d'Auguste[63]. L'administration quotidienne et le maintien de ces forces à l'échelle d'un Empire ont laissé

---

60 Je dois ce point de vue à Alex Roland.

61 Tacite, *Annales*, I, 11, 7-8 ; Suétone, *Auguste*, CI, 4 ; Dion Cassius, LVI, 33, 2 ; C. Nicolet, “L'empire romain : espace, temps et politique”, *Ktema* 8, 1983, pp. 163-73, part. p. 168 ; cf. F. Millar, *The Emperor in the Roman World*, Ithaca, 1977 (par la suite “Millar, Emperor”), pp. 267-68. Une version plus ancienne de l'inventaire existait en 23 av. J.C. : Suétone, *Auguste*, XXVIII, 1 ; Dion Cassius, LIII, 30, 2.

62 Voir P.A. Brunt, *Roman Manpower, 225 B.C.-A.D. 14*, Oxford, 1971 ; pour une étude sur les efforts d'Auguste pour dresser un inventaire complet des ressources romaines et des territoires et pour améliorer l'organisation administrative, voir C. Nicolet, *L'Inventaire du monde : géographie et politique aux origines de l'Empire romain*, Paris, 1988.

63 Légions : Keppie, pp. 55-56, 78, 133-40 ; H.M.D. Parker, *The Roman Legions*, éd. revue, New York, 1971, pp. 36, 55-71, 261-72 ; troupes auxiliaires : G.L. Cheesman, *The Auxilia of the Roman Imperial Army*, réimpr. Chicago, 1975, pp. 59-62, 170-90, remis à jour par P.A. Holder, *Studies in the Auxilia of the Roman Army from Augustus to Trajan, Oxford,* 1980, et D.B. Saddington, *The Development of the Roman Auxiliary Forces from Caesar to Vespasian*, Harare, 1982.

des milliers de documents, dont seule une infime fraction subsiste – principalement des papyrus d'Egypte et d'Orient car les conditions climatiques favorisaient leur préservation[64]. Ces documents incluaient des rapports quotidiens et mensuels sur l'état des effectifs de chaque unité[65]. Les gouverneurs provinciaux envoyaient aussi des rapports à l'empereur, et, comme cela a été noté plus haut, l'empereur Lucius Verus avait des documents comportant des informations stratégiques à envoyer à Fronton[66].

Les critiques contre Luttwak ont été rapides à relever le manque de documents concernant le lien entre les provinces et l'empereur, et l'absence connue d'un département de la Défense. Mais si l'on peut démontrer que le gouvernement romain maintenait des états d'effectifs et de situation, l'on oblitère la croyance d'Isaac dans le fait que le déploiement des troupes n'indique aucune

---

64 Voir R.O. Fink, *Roman Military Records on Papyrus,* Cleveland, 1971. La plupart des inscriptions militaires, funéraires ou commémoratives et donc privées, ne livrent pas d'informations sur l'administration quotidienne ou la stratégie – un matériel qui n'est pas d'ordinaire gravé sur la pierre pour le public. Les inscriptions sont toutefois une source majeure pour l'organisation de l'Armée et les carrières individuelles. Ces dernières, si elles proviennent de sénateurs ou de chevaliers de haut rang, fournissent des informations sur les commandements à partir desquelles ont peut inférer une stratégie frontalière locale. Les certificats en bronze de retraite des unités auxiliaires (diplômes militaires) fournissent aussi d'importantes sources sur le déploiement des unités : voir M.M. Roxan, *Roman Military Diplomas, 1954-1977 and 1978-1984*, Londres, 1978, 1985. Le travail de base sur l'organisation interne reste celui de A . Domaszevski, *Die Rangordnung des römischen Heeres*, éd. par B. Dobson, Cologne, 1967 ; sur les gouverneurs provinciaux, voir B.E. Thomasson, *Laterculi praesidium*, I-III, Göteborg, 1984-90.

65 Pour un exemple récemment découvert en Grande-Bretagne, voir A.K. Bowman et J.D. Thomas, "A Military Strenght Report from Vindolanda", *JRS* 81, 1991, pp. 62-73, part. pp. 63-65.

66 Gouverneurs : Tacite, *Agricola*, XXXIX, 1 ; Arrien, *Périple du Pont-Euxin*, VI, 2 ; X, 1 (rapports à Hadrien en latin, tandis que le récit littéraire par Arrien est en grec) ; Verus : Fronton II, 194 Loeb.

stratégie (p. 33) : une grande stratégie dans le sens de la gestion d'effectifs peut en être déduite.

Des rapports de situation sont démontrables. L'intérêt de Tibère pour le recrutement et son passage en revue du déploiement des troupes devant le Sénat en 23 est l'occasion pour Tacite d'une digression sur le développement de l'Armée. De tels rapports généraux sur les légions apparaissent chez Flavius Josèphe et Dion Cassius, indiquant qu'ils étaient disponibles. De la même façon, Strabon achève sa *Géographie* par un survol de l'administration impériale et Appien a promis (sans tenir cette promesse) de conclure son histoire des guerres de Rome par un inventaire des revenus et des déploiements militaires romains. Un monument datant probablement d'Antonin le Pieux (138-161) dresse la liste de toutes les légions en faisant le tour de l'Empire de leur localisation, commençant avec la (Grande-)Bretagne ; il a été corrigé deux fois par la suite pour inclure de nouvelles légions levées sous Marc Aurèle et Septime Sévère[67]. Hadrien (117-138) se tenait informé de la puissance de l'Armée et des revenus provinciaux, et Sévère Alexandre (222-235) était censé garder dans sa chambre des rapports détaillés sur le déploiement de l'Armée[68]. Finalement, la conti-

---

67 Tacite, *Annales*, IV, 4, 4-5, 6 ; Flavius Josèphe, *Guerre des Juifs*, II, 361-87 ; Dion Cassius, LV, 23, 2-24, 8. Strabon, XVII, 3, 25 ; Appien, *Histoire romaine*, Préface, XV, 61 ("Arrien" devrait être Appien chez Starr, p. 79) ; H. Dessau, éd. *Inscriptiones Latinae Selectae*, Berlin, 1892-1916, 2288. Citant Suétone, *Caligula*, XVI, 1, Millar, *Emperor*, p. 267, croit que "les récits sur l'Empire" sont passés de mode sous Tibère mais Tacite (cette note) le contredit. Tibère, peut-être après 23, n'a pu publier de tels récits et Caligula, comme Suétone le dit, a renouvelé leur publication. C. Saulnier, "Flavius Josèphe et la propagande Flavienne", *Revue biblique* 98, 1991, p. 215, attribuerait la disposition des troupes à l'époque flavienne à un recensement dressé par Vespasien et Titus en 73-74, mais aucune preuve ne vient l'étayer.

68 *Historia Augusta*, *Hadrien*, X, 8-XI, 1, et *Sévère Alexandre*, XXI, 6-8 (rejeté par Millar, *Emperor*, p. 267 note 52). Bien que l'*Historia Augusta* contienne beaucoup de fausses informations et que son récit

nuité de rapports détaillés sur le déploiement de l'Armée est suggérée par la *Notitia Dignitatum*, un ordre de bataille de l'Armée romaine et des postes administratifs provinciaux presque complet datant de la fin du IVe siècle[69]. Si les empereurs gardaient des rapports détaillés sur les forces militaires et la situation des troupes, ne parvenaient-ils pas à réfléchir sur leur emploi ?

Mais le modèle de Millar d'empereurs bourreaux de travail montre que c'étaient des gens occupés, et les preuves existantes ne permettent pas de conclure à l'existence d'un chef d'état-major. Une possibilité de remplacement non prouvée est celle du préfet du Prétoire (souvent une autorité partagée), qui au IIIe siècle assumait de plus en plus des tâches judiciaires et militaires[70]. Ce poste comportait aussi la responsabilité de l'intendance générale des armées et de leur solde (incluant après Dioclétien le problème important de la paie en nature, l'*annona militaris*). Au cours du IVe siècle, il y avait couramment quatre préfets. Tout cela est significatif, bien que Constantin ait transféré leur activité du

---

sur Sévère Alexandre soit suspect, étant donné les voyages fréquents des empereurs des IIIe-IVe siècles et la concentration du pouvoir ramenée à sa chambre et à son grand chambellan, le *praepositus sacri cubiculi*, le récit est plausible dans le contexte du Bas-Empire, particulièrement pour un auteur du IVe siècle.

69 Millar, *Emperor*, p. 268, doute que les empereurs après Caligula aient rassemblé et publié des rapports complets sur les ressources impériales. Sur la *Notitia*, voir J.C. Mann, "The Notitia Dignitatum-Dating and Survival", *Britannia* 22, 1991.

70 Voir L.L. Howe, *The Praetorian Prefect from Commodus to Diocletian*, Chicago, 1942, pp. 21-31, rejeté par Campbell, pp. 114-15, qui déforme les arguments de son prédécesseur. Quelques préfets du prétoire au IIe siècle avaient servi préalablement comme chefs d'état-major de l'Armée dans des guerres importantes : voir D. Van Berchem, "Le port de Séleucie de Piérie et l'infrastructure logistique des guerres parthiques", *Bonner Jahrbücher* 185, 1985, pp. 47-87 ; cf. F. Bérard, "La carrière de Plotius Grypus et le ravitaillement de l'armée impériale en campagne", *MEFAR* 96, 1984, pp. 259-324.

militaire vers le civil [71]. Bien sûr, le Bas-Empire présente une situation administrative différente, mais Claudien indique qu'à la fin du IVe et au début du Ve siècles, le chef du conseil administratif de l'empereur (*consistorium*), le *primicerius notariorum*, avait de nombreuses fonctions de chef d'état-major (comme d'assigner des commandements, de dresser les états d'effectifs et de situation, de rassembler les forces...)[72].

La capacité romaine à maintenir une armée et la capacité d'un empereur de transférer une unité d'une frontière à une autre ou d'assembler des corps expéditionnaires pour de grandes guerres montrent clairement qu'un travail d'état-major était fait, même si les mécanismes spécifiques du haut commandement et du contrôle demeurent dans les arcanes du gouvernement romain. Le manque de suivi documentaire est un argument à double tranchant : prétendre un manque de planification et affirmer que l'action militaire dépendait exclusivement des décisions de l'empereur revient à ignorer la somme de travail d'état-major que nécessite la mise en application des décisions de l'empereur, particulièrement quand il s'agit de mettre en mouvement des milliers d'hommes et de bêtes sur de longues distances. L'existence d'archives diplomatiques centralisées (p. 378,

---

[71] Malgré la citation de J. Osier, "The Emergence of Equestrian Military Commanders", *Latomus* 36, 1977, pp. 674-87, Ferrill (*Roman Imperial Grand Strategy*, p. 50) se trompe en attribuant à Dioclétien l'interdiction des carrières militaires aux sénateurs. Elle est intervenue vers 261 sous Gallien, Aurélius Victor, *Césars*, 33-34. Dioclétien a renforcé une tendance du IIIe siècle en utilisant des officiers pour des postes traditionnellement civils ; en "militarisant" le gouvernement romain, Constantin a quelque peu renversé cette tendance. Sur le retour à des préfets du prétoire civils, voir Zosime, II, 32-33.

[72] Claudien, *Carmina*, XXV, 82-91 = édition Loeb 2, p. 210. Cf. le "secrétaire général des forces" (*archigrammateus tôn dynamenôn*) de l'armée des Séleucides, un administrateur général qui avait un rang inférieur aux satrapes : B. Bar-Kochva, *The Seleucid Army*, Cambridge, 1976, pp. 86-87.

note 51) rend très probable un parallèle pour l'administration militaire.

Là, les Annalistes et les socio-archéologues contribuent paradoxalement (étant donné leur rejet général de la stratégie) à étayer l'existence d'une stratégie romaine. Plutôt que l'idée de Mann de "frontières accidentelles" et d'une incapacité des Romains à faire autre chose que réagir, ces universitaires soutiennent que la localisation des frontières était consciente et planifiée. En Grande-Bretagne, en Afrique, sur le Rhin et le Danube, les Romains pratiquaient un impérialisme rentable, arrêtant les frontières là où le territoire comportait le plus de population et de production agricole. De cette façon, l'Ecosse ou l'Elbe en Germanie n'auraient jamais pu être des frontières car elles n'englobaient pas de capacités économiques suffisantes pour entretenir l'occupation romaine[73]. Cette interprétation, basée sur une forme de déterminisme historique et économique, suppose une capacité romaine évoluée en matière d'intelligence économique et démographique.

En outre, cette hypothèse inclut l'idée que les forces frontalières n'étaient pas autosuffisantes mais dépendaient d'un système étatique de ravitaillement, impliquant l'existence d'un commerce sur de longues distances et une planification d'État extensive[74]. Nous savons que l'*a rationibus* de l'empereur (ministre des Finances) tenait des comptes sur les dépenses militaires, et comme cela a été supposé récemment, le *praefectus annonae* (responsable du ravitaillement en blé de Rome) a pu superviser le ravitaillement aux armées, bien que de nombreux *procuratores Augusti*, placés directement sous le contrôle de l'empereur, gênassent son pouvoir[75]. Quel que

---

73 Whittaker, *Frontières*, pp. 44-50 ; Jones, pp. 101-3 ; Fulford, pp. 294-305, part. 302.

74 Whittaker, *Frontières*, pp. 53, 58-65 ; Fulford, pp. 294-305.

75 *A rationibus :* Stace, *Silvae*, III, 3, pp. 98-102, qui se réfère au père de Claudius Etruscus qui a tenu ce poste sous Vespasien (cf.

fût le rôle du *praefectus annonae*, sous le règne de Dioclétien, l'administration du ravitaillement en blé est passée aux préfets du Prétoire, qui avaient aussi la responsabilité de fournir des armes et des équipements tirés des toutes nouvelles manufactures d'État – autre innovation de Dioclétien[76]. Les Romains planifiaient sûrement différentes sphères de l'administration militaire. La recherche d'un grand état-major indépendant est une piste fausse alors qu'elle était répartie entre différents bureaux séparés mais coordonnés. De toute façon, il y avait une stratégie.

Si les critiques de Luttwak ont exagéré au sujet du haut commandement romain, il en va de même pour leur évaluation du renseignement romain et en particulier sur l'ignorance géographique des Romains. La discussion rapide d'Isaac sur le recueil d'informations (pp. 406-8) rappelle l'argument désormais familier que les Romains, n'ayant pas d'équivalent de la CIA, n'avaient pas l'idée de recueillir de l'information pour la planification stratégique ou pour les décisions impériales. Mais les socio-archéologues voudraient faire des Romains des experts en renseignement stratégique. Comme d'autres aspects de la stratégie, l'espionnage est devenu un chapitre habituel dans les manuels militaires seulement à partir de la période byzantine et sans l'aspect géostratégique que les antiluttwakiens recherchent. Mais la recherche du renseignement, un travail encore aujourd'hui plein de

---

Millar, *Emperor*, pp. 73-74) ; *praefectus annonae* : J. Remesal-Rodriguez, *La annona militaris y la exportacion de aceitebético a Germania*, Madrid, 1986, part. pp. 74-76, et "Die Procuratores Augusti und die Versorgung des römischen Heeres", dans H. Vetters et M. Kandler, éditeurs, *Akten des 14. Internationalen Limeskongresses 1986 in Carnuntum*, 2 vol. (= *Der römischen* Limes *in Österreicj* 26 [Vienne, 1990]), 1, pp. 55-65. Whittaker, *Frontières*, p. 58, réfute ce point de vue en arguant d'une insuffisance de preuves.

76 Voir S. James, "The Fabricae : State Arms Factories of the Later Roman Empire" dans J .C.N. Coulston, éd., *Military Equipment and the Identity of Roman Soldiers*, Oxford, 1988, pp. 257-331.

malice, connaît des succès et des défaites, et les autorités se basent pour agir sur ce qu'elles savent. Ne pas accéder au renseignement ou mal l'interpréter n'indiquent pas l'absence d'informations ou d'une tentative pour y accéder. La négligence romaine en Orient pour obtenir des informations peut tout aussi bien être attribuée à de l'arrogance, et l'on ne doit pas croire les Romains supérieurs en efficacité aux chefs d'État actuels (voir l'invasion du Koweït par l'Irak en 1990).

Les Romains, en fait, n'ignoraient rien du second plus vieux métier du monde et de sa valeur stratégique[77]. Frontin consacre tout un chapitre (*Stratagèmes*, I, 2) à la recherche des intentions ennemies et fait un contraste (I, 2, 2) entre les méthodes primitives des Romains au IVe siècle av. J.C. et celles de son temps : "quand les plus astucieuses méthodes d'investigation étaient inconnues des généraux romains" (*cum adhuc incognitae forent Romanis ducibus sagaciores explorandi viae*). Bien qu'Isaac et Whittaker rejettent le chapitre de Frontin comme une preuve du rôle du renseignement dans la planification stratégique, on ne peut admettre un tel point de vue. Malgré les frontières floues entre la stratégie et la grande stratégie comme entre la stratégie et la tactique, trois exemples sur neuf chez Frontin sont

---

[77] Sur le service de renseignements romain, voir G. Brizzi, *I sistemi informatici dei Romani,* Wiesbaden, 1982, bien que mal conduit ; F. Dvornik, *Origins of Intelligence Services,* New Brunswick, 1974 ; R.M. Sheldon, "Tinker, Tailor, Caesar, Spy : Espionage in Ancient Rome", Ph.D. diss., University of Michigan, 1987 ; A.D. Lee, "Information, Frontiers and Barbarians : The Role of Strategic Intelligence in the Relations of the Late Roman Empire with Persia and the Northern Peoples", these, Cambridge, 1988 ; W. Riepl, *Das Nachrichtenwesen des Altertums,* réimpr. Hildesheim, 1972, part. pp. 437-48, 464-73. Ferrill a une vue largement optimiste sur l'efficacité des éclaireurs et des espions légionnaires, *Roman Imperial Grand Strategy*, pp. 25-27, 56-57, qui sera abondée peut-être en preuves dans son "Roman Military Intelligence", dans B. McKercher et K. Neilson, eds, *Military Intelligence*, à paraître.

"grand-stratégiques"[78]. De plus, parmi les documents de l'Armée romaine venant de Vindolanda, un fort situé immédiatement en arrière du Mur d'Hadrien, nous avons un exemple, certes fragmentaire, d'un rapport de renseignement local décrivant des tactiques[79].

Mais l'ignorance de la géographie par les Romains a été aussi avancée (cf. *supra*) : les Romains sont supposés avoir fait campagne sans savoir où ils allaient ; la topographie n'a pas d'effet sur la planification ; et les cartes modernes ne peuvent rien nous dire de la stratégie romaine. Dans l'un de ses derniers articles, le regretté sir Ronald Syme a réfuté cette école de pensée et a démontré la progression logique d'Auguste dans ses conquêtes entre 26 avant et 9 après J.C., entreprise qui n'était en rien guidée par l'ignorance géographique. Les routes et les communications, croyait-il, étaient des points-clés de la stratégie romaine[80]. J'y ajouterai quelques points.

Les cartes militaires romaines sont explicitement attestées dans Velleius Paterculus, Pline l'Ancien et Végèce[81]. La Garde prétorienne et certaines légions

---

78 "Grand-stratégiques" : I, 2, 2-4 ; stratégique : I, 2, 5-6 ; 9 ; tactique : I, 2, 1 ; 7-8 ; cf. Isaac, p. 408 note 182 ; Whittaker, *Frontières*, p. 31.

79 Voir A.K. Bowman et J.D. Thomas, "Vindolanda 1985 : The New Writing Tablets", *JRS* 76, 1986, p. 122 (inv. n°32).

80 Syme, pp. 226-51. Lors d'une conférence faite le 30 janvier 1992 à l'Université de Caroline du Nord, Isaac annonçait qu'une seconde édition de ses *Limits of Empire* était en préparation, dans laquelle il répondrait à Syme et affinerait ses propres arguments géographiques.

81 Références collectées et discutées dans R.K. Sherk, "Roman Geographical Exploration and Military Maps", *ANRW* 2, 1974, pp. 534-62. Isaac se trompe (p. 402) en faisant l'adéquation entre les *itineraria picta* dont parle Végèce avec la carte routière tardoantique, la Table de Peutinger, qui n'était pas une carte militaire : voir Dilke, *Maps*, pp. 112, 115, 120. Pour une reconstitution de la fameuse carte d'Agrippa, voir R. Moynihan, "Geographical Mythology and Roman Imperial Ideology", dans Winkes, pp. 153-62, bien que Syme (p. 238) ait démontré que cette carte ne permettait pas de juger la stratégie d'Auguste en Germanie.

avaient leurs cartographes. Des *Picturae*, peut-être des cartes, étaient incluses dans le matériel documentaire que Lucius Verus a envoyé à Fronton pour écrire l'histoire de sa guerre parthique[82]. En outre, les Romains dans leur stratégie de campagne avaient un penchant pour les attaques coordonnées de colonnes venant de différentes directions pour se concentrer en un point contre l'ennemi : (manœuvres en tenaille). Les campagnes romaines en Germanie aux Ier et IVe siècles (avances simultanées depuis le Rhin et le Danube), les guerres daciques de Trajan, et probablement la campagne de Julien en 363 contre les Perses (colonnes simultanées le long du Tigre et de l'Euphrate) illustrent cette stratégie[83]. Des manœuvres si sophistiquées peuvent difficilement être considérées comme prouvant une ignorance de la géographie. En fait, Velleius (II, 109, 3-5) fait le lien explicite de cette stratégie avec la géographie de la Germanie lors de la campagne menée contre Marobodus en Bohême en 6 de notre ère. Et Hartke a démontré combien les techniques d'arpentage ont influencé la planification de telles opérations[84].

Pour le Proche-Orient, la charge contre l'ignorance géographique n'est pas crédible : dans les deux mille ans

---

82 C. Nicolet, "De Vérone au Champs de Mars : chorographie et carte d'Agrippa", *MEFAR* 100, 1988, pp. 127-38 ; Verus : cf. note supra.

83 Références dans A. Neumann, "Kriegskunst", *Der kleine Pauly*, Stuttgart, 1969, 3, pp. 345-46. La campagne de Septime Sévère en Adiabène en 195 comportait trois colonnes d'attaque : Dion Cassius, LXXV, 3, 2 ; cf. A.R. Birley, *Septimius Severus : The African Emperor*, éd. revue, New Haven, 1989, pp. 116-17.

84 C. Jodry, "L'utilisation des documents militaires chez Velleius Paterculus", *Revue des études latines* 29, 1951, pp. 265-84 ; Hartke. Le camp légionnaire de Markbreit récemment découvert sur le Main près de Würzburg peut être associé à cette campagne : voir D. Timpe, dans M. Pietsch, D. Timpe et L. Warmser, "Das augusteische Truppenlager Markbreit", *Bericht der römische-germanischen Kommission* 72, 1991, pp. 311-19 avec un rappel des opérations d'Auguste en Germanie.

qui ont précédé l'arrivée des Romains, des campagnes militaires y ont été menées par des États civilisés. Un tel territoire peut difficilement être regardé comme une *terra incognita* et un vaste corpus de documentation géographique et d'expérience militaire circulait probablement au sein du corps des officiers romain[85]. Les Romains étaient-ils intellectuellement ou pratiquement incapables d'avoir une carte militaire, alors que les Arabes au VIIe siècle en avaient pour mener leur campagne contre la province perse de Daylam dans la région montagneuse du Sud-Ouest de la mer Caspienne[86] ?

Généralement oubliés dans le débat sur l'ignorance militaire romaine sont les passages de Georges de Pisidie, panégyriste de l'empereur byzantin Héraclius (pp. 610-641) ; Héraclius utilisait des schémas pour planifier ses campagnes contre les Perses[87]. Bien que les propos excessifs des panégyristes soient sujets à caution et ne prouvent pas qu'Héraclius dressait des schémas, ils montrent dans l'idéal ce qu'un bon empereur devait faire et que ce genre de schéma existait.

Des défaillances méthodologiques apparaissent ici comme ailleurs. Isaac (pp. 403-5) considère la contradiction entre Pline (*Histoire naturelle*, VI, 40) et Tacite (*Histoires*, I, 6, 2) à propos de la campagne arménienne prévue par Néron en 66 comme une preuve de l'ignorance géographique romaine. Etait-elle dirigée contre les Alains au Nord du Caucase ou les Albains d'Azerbaïdjan ? Pareillement, il cherche à exploiter le rejet par

---

85 W.E. Kaegi, "Challenges to Late Roman and Byzantine Military Operations in Iraq (4th-9th Centuries)", *Klio* 73, 1991, p. 589.

86 B. Lewis, *The Assassins*, Londres, 1967, pp. 41-42.

87 Georges de Pisidie, *Expeditio Persica*, II, pp. 46-48 ; 179-81 ; *Héraclius*, II, 139 dans A. Pertusi, éd. et trad., *Giorgio di Pisidia, Poemi : I. Panegirici Epici,* Ettal, 1959, pp. 99, 105, 257. Cf. Plutarque, *Philopoemen*, IV, 4-5, où les *theorêmata* trouvés dans la *Tactica* d'Evangelus peuvent indiquer des diagrammes plus élaborés que les formations d'entraînement schématiques que l'on voit dans les manuscrits d'Asclépiodote et d'Aélien le Tacticien.

Strabon (XI, 1, 5-6) de l'estimation de la largeur de l'isthme du Caucase par le stoïcien Posidonios sur l'hypothèse que ce dernier utilisait les rapports issus de la campagne qu'y avait menée Pompée (66-65 av. J.C.). De là on conclut qu'une information géographique tirée de sources militaires n'est pas valable. L'histoire de Pompée par Posidonios n'existe plus ; nous ne pouvons être sûrs d'après Strabon s'il s'agit d'un précédent traité de Posidonios intitulé *De l'Océan* ou de son ouvrage sur Pompée, de même si Posidonios avait accès à des sources militaires. D'après Strabon, Posidonios était comme historien indifférent à la précision. Encore plus défaillante est l'interprétation de la divergence entre Pline et Tacite sur les plans de Néron pour une expédition qui n'a pas eu lieu, mais il faut insister qu'il y a eu des plans. Une contradiction entre les sources, et non de l'ignorance géographique, est à la base de l'affaire. Solution plausible qui est apparue il y a déjà des années[88].

Même si des arguments en faveur d'une ignorance géographique peuvent être acceptés, doit-on reprocher aux Romains de n'avoir pas eu les mêmes critères que ceux du XXe siècle ? Ce n'est pas avant la tentative du prince Charlie (Stuart) de reconquérir la couronne britannique en 1745 que les Anglais réalisèrent qu'ils n'avaient pas de carte militaire de Grande-Bretagne : ils n'en ont pas eu avant 1791[89].

La véritable porte de secours pour les critiques de Luttwak est cependant l'absence supposée de pensée géostratégique. Une fois encore, l'aveuglement méthodologique obscurcit l'évidence. Le renseignement militaire s'appuie sur des connaissances rassemblées depuis très

---

88 Tacite et le manuscrit qui indique *Albanos* doivent être préférés : voir E.L. Wheeler, "Flavius Arrianus : A Political and Military Biography", thèse, Duke University, 1977, pp. 117-23, rejeté par Isaac (p. 404 note 167) sans discussion de la finesse des arguments.

89 T.G. Fergusson, *British Military Intelligence, 1870-1914*, Frederick, 1984, pp. 17-18.

longtemps (depuis Sumer) en matière de démographie et de géographie[90]. Une digression géographique est devenue une convention de l'historiographie avant la description d'une grande campagne (par ex. Thucydide, VI, 1-6 sur la Sicile ; César, *Guerre des Gaules*, I, 1, sur la Gaule)[91]. Les Romains, en fait, pensaient en termes géostratégiques. Caton a rassemblé des éléments de géographie et d'ethnographie dans ses *Origines* afin d'aider la politique frontalière romaine (Dyson, pp. 59-60, 191). Si les exemples précédents sur les manœuvres en tenaille sont seulement valables pour des campagnes plutôt que pour la grande stratégie, d'autres peuvent être ajoutés. Polybe (I, 10) montre que les Romains connaissaient les conséquences géographiques du contrôle de la Sicile par les Carthaginois et fait une digression prophétique (IV, 38-45) sur l'importance stratégique du site de Byzance. Strabon (IV, 1-2) discute des avantages géostratégiques de l'Italie comme base d'opérations pour la conquête romaine de la Méditerranée. Florus (I, 33, 3-5) discute les avantages défensifs de la géographie espagnole et montre combien ils ont freiné la conquête romaine. De même, Florus (I, 40, 4-5) observe que les guerres civiles romaines dans l'Ouest ont dégarni le flanc oriental de Rome alors exposé aux agressions de Mithridate. Ammien (XXIII, 5, 18) rapporte le discours de

[90] K. Müller, *Geschichte der antiken Ethnographie und ethnologischen Theoriebildung*, Wiesbaden, 1972, 1, pp. 18-19.

[91] Le criticisme d'Isaac (p. 406) sur la digression d'Ammien sur les Perses (XXIII, 6) ne parvient pas à considérer qu'Ammien suit une tradition historiographique qui se moque d'une information à jour. Cf. M.F.A. Boak, "Die Quellen von Ammianus Excursus über Persien", *Mnemosyne,* N.S. 4 28, 1975, pp. 47-56. Ammien, ex-officier romain en Orient et vétéran de la campagne de Julien en Perse, a une grande connaissance personnelle du Nord de la Mésopotamie, et sa digression sur l'Arabie (XIV, 8) montre aussi qu'il utilisait des sources des IIe-IIIe siècles plutôt que du IVe : voir J. Matthews, *The Roman Empire of Ammianus,* Londres, 1989, pp. 48-57, 343, et 537 note 13 (bibliographie additionnelle). Matthews manque d'un commentaire spécifique sur la digression sur la Perse.

Julien sur le flanc oriental de Rome. Plus significativement, Jean le Lydien (*Des magistratures*, III, 33-34) dit que Constantin a laissé à sa mort (337) des plans pour une attaque surprise contre les Sassanides. Il compare ce plan à une monographie sur la manière de battre les Perses par une attaque surprise à travers la Colchide (et probablement l'Arménie), écrite apparemment sous l'influence des campagnes de Corbulon en Arménie (56-63), par Cornelius Celsus très probablement, un contemporain de Corbulon et l'auteur d'un traité militaire utilisé plus tard par Végèce[92].

En résumé, les critiques contre Luttwak et sa schématisation exagérée de la stratégie romaine ont été par trop zélés, prisonniers de méthodologies qui empêchent une juste interprétation des preuves et les opacifient. La stratégie a évolué comme un art et un concept de la littérature militaire théorique. Nous ne devrions pas nier trop rapidement ses anciennes formes parce qu'elles ne correspondent pas exactement aux attentes des modernes. Les Romains pouvaient être sophistiqués aussi bien qu'arrogants et négligents. L'un n'excluant pas l'autre. Beaucoup demeure inconnu quant à la pensée stratégique romaine et à l'administration de l'Empire, mais trop de preuves ont survécu pour nier aux Romains toute compréhension de la stratégie[93].

---

92 W.E. Kaegi, "Constantine's and Julian's Strategies of Strategic Surprise against the Persians", *Athenaeum* 59, 1981, pp. 209-13 ; Wheeler, pp. 366-367.

93 Une version de cet article a été donnée le 22 mars 1991 au congrès annuel de la *Society for Military History* tenu à Duke University.

Postface

Philippe RICHARDOT

Everett L. Wheeler, dans ces deux articles sur le Mirage d'une Stratégie romaine, donne à nouveau la mesure de son érudition sans faille. Ces deux articles sont une somme bibliographique commentée inestimable pour qui veut traiter de la stratégie, de la pensée et de la géographie militaires des Romains. Wheeler y pourfend ceux qui s'égarent à "penser faux" à partir de données exactes en usant de méthodologies inappropriées ou de considérations idéologiques dont l'Histoire n'a que faire. Car, en dépit de qualités spécifiques d'historien ou d'archéologue, n'approche pas l'histoire militaire qui veut. Science ou art, technique en tout cas, la guerre certes est "contingente" (de Gaulle), fille des techniques toujours changeantes, "des circonstances et des personnalités". Mais il est des invariants que seuls maîtrisent ceux qui ont une connaissance globale de l'histoire militaire. Faute d'une histoire militaire comparée que pratiquaient et recommandaient Frontin, Végèce mais aussi Jomini, on risque fort de s'enliser dans le marécage des interprétations fausses. Wheeler tend une main sûre à ceux qui se seraient égarés. La culture militaire ou stratégique ne s'improvise pas. Une approche opérationnelle de l'histoire militaire est la plus en phase avec son objet. Elle ne doit pas être confondue avec l'histoire sociale du militaire qui n'a rien à voir avec la stratégie.

Bibliographie

I. Articles et contributions à des ouvrages collectifs

Alföldi, Andrés, "La grande crise du monde romain au IIIe siècle", *L'Antiquité classique* 7, 1938, 5-18.

- "The Moral Barrier on Rhine and Danube", in [Third] *Congress of Roman Frontier Studies,* 1949, pp. 1-16.

Alföldi, Géza, "Die Hilfstruppen der römischen Provinz Germania Inferior", *Epigraphische Studien, n°* 6.

Amit, Moché, "Les moyens de communication et la défense de l'empire romain", *La Parola del Passato,* vol. 20, fasc. 102, 1965, pp. 207-22.

Bachrach, Peter, et Baratz, Morton S., "Two Faces of Power", *American Political Science Review* 56, décembre 1962, 947-52.

- "Decisions and Non-Decisions : An Analytical Framework", *American Political Science Review* 57 septembre 1963, 632-43.

Baradez, Jean, "L'organisation militaire romaine de l'Algérie antique et l'évolution du concept défensif de ses frontières", *Revue internationale d'histoire militaire,* n° 13, 1953, pp. 24-42.

- "L'enceinte de Tipasa : base d'opérations des troupes venues de Pannonie sous Antonin Le Pieux", in *Quintus Congressus Internationalis Limitis Romani Studiosorum,* pp. 75-82.
- "Les thermes légionnaires de Gemellae, in *Corolla Memoriae Erich Swoboda Dedicata,* pp. 14-22.
- "L'enceinte de Tipasa et ses portes", in *Mélanges Piganiol* [ed. Chevallier], vol. 2, pp. 1133-52.
- "Compléments inédits au « Fossatum Africae »", in *Studies zu den Militärgrenzen Roms*, pp. 200-10.

Bartoccini, Renato, “Il Porto di Leptis Magna nella sua vita economica e sociale”, in *Hommages à Albert Grenier* [ed. Renard], vol. 1, pp. 228-42.

Baynes, N.H. “Three Notes on the Reforms of Diocletian and Constantine”, *Journal of Roman Studies 15,* 1925, 195-208.

Berchem, Denis Van, “L'annone militaire dans l'empire romain au IIIe siècle”, in *Mémoires de la société des antiquaires de France,* vol. 80, ser. 8, 10, pp. 117-202, Paris, G. Klincksieck, 1937.

- “Aspects de la domination romaine en Suisse”, *Schweizersche Zeitschrift für Geschichte 5,* 1955, 145-75.
- “On Some Chapters of the *Notitia Dignitatum* Relating to the Defense of Gaul and Britain”, *American Journal of Philology,* vol. 76, n° 302, 1955, pp. 138-47.
- “Conquête et organisation par Rome des districts alpins”, *Revue des études latines 11,* 1962, 228-35.

Betz, A. “Zur Dislokation der Legionen in der Zeit vom Tode des Augustus bis zum Ende der Prinzipatsepoche”, in *Carnuntina* [ed. Swoboda], pp. 17-24.

Birley, Anthony R. “Excavations at Carpow”, *Studien zu den Militärgrenzen Roms,* pp. 1-5.

Birley, Eric B., “A Note on the title *"Gemina"*”, *Journal of Roman Studies* 18, 1928, 56-60.

- “The Brigantian Problem and the First Roman Contact with Scotland”, in idem, *Roman Britain and the Roman Army,* pp. 31-47.
- “Britain after Agricola and the End of the Ninth Legion”, in idem, *Roman Britain and the Roman Army,* pp. 25-28.
- “Britain under the Flavians : Agricola and His Predecessors”, in idem, *Roman Britain and the Roman Army,* pp. 10-19.
- “Hadrianic Frontier Policy”, in *Carnuntina* [ed. Swoboda], pp. 26-33.
- “*Alae* and *Cohortes Milliariae*”, in *Corolla Memoriae Erich Swoboda Dedicata,* pp. 54-67.
- “Hadrian's Wall and Its Neighbourhood”, *Studien zu den Militärgrenzen Roms,* pp. 6-14.
- “Septimus Severus and the Roman Army”, *Epigraphische Studien, n°* 8, 1969, pp. 63-82.
- “The Fate of the Ninth Legion”, in *Soldier and Civilian in Roman Yorkshire* [ed. Butler], pp. 71-80.

Bowersock, G.W., "A Report on *Arabia Provincia", Journal of Roman Studies* 61, 1971, 219-42.

Breeze, D.J., "The Organization of the Legion : The First Cohort and the *Equites Legionis*", *Journal of Roman Studies* 59, 1969, 50-55.

Breeze, D.J., et Dobson, Brian, "Hadrian's Wall : Some Problems", *Britannia* 3, 1972, 182-208.

Brogan, Olwen, "The Roman *Limes* in Germany", *Archaeological Journal* 92, 1935, 1-41.

Brunt, P.A., *Review of Die Aussenpolitik des Augustus und die augusteische Dichtung,* by Hans D. Meyer, *Journal of Roman Studies* 53, 1963, 170-76.

Brusin, Giovanni, "Le difese della romana Aquileia e la loro cronologia", in *Corolla Memoriae Erich Swoboda Dedicata,* pp. 84-94.

Burns, T.S., "The Battle of Adrianople : A Reconsideration", *Historia* 23, 1973, 336-45.

Butler, R.M., "The Roman Walls of Le Mans", *Journal of Roman Studies* 48, 1958, 33-39.

- "Late Roman Town Walls in Gaul", *Archaeological Journal* 116, 1959, 25-50.
- "The Defences of the Fourth-Century Fortress at York", in *Soldier and Civilian in Roman Yorkshire* [ed. Butler], pp. 97-106.

Cagnat, R., "Les frontières militaires de l'empire romain", *Journal des savants,* janvier 1901, pp. 29-40.

Cavaignac, E., "Les effectifs de l'armée d'Auguste", *Revue des études latines 30,* 1952, 285-96.

Chevallier, Raymond, "Rome et la Germanie au Ier siècle : Problèmes de colonisation", *Latomus 20 (1961),* fasc. i, pp. 33-51, fasc. ii, pp. 266-80.

Chilver, G.E.F., "The Army in Politics A.D. 68-70", *Journal of Roman Studies 47,* 1957, 29-35.

Collingwood, R.G., "The Purpose of the Roman Wall", *Vasculum 8,* 1920, 4-9.

Condurachi, E., "Neue Probleme und Ergebnisse der Limesforschung in Scythia. Minon", *Studien zu den Militärgrenzen Roms,* pp. 162-74.

Corder, Philip, "The Reorganization of the Defences of Romano-British Towns in the Fourth Century", *Archaeological Journal, 112,* 1955, 20-42.

Crump, G.A., "Ammianus and the Late Roman Army", *Historia 23,* 1973, 91-103.

Daicoviciu, Constantin, "Dacica", in *Hommages à Albert Grenier* [ed. Renard], vol. 1, pp. 462-73.

Davies, R.W., "The "Abortive Invasion" of Britain by Gaius", *Historia 15,* 1966, 124-28.

- "A Note on a Recently Discovered Inscription in Carrawburgh. Appendix", *Epigraphische Studien, n°* 4, 1967, pp. 108-11.
- "Joining the Army", *Bonner Jahrbücher 169,* 1969, 208-32.
- "The Medici of the Roman Armed Forces", *Epigraphische Studien,* n° 8, 1969, pp. 83-99.
- *"Cohortes Equitatae", Historia 20,* 1971, 751-63.
- "The Romans at Burnswark", *Historia 21,* 1972, 98-113.
- "The Daily Life of the Roman Soldier under the Principate", *Aufstieg und Niedergang der Römischen Welt* [ed. Temporini], pt. 2 vol. 1, pp. 299-338.

Dobias, J., "King Maroboduus as a Politican", *Klio* 38, 1960, 155-66.

Dobson, Brian, et Breeze, D.J., "Hadrian's Wall : Some Problems", *Britannia 3,* 1972, 182-208.

Doise, J., "Le commandement de l'armée romaine sous Théodose et les débuts des règnes d'Arcadius et d'Honorius", *Mélanges d'archéologie et d'histoire. École française de Rome,* vol. 61, 1949, pp. 183-94.

Dyson, L., "Native Revolts in the Roman Empire", *Historia 20,* 1971, 239-74.

Eadie, John W., "The Development of Roman Mailed Cavalry", *Journal of Roman Studies 57,* 1967, 161-73.

Euzennat, Maurice, "Le *Limes* de Volubilis", in *Studien zu den Militärgrenzen Roms,* pp. 194-99.

Finley, M.I., *Review of Manpower Shortage,* by A. E. R. Boak, *Journal of Roman Studies 48,* 1958, 156-64.

Fishwick, D., "The Annexation of Mauretania", *Historia 20,* 1971, 467-87.

Fitz, J., "A Military History of Pannonia from the Marcomann Wars to the Death of Alexander Severus *(180-235)*", *Acta Archaeologica Scientiarum Hungaricae 14,* 1962, 25-112.

- "Réorganisation militaire au début des guerres marcomannes", *Hommages à Marcel Renard* [ed. Bibaw], vol. I, pp. 262-74.

Florescu, Radu, "Les phases de construction du *castrum* Drobeta (Turnu Severin)", *Studien zu den Militärgrenzen Roms,* pp. 144-51.

Forni, Giovanni, "Contributo alla storia della Dacia romana", *Athenaeum n.s.,* vol. 36, 1958-59, 3-29 (fasc. 1-2), 193-218 (fasc. 3).

- *"Limes"* in *Dizionario Epigrafico,* vol. 4, fasc. 34-40, pp. 1,074-280.
- "Estrazione etnica e sociale dei soldati delle legioni nei primi tre secoli dell'impero", *Aufstieg und Niedergang der Römischen Welt* [ed. Temporini] pt. 2, vol. 1, pp. 339-91.

Frankfort, Thérèse, "Le royaume d'Agrippa II et son annexion par Domitien", in *Hommages à Albert Grenier* [ed. Renardi, vol. 2, pp. 659-72.

Frova, Antonio, "The Danubian *Limes* in Bulgaria and Excavations at Oescus", [Third] *Congress of Roman Frontier Studies,* 1949, pp. 23-30.

Gichon, M. [S.A.M.], "Roman Frontier Cities in the Negev", *Quintus Congressus Internationalis Limitis Romani Studiosorum,* pp. 195-207.

- "The Origin of the *Limes Palestinae* and the Major Phases of Its Development", *Studien zu den Militärgrenzen Roms,* pp. 175-93.
- "The Negev Frontier", in *Israel and Her Vicinity in the Roman and Byzantine Periods* [ed. Applebaum], pp. 35-61.

Gigli, G., "Forme di reclutamento militare durante il basso impero", *Rendiconti della classe di scienze morali, storiche e filologische dell Accademia dei Lincei,* vol. 8, ser. 2, 1947, pp. 268-89.

Gilmartin, Kristine, "Corbulo's Campaigns in the East", *Historia* 23, 1973, 583-626.

Goodchild, R.G., "The *Limes Tripolitanus II*", *Journal of Roman Studies* 40, 1950, 30-38.

- "The Roman and Byzantine *Limes* in Cyrenaica", *Journal of Roman Studies* 43, 1953, 65-76.

Goodchild, R.G., and Ward-Perkins, J.B., "The *Limes Tripolitanus* in the Light of Recent Discoveries", *Journal of Roman Studies* 39, 1949, 81-95.

Gray, W.D., "A Political Ideal of the Emperor Hadrian", *Annual Report of the American Historical Association for the Year 1914,* vol. 1, pp. 113-24.

Hardy, E.G., "Augustus and his Legionaires", *Classical Quarterly 14,* 1921, 187-194.

Harmand, Jacques, "Les origines de l'armée impériale : Un témoignage sur la réalité du pseudo-principat et sur l'évolution militaire de l'Occident", *Aufstieg und Niedergang der Römischen Welt* [ed. Temporini], 2e part., vol. 1, pp. 263-98.

Haverfield, F., "Some Roman Conceptions of Empire", Occasional Publications of the Classical Association Cambridge, n° 4 (ca. 1916).

Henderson, M.I., Review of *Trajan's Persian War,* by F.A. Lepper, *Journal of Roman Studies 39,* 1949, 121-32.

Jarrett, Michael G., "The Roman Frontier in Wales", *Studien zu den Militärgrenzen Roms,* pp. 21-31.

Jarrett, Michael G., and Mann, John C. "Britain from Agricola to Gallienus", *Bonner Jahrbücher 170,* 1970, 178-210.

Kornemann, E., "Die unsichtbaren Grenzen des römischen Kaiserreichs", in *Staaten-Männer-Völker, Aus der geschichte des altertums,* Leipzig, Deiterich, 1934, pp. 96-116.

Laet, S.J., de, "Claude et la romanisation de la Gaule septentrionale", *Mélanges Piganiol* [Chevallier], vol. 2, pp. 951-62.

Laur-Belart, R., "The Late *Limes* from Basel to the Lake of Constance", [Third] *Congress of Roman Frontier Studies,* 1949, pp. 55-67.

Leva, C. et Mertens, J., "Le fortin de Braives et le *limes belgicus*", *Mélanges Piganiol* [Chevallier], vol. 2, pp. 1063-74.

Mcleod, W "The Range of the Ancient Bow", *Phoenix* 19, n° 1, 1965, 1-14.

Mann, John C., "A Note on the *Numeri*", *Hermes* 82, 1954, 501-6.

- "The Raising of New Legions during the Principate", *Hermes* 91, 1963, 483-89.
- "The Role of the Frontier Zone in Army Recruitment", *Quintus Congressus Internationalis Limitis Romani Studiosorum,* pp. 145-50.

Mann, John C. et Jarrett, M.G., "Britain from Agricola to Gallienus", *Bonner Jahrbücher* 170, 1970, 178-210.

- "The Frontiers of the Principate", *Aufstieg und Niedergang der Römischen Welt* [ed. Temporini], part. 2, vol. 1, pp. 508-33.

Marin, A., "*Hippagogi*", *in Dictionnaire des antiquités grecques et romaines* [Daremberg-Saglio], vol. 4, pp. 183-86.

Mertens, J., "Oudenburg, camp du Litus Saxonicum en Belgique ?", in *Quintus Congressus Internationalis Limitis Romani Studiosorum,* pp. 123-31.

Mertens, J. et Leva, C., "Le fortin de Braives et le *Limes Belgicus*", *Mélanges Piganiol* [Chevallier], vol. 2, pp. 1,063-74.

Millar, Fergus, "P Herennius Dexippus : The Greek World and the Third-Century Invasions", *Journal of Roman Studies,* 59, 1969, 12-29.

Morris, John, "The Vallum Again", *Transactions of the Cumberland and Westmoreland Antiquarian and Archaelogical Society,* n.s. 50, 1951, 43-50.

Moss, J.R., "The Effects of the Policies of Aetius on the History of the Western Empire", *Historia* 23, 1973, 711-31.

Nischer, E., "The Army Reforms of Diocletian and Constantine and Their Modifications up to the Time of the *Notitia Dignitatum*", *Journal of Roman Studies* 13, 1923, 1-55.

Nock A.D., "The Roman Army and the Roman Religious Year", *Harvard Theological Review* 45, 1952, 187-252.

Oelmann, F., "The Rhine *Limes* in Late Roman Times", [Third], *Congress of Roman Frontier Studies,* 1949, pp. 81-99.

O'Neill, R.J., "Doctrine and Training in the German Army 1919-1939", *The Theory and Practice of War* [ed. Howard], pp. 145-65.

Parker, H.M.D., "The *Antiqua Legio* of Vegetius", *Classical Quarterly* 26, 1932, 137-49.

- "The Legions of Diocletian and Constantine", *Journal o f Roman Studies* 23, 1933, 175-89.

Parsons, T., "On the Concept of Political Power", in *Political Power* [Bell et al.], pp. 251-84.

Passerini, A., "Gli Aumenti del soldo militare da Commodo a Massimino", *Athenaeum* 24, 1946, 145-59.

- "*Legio*", *in Dizionario Epigrafico,* vol. 4, fasc. 18-20, pp. 549-627.

Pekari, Th., "Studien zur römischen Währungs und Finanzgeschichte von 161 bis 235 n. Ch", *Historia 8,* 1959, 443-89.

Perret, Louis, "Essai sur la carrière d'Hadrien jusqu'à son avènement à l'empire (76-117)", *Mémoires de la Société nationale des antiquaires de France,* vol. 80, ser. 8, 9, Paris, G. Klincksieck, 1937.

Petrikovits, Harald von, "Fortifications in the North-Western Roman Empire from the Third to the Fifth Centuries *A.D.*", *Journal of Roman Studies* 61, 1971, 178-218.

Pflaum, H.C., "Forces et faiblesses de l'armée romaine du Haut-Empire", *Problèmes de la guerre à Rome* [Brisson], pp. 85-98.

Piganiol, A., "La notion de *Limes*", *Quintus Congressus Internationalis Limitis Romani Studiosorum,* pp. 119-22.

Ramsay, A.M., "The Speed of the Roman Imperial Post", *Journal of Roman Studies* 15, 1925, 60-74.

Rémondon, Roger, "Problèmes militaires en Égypte et dans l'empire à la fin du IVe siècle", *Revue historique* 213, 1955, 21-38.

Richmond, Sir Ian A., "Trajan's Army on Trajan's Column", *Papers of the British School at Rome* 13, 1935, 1-40.

- "The Romans in Redescale", *History of Northumberland* 15, 1940, 116-29.
- "Hadrian's Wall 1939-1949", *Journal of Roman Studies* 40, 1950, 43-56.
- "A Roman Arterial Signalling in the Stainmore Pass", *Aspects of Archaeology* [ed. Grimes], pp. 293-302.
- "The Roman Frontier Land", *History [U.K.],* vol. 44, n° 150, février 1959, pp. 1-15.
- "The Roman Siege-Works of Masada, Israel", *Journal of Roman Studies* 52, 1962, 142-155.
- "Palmyra under the Aegis of Rome", *Journal of Roman Studies* 53, 1963, 43-54.

Robertson, Anne S., "The Antonine Wall", *Congress of Roman Frontier Studies,* 1949, pp. 99-111.

Robinson, H.R., "Problems in Reconstructing Roman Armour", *Bonner Jahrbücher* 172, 1972, 24-35.

Rowell, H.T., "The *Honesta Missio* from the *Numeri* of the Roman Imperial Army", *Yale Classical Studies 6,* 1939, 73-108.

Saddington, D.B., "Roman Attitudes to the *Externae Gentes* of the North", *Acta Classica [S.A.]* 4, 1961, 90-102.

- "The Development of Roman Auxiliary Forces from Augustus to Trajan", *Aufstieg und Niedergang der Römischen Welt* [ed. Temporini], pt. 2, vol. 3, pp. 176-201.

Salama, Pierre, "Occupation de la Maurétanie césarienne occidentale sous le Bas-Empire romain", *Mélanges Piganiol* [Chevallier], vol. 3, pp. 1,291-311.

Salmon, E.T., "The Roman Army and the Disintegration of the Roman Empire", *Proceedings and Transactions of the Royal Society of Canada,* 3e series, vol. 52, 1958, sect. 2, pp. 43-60.

Saint-Denis, E. de, *"Mare Clausum"*, *Revue des études latines,* 25, 1947, 200-203.

Schönberger, H., "The Roman Frontier in Germany : An Archaelogical Survey", *Journal of Roman Studies* 59, 1969, pp. 144-97.

Seston, William, "Du *Comitatus* de Dioclétien aux *comitatenses* de Constantin", *Historia* 4, 1955, 284-96.

Shaw, R.C. et Simpson, F.G., "The Purpose and Date of the Vallum and Its Crossings", *Transactions of the Cumberland and Westmoreland Antiquarian and Archaelogical Society,* n.s. 27, 1922, 40-100.

Sherwin White, A.N., "Geographical Factors in Roman Algeria", *Journal of Roman Studies* 34, 1944, 1-10.

Simpson, Grace, "The Roman Forts in Wales : A Reassessment", *Studien zu den Militärgrenzen Roms,* pp. 32-34.

Smallwood, E. Mary, "Palestine c. A.D. 115-118", *Historia 11* (1962), 502-5.

Smith, R.E., "The Army Reforms of Septimus Severus", *Historia* 12, 1972, 481-500.

Sterr, Kenneth A., "The Antonine Wall : A Reconsideration", *Studien zu den Militärgrenzen Roms,* pp. 35-41.

Stevens, C.E., "The British Sections of the *Notitia Dignitatum", Archaelogical Journal* 97, 1940, 125-54.

- "Britain between the Invasions (54 B.C.-A.D. 43) : A Study of Ancient Diplomacy", in *Aspects of Archaeology* [ed. Grimes], pp. 332-44.

Swoboda, E., "Traian und der Pannonische *Limes*", *Empereurs romains d'Espagne* [Centre national de la recherche scientifique], pp. 195-208.

Syme, R., "Rhine and Danube Legions under Domitian", *Journal of Roman Studies* 18, 1928, 41-55.

- "Some Notes on the Legions under Augustus", *Journal of Roman Studies* 23, 1933, 14-33.
- "The Lower Danube under Trajan", *Journal of Roman Studies* 49, 1959, 26-33.

- "Hadrian the Intellectual", *Empereurs romains d'Espagne* [Centre national de la recherche scientifique], pp. 243-53.
Szilagyi, J., "Roman Garrisons Stationed at the Northern Pannonia-Quad Frontier-Sectors of the Empire", *Acta Archaelogica Academiae Scientiarum Hungaricae* 2, 1952, 189-220.
- "Les Variations des centres de prépondérance militaire dans les provinces frontières de l'empire romain", *Acta Antiqua Academiae Scientiarum Hungaricae* 2, 1953, fasc. 1-2, pp. 119-219.
Thompson, E.A., "The Foreign Policies of Theodosius II and Marcian", *Hermathena, n°* 76, 1950, pp. 58-75.
- "The Settlement of the Barbarian in Southern Gaul", *Journal of Roman Studies* 46, 1956, 65-75.
Thompson, Homer A., "Athenian Twilight : A.D. 267-600", *Journal of Roman Studies* 49, 1959, 61-72.
Tierney, J.J., "The Map of Agrippa", *Proceedings of the Royal Irish Academy,* vol. 63, sect. C, n° 4, 1963, pp. 151-66.
Vannérus, Jules, "Le *Limes* et les fortifications gallo-romaines de Belgique : Enquête toponymique", Académie royale de Belgique, *Mémoires,* coll. 4, 2e ser., vol. 9, fasc. 2.
Varady, L., "New Evidences on Some Problems of Late Roman Military Organization", *Acta Antiqua Academiae Scientiarum Hungaricae* 9, 1961, 333-96.
Vita, A. Di., "Il *Limes* romano di Tripolitana nelle sua concretezza archeologica e nella sua realtà storica", *Libya Antiqua* 1, 1964, 65-98.
Ward-Perkins, J.B., et Goodchild, R.G., "The *Limes Tripolitanus* in the Light of Recent Discoveries", *Journal of Roman Studies* 39, 1949, 81-95.
Waters, Kenneth Hugh, "The Reign of Trajan in Contemporary Scholarship", *ANRW,* pt. 2, vol. 2, pp. 381-430.
Watson, G.R., "The Pay of the Roman Army : The Auxiliary Forces", *Historia 8,* 1959, 372-78.
- "The Claudian Frontier in Britain, "*Studien zu den Militärgrenzen Roms,* pp. 42-53.
Wells, C.M., "The Augustan Penetration of Germany, Dates and Destinations", *Roman Frontier Studies,* 1967, pp. 1-6.
Wheeler, [Sir] R.E.M., "The Roman Frontier in Mesopotamia", *Congress of Roman Studies,* 1949, pp. 112-29.

Wilkes, J.J., "A Note on the Mutiny of the Pannonian Legions in A.D. 14", *Classical Quarterly,* n.s., vol. 13, n° 2, novembre 1963, pp. 268-71.

Will, E., "Les enceintes du bas-empire à Bavay", *Quintus Congressis Internationalis Limitis Romani Studiosorum,* pp. 99-110.

II. Ouvrages et monographies

Adcock, Frank Ezra, *The Roman Art of War under the Republic,* Martin Classical Lectures, vol. 8, Cambridge, Mass., Harvard University Press, 1940.

Alföldi, Andreas, *A Conflict of Ideas in the Late Roman Empire : The Clash between the Senate and Valentinian I,* Oxford, At the Clarendon Press, 1952.

Andreotti, R., *Il Regno dell'imperatore Giulian*, Bologna, N. Zanichelli, 1936.

Applebaum, Shimon, et Gichon, Mordechai, *Israel and Her Vicinity in the Roman and Byzantine Periods,* Tel Aviv, Tel Aviv University Press, 1967.

Arias, Paolo E., *Domiziano : Saggi e ricerche,* n° 9, Catania (Sicily), G. Crisafulli, 1945.

Aussaresses, F., *L'Armée byzantine à la fin du* VIe *siècle : d'après le Stratégicon de l'empereur Maurice,* Bibliothèque des universités du Midi, fasc. 14, Bordeaux, Feret et fils, 1909.

Badian, Ernst, *Foreign Clientelae (264-70 B.C),* Oxford, At the Clarendon Press, 1958.

- *Roman Imperialism in the Late Republic,* 1965, Reprint Oxford, Basil Blackwell, 1968.
- *Publicans and Sinners : Private Enterprise in the Service of the Roman Republic,* Ithaca, Cornell University Press, 1972.

Balsdon, J.P.V.D., *The Emperor Gaius (Caligula),* Oxford, At the Clarendon Press, 1934.

Baradez, Jean Lucien, *Vue aérienne de l'organisation romaine dans le Sud Algérien, Fossatum Africae,* Paris, Arts et métiers graphiques, 1949.

Bell, Roderick ; Edwards, David V. ; Wagner, R. Harrison, eds. *Political Power : A Reader in Theory and Research,* New York, The Free Press, 1969.

Berchem, Denis Van, *L'Armée de Dioclétien et la réforme constantinienne,* Institut français d'archéologie de Beyrouth, Bibliothèque archéologique et historique 56, Paris, Librairie orientaliste Paul Geuthner, 1952.

Bersanetti, Gastone M., *Vespasiano*, Rome, Edizioni Roma, 1941.

Besnier, Maurice, *L'Empire romain de l'avènement des Sévères au concile de Nicée,* Histoire générale 1 ; Histoire ancienne, pt. 3 ; Histoire romaine, vol. 4, Paris : Presses universitaires de France, 1937.

Birley, Anthony R., *Hadrian's Wall : An Illustrated Guide,* Ministry of Public Building and Works, Londres, H.M. Stationery Office, 1963.

- *Marcus Aurelius,* Londres, Eyre and Spottiswoode, 1966.
- *Septimus Severus : The African Emperor,* Londres, Eyre and Spottiswoode, 1971.

Birley, Eric B., *Roman Britain and the Roman Army : Collected Papers,* Kendal, Titus Wilson and Son, 1953.

- *Research on Hadrian's Wall,* Kendal, Titus Wilson and Son, 1961.

Blau, Peter, *Exchange and Power in Social Life,* New York, John Wiley, 1964.

Boak, Arthur Edward Romilly, *The Master of Offices in the Later Roman and Byzantine Empires,* University of Michigan Studies, Humanistic Series, vol. 14, Londres, MacMillan and Co., 1919.

- *Manpower Shortage and the Fall of the Roman Empire in the West,* The Jerome Lectures, third series, Ann Arbor, The University of Michigan Press, 1955.

Bowersock, Glen W., *Augustus and the Greek World,* Oxford, At the Clarendon Press, 1965.

Braithwaite, A.W.C., *Suetoni Tranquili Divus Vespasianus,* Oxford, At the Clarendon Press, 1927.

Brand, Clarence Eugene. *Roman Military Law,* Austin, University of Texas Press, 1968.

Bréhier, *Louis, Les Institutions de l'empire byzantin,* L'évolution de l'humanité, vol. 32 bis, Paris, Éditions Albin Michel, 1949.

Bruce, John Collingwood, *Handbook to the Roman Wall,* 12th ed. by [Sir] Ian A. Richmond Newcastle, H. Hill Hindson and A. Reid, 1966.

Brunt, P.A., *Italian Manpower* 225 BC-AD 14, Oxford, At the Clarendon Press, 1971.

Bury, John Bagnell, *A History of the Later Roman Empire : From Arcadius to Irene (395A.D. to 800A.D.),* Reprint, 2 vols. 1889, Amsterdam Adolf M. Hakkert, 1966.

- *The Invasions of Europe by the Barbarians,* 1928, Reprint, New York Russell and Russell, Inc., 1963.

Cagnat, René, *L'Armée romaine d'Afrique et l'occupation militaire de l'Afrique sous les empereurs,* ministère de l'Instruction publique, 2e ed., Paris, Ernest Leroux, 1913.

Calderini, Aristide, *I Severi : La crisi dell'impero nel III secolo,* Istituto di studi romani, Storia di Roma, n° 7, Bologna, Licinio Cappelli Editore, 1940.

Harkness, Albert, *The Military System of the Romans,* New York, D. Appleton and Company, 1887.

Harmand, Jacques, *L'Armée et le soldat à Rome (de 107 à 50 avant notre ère),* Paris, Éd. A. et J. Picard et Cie, 1967.

- *La Guerre antique, de Sumer à Rome,* Paris, Presses universitaires de France, 1973.

Harmand, Louis, *L'Occident romain : Gaule, Espagne, Bretagne, Afrique du Nord (31 av. J.C. à 235 ap. J.C.),* Paris, Payot, 1960.

Harmatta, John, *Studies in the History of the Sarmatians,* Magyar-Gsrog Tanulmányok, 30, Budapest, Pázamány Péter Tumányegyetemi Görog Filológiai Intézet, 1950.

Hatt, Jean-Jacques, *Histoire de la Gaule romaine (120 avant J.C.-451 après J.C. Colonisation ou colonialisme,* Paris, Payot, 1966.

Henderson, Bernard W., *The Life and Principate of the Emperor Hadrian A.D. 76-138,* Londres, Methuen and Co., 1923.

- *Five Roman Emperors : Vespasian, Titus, Domitian, Nerva, Trajan (69-117),* 1927, réimp. New York, Barnes and Noble, 1969.

- Holmes, T. Rice, *The Architect of the Roman Empire 27 B.C. A.D.14,* 2 vols, Oxford, At the Clarendon Press, 1928-1931.

Holsti, K.J., *International Politics : A Framework for Analysis,* 2e éd., Englewood Cliffs, N.J., Prentice-Hall, 1972.

Homo, Léon P., *Essai sur le règne de l'empereur Aurélien (270-275),* Bibliothèque des écoles françaises d'Athènes et de Rome, fasc. 89, Paris, A. Fontemoing, 1904.

- *Le Siècle d'or de l'empire romain,* Paris, A. Fayard, 1947.

- *Vespasien l'empereur du bon sens (69-79 ap. J.C.),* Paris, Albin Michel, 1949.

Jones, Arnold Hugh Martin, *The Later Roman Empire (284-602) : A Social and Economic Survey,* 3 vols, Oxford, Basil Blackwell, 1964. [3 vols. in 2, Oklahoma University Press, 1964.]

- ed. *A History of Rome Through the Fifth Century,* 2 vols, New York, Harper and Row, 1970.
- *Augustus,* Londres, Chatto and Windus, 1970 ; New York, W.W. Norton, 1970.

Jouvenel, Bertrand de, *Du pouvoir. Histoire naturelle de sa croissance,* Paris, Pluriel, 1980.

Kaegi, Walter Emil, Jr, *Byzantium and the Decline of Rome,* Princeton, Princeton University Press, 1968.

Katz, Solomon, *The Decline of Rome and the Rise of Medieval Europe,* Ithaca, Cornell University Press, 1955.

La Penna, Antonio, *Orazio e ideologia del principato,* Saggi n° 332, Turin, Giulio Einaudi, 1963.

Lemosse, Maxime, *Le Régime des relations internationales dans le haut-empire romain,* Publications de l'Institut de droit romain de l'Université de Paris, vol. 23, Paris, Librairie Sirey, 1967.

Lepper, F.A., *Trajan's Parthian War,* Londres, Geoffrey Cumberlege, 1948.

Lesquier, Jean, *L'Armée romaine d'Égypte d'Auguste à Dioclétien,* Le Caire, Institut français d'archéologie orientale, 1918.

Levi, M. A. [Canavesi, M.] *La Politica estera di Roma antica,* Manualli di politica internazionale 34, 2 vols, Milan, Instituto per gli studi di politica internazionale, 1942.

Levick, Barbara Mary, *Roman Colonies in Southern Asia Minor,* Oxford, At the Clarendon Press, 1967.

Lot, Ferdinand, *Les Invasions germaniques : la pénétration mutuelle du monde barbare et du monde romain,* Paris, Payot, 1935.

- *L'Art militaire et les armées du Moyen Âge en Europe et dans le Proche-Orient,* 2 vols, Paris, Payot, 1946.
- *Nouvelles recherches sur l'impôt foncier et la capitation personnelle sous le Bas-Empire,* Bibliothèque de l'École des hautes études, fasc. 304, Paris, Librairie ancienne Honoré Champion, 1955.

Macmullen, Ramsay, *Soldier and Civilian in the Later Roman Empire,* Harvard Historical Monographs, vol. 52, Cambridge, Mass., Harvard University Press, 1963.

Magie, David, *Roman Rule in Asia Minor to the End of the Third Century after Christ,* 2 vols, Princeton, Princeton University Press, 1950.

Manni, Eugenio, *L'Impero di Gallieno : Contributo alla storia del III secolo,* Rome, Angelo Signorelli, 1949.

Marichal, Robert, *L'Occupation romaine de la Basse Égypte. Le statut des auxilia,* Paris, E. Droz, 1945.

Marin y Pena, Manuel, *Instituciones militares romanas,* Enciclopedia Clasica n° 2, Madrid, Consejo Superior de Investigaciones Cientificas Patronata "Menendez y Pelayo", 1956.

Marquardt, Joachim, *De l'organisation militaire chez les Romains,* Rev. ed. A. von Domaszewski. Trad. J. Brissaud, *Manuel des antiquités romaines* de Joachim Marquardt et Théodore Mommsen, vol. 11, Paris, A. Fontemoing, 1891.

Marsden, Erie William, *Greek and Roman Artillery : Historical Development,* 2 vols, Oxford, Clarendon Press, 1969.

Marsh, Frank Burr, *The Reign of Tiberius,* Londres, Oxford University Press, 1931.

Maspero, Jean, *Organisation militaire de l'Égypte Byzantine,* Bibliothèque de l'École des hautes études, fasc. 201, Paris, Librairie ancienne Honoré Champion, 1912.

Mazzarino, Santo, *Stilicone : La crisi imperiale dopo Teodosio,* Studi pubblicati dal R. istituto italiano per la storia antica, fasr. 3, Rome Angelo Signorelli, 1942.

- *Aspetti sociali del quarto secolo : Ricerche di storia tardo-romana,* Rome, L'Erma di Bretschneider, 1951.

Mazzarino, Santo, and Gianelli, *Giulio, Trattato di storia romana, Rev.,* ed. 2 vols, Rome, Tumminelli, 1953-1956.

Momigliano, Arnaldo, *Contributo alla storia degli studi classici,* Rome Edizioni di Storia e Letteratura, 1955.

- *Terzo Contributo alla storia degli studi classici e del mondo antico,* Rome, Edizioni di Storia e Letteratura, 1966.
- *Ricerche sull organizzazione della Giuden sotto il dominio romano (63 a.C.-70 d.C),* Amsterdam, A.M. Hakkert, 1967.
- *Quarto Contributo alla storia degli studi classici e del mondo antico,* Rome, Edizioni di Storia e Letteratura, 1969.

Morgenthau, Hans J., *Politics Among Nations,* 3e ed., New York, Alfred A. Knopf, 1962.

Idurphy, Gerard James, *The Reign of the Emperor L. Septimius Severus from the Evidence of the Inscriptions,* Philadelphie, n.p., 1945.

Musset, Lucien, *Les Invasions. Les vagues germaniques,* Nouvelle Clio, n° 12, Paris, Presses universitaires de France, 1965.

Oates, David, *Studies in the Ancient History of Northern Iraq,* Londres Oxford University Press for the British Academy, 1968.

Oliva, Pavel, *Pannonia and the Onset of the Crisis in the Roman Empire,* Prague, Ceskoslovenské Akademie Vëd, 1962.

Oman, Charles W.C., *A History of the Art of War in the Middle Ages,* 2e ed., 2 vols, Londres, Methuen and Co., 1924.

Ondrouch, Vojtéch. *Limes Romanus na Slovensku (il limes romano in Slovacchia),* Bratislava, Prâce Ucene Spolecnosti Safarikovy v Bratislavé, 1938.

Orgeval, Bernard d', *L'empereur Hadrien : Œuvre législative et administrative,* Paris, Éditions Domat Montchrestien, 1950.

Osgood, Robert E., et Tucker, Robert W., *Force, Order, and Justice,* Baltimore, The Johns Hopkins Press, 1967.

Parker, Henry Michael Denne, *The Roman Legions,* 1928, réimp. avec corrections et bibliographie, Cambridge, W. Heffer and Sons, 1958.

Paschoud, François, *Roma aeterna : Études sur le patriotisme romain dans l'occident latin à l'époque des grandes invasions,* Bibliotheca Helvetica Romana, n° 7, Rome, Institut Suisse de Rome, 1967.

Passerini, Alfredo, *Le Coorti Pretorie,* 1939, Réimp. Rome, Centro Editoriale Internazionale, 1969.

- *Linee di storia romana in eta impériale,* 2e éd., rév. par Nicola Criniti, Milan, Celuc, 1972.

Pelham, Henry Francis, *Essays,* Édité par R. Haverfield, Oxford, Clarendon Press, 1911.

Piganiol, André, *L'Empire Chrétien 325-395,* 2e ed., revue par A. Chastagnol, 1948 ; nouvelle édition, Paris, Presses universitaires de France, 1972,

- *Scripta Varia,* édités par R. Bloch et al. 3 vols, Collection Latomus, n° 131-33, Bruxelles, Latomus, 1973.

Platnauer, Maurice, *The Life and Reign of the Emperor Lucius Septimus Severus,* Londres et Bombay, Humphrey Milford, 1918.

Poidebard, A., *La Trace de Rome dans le désert de Syrie : Le limes de Trajan à la conquête arabe, recherches aériennes, (1925-1934),* Paris, Librairie orientaliste Paul Geuthner, 1934.

Pugliese, Carratelli, *L'età di Valeriano e Gallieno : Appunti di storia romana,* Pise, Libreria Goliardica, 1950.

Rachet, Marguerite, *Rome et les Berbères : un problème militaire d'Auguste à Dioclétien,* Collection Latomus, vol. 110, Brussels, Latomus, 1970.

Regibus, Luca de, *La Monarchia militare di Gallien*, Recco, Italie, Ecfitrice Nicoloso da Recco, 1939.

Rémondon, Roger, *La Crise de l'empire romain de Marc Aurèle à Anastase,* Nouvelle Clio, n° II, Paris, Presses universitaires de France, 1964.

Reynolds, P.K.B., *The Vigils of Ancient Rome,* Oxford, Clarendon Press, 1926.

Richmond, Sir Ian A., *The City Wall of Imperial Rome : An Account of its Architectural Development of rom Aurelian to Narses,* Oxford, Clarendon Press, 1930.

Romanelli, Pietro, *La Cirenaica Romana 96 A.C. 642 D.C.,* Verbania, A. Airoldi, 1943.

Rossi, Lin, *Trajan's Column and the Dacian Wars,* Edited and translated by J.M.C. Toynbee, Londres, Thames and Hudson, 1971.

Rougé, Jean, *Les Institutions romaines : de la Rome royale à la Rome chrétienne,* Paris, Librairie Armand Colin, 1969.

Rowell, Henry T., *Ammianus Marcellinus, Soldier-Historian of the Late Roman Empire.* Cincinnati, University of Cincinatti Press, 1964.

Salway, Peter, *The Frontier People of Roman Britain,* Cambridge, University Press, 1965.

Sands, P.C., *The Client Princes of the Roman Empire under the Republic,* Cambridge Historical Essays, n° 16, Cambridge, University Press, 1908.

Saxer, Robert, *Untersuchungen zu den vexillationen des römischen Kaiserreichs von Augustus bis Diokletian,* Epigraphische Studien, n° 1, Beihefte der Bonner Jahrbücher, n° 18, Cologne et Graz, Bühlau, 1967.

Schleiermacher, Wilhelm, *Der römische Limes in Deutschland. Limesführer,* 3e éd., Berlin, Gebr. Mann, 1967.

Scramuzza, Vincent M., *The Emperor Claudius,* Cambridge, Mass., Harvard University Press, 1940.

Seager, Robin, *Tiberius,* Londres, Eyre Methuen, 1972.

Seston, William, *Dioclétien et la tétrarchie,* vol. 1, *Guerres et réformes (284-300),* Bibliothèque des Écoles françaises d'Athènes et de Rome, fasc. 162, Paris, E. de Boccard, 1946.

Sherwin White, Adrian N., *The Roman Citizenship,* 2e éd., Oxford, Clarendon Press, 1973.

- *The Letters of Pliny : A Historical and Social Commentary,* Oxford, Clarendon Press, 1966.

Simpson, Grace, *Britons and the Roman Army : A Study of Wales and the Southern Pennines in the Ist-3d Centuries,* Londres, The Gregg Press, 1964.

Sirago, Vito Antonio, *Galla Placidia e la trasformazione politica dell occidente,* Université de Louvain, Recueil des travaux d'histoire et de philologie, 4e série, fasc. 25, Louvain, Publications universitaires, 1961.

Smith, Richard Edwin, *Service in the Post-Marian Roman Army,* Manchester, Manchester University Press, 1958.

Solari, Arturo, *La Crisi dell'impero romano*, 2 vols, Milan, Soc. Ed. Dante Alighieri, 1933.

- *Il Rinnova mento dell' impero romano*, Milan, Soc. Ed. Dante Alighieri, 1938.

Starr, Chester G., Jr., *The Roman Imperial Navy, 31 B.C A.D. 324,* Cornell Studies in Classical Philology, vol. 26, Ithaca, Cornell University Press, 1941.

Stein, Ernst, *Histoire du Bas-Empire : De l'État romain à l'État byzantin (284-476),* éd. et trad. par Jean-Rémy Palanque, Paris Desclée de Brouwer, 1959.

- *Opera Minora Selecta,* Amsterdam, A.M. Hakkert, 1968.

Stevenson, George Hope, *Roman Provincial Administration Till the Age of the Severi,* Oxford, Basil Blackwell, 1930.

Syme, Sir Ronald, *The Roman Revolution,* Oxford, Clarendon Press, 1939.

Syme, Sir Ronald, *Tacitus,* 2 vols, Oxford, Clarendon Press, 1958.

Thompson, E.A., *The Historical Work of Ammianus Marcellinus,* Cambridge, University Press, 1947.

- *A History of Attila and the Huns*, Oxford, Clarendon Press, 1948.

- *A Roman Reformer and Inventor : Being a New Text of the Treatise De Rebus Bellicis with a Translation and Introduction*, Oxford, Clarendon Press, 1952.
- *The Early Germans,* Oxford, Clarendon Press, 1965.
- *The Wisigoths in the Time of Ulfila,* Oxford, Clarendon Press, 1966.

Tovey, lieutenant-colonel Hamilton, *Elements of Strategy,* Londres, Eyre and Spottiswoode, 1887.

Vigneron, Paul, *Le Cheval dans l'Antiquité gréco-romaine, des guerres médiques aux grandes invasions : Contribution à l'histoire des techniques,* Annales de l'Est, mémoires n° 35, Nancy, Faculté des lettres et des sciences humaines, 1968.

Walter, Eugene Victor, *Terror and Resistance : A Study of Political Violence,* New York, Oxford University Press, 1969.

Warmington, Brian H., *The North African Provinces from Diocletian to the Vandal Conquest,* Cambridge, Cambridge University Press, 1954.

Watson, G.R., *The Roman Soldier,* Londres, Thames and Hudson, 1969.

Webster, Graham, *The Roman Imperial Army of the First and Second Centuries A.D.,* Londres, Adamn and Charles Back, 1969.

Wells, Colin Michael, *The German Policy of Augustus : An Examination of the Archaeological Evidence*, Oxford, Clarendon Press, 1972.

Wheeler, Sir Mortimer R.E., *Rome Beyond the Imperial Frontiers,* Londres, G. Bell and Sons, 1954.

White, Donald A., *Litus Saxonicum : The British Saxon Shore in Scholarship and History*, Madison, University of Wisconsin Press, 1961.

White, Lynn Townsend, ed., *The Transformation of the Roman World : Gibbon's Problems after Two Centuries,* Berkeley, University of California Press, 1966.

Wilkes, J.J., *Dalmatia : History of the Provinces of the Roman Empire*, Londres, Routledge and Kegan Paul, 1969.

Winspear, Alban D., et Geweke, Lenore K., *Augustus and the Reconstruction of Roman Government and Society,* University of Wisconsin Studies in the Social Sciences and Philosophy, n° 24, Madison, University of Wisconsin Press, 1935.

Zancan, Paola, *La Crisi del Principato nell anno 69 D.C.R.*, Universita di Padova, Pubblicazioni della Facultà di Lettere e Filosofia, vol. 16, Padoue, Dott, Antonio Milani, 1939.

III. Travaux non publiés

Gordon, Colin D., "The Subsidization of Border Peoples as a Roman Policy of Imperial Defense", Mémoire, University of Michigan, 1948 (LC microfilm AC-1, n.°1105).
Kaltenbach, Philip E., "Non-Citizen Troops in the "Roman Army", Mémoire, Johns Hopkins University, 1948.
Minor, Clifford E., "Brigand, Insurectionist and Separatist Movements in the Later Roman Empire", Mémoire, University of Washington, 1971.
Moscovich, Maurice James, "The Role of Hostages in Roman Foreign Policy", Mémoire, McMaster University (Canada), 1972.
Petersen, Hans E., "Governorship and Military Command in the Roman Empire", Mémoire, Harvard University, 1953.
Wade, Donald W., "The Roman Auxiliary Units and Camps in Dacia", Mémoire, University of North Carolina, 1969.
Uspensky, Th. I., "Military Organization of the Byzantine Empire", manuscript traduit par J. Krenov, d'après le *Bulletin of the Russian Archaelogical Institute at Constantinople*, vol. 6. Sofia, 1900, n° 3888, 1941. O.P. 165-1-93-11. [L. of C.].

IV. Ouvrages collectifs

1. Congrès sur les frontières de l'empire romain

[3e] *Congress of Roman Frontier Studies, 1969,* Edited by Eric B. Birley, Durham, Durham University Registrar, 1952.
Carnuntina : Ergebnisse der Forschung über die Grenzprovinzen des römischen Reiches, Vorträge beim Internationalen Kongress der Altertumsforscher Carnuntum, 1955, edited by Erich Swoboda Römische Forschungen in Niederösterreich, vol. 3, Graz et Cologne, Hermann Böhlaus Nachf., 1956.
Limes Romanus Konferenz, Nitra, Slovenskej Akadémie vied Bratislava, Bratislava, Slovenskej Akadémie, 1959.

Quintus Congressus Internationalis Limitis Romani Studiosorum, Acta et Dissertationes Archaelogicae, Zagreb, Arheologki Radovi i Rasprave III, 1963.

Corolla Memoriae Erich Swoboda Dedicata, Römische Forschungen in Niederösterreich, vol. 5, Graz et Cologne, Hermann Böhlaus Nachf., 1966.

Studien zu den Militärgrenzen Roms : Vorträge des 6. Internationalen Limes Kongresses in Süddeutschland. Beihefte der Bonner Jahrbücher, vol. 19, Cologne et Graz, Böhlau, 1971

Roman Frontier Studies, 1967, Tel Aviv, Students' Organization, 1971.

2. Autres ouvrages

Butler, Ronald M., ed., *Soldier and Civilian in Roman Yorkshire, Essays to Commemorate the Nineteenth Centenary of the Foundation of York*, Leicester, Leicester University Press, 1971.

Cambridge Ancient History, Gen. ed. John B. Bury. Vols. 10, 11, 12, Cambridge, University Press, 1934-1939.

Caprino, C. ; Colini, A. M. ; Gatti, G. ; Pallottino, M. ; Romanelli, P., *La Colonna di Marco Aurelio,* Rome, L'"Erma" di Bretschneider, 1955.

Centre national de la recherche scientifique, *Les Empereurs romains d'Espagne,* Colloques internationaux du Centre national de la recherche scientifique, Paris, Éditions du Centre national de la recherche scientifique, 1965.

Chevallier, Raymond, éd., *Mélanges d'archéologie et d'histoire offerts à André Piganiol,* École pratique des hautes études, VIe Section, Centre de recherches historiques, 3 vols, Paris, S.E.V.PE.N., 1966.

Grimes, W.F., ed., *Aspects of Archaeology in Britain and Beyond : Essays Presented to O.G.S. Crawford*, London, H.W. Edwards, 1951.

Howard, M., ed., *The Theory and Practice of War : Essays Presented to Captain B.H. Liddell Hart,* Londres, Cassell, 1965.

Proceedings of the XIIIe International Congress of Byzantine Studies, Edited by J.M. Hussey, D. Obolensky, and S. Runciman, Oxford, Clarendon Press, 1967.

Mélanges Marcel Durry : Revue des études latines, vol. 47 bis, Paris, Les Belles Lettres, 1969.

Millar, Fergus ; Berciu, D. ; Richard, N. ; Kossack, Georg ; Talbot, Rice Tamara, *The Roman Empire and its Neighbours,* Londres, Weidenfeld and Nicolson, 1967.

Renard, Marcel, éd., *Hommages à Albert Grenier,* 3 vols, Collection Latomus, vol. 58, Brussels, Latomus, 1962.

Temporini, Hildegard, ed., *Aufstieg und Niedergang der Römischen Welt : Geschichte und Kultur Roms in Spiegel der neueren Forschung* [A.N.R.W], Berlin et New York, Walter de Gruyter, 1974.

Index

Cartes

Carte 1.1 – L'empire en 23 ap. J.C.

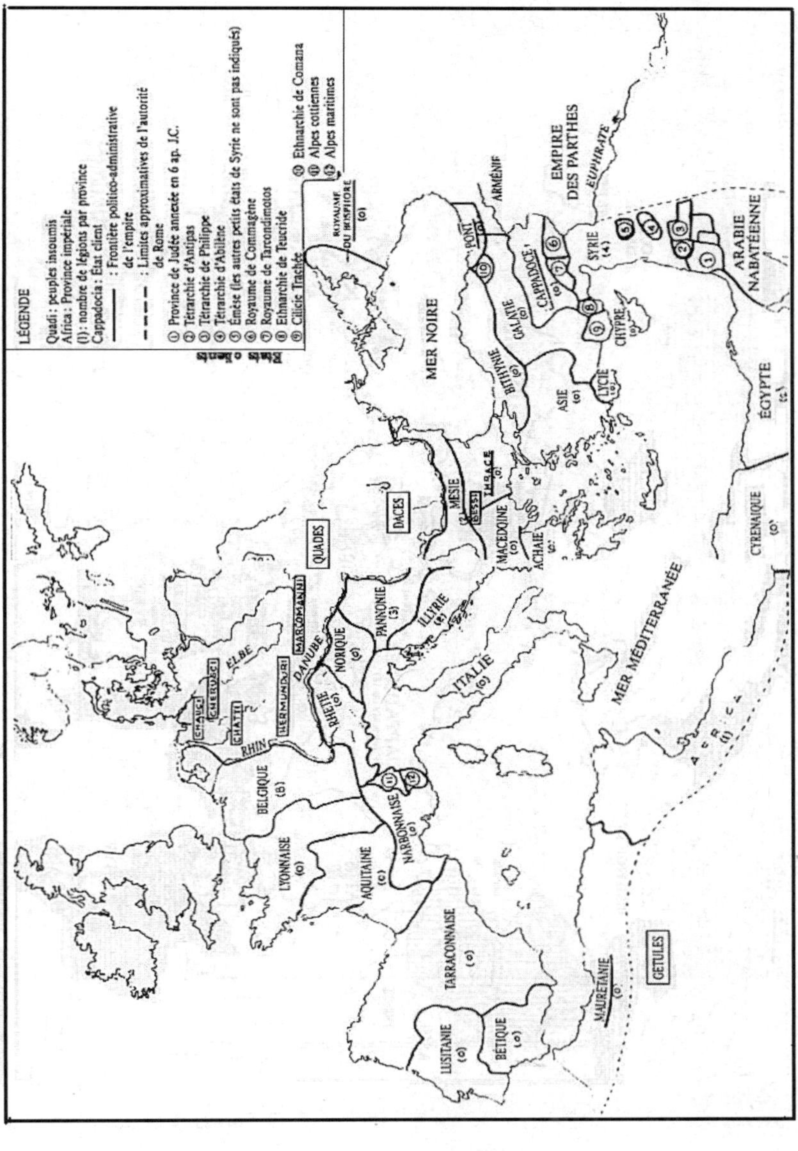

Carte 1.2 – L'Orient sous les Julio-Claudiens

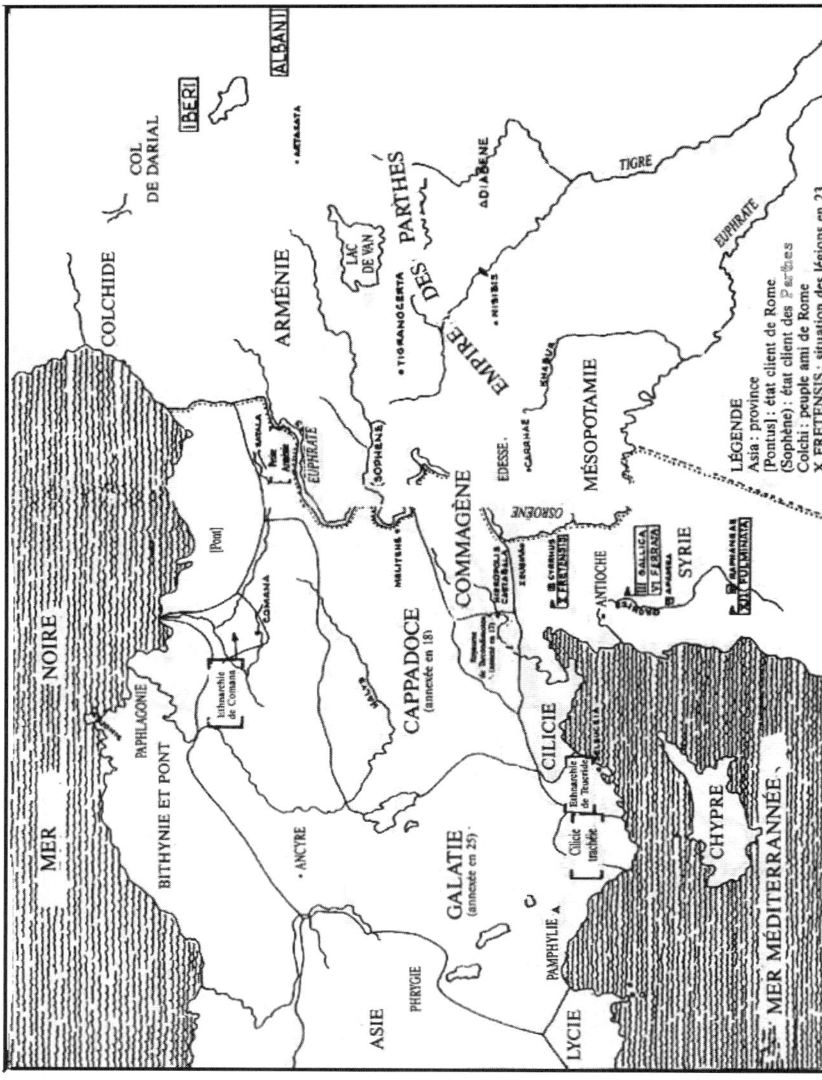

Carte 1.3 – La question germanique en 6-16 ap. J.C.

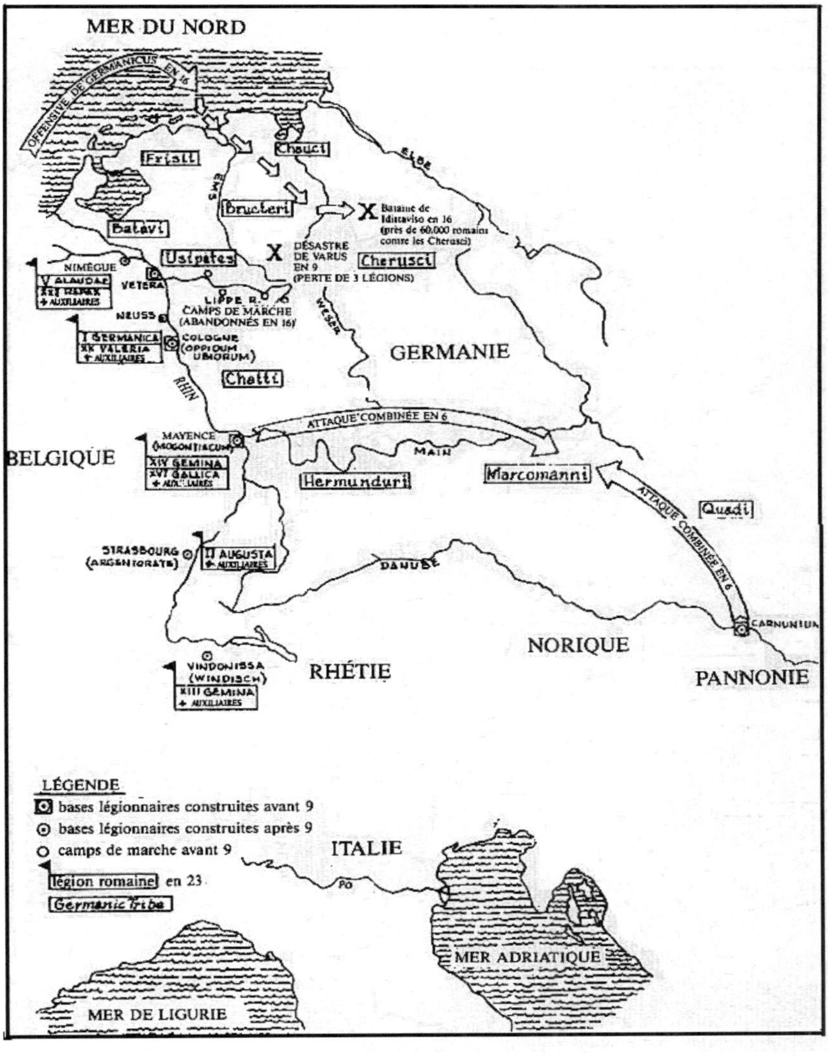

Carte 2.1 – Les frontières de l'empire au IIe siècle

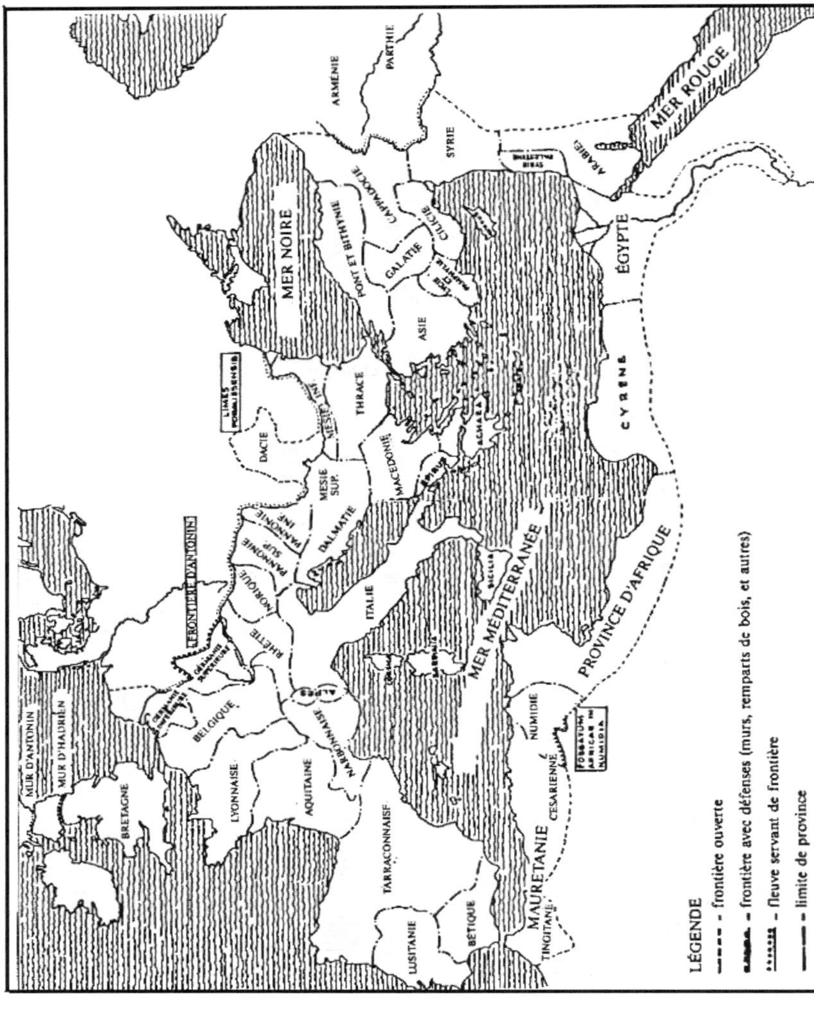

Carte 2.2 – Mobilité stratégique dans l'empire romain

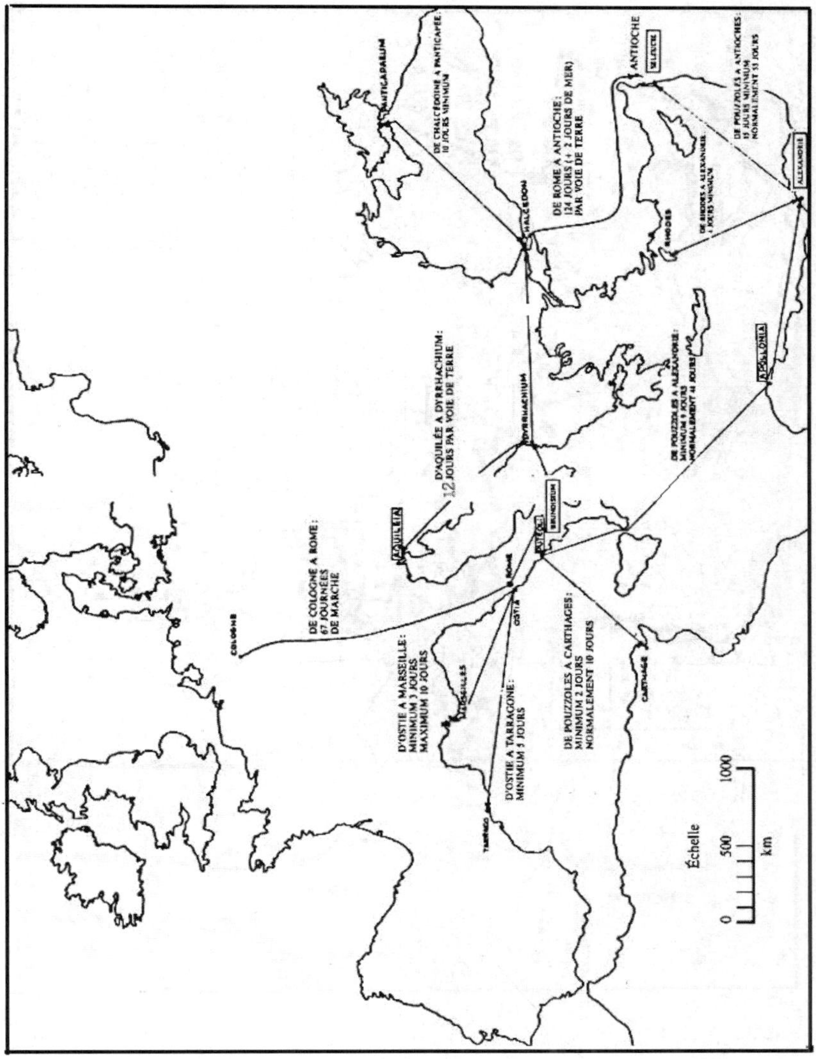

Carte 2.3 – Les frontières de la Bretagne romaine

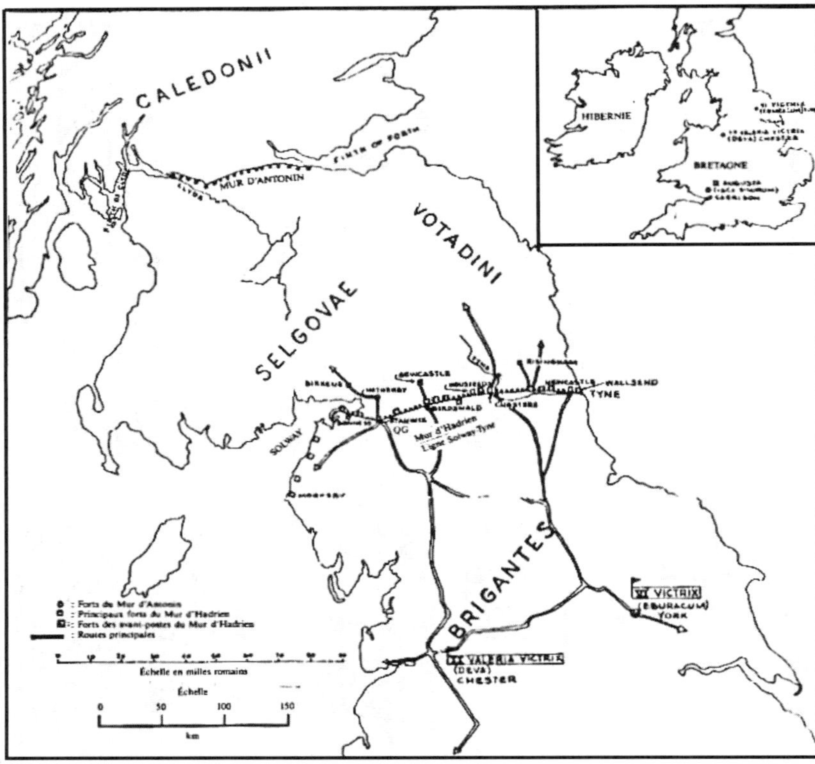

Carte 2.4 – La frontière avancée de Germanie

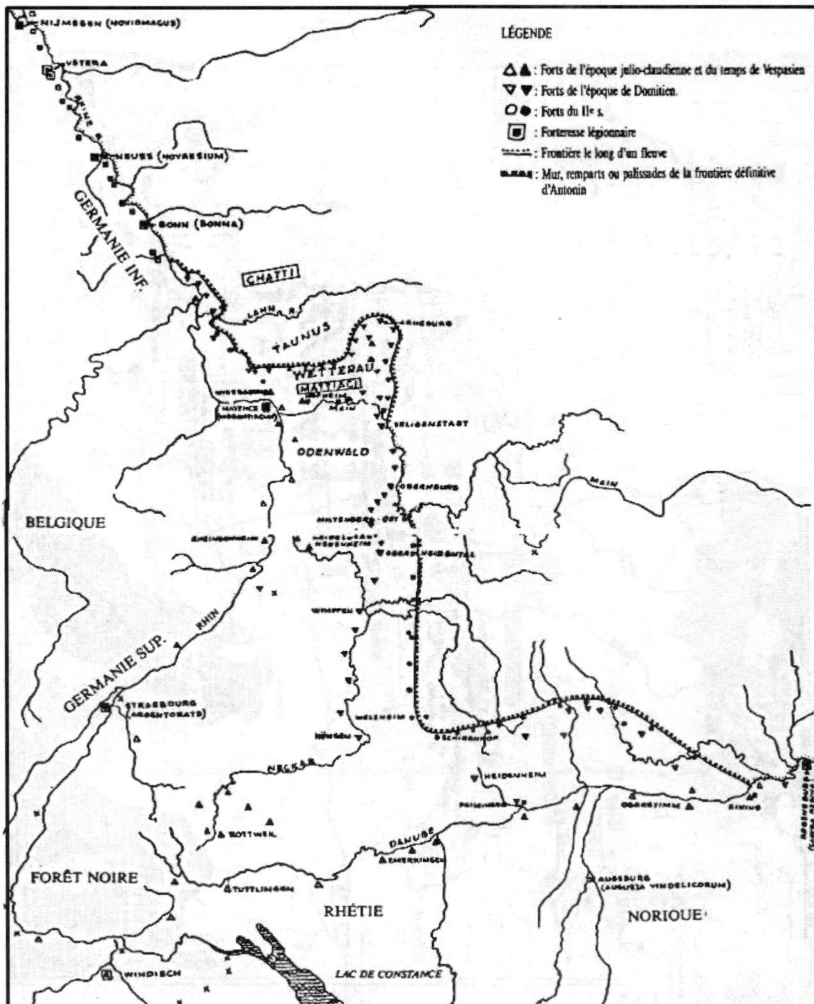

Carte 2.5 – Les frontières du IIe siècle en Europe

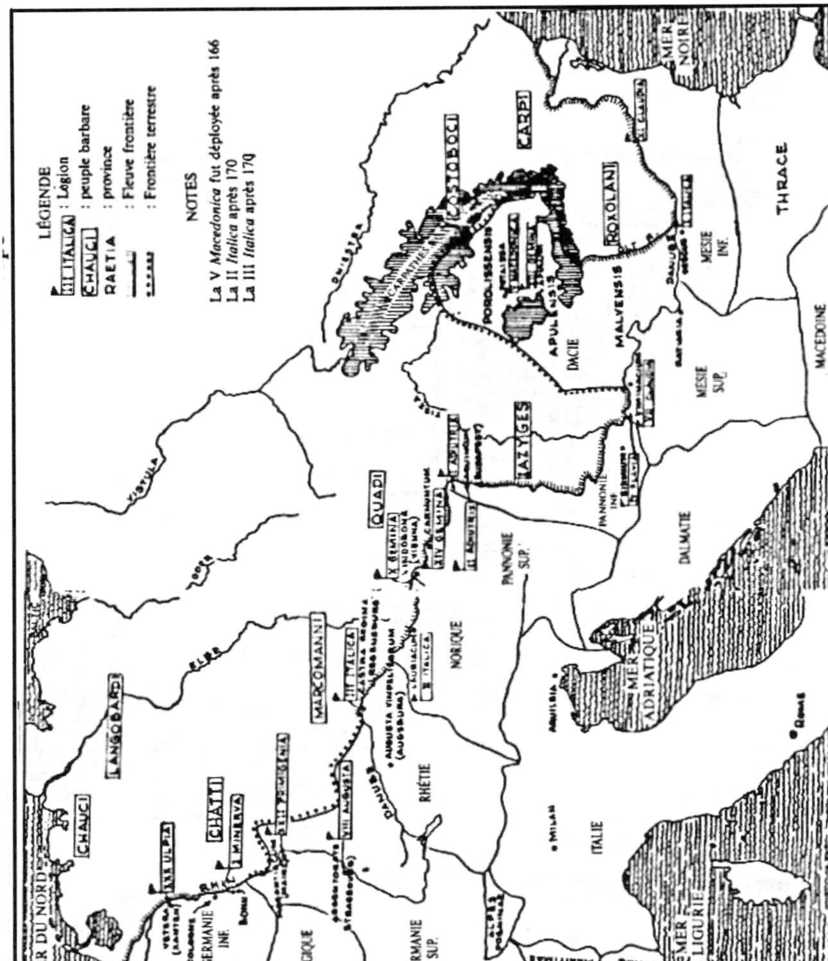

Carte 2.6 – La conquête de la Dacie

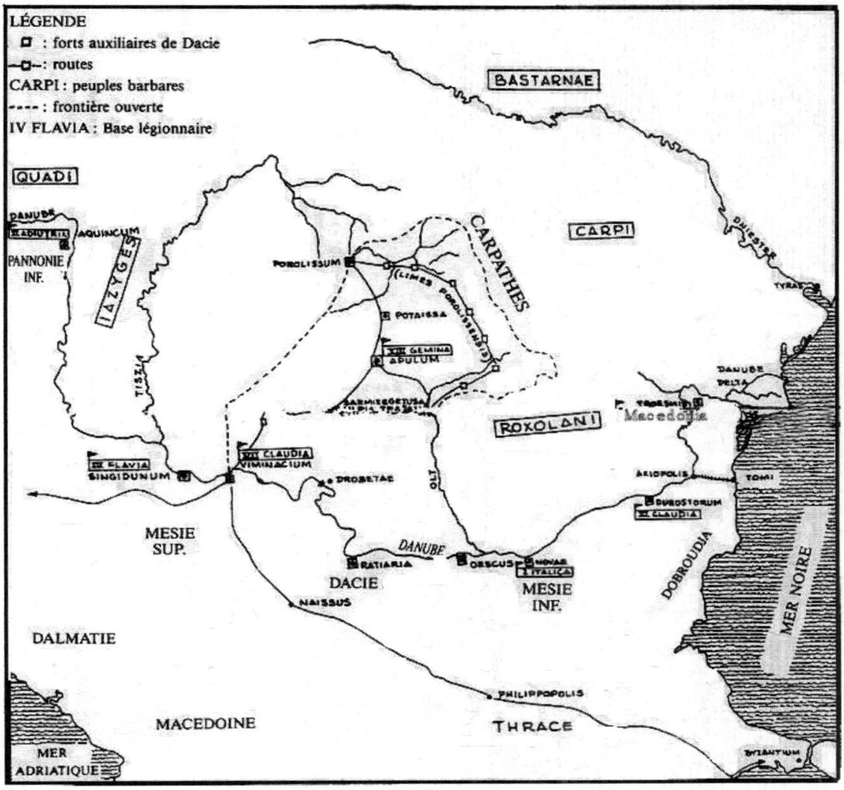

Carte 2.7 – L'importance stratégique de l'Arménie

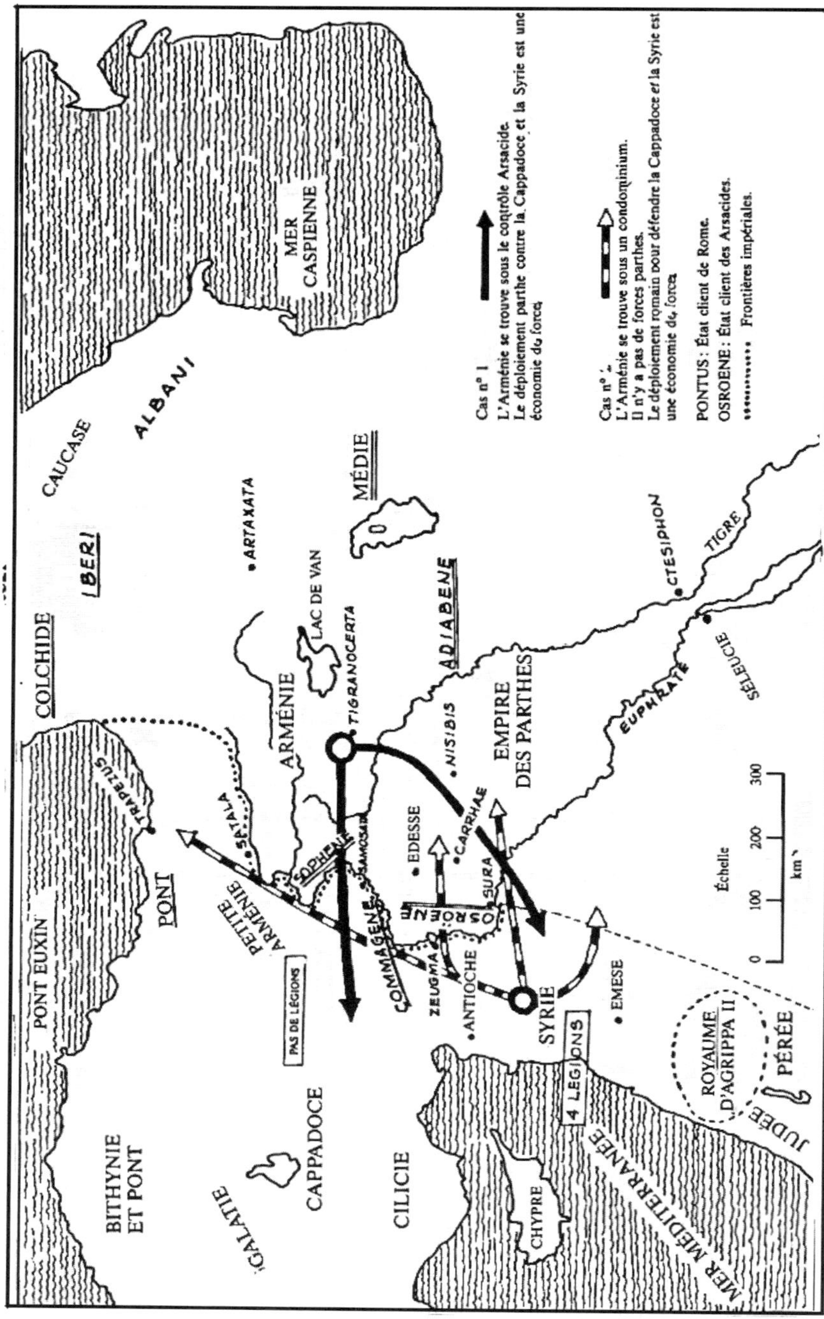

Carte 2.8 – L'empire parthe et l'Orient romain

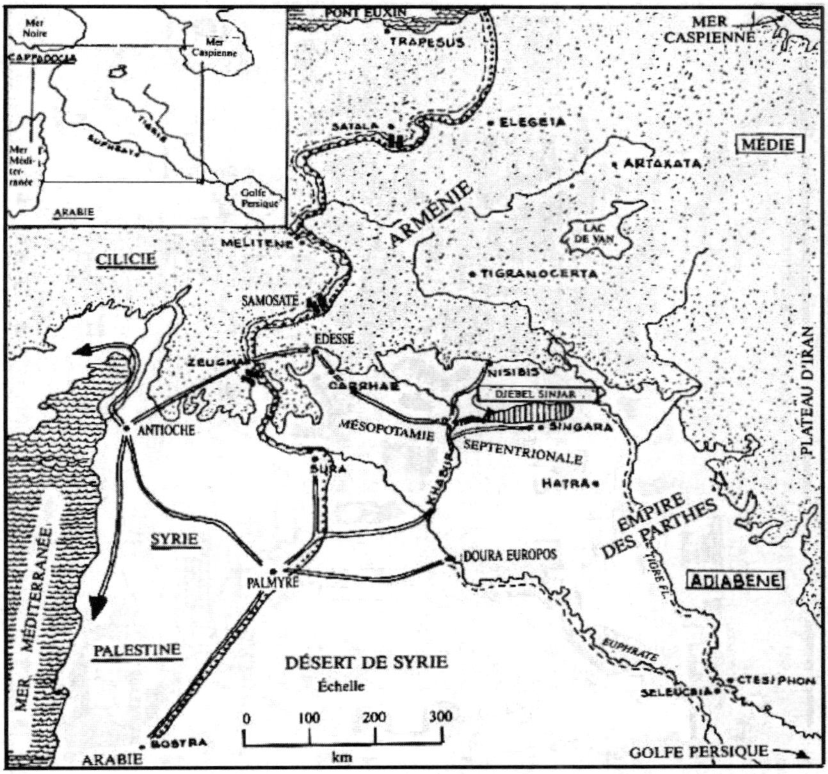

LÉGENDE

CILICIE : provinces impériales

MÉDIE : nom de pays

: points où on traverse les gorges de l'Euphrate

: villes avec enceintes

: routes

: pistes

: zone de relief élevé

: frontière avant et après Trajan

: *limes* qu'il serait possible de fermer.

Carte 3.1 – La grande crise du III*e siècle*

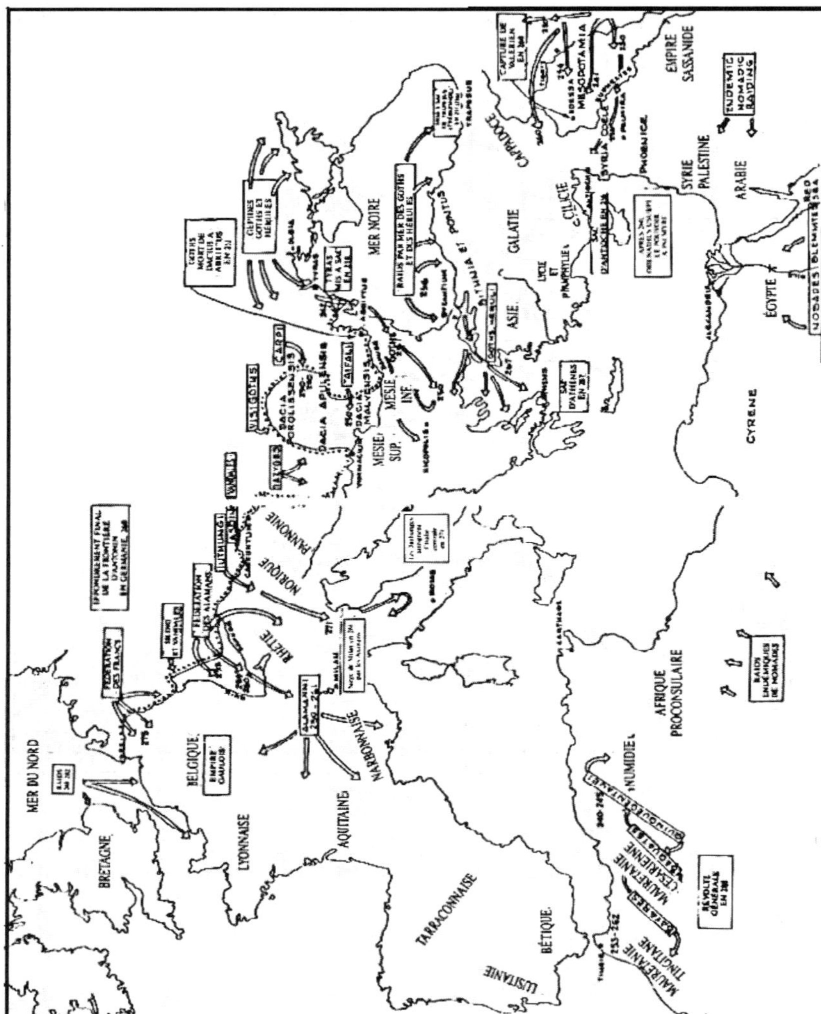

Carte 3.2 – Les frontières de la tétrarchie et les nouvelles frontières

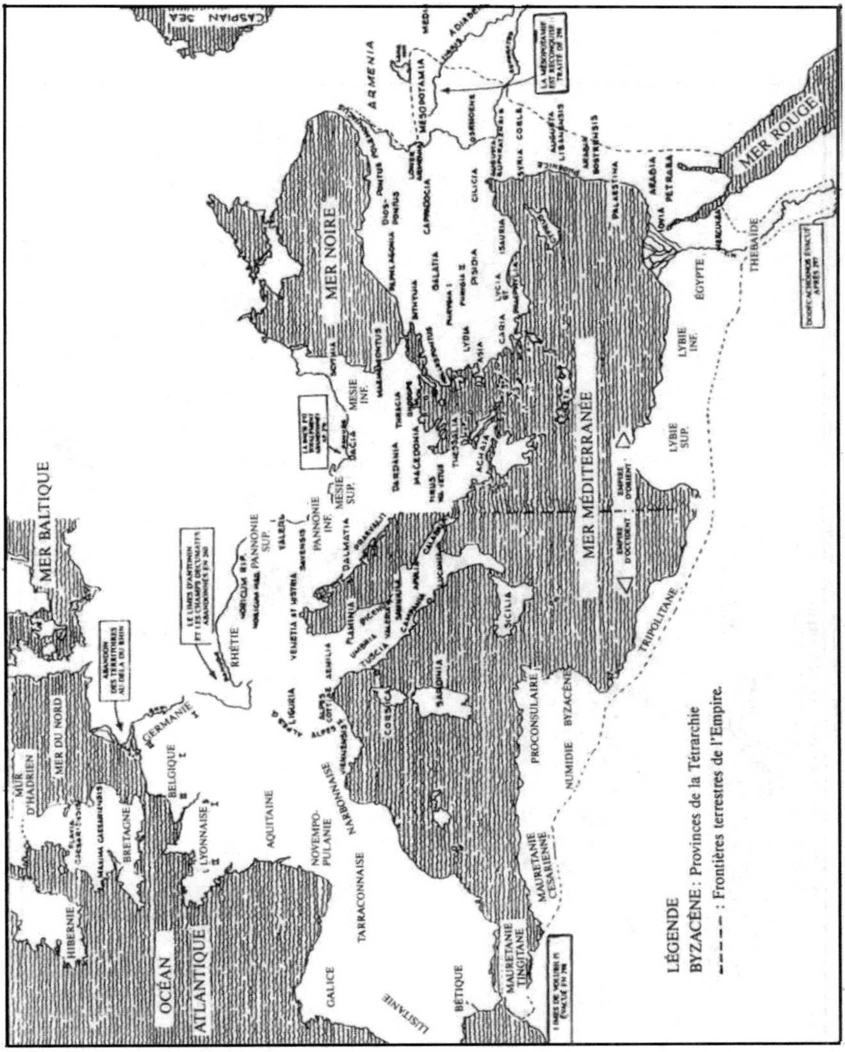

Carte 3.3 – La défense en profondeur de la frontière en Germanie

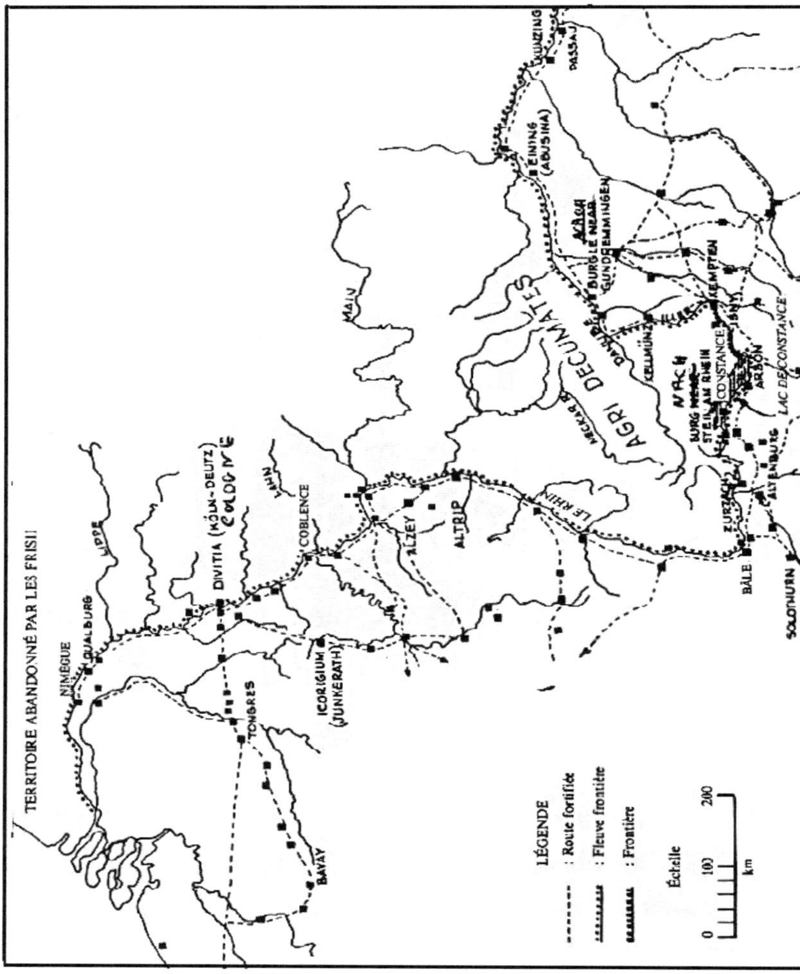

Carte 3.4 – La défense en profondeur : Augusta Libanensis (seules les unités attestées sont citées)

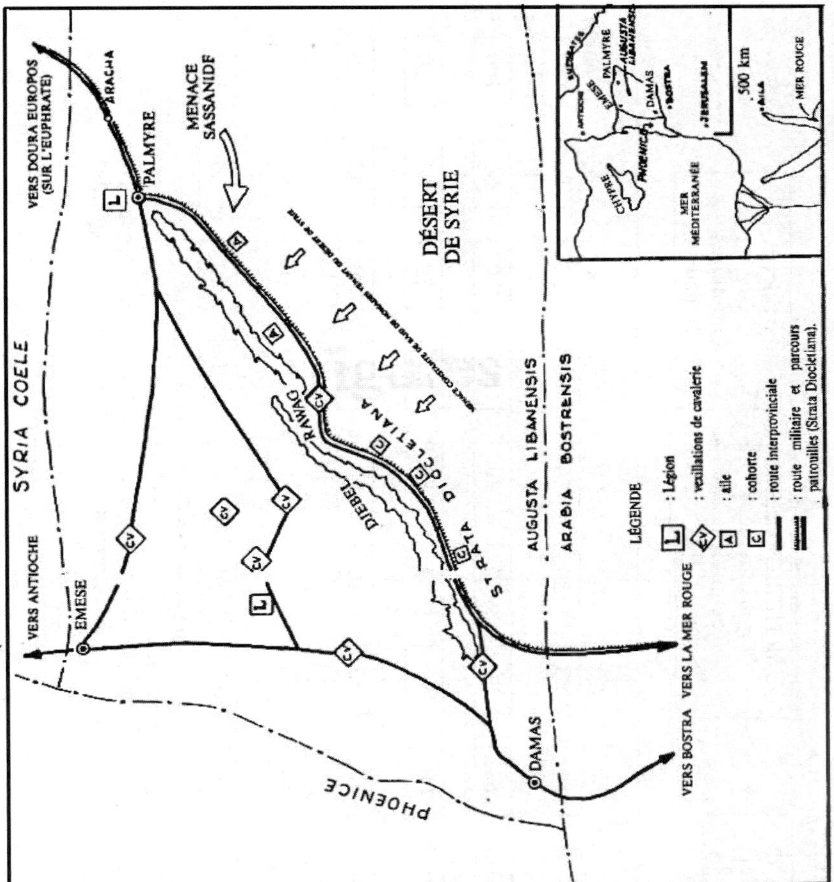

Figures

Figure 1.1 – Effectif d'une unité romaine au cours des Ier et IIe siècles

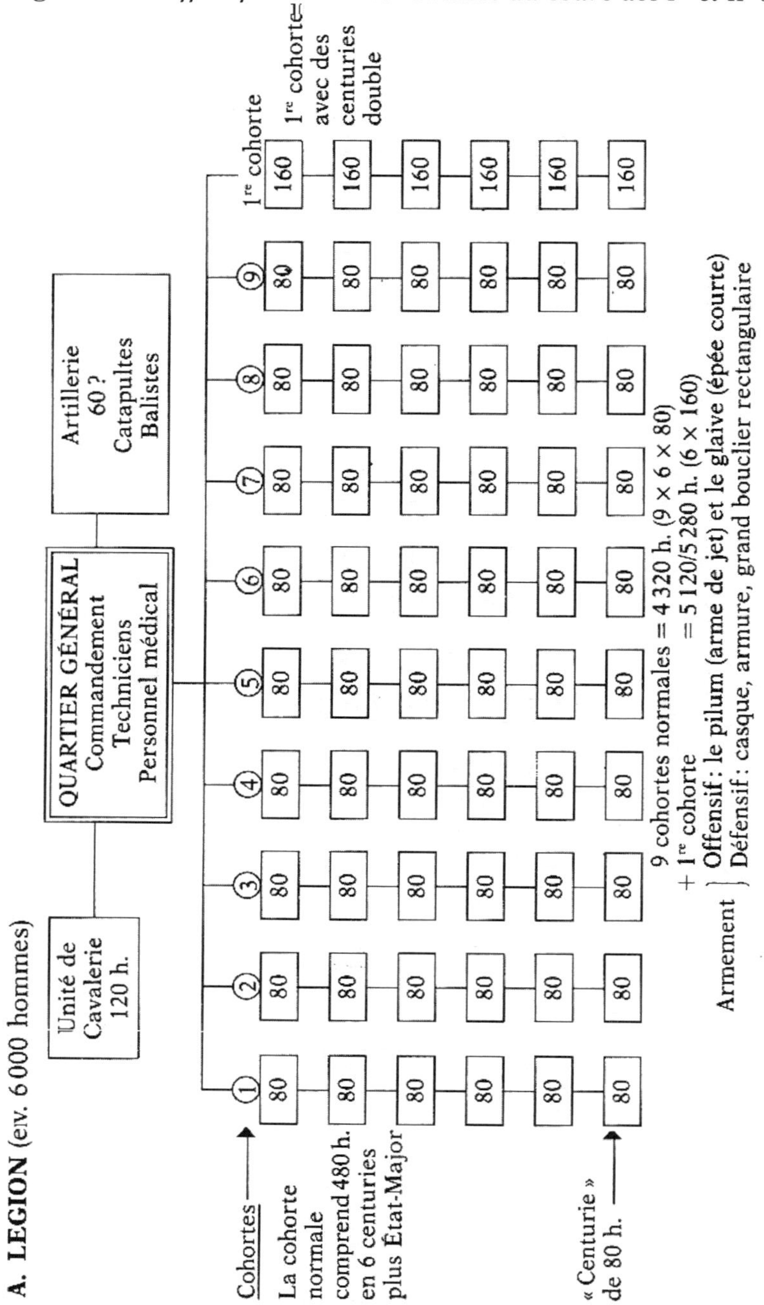

B. AUXILIA (troupes auxiliaires)

CAVALERIE	MIXTE	INFANTERIE
Aile quingénaire	Cohorte montée quingénaire	Cohorte quingénaire
512 cavaliers	380 fantassins 512 cavaliers	env. 500 h.
Aile miliaire	Cohorte montée miliaire	Cohorte miliaire
env. 1 000 cavaliers + quartier général	760 fantassins 240 cavaliers + quartier général	env. 1 000 h.
		Numérus
		(unité d'irréguliers) env. 300 h.

Armement offensif : arcs et flèches
javelots
épées longues
lances
lances plus lourdes pour la cavalerie

Figures 1.2 – Deux modèles d'organisation impériale

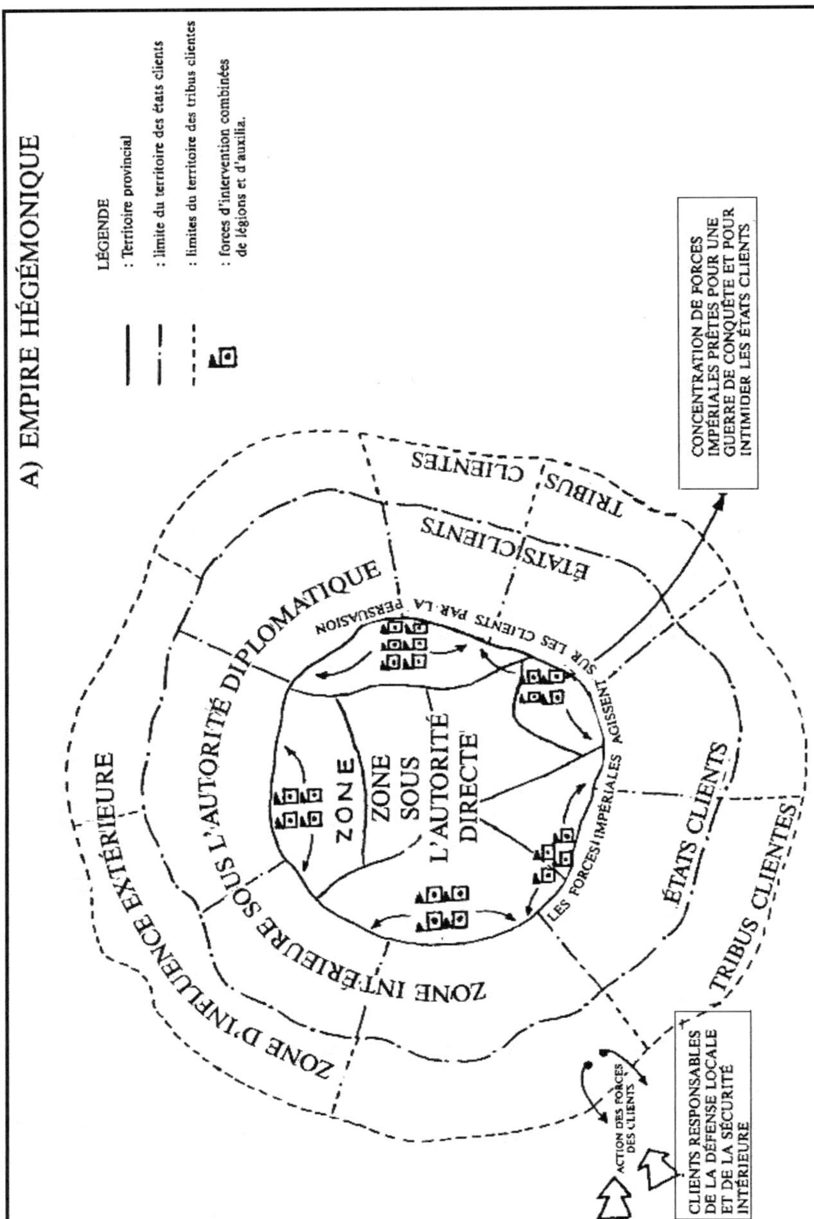

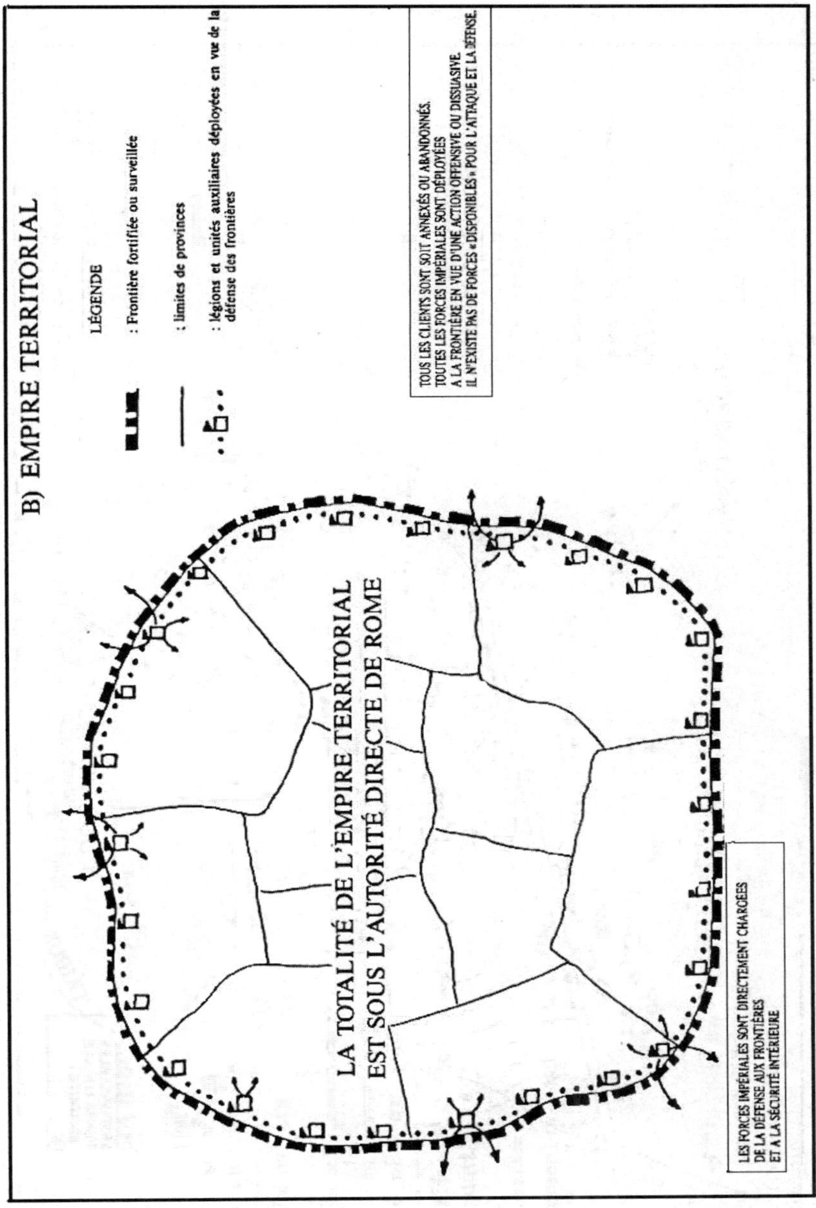
B) EMPIRE TERRITORIAL
LÉGENDE
: Frontière fortifiée ou surveillée
: limites de provinces
: légions et unités auxiliaires déployées en vue de la défense des frontières
TOUS LES CLIENTS SONT SOIT ANNEXÉS OU ABANDONNÉS.
TOUTES LES FORCES IMPÉRIALES SONT DÉPLOYÉES
A LA FRONTIÈRE EN VUE D'UNE ACTION OFFENSIVE OU DISSUASIVE.
IL N'EXISTE PAS DE FORCES « DISPONIBLES » POUR L'ATTAQUE ET LA DÉFENSE.
LA TOTALITÉ DE L'EMPIRE TERRITORIAL
EST SOUS L'AUTORITÉ DIRECTE DE ROME
LES FORCES IMPÉRIALES SONT DIRECTEMENT CHARGÉES
DE LA DÉFENSE AUX FRONTIÈRES
ET A LA SÉCURITÉ INTÉRIEURE

Figure 2.1 – Exemples d'organisation de frontière

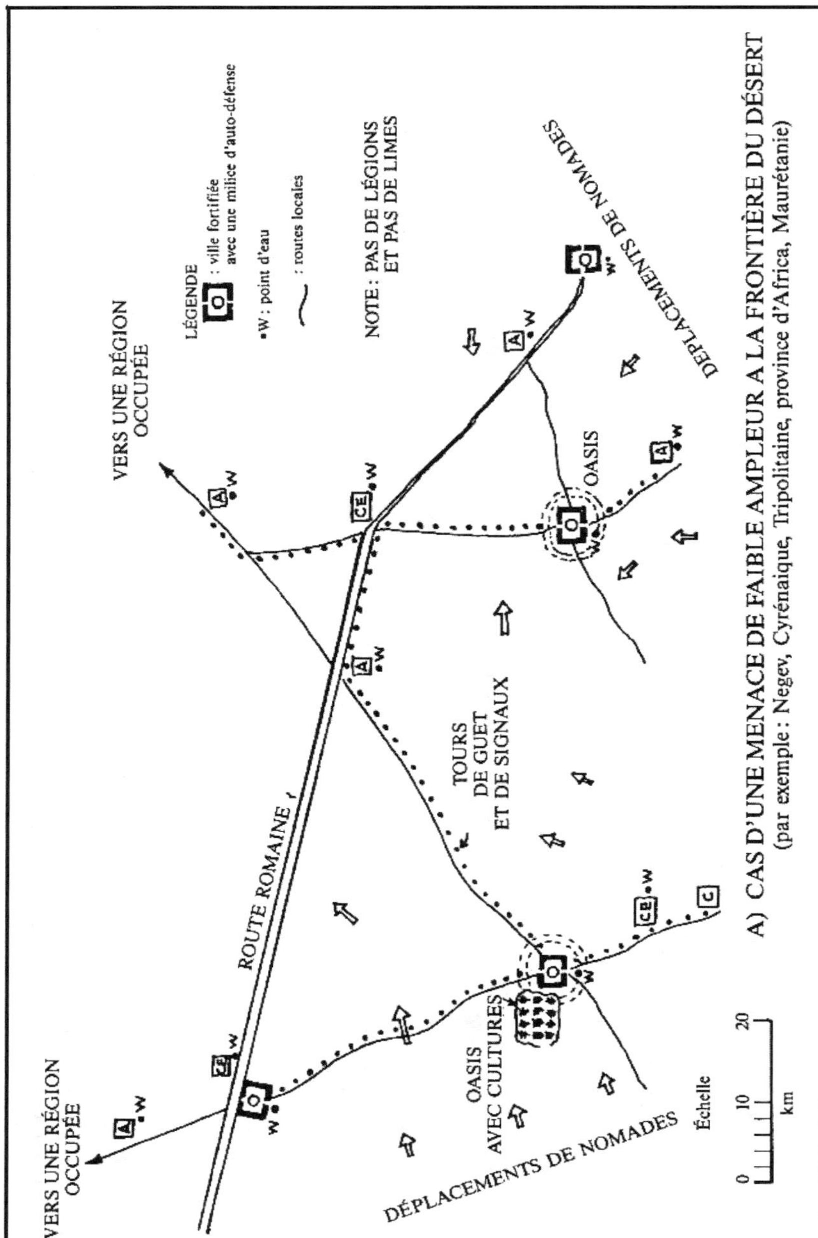

A) CAS D'UNE MENACE DE FAIBLE AMPLEUR A LA FRONTIÈRE DU DÉSERT
(par exemple : Negev, Cyrénaique, Tripolitaine, province d'Africa, Maurétanie)

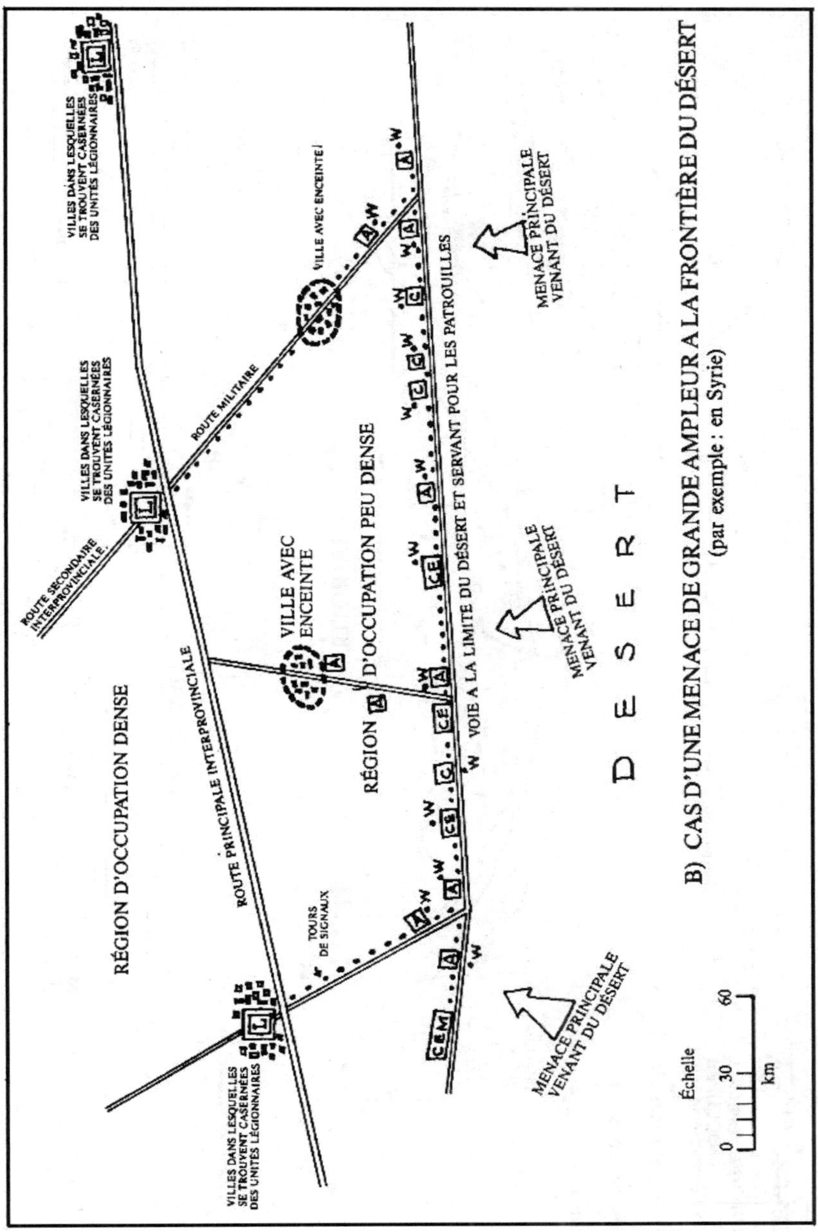

B) CAS D'UNE MENACE DE GRANDE AMPLEUR A LA FRONTIÈRE DU DÉSERT
(par exemple : en Syrie)

Figure 2.2 – Exemple d'organisation de la frontière en Europe

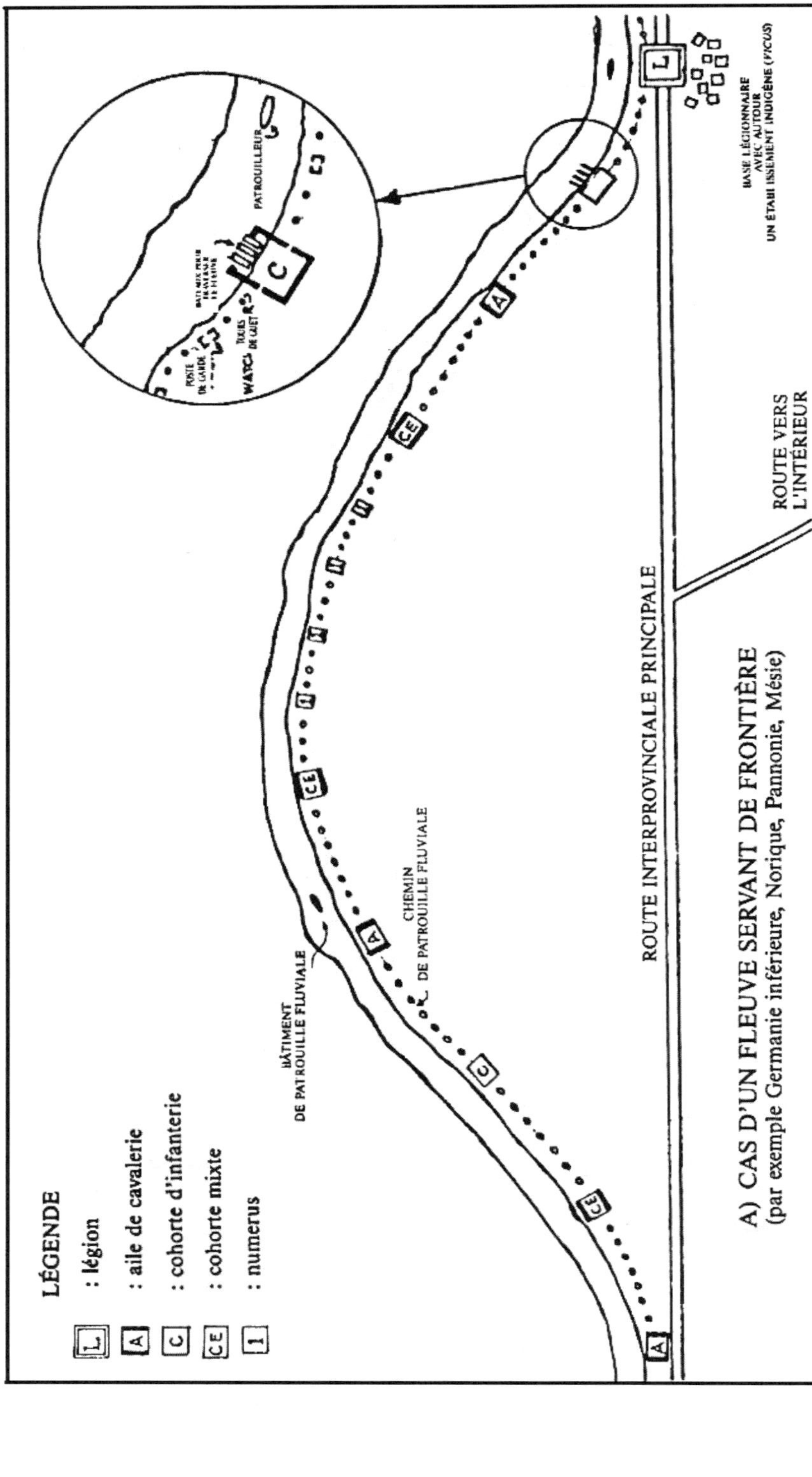

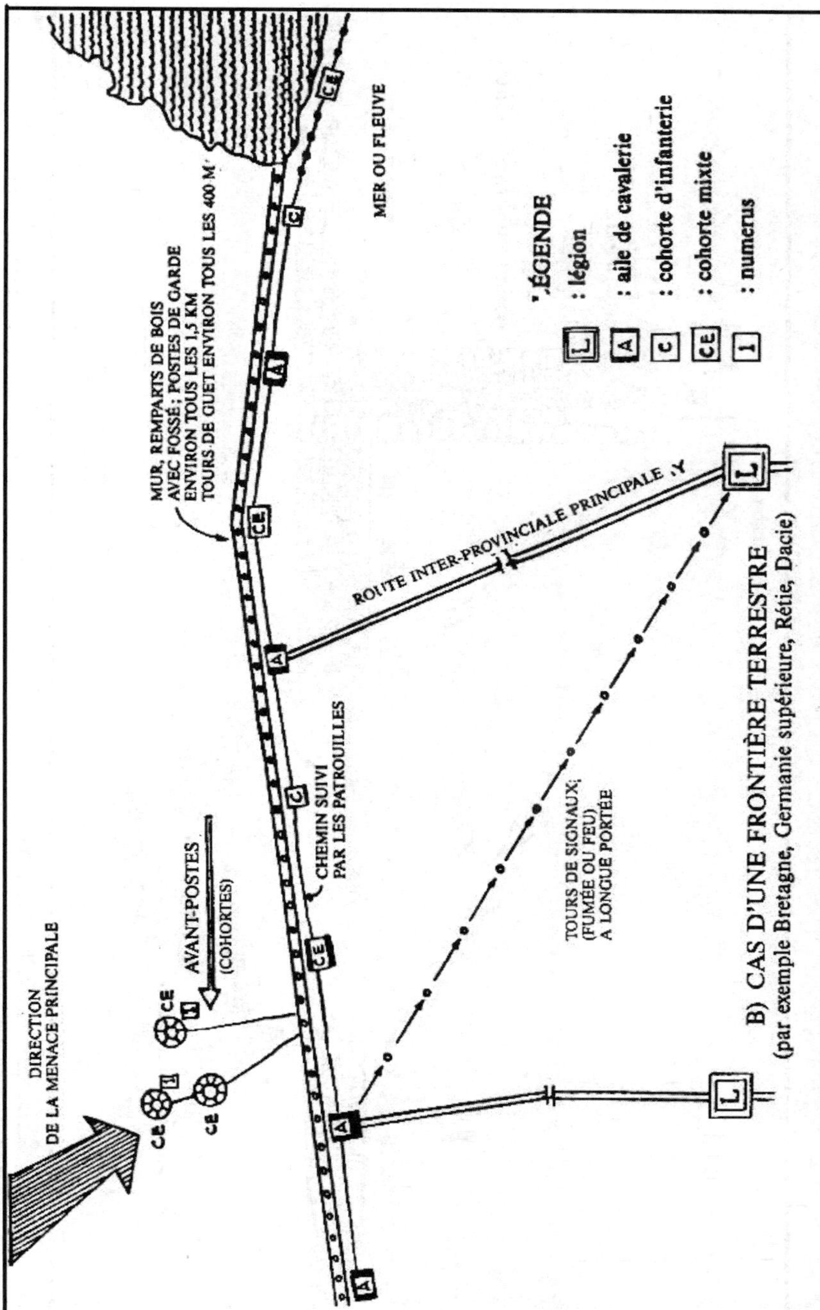

B) CAS D'UNE FRONTIÈRE TERRESTRE
(par exemple Bretagne, Germanie supérieure, Rétie, Dacie)

Figure 2.3 – Le mur d'Hadrien, les éléments de défense

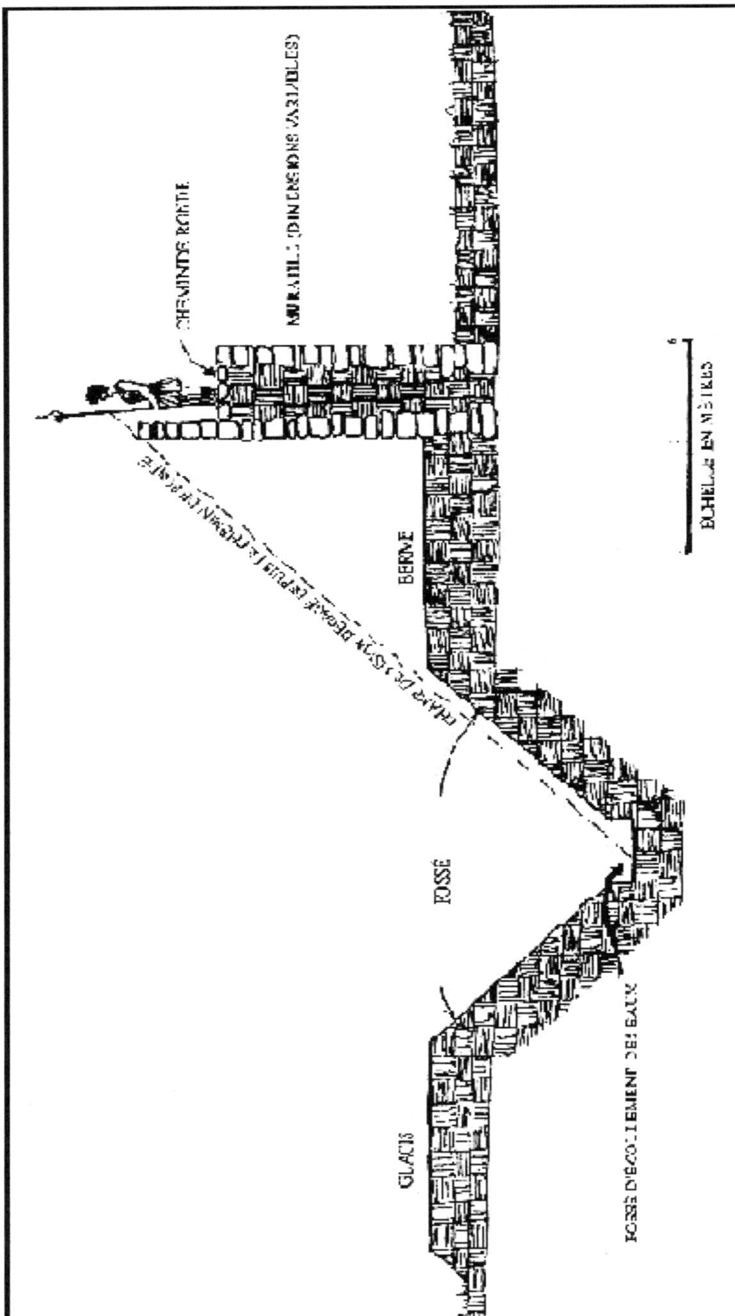

Figure 2.4 – La tactique de la défense en avant

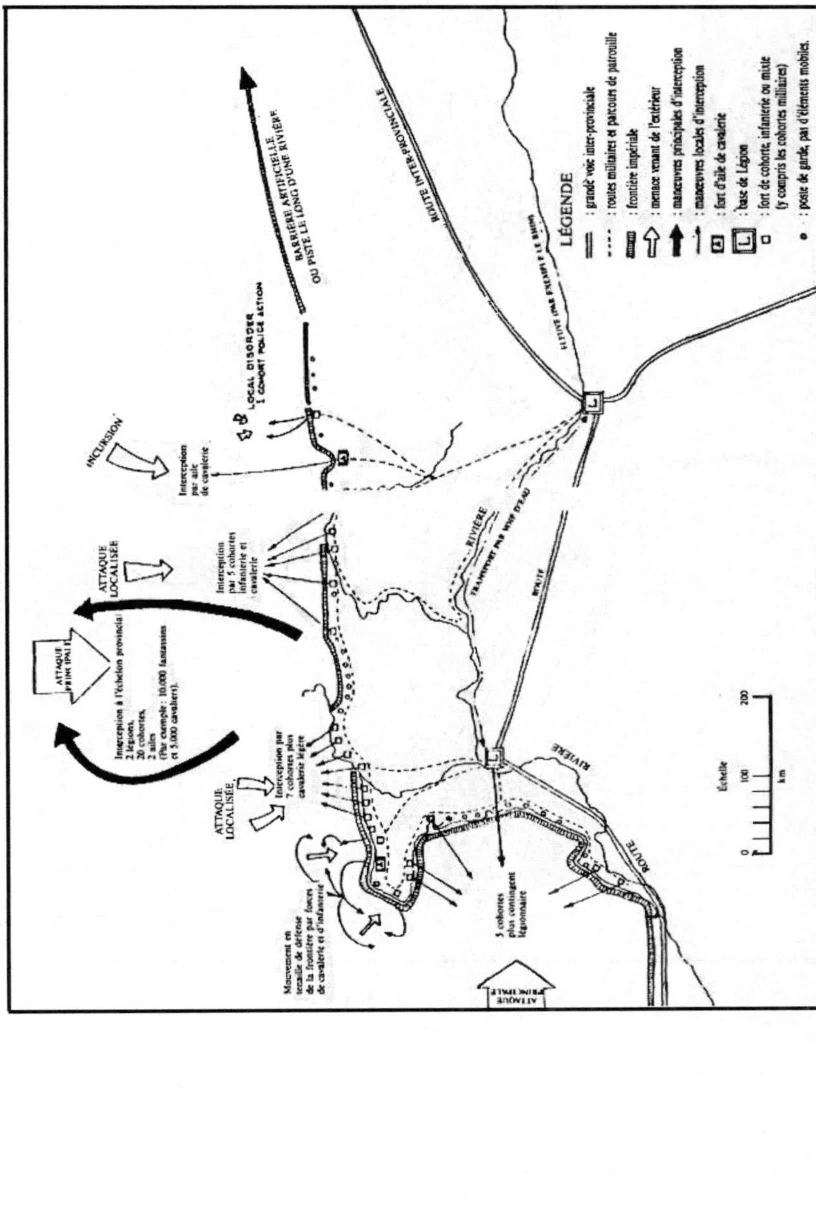

Figure 3.1 – Principes d'opérations de défense aux frontières, la défense élastique

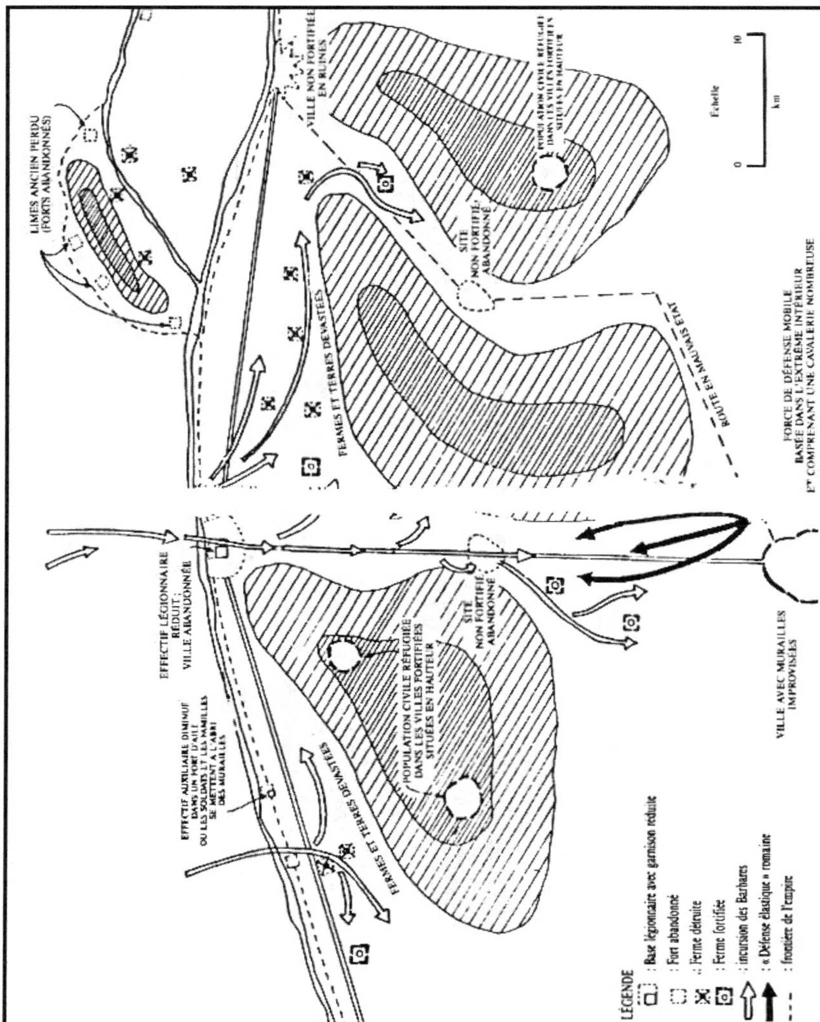

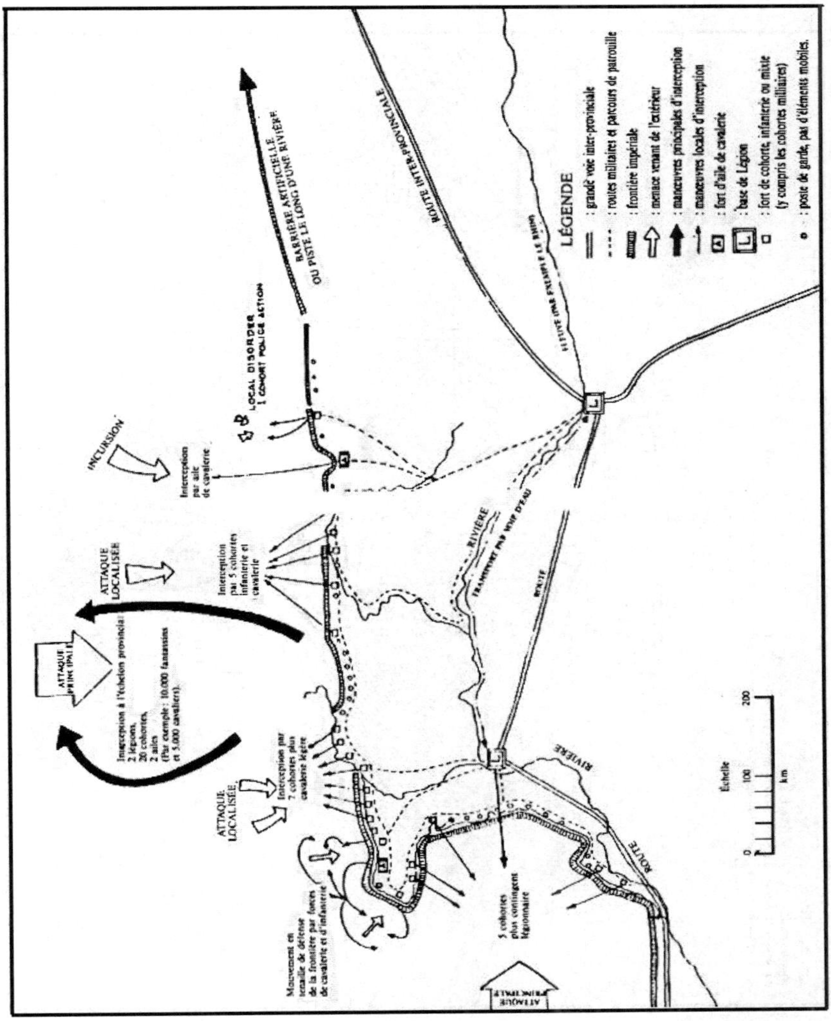
ATTAQUE PRINCIPALE
Interception à l'échelon provincial: 2 légions, 20 cohortes, 2 ailes (Par exemple : 10.000 fantassins et 5.000 cavaliers).
ATTAQUE LOCALISÉE
Interception par 7 cohortes plus cavalerie légère
ATTAQUE LOCALISÉE
Interception par 5 cohortes infanterie et cavalerie
INCURSION
Interception par aile de cavalerie
LOCAL DISORDER 1 COHORT POLICE ACTION
BARRIÈRE ARTIFICIELLE OU PISTE LE LONG D'UNE RIVIÈRE
ROUTE INTER-PROVINCIALE
RIVIÈRE
TRANSPORT PAR VOIE D'EAU
ROUTE
Mouvement en tenaille de défense de la frontière par forces de cavalerie et d'infanterie
5 cohortes plus contingent légionnaire
ATTAQUE PRINCIPALE
RIVIÈRE
ROUTE
Échelle
0 100 200
km
LÉGENDE
: grande voie inter-provinciale
: routes militaires et parcours de patrouille
: frontière impériale
: menace venant de l'extérieur
: manœuvres principales d'interception
: manœuvres locales d'interception
: fort d'aile de cavalerie
: base de Légion
: fort de cohorte, infanterie ou mixte (y compris les cohortes milliaires)
: poste de garde, pas d'éléments mobiles.

Figure 3.2 – Principes d'opérations de défense aux frontières, la défense en profondeur

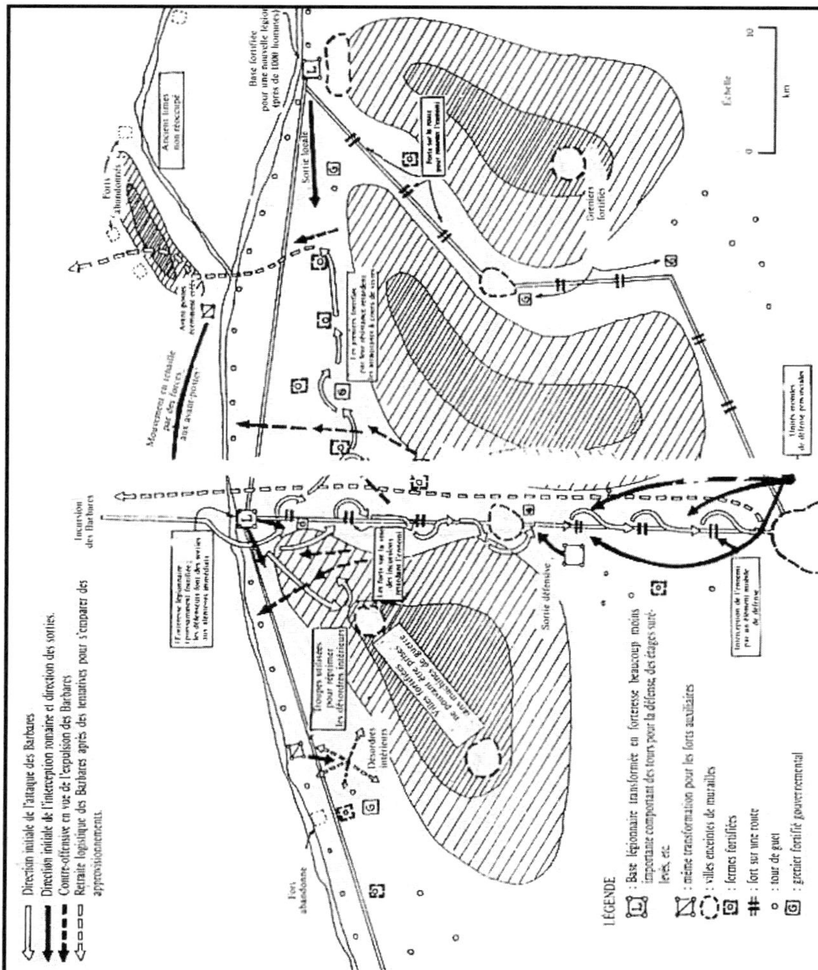

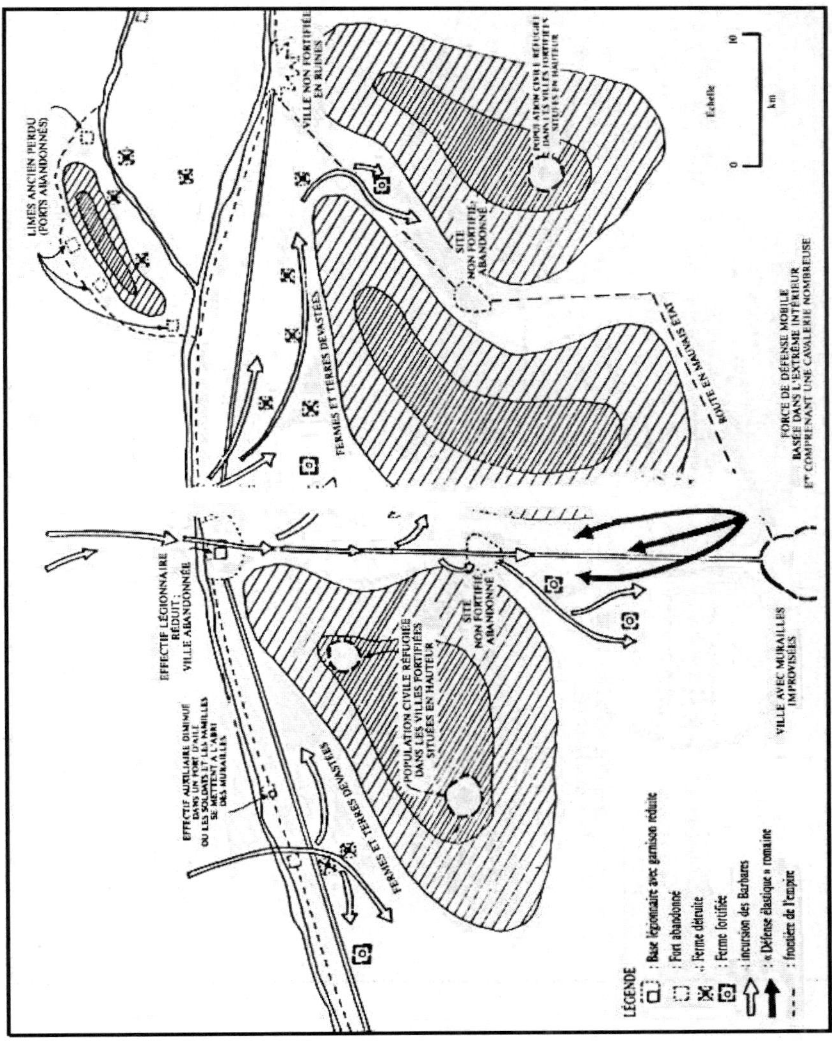
LÉGENDE
: Base légionnaire avec garnison réduite
: Fort abandonné
: Ferme détruite
: Ferme fortifiée
: incursion des Barbares
: « Défense élastique » romaine
: frontière de l'empire
EFFECTIF AUXILIAIRE DIMINUÉ DANS UN FORT D'AILE OÙ LES SOLDATS ET LES FAMILLES SE METTENT À L'ABRI DES MURAILLES
EFFECTIF LÉGIONNAIRE RÉDUIT ; VILLE ABANDONNÉE
FERMES ET TERRES DÉVASTÉES
POPULATION CIVILE RÉFUGIÉE DANS LES VILLES FORTIFIÉES SITUÉES EN HAUTEUR
SITE NON FORTIFIÉ ABANDONNÉ
VILLE AVEC MURAILLES IMPROVISÉES
LIMES ANCIEN PERDU (FORTS ABANDONNÉS)
FERMES ET TERRES DÉVASTÉES
SITE NON FORTIFIÉ ABANDONNÉ
VILLE NON FORTIFIÉE EN RUINES
POPULATION CIVILE RÉFUGIÉE DANS LES VILLES FORTIFIÉES SITUÉES EN HAUTEUR
ROUTE EN MAUVAIS ÉTAT
FORCE DE DÉFENSE MOBILE BASÉE DANS L'EXTRÊME INTÉRIEUR ET COMPRENANT UNE CAVALERIE NOMBREUSE
Échelle
0
10
km

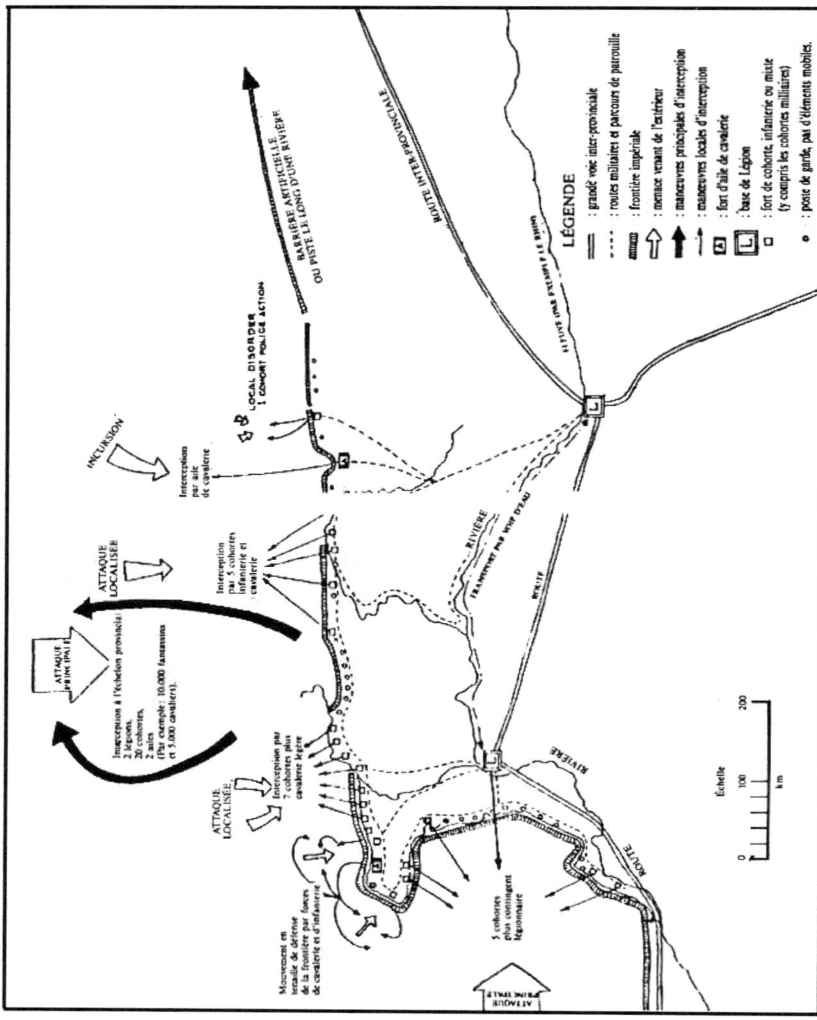
LÉGENDE
: grande voie inter-provinciale
: routes militaires et parcours de patrouille
: frontière impériale
: menace venant de l'extérieur
: manœuvres principales d'interception
: manœuvres locales d'interception
: fort d'aile de cavalerie
: base de Légion
: fort de cohorte, infanterie ou mixte (y compris les cohortes milliaires)
: poste de garde, pas d'éléments mobiles.
ROUTE INTER-PROVINCIALE
BARRIÈRE ARTIFICIELLE OU PISTE LE LONG D'UNE RIVIÈRE
LOCAL DISORDER 1 COHORT POLICE ACTION
INCURSION
Interception par aile de cavalerie
ATTAQUE LOCALISÉE
Interception par 5 cohortes infanterie et cavalerie
ATTAQUE PRINCIPALE
Interception à l'échelon provincial: 2 légions, 20 cohortes, 2 ailes (Par exemple : 10.000 fantassins et 5.000 cavaliers).
ATTAQUE LOCALISÉE
Interception par 7 cohortes plus cavalerie légère
Mouvement en tenaille de défense de la frontière par forces de cavalerie et d'infanterie
5 cohortes plus contingent légionnaire
ATTAQUE PRINCIPALE
RIVIÈRE
ROUTE
RIVIÈRE
ROUTE
Échelle
0
100
200
km

Figure 3.3 – La défense en avant.
Principes des opérations de défense de la frontière

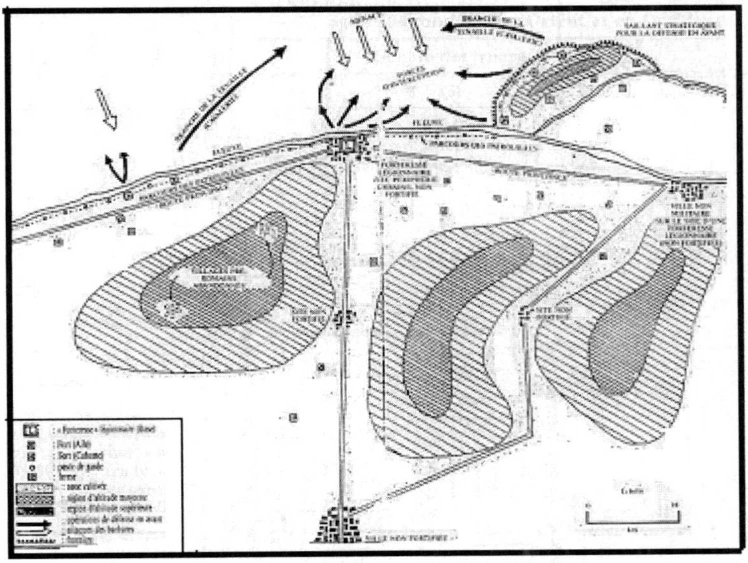

Figure 3.4 – Évolution du plan de la fortification romaine

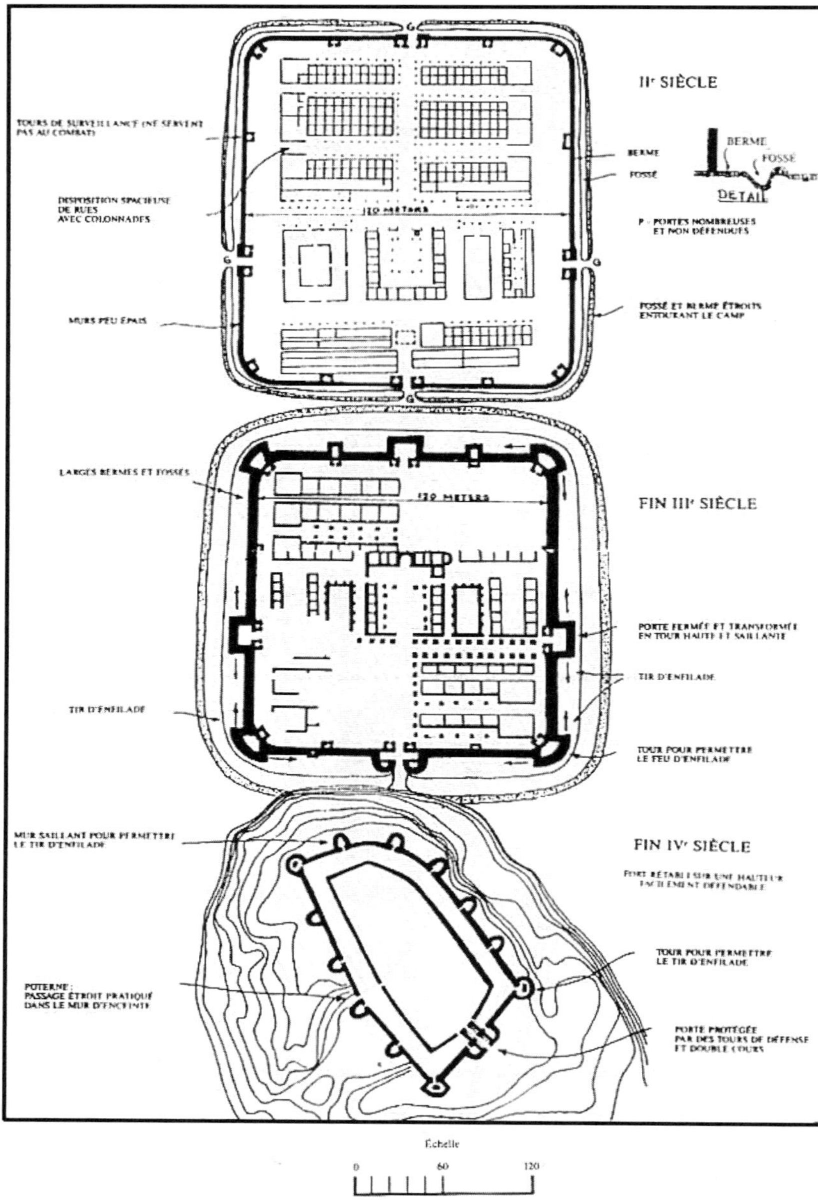

Tableau 3.1 – Répartition des troupes
Armées de campagne et frontières en Orient et en Occident

	Nombre des troupes				
	(1)	(2)	(3)	(4)	(5)
Comitatus occidental	—	111,000	113,000	123,800	94,000
Comitatus oriental	—	94,500	104,000	96,300	79,00.
Total	194,500	205,500	217,000	220,100	173,000
Limitanei occidentaux	—	200,000	135,000	138,000	122,000/130,000
Limitanei orientaux	—	332,000	248,000	165,700	201,500
Total	360,000	532,000	383,000	303,700	323,500/331,500
Total pour l'Occident	—	311,000	248,000	261,800	226,000/224,000
Total pour l'Orient	—	426,500	352,000	262.000	280,500
Pourcentage de limitanei en Occident	—	64 %	54 %	47 %	56-58 %
Pourcentage de limitanei en Orient	—	78 %	70 %	63 %	72 %
Total des troupes en Occident et en Orient	554.500	737,500	600,000	523,800	496,500/504,500
Pourcentage total des limitanei	65 %	72 %	64 %	58 %	65 %

Source : (1) T. Mommsen, « Das Römische Militärwesen seit Diocletian », *Hermes* 24 (1889) : 263 cited in Clemente, *La Notitia Dignitatum*, p. 151, n. 71 ; (2) Nischer, « Army Reforms of Diocletian and Constantine », p. 54 ; (3) Jones, *Later Roman Empire*, vol. 3, table 15, pp. 379-80 ; (4) Várady, « New Evidences on Some Problems of Late Roman Military Organization », p. 360 ; (5) J. Szilágyi, « Les Variations des centres de prépondérance militaire dans les provinces frontières de l'empire romain », *Acta Antiqua Academiæ Scientarum Hungaricae* 2 (1953) : 217.

Table des matières

Everett Wheeler

Limites méthodologiques et mirage d'une stratégie romaine

BIBLIOTHÈQUE STRATÉGIQUE
dirigée par Lucien POIRIER et Hervé COUTAU-BÉGARIE

Lucien Poirier, *Stratégie théorique II*.
Edward Luttwak, *La grande stratégie de l'empire romain*.
Paul Kennedy, *Stratégie et diplomatie*.
Sun Zi, *L'art de la guerre*.
Général Colin, *Les transformations de la guerre*, suivi d'Une lecture de Colin par Lucien Poirier.
Jean-Paul Charnay, *Métastratégie*.
William McNeill, *La recherche de la puissance*.
Amiral Besnault, *Géostratégie de l'Arctique*.
Bernard Labatut, *Renaissance d'une puissance ? Politique de défense et réforme militaire dans l'Espagne démocratique*.
Michel Tripier, *Le royaume d'Archimède*.
Julian S. Corbett, *Principes de stratégie maritime*.
Bruno Colson, *La culture stratégique américaine. L'influence de Jomini*.
Hervé Coutau-Bégarie, *Géostratégie de l'océan Indien*.
Serge Grouard, *La guerre en orbite. Essai de politique et de stratégie spatiales*.
Lucien Poirier, *La crise des fondements*.
Valérie Niquet, *Deux commentaires de Sun Zi*.
Bruno Colson, Europe, *repenser les alliances*.
Hervé Coutau-Bégarie, *Le désarmement naval*.
André Vigarié, *La mer et la géostratégie des nations*.
Sun Bin, *Le traité militaire*.
Herbert Rosinski, *Commentaire de Mahan*.
Lucien Poirier, *Stratégie théorique III*.
François Géré, *La guerre psychologique*.
Philippe Forget et Gilles Polycarpe, *Le réseau et l'infini. Essai d'anthropologie philosophique et stratégique*.
Général Camon, *La guerre napoléonienne,* 4e éd.
Lucien Poirier, *Stratégie théorique*.
Nathalie Blanc-Noël, *La politique suédoise de neutralité active*.
Michel Depeyre, *Tactiques et stratégies navales de la France et du Royaume-Uni de 1690 à 1815*.
John Warden III, *La campagne aérienne. Planification en vue du combat*.
Charles E. Callwell, *Petites guerres*.
Carl von Clausewitz, *Théorie du combat*.
Philippe Richardot, *Végèce et la culture militaire au Moyen Âge*.
Edward Luttwak, *La renaissance de la puissance aérienne stratégique*.
François Cailleteau et Hubert J.P. Thomas (dir.), *Retour à l'armée de métier*.
Claude Le Borgne, *Le métier des armes*.
Hervé Coutau-Bégarie, *Traité de stratégie*.
Loup Francart, *Maîtriser la violence*.
Frontin, *Les stratagèmes*.
Bruno Colson et Hervé Coutau-Bégarie (dir.), *Pensée stratégique et humanisme*.
Maréchal Foch, *De la conduite de la guerre*.
Claude Le Borgne, *La stratégie dite à Timoléon*
Anne Marchais-Roubelat, *De la décision à l'action*.

Lucien Poirier et François Géré, *La réserve et l'attente.*
Henry Lloyd, *Histoire des guerres d'Allemagne.*
Maréchal Marmont, *De l'esprit des institutions militaires.*
François Géré et Thierry Widemann (dir.), *La guerre totale.*
Pierre Laederich, *Les limites de l'Empire. Les stratégies de l'impérialisme romain dans l'œuvre de Tacite.*
Général Lewal, *Introduction à la partie positive de la stratégie.*
Philippe Boulanger, *La géographie militaire française.*
Maréchal de Saxe, *Mes rêveries.*
François Géré, *La sortie de guerre.*
Jean Klein, Patrice Buffotot, Nicole Vilboux (dir.), *Vers une politique européenne de sécurité et de défense.*
Michel Depeyre, *Entre vent et eau. Un siècle d'hésitations tactiques et stratégiques 1790-1890.*
Jean-Pierre Cabestan, *Chine-Taiwan, la guerre est-elle concevable ?*
Karl-Wilhelm von Willisen, *Théorie de la grande guerre.*
Martin Motte, *Une éducation géostratégique. La pensée navale française de la Jeune École à 1914.*
Christian Malis, *Raymond Aron et le débat stratégique français (1930-1966).*
Hervé Coutau-Bégarie (dir.), *Les médias et la guerre.*
Philippe d'Hugues et Hervé Coutau-Bégarie (dir.), *Le cinéma et la guerre.*
Philippe Richardot, *La fin de l'armée romaine (284-476),* 3e éd.
Giulio Douhet, *La maîtrise de l'air.*
Hervé Coutau-Bégarie, *L'océan globalisé.*
Laure Bardiès et Martin Motte, *De la guerre ? Clausewitz et la pensée stratégique contemporaine.*
Benoît Durieux, *Clausewitz en France. Deux siècles de réflexion sur la guerre. 1807-2007.*
Michel Grintchenko, *L'opération Atlante. Les dernières illusions de la France en Indochine.*
Dimitry Queloz, *De la manœuvre napoléonienne à l'offensive à outrance. La tactique générale de l'armée française 1871-1914.*
Matthieu Chillaud, *Les pays baltes en quête de sécurité.*
Jean-Philippe Baulon, *L'Amérique sans défense ? Antimissiles et culture stratégique aux États-Unis (1946-1976)*
Guy Hubin, *Perspectives tactiques,* 3e éd.
Michel Fortman, *Les cycles de Mars. Révolution militaire et édification étatique de la Renaissance à nos jours.*

Hors série

Amiral Castex, *Théories stratégiques* (7 volumes).

Composé par Economica, 49, rue Héricart, 75015 PARIS
Imprimé en France. - JOUVE, 1, rue du Docteur Sauvé, 53100 MAYENNE
N° 626049P. - Dépôt légal : janvier 2011